T. BERRY BRAZELTON

Points forts

Les moments essentiels
du développement de votre enfant

TRADUIT DE L'AMÉRICAIN PAR ISABELLA MOREL

STOCK-LAURENCE PERNOUD

Titre original :

TOUCHPOINTS

Emotional and Behavioral Development
A Merloyd Lawrence Book
Addison-Wesley Publishing Company, Inc.

L'auteur et l'éditeur remercient Tootsie Guéra
pour sa lecture amicale et si utile.

POINTS FORTS

T.B. Brazelton est le fondateur du service de développement infantile du Children's Hopital de Boston. Il est aussi professeur émérite de pédiatrie à la faculté de médecine de Harvard. Il a écrit de nombreux livres, connus dans le monde entier, dont *Trois Bébés dans leur famille*, *Familles en crises* et *Les Premiers Liens* (avec B. Cramer).

Paru dans Le Livre de Poche :

Pour Alfred, Rosalis et leur Grand-Mère.

INTRODUCTION

Après quarante années de pratique pédiatrique à Cambridge, dans l'État du Massachusetts, après avoir suivi vingt-cinq mille patients — enfants et parents —, j'ai mis au point une carte du développement du bébé et du jeune enfant que je vais commenter dans ce livre. Cette carte du développement comportemental et émotionnel a été tracée pour aider les parents à naviguer à travers les courants prévisibles, et à travers les tout aussi prévisibles problèmes qui en découlent, et qui touchent pratiquement toutes les familles.

Contrairement aux mesures du développement physique — comme la taille, que les parents ont tant de fierté à placarder sur le chambranle des portes —, cette carte comprend plusieurs dimensions. On y trouve des régressions aussi bien que des progrès. La croissance psychologique s'effectue en de multiples directions, et dans des temps différents. Le prix de chaque nouvelle acquisition peut temporairement perturber la progression de l'enfant — et même celle de toute la famille.

En filigrane de la carte, et de tout cet ouvrage, on trouve le concept des « points forts » que j'ai affiné pendant mes années de recherche au Children's Hospital de Boston et à travers le monde entier. Les points forts, qui sont universels, sont ces moments prévisibles situés juste avant un à-coup de croissance dans le développement — moteur, cognitif ou émotionnel —, au moment où, pour une durée brève, le comportement de l'enfant est perturbé. Les parents ne peuvent plus se reposer sur les acquis précédents. L'enfant régresse souvent dans plusieurs domaines et devient difficile à comprendre. Les parents perdent leur propre équilibre et s'inquiètent. Au cours des années, j'ai découvert que ces épisodes prévisibles de régression pouvaient être pour moi d'extraordinaires occasions d'aider les parents à comprendre leur enfant. Les points forts deviennent des fenêtres à travers lesquelles les parents peuvent voir l'immense énergie de l'enfant qui apprend. Chaque étape, une fois franchie, mène à un nouveau stade d'autonomie. Si elles peuvent être considérées comme normales et prévisibles, ces périodes de régression deviennent une véritable occasion de mieux comprendre l'enfant, de le soutenir et de soutenir sa croissance, plutôt que de se bloquer dans un conflit. Les forces et les vulnérabilités particulières de l'enfant, tout comme son tempérament et sa façon d'être, tout cela remonte à la surface dans de tels moments. Quelle grande chance pour pouvoir comprendre l'enfant en tant que personne !

La première partie de ce livre est organisée autour de ces points forts du développement émotionnel et comportemental, et montre comment ils affectent les décisions dans tous les domaines — sommeil, alimentation, indépendance liée à la marche, communication, discipline ou apprentissage de la propreté. Les problèmes sont exposés tels qu'ils surgissent au cours des consultations avec les parents, de la visite prénatale avec la future mère et le futur père, des visites de contrôle des bébés et des visites annuelles des enfants plus âgés. Les questions des parents sont posées à des moments tout à fait prévisibles. Leurs inquiétudes devant ces régressions dérangeantes sont au centre de ces visites. Si j'arrive à aider les parents à comprendre les mécanismes qui contribuent à perturber le comportement de l'enfant, chaque visite prend de la valeur. Un professionnel attentif peut utiliser chaque occasion pour mieux comprendre le système familial, pour offrir un soutien et prévenir les difficultés futures.

La deuxième partie traite des problèmes spécifiques à l'éducation au cours des six premières années. Les « problèmes » de rivalité entre frères et sœurs, de pleurs, de grandes colères, de réveil nocturne, de frayeurs, de chantage à l'affection, de mensonge ou d'énurésie, commencent lorsque les parents tentent de contrôler des situations qui appartiennent en réalité à l'enfant. J'essaie de montrer comment les parents peuvent voir ces différents comportements en tant qu'expression de la conquête de l'autonomie, et comment ils peuvent se retirer eux-mêmes du conflit pour mieux le désamorcer.

Pour écrire la deuxième partie, j'ai utilisé des articles que j'avais écrits à l'intention des parents dans *Family Circle* et, auparavant, dans *Redbook*. Les thèmes sont éternels, repris dans le ton pressant des questions des parents, que ce soit dans mon cabinet ou au cours de mes conférences. Dans cette deuxième partie, les sujets sont replacés dans le contexte des points forts du développement. Les chapitres, écrits pour des parents qui se voient ou voient leurs enfants bloqués par un problème, sont conçus non seulement pour les aider à éviter d'être pris au piège de schémas destructeurs ou d'une angoisse annihilante, mais aussi pour leur montrer à quels moments rechercher de l'aide si leurs efforts échouent. Certains chapitres, comme ceux traitant de la dépression, des anomalies du développement des problèmes de langage et d'audition, ne sont pas exhaustifs. Ils sont simplement proposés pour aider les parents à faire la différence entre les variations normales de comportement et les problèmes qui exigent le concours de quelqu'un d'expert en la matière.

La troisième partie tient compte des façons dont le développement des enfants est influencé par leur entourage. Chaque relation proche — avec les pères comme avec les mères, avec les grands-parents, les amis, les autres personnes chargées de s'occuper de l'enfant, et enfin avec le médecin — contribue à la croissance émotionnelle et comportementale. Plus les parents peuvent s'entourer, plus l'enfant aura d'alliés dans son voyage vers l'autonomie.

Mon expérience m'a appris qu'aucun enfant ne se développait selon un cours rectiligne. Le développement moteur, le développement cognitif et le développement émotionnel semblent effectuer chacun un parcours très dentelé, avec des sommets, des vallées et des plateaux. Chaque nouvelle acquisition exige beaucoup du bébé — elle lui demande toute son énergie, de même que l'énergie des membres de la famille. Prenons par exemple le cas d'un enfant d'un an qui apprend à marcher, tout le monde en paie le prix. Toute la nuit, il se lève et se recouche, agrippé aux barreaux de son lit, s'éveillant à chaque cycle de sommeil léger, criant au secours toutes les trois, quatre heures. Le sommeil de toute la famille est perturbé. Le médecin de l'enfant en entendra certainement parler. Dans la journée, le bébé crie de frustration chaque fois qu'un de ses parents ou de ses frères et sœurs marche à côté de lui. Dès que le parent lui tourne le dos, la frustration se transforme en colère. Un enfant qui apprend à marcher trouble la tranquillité d'esprit de tout le monde. L'enfant qui sait enfin marcher devient une autre personne, au visage rayonnant d'une expression de triomphe. Toute la famille retrouve la paix. La phase de développement suivante va être employée à consolider et à enrichir cette dernière acquisition. L'enfant apprend à marcher un jouet à la main, à effectuer des virages, à s'accroupir, à monter les escaliers. Au cours de cette phase, il ne sera pas aussi imprévisible, il n'est plus sous pression — jusqu'à la prochaine poussée de développement.

Chacun de ces progrès et les régressions qui les précèdent sont des points forts pour moi, pédiatre désireux d'avoir un rôle actif dans la famille. Lorsque les parents arrivent avec des inquiétudes, je peux leur parler de tout ce que j'observe chez leur enfant, en m'attendant tout à fait à être entendu. Je peux utiliser tout ce que j'ai appris sur la famille pour les aider à exprimer leurs angoisses sous-jacentes. En leur faisant remarquer la raison du bouleversement et son issue prévisible, je peux participer à leurs inquiétudes d'une façon positive et utile. En général, les parents réagissent avec angoisse à la régression d'un enfant et ils ont tendance à vouloir contrôler son comportement. À un moment où l'enfant est à la recherche d'une nouvelle autonomie, ils redoublent de pression pour le faire se conformer à quelque chose de précis. Ils risquent ainsi de renforcer et d'installer certaines habitudes. Ces points forts sont autant d'opportunités pour empêcher que ce genre de difficultés ne s'ancre profondément. Dans ces moments, j'ai trouvé que je pouvais offrir aux parents des choix de comportement. Si leurs propres stratégies ont abouti à l'échec ou à l'angoisse, ils sont prêts à envisager des solutions de remplacement. Une personne extérieure à la situation peut suggérer ces solutions avant que la famille ne soit bloquée dans un schéma d'échec.

Ni la reconnaissance du droit à l'autonomie pour l'enfant ni l'abandon de méthodes éducatives qui n'ont pas fait leurs preuves ne sont choses simples, rationnelles. Nous avons tous tendance à nous embourber dans des situations qui font surgir des « fantômes », ou des expériences fortes, de notre propre enfance. Les schémas d'éducation appris de nos parents planent sur nous, menaçants, nous poussant à réagir de façon irrationnelle. Comme je l'ai montré dans mon livre *Les Premiers Liens*, écrit avec Bertrand Cramer, en faisant apparaître ces « fantômes » au grand jour, nous pouvons détruire leur pouvoir. Nous, les parents, pouvons alors faire des choix plus rationnels sur la façon d'aborder le comportement perturbé de notre enfant.

Les parents ne font pas d'erreurs par manque d'attention, mais parce qu'ils manifestent trop d'attention. Se soucier d'un enfant ranime en eux les problèmes issus du passé. L'amour passionné entraîne une détermination qui peut supplanter le jugement. S'ils parviennent à comprendre quel besoin profond pousse leur enfant à établir sa propre autonomie, ils réussiront à briser le cercle vicieux de réactions excessives et de conflits.

Apprendre à être parent est apprendre à partir d'erreurs — et non à partir de succès. Lorsque quelque chose ne va pas, le parent doit se remettre en question pour remédier à la situation. Les erreurs et les mauvais choix sont flagrants, et ils vous interpellent ; mais les réussites ne le font pas. Les satisfactions que vous apportent les « bons choix » sont profondes et paisibles : par exemple, un enfant qui se blottit dans vos bras pour être câliné ou qui annonce fièrement : « Regarde, j'ai réussi tout seul ! » De toute façon, ce que peuvent faire les parents aura toujours moins d'importance que l'ambiance affective qui entoure leur action.

Ces dernières années, nous avons découvert plus d'éléments prouvant l'importance des différences individuelles chez les enfants. Comme je l'ai écrit dans mon livre *Trois bébés dans leur famille*, les tempéraments individuels, les styles d'interaction avec l'environnement et d'apprentissage du monde peuvent influencer fortement l'attention que les enfants portent aux stimuli venant de leurs parents, et l'usage qu'ils en font. Leur tempérament influence aussi profondément les réactions des parents à leur égard, et cela dès la naissance. De même que l'on ne peut considérer qu'un enfant naît avec une nature déterminée une fois pour toutes, de même l'environnement ne peut être la seule source de formation. Ces différences individuelles signifient que la chronologie qui a été choisie pour chaque sujet, à l'intérieur des chapitres, doit être adaptée à l'enfant de chaque lecteur. Le style personnel de chaque parent, son tempérament, doit aussi être respecté. On ne peut pas attendre des deux parents qu'ils réagissent de la même façon, au même moment, face au même enfant — et d'ailleurs ce n'est pas souhaitable. Leurs propres différences de tempérament et d'expérience doivent forcément leur donner des réactions dissemblables, s'ils agissent en accord avec eux-mêmes. En partant de là, chaque situation exige une décision « sur mesure », si l'on veut faire un « bon choix » — bon pour l'enfant, et bon pour chacun des parents.

Le fait d'être parent aujourd'hui peut être quelque chose de très solitaire. La plupart des jeunes parents n'ont pas confiance en eux et se demandent s'ils font vraiment de leur mieux avec leurs enfants. En tant que pédiatre, je me suis toujours senti la responsabilité de parler à l'avance des problèmes qui devaient arriver et d'aider les parents à trouver de bonnes occasions pour apprendre à comprendre leurs enfants. Je désire faire activement partie de chaque famille — j'entends par famille le système interactif qui se remet au point en fonction des stress ou des progrès de chacun de ses membres.

Lorsque j'ai commencé à exercer, j'ai vite découvert que la routine des vaccins, des mesures de taille et de poids, des examens physiques m'ennuyait terriblement. Pour moi, le plus passionnant était le développement de l'évolution chez l'enfant et ce qu'il provoquait comme questions de toutes sortes chez les parents attentifs. Des problèmes tels que le réveil nocturne, les conflits autour des repas ou l'énurésie étaient ceux qui préoccupaient le plus les parents lorsqu'ils m'amenaient un enfant en bonne santé pour une visite de contrôle. Il me suffisait de montrer que j'étais prêt à examiner le problème et à échanger des idées avec eux, pour qu'immédiatement ils expriment leur point de vue, non sans gratitude. Pendant que nous parlions, j'observais le jeu de l'enfant et sa façon de réagir à mon examen. C'est à travers de nombreuses observations de ce genre que je me suis peu à peu fait une idée du tempérament de chaque enfant et de son stade de développement. J'ai pu alors annoncer aux parents les problèmes prévisibles dans les domaines que nous abordions — alimentation, sommeil, usage du pouce, apprentissage de la propreté, etc. Si j'arrivais à prévoir leurs conflits futurs et à les aider à comprendre les problèmes de l'enfant, nous devenions plus proches. Chaque visite me procurait plus de plaisir et, à eux, plus de satisfaction.

Partager des expériences comme celles-ci apporte beaucoup aux parents et au médecin. Lorsqu'ils amènent à nouveau l'enfant pour une visite, les parents ont l'occasion de réévaluer avec le médecin les prévisions antérieures. Si ces prévisions se sont réalisées, ils savent qu'ils sont sur la bonne voie. Mais les événements imprévus sont également pleins d'enseignement : les parents et le médecin peuvent alors examiner : 1) les partis pris qui ont orienté les prévisions ; 2) l'importance des défenses de la famille, laquelle peut avoir caché certaines faiblesses, certains problèmes sous-jacents ; et 3) la force de la relation entre la famille et le médecin, qui permet, ou non, aux parents de révéler leurs inquiétudes en toute confiance et en toute franchise. Lors de chacun des points forts suivants, tout cela va s'éclaircir et les prévisions deviendront de plus en plus faciles à faire.

Lorsque je parle du concept des points forts avec les parents et que je leur décris le rôle que peut jouer le pédiatre ou le médecin de famille en interprétant pour eux les régressions et les pensées de développement, beaucoup me disent que leur propre médecin s'intéresse davantage à l'évaluation du développement physique et aux traitements des maladies. Ce problème, que j'analyse dans le dernier chapitre, est dû à la formation en pédiatrie. Cette formation, largement fondée sur le modèle médical qui s'intéresse à la pathologie avant tout, souffre de deux lacunes majeures. La première est que l'on n'accorde pas assez d'importance à la relation. Les pédiatres ont une occasion unique d'écouter les jeunes parents et d'aider à la naissance des nouvelles familles. Notre programme, au Children's Hospital de Boston, tente de combler ces lacunes. Une grande partie de notre enseignement est consacrée à la façon de dialoguer avec les familles, de transmettre des observations faites sur les enfants et sur l'évolution de chaque membre de la famille, d'encourager les parents à confier les sentiments, les sensations qui font partie de leur apprentissage du métier de parent.

La deuxième lacune de la formation en pédiatrie concerne la connaissance du développement de l'enfant. Ce domaine a remarquablement progressé, grâce à de nouvelles recherches dans des directions telles que le développement cognitif, l'attachement parent/enfant, les capacités du nouveau-né, les influences génétiques et le tempérament. L'enseignement de la pédiatrie a tardé jusqu'à présent à assimiler ces progrès. La compréhension des problèmes et des enjeux concernant tous les enfants, à tous les âges, représente pour le pédiatre un regard unique sur le caractère unique de *chaque* enfant. Le pédiatre est alors mieux à même de transmettre ces observations aux parents dans un « langage » propre à fortifier leurs relations mutuelles. J'ai découvert que les parents qui savent que je comprends leur enfant peuvent me pardonner toutes sortes de retards ou de frustrations dans le travail que nous effectuons ensemble. Ils me considèrent comme leur allié dans la construction du meilleur environnement que nous puissions réaliser pour leur enfant. Ils me confient leurs propres erreurs, leurs propres soucis. Nous formons une équipe.

La connaissance de la carte du développement dans chacun de ses domaines — moteur, cognitif et émotionnel — fait un « pédiatre complet ». Pour celui qui est capable d'évaluer le courage, la force globale qui se cache derrière l'apprentissage de la marche, ou le conflit passionné entre le « oui » et le « non » de la deuxième année, qui mène à des explosions de colère, la pratique de la pédiatrie devient un véritable plaisir. Chaque consultation est une fenêtre ouverte sur l'enfance, procurant l'émotion perpétuelle de regarder chaque enfant grandir et maîtriser les grandes acquisitions des premières années. Trop peu de pédiatres sont actuellement formés pour comprendre et apprécier ces aspects de leur profession. À travers notre travail au Children's Hospital pour changer cet enseignement, et à travers ce livre, j'espère pouvoir transmettre ces joies partagées, elles ont été la récompense de toute une vie à m'être occupé des enfants, à m'être préoccupé d'eux.

Première Partie

LES POINTS FORTS DU DÉVELOPPEMENT

1

Le premier point fort : la grossesse

C'est au cours des tout derniers mois de grossesse que les futurs parents prennent vraiment conscience de la réalité de la grossesse, de l'activité du futur bébé, de ce « bébé-en-devenir », et de l'immense travail d'adaptation qui les attend. Le septième mois est le moment idéal pour rendre une première visite au médecin qui suivra l'enfant. Les parents savent alors qu'ils auront besoin d'un pédiatre, et de celui que moi j'appelle l'« avocat du bébé », et ils ont hâte de lui confier leurs espoirs et leurs inquiétudes. Plus tard dans la grossesse, je trouve que les futures mères sont plus préoccupées par l'attente de l'accouchement et moins disponibles pour me parler du bébé. Vers le huitième mois, les pères commencent à s'investir dans les séances de préparation à l'accouchement. La perspective du rôle qu'ils auront à jouer au moment de la naissance occupe alors toutes leurs pensées.

Au septième mois, les parents rêvent encore au bébé. Ils se demandent qui sera cet enfant. Je me rends compte de leurs inquiétudes et peux alors les partager avec eux. Je vois cela comme le premier point fort, l'occasion de nouer une relation avec chacun des parents avant qu'il y ait un bébé entre nous. Cette visite peut avoir des effets à long terme. Si je peux rencontrer les pères à mon bureau, à ce moment, ne serait-ce que pendant dix minutes, je sais déjà que 50 pour cent d'entre eux seront présents à toutes les visites de la première année ; 80 pour cent viendront au moins à quatre visites. Un père sentant que sa présence est souhaitée dans un cabinet de pédiatrie se donne l'autorisation de se sentir important pour tout ce qui concerne le bien-être de son bébé. Certains d'entre eux me disent : « Jusqu'à maintenant, personne d'autre ne m'avait réellement adressé la parole à ce sujet. On parlait toujours à ma femme. Mais c'est aussi mon bébé ! Lorsque vous m'avez demandé d'entrer pour participer à l'entretien, j'ai senti que vous vous étiez rendu compte de ma frustration. » La vulnérabilité d'un père, son immense désir d'être aussi bien considéré que la mère font de cette visite prénatale un précieux point fort pour nous deux.

Lorsque les futures mères appellent pour prendre rendez-vous pendant leur grossesse, certaines, celles qui « se disent toujours débordées », déclarent : « Mon obstétricien me dit de vous rencontrer avant l'accouchement. Est-ce vraiment nécessaire ? » Cette question cache souvent un grand nombre de craintes susceptibles de les détourner de l'envie de faire la connaissance de leur pédiatre à l'avance. Je peux répondre en toute honnêteté : « Oui, c'est extrêmement important que nous nous rencontrions avant que le bébé ne monopolise notre attention. Je désire vous connaître, vous et vos inquiétudes, avant l'accouchement, ainsi nous pourrons partager ces éventuelles préoccupations. — Bien, alors quand puis-je venir ? » demandent-elles prudemment. C'est là que je fais part de mon désir de rencontrer également le père. S'il y a encore une hésitation, je me contente de suggérer qu'elle le lui demande avant de prendre rendez-vous.

Lorsque les futurs parents, ces « parents-en-devenir », viennent ensemble, le père se place généralement à l'arrière-plan. Étant donné que je suis persuadé qu'il faut pousser les pères à être des participants à part égale aux soins du bébé, je demande au père d'avancer sa chaise jusqu'à mon bureau. Tout en le faisant, il interroge sa femme du regard. Je le lui fais remarquer, et je profite de l'occasion, pour introduire la notion de « défense du territoire » —un nouveau mot pour des sentiments vieux comme le monde. Si plusieurs adultes s'occupent du bébé, il se crée naturellement entre eux des sentiments de rivalité. Ces sentiments sont normaux lorsqu'on s'occupe d'un être dépendant. Chacun des adultes espère réussir chaque tâche envers un bébé ou un petit enfant un peu mieux que l'autre. Cette compétition appartient au domaine des bonnes intentions, idéalise la réalité et donne une énergie qui renforce l'attachement à l'enfant. De tels sentiments se retrouvent chez d'autres membres de la famille. Ils peuvent influencer inconsciemment le comportement des grands-parents et les conduire, sans mauvaise intention, à critiquer les jeunes parents sensibles. Médecins et infirmières n'éprouvaient pas autre chose lorsqu'ils excluaient les parents des hôpitaux pour enfants, comme c'était le cas autrefois. Enseignants et parents ont tendance eux aussi à rivaliser. Tous ces aspects de « défense du territoire » sont prévisibles et correspondent à une preuve d'amour de part et d'autre.

Si la compétition n'interfère pas avec l'intérêt le plus profond de l'enfant, elle peut entretenir une affection passionnée. Mais, comme nous le verrons plus tard dans ce livre, cette envie d'exclure l'autre parent peut créer certaines frictions dans la famille lorsqu'elle reste inconsciente. Par exemple, lorsqu'un jeune père vulnérable change son bébé pour la première fois, son épouse peut s'écrier : « Chéri, ce n'est pas de cette façon-là qu'il faut faire » et, lorsqu'il s'apprête à donner son premier biberon, elle peut s'exclamer alors : « Tiens-la plutôt comme ça, elle sera bien mieux » — innocentes remarques en surface, mais qui transmettent au jeune père particulièrement sensible un message déstabilisant. Si l'on veut que les pères participent, les parents doivent tous deux s'attendre à cette subtile rivalité. Ce sont les mêmes raisons qui expliquent que, lorsqu'une jeune mère commence à allaiter, le père ou la grand-mère aient tendance à faire remarquer : « Le bébé pleure encore ! Tu es sûre d'avoir assez de lait ? »

Les jeunes parents expriment des doutes et des questions universels : « Comment allons-nous faire pour apprendre à devenir des parents ? Est-ce qu'il va falloir ressembler à nos propres parents ? » Les questions s'accompagnent également de craintes au sujet du bébé. « Et si nous avions un enfant handicapé ? Est-ce que ce serait notre faute ? Comment pourrions-nous faire face à une telle situation ? » Tous les futurs parents pensent aux différents défauts qu'ils ont pu remarquer ou dont on leur a parlé. Bien des rêveries du jour et la plupart des rêves de la nuit portent sur ce sujet. Ce sont ces rêves et ces rêveries qui sont au point de départ de l'attachement, et aident aussi à préparer les futurs parents à l'éventualité d'une imperfection chez leur bébé.

Une femme enceinte et son conjoint imaginent trois bébés : la petite perfection de quatre mois qui les gratifie de ses sourires et de ses vocalises ; le bébé « imparfait », qui change chaque jour ; et le mystérieux bébé réel dont la présence devient une évidence à travers chaque mouvement du fœtus.

Préparation à la naissance

Le travail de fin de grossesse consiste à préparer les parents à l'inévitable crise de la naissance. L'angoisse, la peur, les tentatives pour essayer d'accepter l'image des trois bébés ont pour effet de déclencher une sorte de signal d'alarme en eux. Signal qui produit une réaction d'excitation : l'adrénaline se libère, la tension augmente, l'oxygène circule pour mieux préparer le cerveau à réagir. Toute cette agitation interne ébranle les vieilles habitudes et aide les parents dans leur recherche d'un nouvel équilibre de vie.

Au cours du bref entretien que nous avons, je pose des questions simples. Je cherche à découvrir les sentiments qui n'affleurent pas en surface, ce qui me permettra de mieux connaître la famille.

« Quel accouchement envisagez-vous ?

— Nous suivons des séances de préparation à la naissance. Je veux être le plus possible maîtresse de la situation. Je ne veux prendre aucun médicament si c'est possible ; je désire mettre mon bébé au monde naturellement — sans anesthésie. »

La future mère pose alors des questions pour savoir comment les médicaments et l'anesthésie pourraient avoir un effet défavorable sur le bébé. J'explique que les contractions semblent maintenir le fœtus en « état alerte » et servent aussi à garder le bébé éveillé après la naissance, alors que beaucoup de médicaments provoquent l'effet contraire. Plus on retarde l'administration de médicaments, plus le bébé sera alerte, capable de bonnes réactions. Tout cela, la mère le sait déjà, donc ce que nous partageons en fait est notre souci mutuel pour tout ce qui concerne le bébé. J'espère qu'elle saisit que je l'approuve de désirer avant tout un bébé qui réagit bien, et que je suis prêt à parler avec elle de toute autre inquiétude possible au sujet du travail et de l'accouchement.

C'est là que le père peut être d'un grand secours. Au moment des contractions, il peut aider sa femme à mettre en pratique les enseignements des cours d'accouchement. Selon l'attitude de l'obstétricien, le père peut aussi aider sa femme à faire preuve de fermeté pour refuser un médicament. Une étude très documentée a montré que la présence d'une personne qui apporte un soutien actif à l'accouchée — telle que père ou sage-femme — peut réduire la durée du travail et permettre de retarder ou d'éviter toute prise de médicament, un des objectifs principaux des séances de préparation à l'accouchement.

Tandis que j'explique cela, j'essaie de déceler le moindre signe montrant que les parents désirent poser d'autres questions. Quel est l'effet d'une césarienne sur le bébé, au cas où une telle intervention s'avérerait nécessaire ? Quelles sont les conséquences d'une péridurale ? « Est-ce que je ne ressentirai pas une sorte d'échec si j'accepte une anesthésie ? » En parlant avec moi de ces problèmes, les futurs parents peuvent mieux prendre conscience de leurs véritables objectifs et de la profondeur de leurs craintes.

Les effets que produit la césarienne sur un bébé ne sont pas encore bien tirés au clair. Auparavant, les enfants accouchés par césarienne, sans être passés par la phase des contractions, étaient mis en observation pendant vingt-quatre heures dans un service spécialisé. On savait qu'ils risquaient d'être trop somnolents et de ne pas arriver à rejeter leur mucus. Nous savons à présent que les médicaments administrés à la mère au cours du travail et avant une césarienne franchissent le placenta et conditionnent le comportement du bébé pendant plusieurs jours après la naissance. De sorte que les effets qui étaient autrefois attribués à des causes cliniques pourraient bien provenir des traitements que reçoit la mère. Dans les études effectuées au moyen de mon échelle d'évaluation du comportement néonatal (NBAS) sur des bébés nés par césarienne, et lorsque le médicament a été très soigneusement dosé, les effets sur le comportement du bébé sont très transitoires et il y a peu de différence avec un groupe de bébés nés par les voies naturelles. Ces effets dépressifs légers avaient disparu au bout de vingt-quatre heures, et le développement ultérieur des bébés était similaire dans l'un et l'autre groupe.

Les traitements administrés avec plus de liberté au cours du travail peuvent provoquer des effets de plus longue durée sur le comportement du bébé. Les bébés « drogués » sont plus endormis, plus difficiles à faire réagir. Ils ont des périodes d'état alerte plus brèves et leurs réactions aux stimuli d'origine humaine sont également plus courtes que chez les autres. Si une mère est consciente de ces effets, elle peut y remédier en faisant davantage d'efforts pour maintenir son bébé éveillé. Si elle ne l'est pas, elle peut s'imaginer que son bébé est différent de ce qu'elle présumait.

Mais cette première impression peut s'entretenir d'elle-même. Je conseille vivement à la mère de retarder toute médication aussi longtemps que possible et d'en prendre aussi peu que possible. Et si une médication devient nécessaire, la mère doit alors prévoir de stimuler plus activement son bébé après la naissance au moment des repas en jouant avec lui — jusqu'à ce que les médicaments aient cessé leur effet, au bout de plusieurs jours.

Bien que l'augmentation du nombre des césariennes soit devenue une affaire nationale, ces opérations présentent aussi des avantages. Le fait que nous puissions détecter la souffrance d'un bébé par le monitoring — en plaçant les ballonnets sur le crâne de l'enfant, après la rupture des membranes —, ce fait signifie que nous sommes capables de dépister plus de signes de souffrance, et de façon plus précoce qu'avant. Le résultat est que les obstétriciens peuvent maintenant intervenir avant tout risque de souffrance cérébrale chez le bébé. Bien que la césarienne qui s'avère alors indispensable soit difficile à supporter pour la mère physiquement et psychiquement, il est certain qu'elle protège le bébé d'une lésion cérébrale causée par un manque d'oxygène ; en effet, un long épisode de contractions peut avoir pour conséquence un trop faible apport d'oxygène par le placenta. Le nombre des bébés atteints de paralysies causées par des lésions cérébrales a beaucoup baissé depuis l'utilisation du monitoring. La tâche du médecin est d'aider les parents à comprendre le pourquoi de la césarienne et de les aider s'ils sont déçus.

Sein ou biberon

Lorsque je demande aux parents comment ils envisagent de nourrir l'enfant, je suis attentif aux raisons que cache leur choix, quel qu'il soit. Jusqu'à une période récente, j'attendais d'eux qu'ils choisissent l'allaitement au sein. Je les approuvais sans réserve et je voyais avec eux comment s'y préparer. Maintenant que les mères retournent travailler peu de temps après la naissance, elles choisissent le biberon. Le côté pratique est mis en avant, mais dès que j'ai questionné plus en profondeur, certaines mères parlent alors de leur crainte de s'attacher trop au bébé qu'elles devront confier ensuite à une autre personne. Lorsque les mères me confient aussi ouvertement leurs préoccupations, il m'est possible de les aider à voir plus clair. Mon rôle d'avocat du bébé les met en confiance pour peser le pour et le contre. Je peux les aider à faire un choix mieux motivé, dans un sens ou dans l'autre.

Cela dit, je reconnais que j'ai un préjugé favorable sur la valeur du lait maternel et sur le rôle que l'allaitement peut jouer dans la relation parent/enfant. Le lait maternel a tellement d'avantages — il est parfait pour le bébé. Aucun bébé n'y est allergique. Les protéines et le sucre sont dosés de façon idéale. Le lait maternel est riche en anticorps qui renforcent les protections naturelles de l'enfant. Les bébés reçoivent une immunité de leur mère à travers le placenta, mais celle-ci diminue au fur et à mesure que passent les mois, sauf si le lait maternel en maintient le niveau. C'est pour toutes ces raisons que les risques d'infection sont bien réduits par l'allaitement maternel. De plus, il s'établit entre la mère et l'enfant un lien très fort.

Lors de cette première visite, j'avertis les femmes qui prévoient d'allaiter qu'elles souffriront peut-être au début. Le réflexe de succion du bébé est parfois d'une force surprenante. De plus, les canaux lactifères peuvent subir des contractions au moment de la montée du lait et rester douloureux jusqu'à ce que le lait commence à couler. Je rassure les futures mères en leur disant qu'après les premières tétées, les contractions disparaîtront et allaiter deviendra alors un plaisir.

Tout le monde n'est pas d'accord sur la nécessité de préparer les mamelons avant la naissance. Je conseille aux mères d'acheter un bon livre sur l'allaitement et aussi d'en parler à leur médecin. Ma propre expérience m'a montré que les blondes et les rousses ont tendance à souffrir plus facilement des seins et à avoir des mamelons crevassés si elles ne les endurcissent pas à l'avance. Pour cela la femme se lavera bien les mains et les seins avec un savon doux, puis doucement massera les mamelons entre ses doigts, et elle le fera deux fois par jour. Progressivement, elle pourra le faire plus souvent, mais sans que cela devienne douloureux. Une infection peut facilement se déclarer et, si le sein est engorgé, elle risque de s'étendre. Il vaut mieux prévenir les crevasses qu'avoir à les traiter par la suite.

Je respecte les préoccupations des femmes qui travaillent à propos des difficultés posées par l'allaitement lorsqu'elles retournent à leur vie professionnelle ; mais il est toujours possible de discuter des moyens d'arriver à allaiter. Nous pouvons envisager la possibilité de laisser le père ou une autre personne donner un biberon complémentaire, ou celle de tirer son lait sur le lieu de travail. C'est tellement merveilleux de rentrer chez soi après une dure journée de travail, de mettre le bébé au sein, de se retrouver si proches à nouveau. Nous évoquons aussi la crainte de la séparation qui accompagne cet attachement au bébé. Pendant ce temps-là, tandis que nous parlons, une relation plus étroite s'établit entre nous, les futurs parents réalisent à quel point je tiens à soutenir leur choix et leur attachement au bébé.

Aux mères qui désirent allaiter, je peux donner certains conseils pratiques : être prête à attendre plusieurs jours après l'accouchement pour avoir du lait, ou prévoir des tétées de courte durée au début, jusqu'à ce que les mamelons aient durci. Ce faisant, j'espère que la mère n'hésitera pas à me confier toute inquiétude concernant sa capacité à nourrir ou à s'occuper du bébé dans tous les domaines. En parlant dès ce moment de l'alimentation, nous aurons moins de difficultés à affronter les problèmes qui surgiront par la suite.

La circoncision

Je pose toujours au moins une question au père, à lui directement. La plus courante est : « Si c'est un garçon, avez-vous l'intention de le faire circoncire ? » C'est une façon sûre de découvrir à quel point il s'investit. S'il me demande mon avis, je lui expose le pour et le contre, tout en l'encourageant à prendre sa décision lui-même. Je veux qu'il réalise bien que c'est sa responsabilité. La décision de faire circoncire ou non un enfant doit rester personnelle. On peut invoquer certaines études démontrant les avantages et les inconvénients. Pour chaque étude qui défend un point de vue, on peut en trouver une autre qui défend le point de vue opposé. La circoncision est sans aucun doute un acte douloureux et n'a d'indication médicale que pour 1 pour cent des bébés garçons tout au plus. Ce pourcentage comprend les cas où le prépuce est excessivement long, ce qui pourrait effectivement constituer par la suite un obstacle à la miction. La décision quant à la nécessité d'une circoncision peut se prendre dès la naissance.

Je présente mes arguments pour et contre. La circoncision est douloureuse et risque de perturber le sommeil, les courbes encéphalographiques et autres schémas comportementaux pendant vingt-quatre heures. Actuellement, il est possible de faire une anesthésie locale en injectant le liquide à la base du pénis, en toute sécurité, évitant ainsi en grande partie la douleur et les perturbations que nous venons d'évoquer. La célèbre étude qui a démontré que les épouses d'hommes non circoncis avaient plus de cancers du col a vraisemblablement été mal conduite. Aucune autre recherche ne l'a confirmé. Une étude postérieure, publiée dans le *New England Journal of Medicine*, a indiqué que les hommes non circoncis ont une plus grande tendance au développement des infections urinaires. Les auteurs recommandaient la pratique systématique de la circoncision pour prévenir ce très faible risque de légère dysfonction urinaire. Cette étude, elle aussi, a besoin d'être confirmée avant qu'on puisse l'utiliser avec certitude en faveur de la circoncision.

Le plus important est que le père joue son rôle en participant à l'avenir de son enfant. Je pense que c'est vraiment à lui de choisir. Ce choix aura tendance à refléter ses expériences personnelles, et cela doit être ainsi. C'est peut-être la première occasion pour lui d'éprouver un vrai sentiment de possession vis-à-vis du futur bébé. La plupart des pères désirent que leur fils soit comme eux. Plus tard, lorsque le petit garçon se comparera à son papa, certaines différences pourront être difficiles à expliquer. Mais comme les comparaisons de taille provoqueront de toute façon des questions, une différence au niveau du prépuce pourra tout aussi bien être expliquée. Je pense que cette question est d'une grande importance pour tout être de sexe masculin, et le choix du père doit être fondé sur ses réactions émotionnelles plus que sur des études peu concluantes faites jusqu'à présent. Cette discussion et sa propre décision poussent le père à penser davantage à son futur enfant. Si je l'assure de mon soutien, il se sentira plus libre de me demander conseil par la suite.

Le médecin, avocat du bébé

Au cours de cette consultation, je vais probablement découvrir la composition de la famille. Il y a beaucoup de nouveaux types de famille. Mon désir est que chacun d'eux trouve chez moi respect et soutien.

Si la mère est seule, elle aura besoin d'un surcroît d'aide pour faire face aux exigences de son nouveau rôle. Lorsqu'elle exprime ses craintes, je peux l'assurer que je la soutiendrai plus activement que je ne le fais dans les cas habituels. Élever un enfant seule, c'est vraisemblablement aller au-devant de difficultés, mais on peut le faire bien, et j'assure la future mère que je serai prêt à la conseiller chaque fois qu'elle le désirera. Souvent, je serai trop catégorique à son goût, mais je veux jouer le meilleur rôle que je connaisse — être l'avocat du bébé, au moment où elle prendra ses propres décisions.

Le plus difficile de la vie monoparentale semble être de laisser le bébé conquérir son indépendance. À chaque étape vers l'autonomie, au moment où les bébés sont encore vulnérables, influençables, il est facile d'étouffer leurs tentatives pour trouver une façon personnelle de faire les choses en les accablant d'un excès d'attention et de conseils. Tout cela est dicté par l'affection, bien sûr, mais une mère seule a besoin que quelqu'un lui dise : « Laissez faire votre enfant. Laissez-le éprouver de la frustration. Laissez-le découvrir les choses par lui-même. Si vous en êtes capable, au bout du compte, c'est à lui que reviendront les succès et non à vous. » Aucun parent ne désire vraiment entendre ce genre de conseil, j'avertis donc un parent seul que je vais parler au nom de l'intérêt de l'enfant et que je sais combien cela lui sera pénible à entendre. Mais, par contre, je vais avoir d'autres façons, de tellement plus agréables façons, de l'aider. La discipline, par exemple, est difficile à imposer pour un parent seul. L'enfant ne cesse de le harceler et il arrive que certaines journées ne soient qu'une suite ininterrompue de conflits. Au cours de la deuxième, de la si difficile deuxième année, je serai obligé d'offrir des conseils et un soutien empreints de fermeté. J'engage vivement la mère seule à s'entourer de toute famille présente dans son voisinage. Si elle n'a personne, je lui suggère alors de s'inscrire à un groupe de soutien destiné aux parents seuls, où elle trouvera un appui sur le plan émotionnel et pourra parler avec eux des petites crises quotidiennes.

Les familles où les deux parents travaillent à temps complet à l'extérieur méritent une attention particulière lors de la visite prénatale. Je veux qu'ils sachent que je les soutiens dans leur éventuelle revendication auprès de leur employeur sur tout ce qui concerne leurs droits de parents. Je désire aussi leur apporter l'aide dont ils auront besoin pour faire cet autre travail, celui d'élever leur bébé le mieux possible. Ont-ils prévu l'aide supplémentaire dont ils auront besoin au moment de reprendre le travail ? Comme nous l'avons vu, je vais essayer de les aider à trouver des solutions pour l'allaitement, si tel est leur choix. Y a-t-il des grands-parents à proximité, capables d'aider en cas de nécessité ? Quelles sont les exigences de leurs emplois respectifs et comment ont-ils prévu de partager les soins au bébé ? L'un des parents aura-t-il la possibilité de rester à la maison suffisamment longtemps pour donner un bon départ au bébé ? Sont-ils conscients de l'importance des premiers mois ? C'est une période essentielle pour s'adapter à un nouveau mode de vie, une période où la mère aura à surmonter toute forme de dépression postpartum ; et enfin une période où ils auront à accepter tous les deux le surcroît de responsabilité que représente une nouvelle famille. En sont-ils bien conscients ?

Apprendre à découvrir un bébé qui vient de naître — sa personnalité, sa dépendance, ses remarquables aptitudes à réagir aux sollicitations — va prendre du temps et

de l'énergie. En tant qu'avocat du bébé, je vais pousser
les parents à s'investir au maximum dans ce premier
temps d'adaptation. Il est essentiel pour l'avenir de
l'enfant qu'ils développent en eux-mêmes leurs qualités
de « maternage », mais aussi qu'ils prévoient que leur
bébé aura besoin d'eux. Les parents d'aujourd'hui, qui
doivent maintenir leur place dans le monde du travail,
ont besoin de planifier leur existence. J'attends d'eux
qu'ils se battent pour pouvoir rester à la maison avec le
nouveau-né pendant les si précieux premiers mois. Mon
rôle ne consiste pas à leur dicter leur décision, mais eux,
par contre, peuvent décider de me demander mon aide
pour trouver les priorités en ce qui concerne les soins au
bébé et les moments où celui-ci aura le plus besoin de
ses parents. Nous savons maintenant que les trois premiers mois représentent une période cruciale. Peuvent-
ils se libérer pour cette durée ? Le prix à payer sera-t-il
trop élevé sur le plan professionnel ? C'est *maintenant*
qu'il leur faut prendre cette décision.

Les futurs parents ont du mal à aborder ces problèmes, souvent parce qu'ils souffrent à l'avance de la
séparation. Nous devons parler ensemble de cette crainte
pour que les parents s'en libèrent et réservent leur énergie pour la découverte de l'attachement au futur bébé.
D'après mon expérience, si l'on aide les parents à prendre conscience de cette ambivalence et de leur tendance
à nier la douleur de cette séparation future, on rend plus
supportable le moment de la séparation véritable. Bien
que l'on puisse trouver presque magique que des parents
et un médecin nouent des relations aussi étroites dans un
laps de temps aussi court, ils peuvent le faire. Le désir
de comprendre ce qui se crée rend les parents si ouverts
que les barrières habituelles sont supprimées. Cette soif
d'informations, cette réceptivité, résultat de bouleversements internes, leur font faire un magnifique bond en
avant dans leur développement d'adultes. Ce pas de
géant sur le chemin de leur propre maturité représente

l'objectif principal de ce premier point fort entre parents et pédiatre.

Risques des substances toxiques

De nos jours, les parents sont très avertis des dangers que font courir au fœtus les médicaments, l'alcool, les stupéfiants ainsi que les infections diverses. Au cours de notre première visite, j'essaie autant que possible de découvrir s'il y a eu exposition à l'une ou l'autre de ces substances, afin d'assurer les parents que j'aurai ces faits à l'esprit au moment d'examiner leur bébé. Je peux aussi leur promettre de partager avec eux la moindre inquiétude dès le tout premier examen. L'information généralisée de nos jours, portant sur les risques que font courir au fœtus la malnutrition, les drogues, le tabac, les infections, etc., fait en effet naître une profonde inquiétude chez les femmes enceintes et les futurs pères. Beaucoup de couples peuvent faire des abus de toutes sortes avant d'avoir connaissance de la grossesse. Ensuite, fatalement, ils se rongent d'inquiétude, craignant que ces excès aient pu causer des dommages au fœtus au cours des premiers stades, si déterminants, du développement. Heureusement, les effets les plus graves, lorsque l'intoxication est précoce, se traduisent par une fausse couche. Une grossesse saine est le meilleur signe que nous ayons pour prédire que le bébé naîtra en bonne santé. Lorsque les parents veulent bien exprimer leurs craintes, il m'est généralement possible de les rassurer, soit tout de suite, soit à la naissance.

Un grand abus d'alcool, de tabac ou de stupéfiants, au cours de la grossesse, peut néanmoins être responsable d'un grand nombre de problèmes chez le fœtus. On peut constater, en particulier, une diminution du nombre des cellules du cerveau, provoquée par l'interférence des drogues avec la division cellulaire dans les moments déterminants du développement, et des déficiences dans les liaisons entre les différentes parties du cerveau. Le résultat peut se traduire par une hypotrophie cérébrale. La cocaïne et le crack entraînent une augmentation de la pression artérielle, l'obstruction de certains vaisseaux capillaires et de véritables dégâts au niveau de la substance cérébrale, dans les zones en plein développement. De plus, une mère toxicomane se nourrit généralement mal, et la malnutrition aggrave la vulnérabilité du fœtus à ces agressions. Si la future mère continue à absorber des substances toxiques en fin de grossesse, le bébé risque fort de souffrir d'une mauvaise transmission, plus ou moins accentuée, entre les deux parties du cerveau. Le fœtus sera alors ou hypo- ou hypersensible aux stimuli (cf. chapitre 2).

À la naissance, le comportement du bébé reflétera ces troubles de neurotransmission par une lenteur à réagir aux stimuli, une façon de sembler coupé de son environnement, d'être ailleurs, comme inaccessible, et donnant l'impression de vouloir se maintenir dans un état de sommeil. Lorsque ces bébés manifestent une réaction, ils peuvent passer brusquement à un état d'agitation et de pleurs qui rend la communication tout aussi difficile. Ils peuvent être si inconstants qu'ils semblent ne pouvoir accéder à aucun état de conscience leur permettant d'accepter une information de leur environnement, de l'assimiler et d'y réagir de façon appropriée. Ces bébés courent un grand risque d'être maltraités ou négligés. Non seulement ils ne procurent aucune satisfaction à leur mère, par ailleurs déprimée, intoxiquée, mais ils ne lui adressent que des réactions négatives ou confuses. Il est extrêmement difficile de les nourrir et de les faire dormir. Ils risquent de ne pas se développer normalement. S'ils survivent, ils pourront être handicapés dans leurs facultés d'attention et d'apprentissage. Ce sont des enfants à très haut risque.

Lorsque nous réussissons à identifier les bébés nés de mères toxicomanes ou ceux qui ont été victimes de toute autre privation au cours de leur vie intra-utérine, nous pouvons mettre en route un processus d'intervention précoce. Toutes les études effectuées jusqu'à maintenant et portant sur une longue durée d'observation concordent sur le fait qu'un environnement de qualité, tenant compte des besoins d'un système nerveux endommagé, facilement surchargé, peut favoriser une guérison surprenante dans la plupart des cas. Cela, des travaux nous l'ont appris, est également vrai pour d'autres sortes d'agressions intra-utérines. Mais il est nécessaire d'intervenir aussi tôt que possible.

Si je parviens à établir une relation de confiance avec les futurs parents au cours de cette première visite, je sais qu'il leur sera plus facile de me parler de toute intoxication ou événement fâcheux. Nous pourrons alors évoquer leurs craintes d'avoir fait du mal au bébé pour les aider à arrêter toute pratique dangereuse. Nous pourrons mettre en route un programme de désintoxication, et ainsi protéger le bébé. Même si la consommation de drogue ne cesse que pendant les deux derniers mois de grossesse, le bébé bénéficiera d'une chance de réorganiser son système nerveux, et sera plus à même de s'adapter au monde extérieur. Si l'un ou l'autre des parents est prêt à me confier ce genre de craintes, nous pouvons discuter de la possibilité d'une guérison, et nous pouvons prévoir tout traitement nécessaire après la naissance. Je sais bien que peu de parents toxicomanes sont prêts d'emblée à « confesser » une dépendance à une drogue, mais en leur posant des questions avec sympathie et compréhension, je leur manifeste clairement que je suis disposé à participer avec eux à ce programme de soins s'il s'avère nécessaire. Je leur assure que je rechercherai tout signe de déviation dans le comportement du bébé au cours de la période néonatale, que je leur ferai part

de mes découvertes et que nous travaillerons ensemble
à l'aider.

Les parents ont le droit d'être informés de toute anomalie, de tout comportement susceptible de rendre plus
difficile leur relation avec un nouveau-né. Je ne crois pas
qu'il soit bon de les protéger de ce genre de vérité : de
toute façon, ils savent. Un médecin qui ne peut pas ou
ne veut pas partager ces informations introduit la
méfiance dans ses rapports avec les parents. Et il laisse
à penser que les parents sont incapables d'observer correctement leur enfant. J'ai le sentiment que cette sorte
d'avant-première que vivent les parents en imaginant un
enfant anormal peut en fait les préparer à tous les problèmes qui peuvent les attendre chez leur bébé. Lorsque
je rencontre ces parents au moment de la grossesse, mon
rôle est d'encourager cette sorte de préparation, et de leur
expliquer aussi bien que possible ce que je vais surveiller
attentivement chez leur bébé.

Le fœtus en cours de développement

Un de mes objectifs majeurs, avec les futurs parents,
est de commencer à leur faire prendre conscience de la
notion d'individualité de chaque bébé, et en particulier
de leur bébé. Aussi, je pousse les parents à m'en dire
plus sur ce qu'ils ressentent de personnel chez le fœtus.
« Est-ce que vous avez, dans votre tête, un portrait de ce
bébé en tant que personne ? » Les mères qui ont remarqué que le fœtus est spécialement actif ou calme vont se
demander si cela signifie que le bébé sera actif ou calme.

Il y a une certaine corrélation entre l'activité fœtale et
le comportement du bébé. La façon dont un fœtus réagit
aux stimuli peut avoir une signification. Certains sursau-
tent plus facilement. Beaucoup de parents disent que le
fœtus devient très actif lorsque eux se couchent le soir.
Il semble exister une relation *a contrario* : si la mère est

active, le fœtus a tendance à rester calme et, si elle se
calme, l'activité du bébé augmente. Cette harmonisation
des cycles de repos et d'activité du fœtus constitue une
préparation aux rythmes ultérieurs du bébé. Déjà le fœtus
apprend à passer de l'état de repos à celui d'activité (cf.
chapitre 2). Chacun de ces cycles est de courte durée.
Les cycles propres d'activité et de sommeil de la mère
commencent à entraîner le fœtus à allonger ses cycles de
repos et d'activité. Cet entraînement se traduit dans les
cycles de l'enfant à la naissance.

Les futures mères ont cru longtemps que ce qu'elles
font et la façon dont elles le font influençaient leur futur
enfant. Cela peut provoquer des inquiétudes : « Si je suis
tendue, aurai-je un bébé anxieux ? » Bien que je sois
incapable de répondre à cette question, je fais remarquer
que toutes les femmes enceintes sont tendues et anxieu-
ses. Ce ne serait pas normal autrement. Cela dit, la
recherche fœtale nous a apporté la preuve que le fœtus
s'adaptait à la tension de son environnement et qu'il pouvait même en tirer un enseignement. L'un peut devenir
calme et pondéré, apprenant à se contrôler, l'autre de
plus en plus actif. La mère aura à s'adapter à son bébé,
quel qu'il soit.

Les parents, au cours du dernier trimestre de la grossesse, travaillent à comprendre leur futur bébé. Ils accordent une attention consciente et inconsciente aux mouvements et au comportement du fœtus. Les parents
d'aujourd'hui savent que le fœtus entend les stimuli qui
environnent la mère et qu'il y répond bel et bien. Beaucoup de pères parlent à leur bébé et chantent pour lui au
cours des trois derniers mois, pour se rapprocher de lui
avant l'accouchement. Une mère, qui joue du piano, m'a
dit : « Je savais que mon bébé entendait, parce que
j'avais l'impression qu'il dansait au rythme de ma musique. Ce dont je n'étais pas consciente, c'est qu'il apprenait en même temps. Je jouais et rejouais une certaine
phrase d'une valse de Chopin au cours des derniers mois.

Après l'accouchement, je suis restée un certain temps sans avoir l'occasion de jouer. Quand ma fille a eu trois mois, un jour où elle était étendue dans son parc à côté du piano, je me suis remise à la musique. Je jouais la valse, et elle s'amusait sur le dos, en regardant son mobile. Au moment où je suis arrivée à cette phrase particulière, elle a arrêté de jouer et s'est tournée vers moi, l'air surpris, comme pour dire : « La voilà à nouveau ! » Je sais qu'elle l'avait reconnue, qu'elle s'en souvenait. J'étais stupéfaite. Maintenant, j'espère qu'elle sera musicienne. »

J'ai travaillé à établir une échelle d'évaluation que l'on puisse utiliser au cours du dernier trimestre de grossesse pour déterminer si le fœtus se développe bien. Le comportement d'un fœtus bien nourri, indemne des effets de drogue, de médicament ou d'alcool, etc., est d'une grande complexité et riche en réactions prévisibles. Mais, au contraire, si le fœtus est stressé par la malnutrition, les toxines ou une mauvaise condition placentaire, son comportement va s'en ressentir, et perdre de sa richesse. Ce fœtus ne manifestera pas les mêmes réactions aux signaux auditifs, visuels ou kinesthésiques qu'un autre en bonne santé. Nous savons depuis un certain temps que la nature des mouvements du fœtus peut aider à diagnostiquer un stress. Par exemple, une activité excessive, ou une absence de réactions aux mouvements de sa mère, ou alors des mouvements rares sans aucune réaction aux stimuli externes sont des signes dont on doit s'inquiéter. Ces anomalies devraient être rapportées à l'obstétricien, afin qu'il évalue la condition du fœtus.

Le rythme cardiaque et les mouvements respiratoires d'un fœtus peuvent être mesurés dans le ventre de sa mère. Ce sont également des indicateurs de stress. Si le fœtus souffre d'une insuffisance d'oxygène, le rythme cardiaque va s'accélérer, ou ralentir, ou ne plus varier, les mouvements respiratoires vont se faire haletants. L'obstétricien va observer ces signes et dire qu'ils présentent un caractère inquiétant. S'il considère que ces stress mettent le fœtus en danger à la fin de la grossesse, il peut décider de procéder à un accouchement prématuré, ce qui lui permettra peut-être de mieux soigner le bébé en dehors de l'utérus. Au fur et à mesure que nos connaissances augmentent, nous espérons pouvoir amener les parents à reconnaître eux-mêmes les signes inquiétants, à devenir de meilleurs observateurs de la santé du fœtus.

Il nous a fallu longtemps pour comprendre l'extraordinaire complexité du fœtus, tout comme il nous avait fallu longtemps pour apprendre à respecter les surprenantes capacités du nouveau-né. Il existe plusieurs chercheurs en France et aux États-Unis qui travaillent en ce moment sur les capacités d'apprentissage du fœtus, en particulier à partir de messages auditifs. Anthony De Casper, à l'université de Caroline du Nord, a démontré que les bébés enregistrent des histoires et des chansons, même complexes, lorsqu'elles leur sont répétées au cours des trois derniers mois de grossesse. Comme le faisait remarquer ma patiente, après leur naissance, les bébés les reconnaissent et manifestent en entendant ces sons familiers un surcroît d'attention ; ils paraissent bel et bien avoir une mémoire.

Certains enfants sont capables d'effectuer dans l'utérus non seulement des apprentissages, mais aussi des choix. Au cours de nos recherches au Children's Hospital, nous avons observé des fœtus par échographie. Nous avons découvert qu'il était possible de voir les moments où ils étaient endormis et ceux où ils étaient réveillés. Nous pouvions également identifier chez eux au moins quatre états de conscience (cf. chapitre 2 en ce qui concerne les états de conscience chez le nouveau-né) :

1. *Sommeil profond*, dans lequel le fœtus reste presque tout le temps calme ; s'il y a quelques mouvements, ce sont de faibles sursauts. Dans cet état, le fœtus ne réagit pas à la plupart des stimuli.

2. *Sommeil léger ou paradoxal :* étirements et contorsions prédominent. Ces mouvements sont rares, mais moins brusques et un peu plus organisés. Le fœtus est encore assez fermé aux sollicitations, mais on peut, non sans difficulté, éveiller son attention. Il y a périodiquement des mouvements en sursaut, coup de pied, coup d'envoi, ruade, pan, vlan, grands coups de poing, ou encore efforts respiratoires, répétés par séquences de quatre à huit mouvements.

3. *État alerte, actif*, que la mère ressent comme si le fœtus se lançait à l'assaut des parois utérines. Cet état se produit à des moments prévisibles au cours de la journée, habituellement quand la mère est fatiguée et qu'elle se repose. Si le fœtus réagit aux stimuli extérieurs, il le fera alors en se calmant. Ensuite, l'activité intense pourra reprendre. Cet état se produit le plus souvent à la fin de la journée. Les parents savent quand il survient et ce qui peut en modifier le cours — par exemple, s'ils sortent le soir, la période active peut être retardée jusqu'au moment où ils rentrent chez eux. Si la mère ne se nourrit pas correctement, la période d'activité peut se produire plus tôt dans la journée, probablement parce que le taux de glycémie est bas.

4. *État alerte, calme*. Dans cet état, le fœtus sera inactif, comme s'il écoutait. Les mouvements sont plus doux, plus organisés. Le fœtus est alors particulièrement sensible aux stimuli extérieurs.

Au cours de notre recherche, nous avons proposé différents stimuli à des fœtus de six, sept mois qui se trouvaient dans cet état alerte, calme. Nous avons utilisé un réveil puissant que nous avons placé à six centimètres de la paroi abdominale et l'avons fait sonner brièvement, six ou huit fois. Nous avons obtenu, chez les huit fœtus étudiés, un ensemble de réactions prévisibles. La première sonnerie leur a fait faire un bond, et leur visage semblait tendu. La deuxième sonnerie provoquait un plus faible sursaut.

À la quatrième sonnerie, les fœtus avaient cessé de sursauter et s'étaient immobilisés. Quelques-uns manifestaient des sursauts respiratoires de l'abdomen, sans autre réaction. Leur visage paraissait toujours tendu. À la cinquième sonnerie, ils portaient souvent une main à la bouche, y faisant entrer parfois le pouce ou un doigt. Puis ils se détournaient du réveil pour se détendre. Plus de réaction. Nous pensons que ces fœtus s'étaient adaptés, selon le processus d'« habituation », à ces stimuli négatifs.

Ensuite, nous avons agité une crécelle près de l'abdomen de la mère. Nous pensions que les bruits de l'utérus étaient trop importants pour que le fœtus puisse l'entendre. Mais, dès que nous avons commencé, il se tournait dans sa direction, comme s'il attendait le prochain signal. Et comme nous continuions à produire ces sons discrets, le fœtus restait calmement attentif. Il prouvait qu'il était déjà capable de faire attention aux stimuli positifs et de se détourner des stimuli négatifs.

Nous avons également essayé de très forts stimuli lumineux que nous projetions en direction du champ visuel de chaque fœtus. Nous déterminions d'abord dans quel sens il avait son visage, alors que sa tête était engagée dans le bassin de sa mère. Les premiers stimuli provoquaient de lents sursauts, puis le bébé portait ses mains à son visage et à sa bouche. Il détournait la tête du stimulus et, de nouveau, tous les mouvements cessaient, comme s'il s'était produit une réaction d'habituation à l'égard de la lumière, et il se plongeait dans le sommeil. Si nous utilisions une lumière faible et ponctuelle sur une autre partie de l'abdomen maternel, nous pouvions remarquer que le fœtus se tournait doucement en direction de cette lumière, comme pour fixer le point par lequel le stimulus lumineux pénétrait. Un jour où un fœtus calme devenait actif et paraissait contrarié, mon confrère le Dr Barry Lester plaça ses deux mains autour de lui, sur le ventre de sa mère. Il se mit à bercer le fœtus qui se calma. La mère s'exclama alors, exprimant nos pensées à tous : « Je ne savais pas que les bébés étaient si malins à cet âge ! »

Lorsque je parle de ces expériences à de futurs parents, ils me racontent quantité de petites anecdotes pour me montrer qu'ils ont eux aussi déjà remarqué ces choses-là. Dès que j'ai confirmé ces observations, ils leur accordent un plus grand crédit, une plus grande attention. Comme me l'a dit une mère : « Quand je suis allée à un concert de Bach, mon bébé a dansé en rythme. Quand je suis allée à un concert de rock, il a dansé tout différemment. Il s'est déchaîné. Moi, je savais qu'il pouvait déjà entendre. Il vous a fallu beaucoup de temps, à vous les chercheurs, pour découvrir ce que nous, les parents, savions depuis toujours. »

Mon rêve est que l'échelle d'évaluation que nous avons établie puisse être encore beaucoup plus affinée pour l'évaluation du comportement fœtal. Connaître les réactions normales prévisibles nous permet de déceler un comportement inhabituel, dès qu'un fœtus est victime d'un stress. Les futures mères pourraient observer et noter le comportement de leur futur bébé. Et si les choses se passaient mal, elles pourraient alors nous dire à quel moment nous inquiéter. De toute façon, elles profiteraient des réactions de leur futur bébé bien avant la naissance. Elles auraient l'impression de « connaître » le fœtus et de participer déjà à son maintien en bonne santé. Comme me disent presque tous les parents : » Peu m'importe que ce soit un garçon ou une fille, peu m'importe de quoi il aura l'air, pourvu qu'il soit normal. »

Une nouvelle alliance

À partir du moment où le couple des futurs parents et moi-même nous sentons tout à fait à l'aise, je leur demande plus de détails sur leur passé médical. Ils me parlent de maladies ou de problèmes congénitaux existant dans la famille, et nous savons que nous partageons alors certaines craintes qui remontent à la surface. Si un bébé, dans une autre branche de la famille, a un problème, toute femme enceinte impressionnable aura peur que cela ne se reproduise avec son futur bébé. Si un parent proche ou éloigné est atteint d'une maladie chronique ou d'un problème cardiaque, le père va forcément se demander si c'est une tendance qui peut affecter son bébé. Des peurs irraisonnées peuvent surgir en pleine nuit. Si les parents m'en parlent, je peux m'associer au système de défense qu'ils utilisent pour résister à ces frayeurs. Si je connais le passé médical familial et l'angoisse des parents, je peux en parler ouvertement avec eux, par la suite, au moment où j'examinerai le bébé en leur présence.

Lorsque nous avons parlé de ces craintes et de ces espoirs, communs à tous les futurs parents attentifs, et que j'ai bien exposé mon rôle de participant, nous avons établi dès le départ une importante relation. Je veux que les jeunes parents sachent à l'avance quand et comment ils pourront me contacter, pour des appels de routine, des urgences et, bien sûr, pour m'annoncer la naissance du bébé. Je demande qu'on me prévienne aussi rapidement que possible, afin que je puisse examiner le nouveau-né dans les premières vingt-quatre heures. Il est important pour moi de montrer et d'expliquer aux parents le comportement du bébé avant qu'ils ne quittent l'hôpital. Je peux souvent apporter de l'aide à une mère qui commence à allaiter ou qui décide de donner le biberon. Lorsque ensuite la famille est de retour à la maison, j'ai deux moyens de participer activement au processus d'adaptation au nouveau bébé : les appels téléphoniques, auxquels je réserve une heure de mon emploi du temps, chaque matin, et la première consultation à mon cabinet, qui aura lieu deux ou trois semaines après la naissance.

Dans l'idéal, la visite prénatale aura donné à chacun de nous un sentiment de confiance et de compréhension mutuelle qui nous aidera à affronter le prochain point fort. Cette première rencontre ne demande pas obligatoirement beaucoup de temps, elle représente néanmoins pour moi l'occasion la meilleure, la plus valable, de prendre contact avec une nouvelle famille.

2

Le nouveau-né : une personne

Le deuxième point fort — la deuxième occasion pour moi de participer au développement d'une nouvelle famille — est le moment exaltant où, en présence des parents, j'examine le bébé après sa naissance.

L'évaluation des réactions du nouveau-né

L'examen du nouveau-né fait par le médecin appartient depuis longtemps à la routine de la pédiatrie. Un examen précoce de la coloration de la peau, des rythmes respiratoire et cardiaque, de la tonicité musculaire et de la motricité — le test d'Apgar — est effectué à la naissance. Deux points sont donnés pour chacun des cinq examens si la condition est optimale, un point si elle est bonne. La note varie par rapport à ces points avec dix au maximum. On évalue ainsi la capacité du nouveau-né à réagir au stress du travail de l'accouchement et de son nouvel environnement ; cela ne nous donne pas d'indication sur sa santé future, mais plutôt le reflet de ce que le bébé a vécu au cours de l'accouchement. Afin d'évaluer plus précisément la condition du bébé, un examen physique et comportemental est effectué ensuite dans les premiers jours, par le pédiatre ou un spécialiste en néonatalogie appartenant au personnel hospitalier. On s'intéresse alors à la santé du bébé, et à ses réactions à l'alimentation et aux soins.

Ainsi que je l'ai mentionné dans le premier chapitre, l'échelle d'évaluation du comportement néonatal (NBAS[1]), utilisée actuellement dans les hôpitaux du monde entier, a été mise au point pour découvrir la personnalité du bébé et permet un examen du répertoire comportemental face à des stimuli d'origine humaine ou non. La façon dont le bébé utilise ses états de conscience pour contrôler ses réactions révèle sa capacité d'adaptation à son nouvel environnement. Avec l'aide de nombreux confrères, j'ai établi cette échelle qui propose une grille de notation pour les réactions et les réflexes du bébé au cours d'une interaction de vingt à trente minutes. À la différence d'autres tests médicaux, notre examen traite le nouveau-né comme un participant actif et retient le meilleur résultat (et non une moyenne). Nous affinons le NBAS depuis vingt ans, et nous l'avons adapté à l'évaluation des bébés prématurés et hypotrophiques ; plus récemment, nous l'avons utilisé pour met-

---

1. Le NBAS n'est pas encore utilisé systématiquement en France comme l'est l'Apgar.

tre en évidence les influences intra-utérines sur le développement fœtal.

Le NBAS nous a servi avant tout à démontrer aux
parents le comportement du bébé et à les sensibiliser aux
capacités et à la stupéfiante variété de réactions que leur
enfant possède déjà. Chaque parent s'inquiète : « Est-ce
que mon bébé est normal ? » Lorsque nous pouvons
amener l'enfant à donner le meilleur de lui-même, les
craintes des parents se dissipent, ce qui favorise la communication. Nous avons découvert, grâce à une centaine
d'études, combien ces nouveaux liens familiaux peuvent
se renforcer au cours de cette rencontre si riche d'enseignements, même si elle est brève. Le comportement du
nouveau-né semble avoir été inventé pour captiver ses
parents. Sa façon si énergique de vous serrer les doigts
de ses si petites mains, sa façon délicieuse de se blottir
dans le creux de votre épaule, de vous dévisager avec ses
yeux interrogateurs, tout cela va droit au cœur d'un père
ou d'une mère avides de tenir leur bébé dans leurs bras
et de faire connaissance avec lui.

J'aime pouvoir commencer le NBAS sur un bébé
endormi, afin de pouvoir tester sa capacité à se maintenir
en état de sommeil profond. J'essaie d'examiner l'enfant
dans chacun des dix états de conscience : sommeil profond, sommeil léger, état semi-éveillé, éveil complet,
agitation, pleurs. Le bébé va passer d'un état à l'autre,
et je recherche sa capacité à réagir à des stimuli positifs
et négatifs, dans chacun des états. Les stimuli que j'utilise comprennent une crécelle douce, une lumière vive,
une cloche, une balle rouge ainsi que la voix humaine et
le visage humain.

La première étape, alors que le nouveau-né est encore
endormi, consister à tester sa réaction à une lumière, à
une crécelle et à une cloche, que l'on agite plusieurs fois
à son oreille. L'objectif est de mesurer sa capacité à se
fermer aux stimuli perturbateurs. On teste ainsi les facultés d'« habituation », c'est-à-dire la possibilité de dimi-

nuer son niveau de réactivité lorsque ces stimuli négatifs sont dispensés de façon répétitive. Cela m'indique si oui ou non le bébé va être capable de se fermer à toute stimulation inutile provenant de son environnement. Certains nourrissons ont un système nerveux « à vif » à la suite de stress remontant à la période fœtale. Ces enfants ne peuvent pas éliminer les stimuli et se trouvent à la merci de réactions incessantes qu'ils ne peuvent pas contrôler. Ils ont besoin d'un environnement très protégé, semblable à celui que nous établissons autour des prématurés.

Le premier stimulus, un rayon de lumière vive, est envoyé pendant deux secondes sur les paupières fermées du bébé. Dès que son sursaut initial, ou tout autre mouvement, s'est calmé, j'envoie le rayon une deuxième, une troisième, jusqu'à une dizaine de fois au total. Au début, le bébé va réagir en sursautant ou en bougeant tout son corps ; ses bras, ses jambes vont se dresser. Puis, à chaque nouveau rayon, les mouvements diminuent. Au quatrième stimulus lumineux, l'enfant ne bouge généralement que peu ou pas du tout. Sa respiration redevient profonde et régulière. Son expression s'adoucit. Tout son corps retourne à la détente du sommeil. Le bébé s'est habitué à la lumière. Ensuite, j'agite une crécelle à une vingtaine de centimètres de son oreille. À nouveau, il s'agite, avec un sursaut ou des mouvements de tout le corps. Le deuxième son de crécelle peut produire un deuxième grand sursaut et un gémissement. Mais la troisième ou quatrième fois, il n'y a généralement plus qu'une réaction affaiblie avec très peu de mouvements. Ensuite, d'autres sons de crécelle ne provoquent qu'un frémissement des paupières, une grimace, puis l'enfant s'apaise. Bientôt, il ne réagit plus et paraît se trouver dans un sommeil calme, avec, de nouveau, une respiration profonde. Si la cloche est utilisée en dernier, agitée pendant une seconde, de façon répétitive, elle peut n'entraîner qu'une ou deux réactions initiales, auxquelles succède un sommeil profond. L'enfant a fait la démonstration de sa capacité à se maintenir dans l'état de sommeil, même au milieu d'un environnement chaotique. Un bébé qui peut s'habituer ainsi a ces ressources en lui-même.

Prématurés et bébés stressés

Les bébés prématurés, ceux qui ont subi des stress intra-utérins sont incapables de se fermer aux stimuli répétitifs. Ils réagissent à chaque son de crécelle ou de sonnette, à chaque lumière vive. On peut voir combien cela leur coûte. Leur visage se renfrogne et la coloration de leur peau peut même se modifier, car leurs rythmes cardiaque et respiratoire s'accélèrent à chaque stimulus. Ils pourront faire des tentatives pour se calmer en se contorsionnant ou en portant la main à la bouche. S'ils n'arrivent pas à surmonter ce problème de stimulation répétitive en se plongeant dans le sommeil, ils éprouveront probablement le besoin de s'exciter eux-mêmes jusqu'à parvenir à l'état de pleurs, de grande agitation. Les pleurs peuvent avoir aussi pour fonction d'éliminer la stimulation, mais non sans risque chez un bébé fragile (cf. chapitre 32).

Lorsque je découvre chez un bébé une réelle difficulté à éliminer les stimuli, je le dis aux parents et je prévois de suivre le bébé pendant un certain temps. S'il acquiert plus de compétences avec le temps, on peut en déduire que le problème provient vraisemblablement d'un stress à la naissance, ou alors que ce stress est peut-être dû à l'effet d'un médicament ou d'une anesthésie administrés à la mère pendant l'accouchement. Si l'hyperactivité persiste, je crains que cet enfant n'ait des difficultés plus tard, qu'il n'ait des réactions excessives dans ses tentatives d'assimiler des informations provenant de son environnement. La capacité à se fermer aux stimuli sans importance est nécessaire pour chacun d'entre nous ; elle nous permet de nous concentrer sur l'information particulière qui est vraiment importante pour nous. L'hyperactivité peut devenir pour un bébé une façon de se débarrasser de l'accablante surcharge que constitue l'arrivée vers lui d'un trop grand nombre de stimuli.

Les parents d'un bébé hypersensible peuvent l'aider à développer un seuil de discrimination efficace lui permettant de reconnaître et de rejeter les informations inutiles. Ils peuvent réduire le nombre de stimuli, installer à la maison une pièce tranquille, avec des lumières tamisées, parler à voix basse, n'adresser que des stimuli visuels ou tactiles modérés, surtout au moment des repas et lorsqu'ils veulent jouer avec leur enfant. Nous avons même découvert que certains bébés supportaient d'être regardés, ou touchés, ou pris dans les bras, à condition que l'on ne fasse qu'une de ces choses à la fois. Dès que le bébé se calme, on peut ajouter l'un ou l'autre geste. Peu à peu, on pourra tout faire en même temps, mais en douceur et en ménageant le système nerveux facilement surchargé de l'enfant. S'il se sent agressé, le bébé le manifeste par son comportement. Avec patience, les parents d'un bébé hyperactif peuvent lui apprendre comment accepter et utiliser l'information par petites doses, ainsi qu'à se ménager des pauses. Le fait de connaître tôt les besoins de leur bébé les aidera à se conduire avec lui de façon appropriée. Avec le temps, le bébé arrivera de mieux en mieux à gérer lui-même ce qui le concerne.

Pour continuer mon examen, je déshabille doucement le bébé en observant quelles sont ses réactions lorsqu'on le manipule. Je tiens à noter combien de temps il lui faut pour être tiré de son sommeil. Dès qu'il en émerge, j'évalue et consigne sa façon de passer à l'état de demiveille, puis aux états de veille complète et d'agitation. La façon dont un bébé passe d'un état à l'autre donne des informations sur sa personnalité ou le style de son tempérament. Un bébé qui passe lentement d'un état à l'autre, et qui réussit à rester ou endormi ou éveillé, témoigne déjà d'une merveilleuse capacité à gérer son univers. S'il semble se propulser rapidement d'un état à l'autre, s'il est incapable de se maintenir dans l'un ou l'autre de ces états, il lui faudra l'aide patiente de ses parents pour apprendre à développer ses propres modes de contrôle. Cela prendra du temps — un an ou plus. Le pédiatre peut aider ces parents à diriger les progrès du bébé et les soutenir dans ce travail exigeant. Si l'on prend l'enfant et si on le garde dans les bras, si on l'emmaillote ou si on l'encourage à sucer son pouce ou une sucette, il aura plus de facilité à maîtriser ces transitions d'un état à l'autre.

Un bébé incapable de contrôler ces transitions se trouve à la merci d'un système nerveux immature, comme à l'état brut. Certains nouveau-nés facilement irritables se remettent en fait d'un traitement médical administré à leur mère. Les femmes qui fument, boivent de l'alcool ou exposent leur bébé aux stupéfiants pendant leur grossesse doivent s'attendre à avoir des enfants irascibles, car ceux-ci se remettent des effets de ces drogues et passent par une période de repli. Les bébés dont la mère a dû recevoir des médicaments pendant l'accouchement peuvent être calmes pendant les premiers jours, puis devenir très irritables ; cette dernière période est généralement de courte durée et ne reflète pas réellement la future personnalité du bébé. Les parents l'aideront en lui procurant un environnement calme, sans source de perturbation. Bien qu'un bébé aussi irritable soit une épreuve pour de jeunes parents, ceux-ci n'ont pas à se culpabiliser. Si, au contraire, ils identifient ce comportement comme étant le mode de réaction d'un bébé doté d'un système nerveux immature, à vif, cela leur permettra d'acquérir des façons de faire susceptibles de l'aider progressivement à se calmer.

Une fois le bébé déshabillé, je peux évaluer sa condition physique, voir s'il est bien nourri et bien hydraté.

J'examine la couleur de sa peau et la quantité de graisse sous cette peau veloutée et légèrement duveteuse. Un bébé qui a subi des stress intra-utérins a une peau plissée, qui pèle, et une expression inquiète. Il a l'air d'un vieux petit homme fatigué, comme si sa vie avant la naissance avait été vraiment trop pénible. Une fois nourri et réhydraté, après l'accouchement, il prend du poids, fabrique de la graisse, sa peau s'améliore et son visage tiré se remplit pour lui donner l'air d'un bébé rondelet et superbe.

Contrôle des réflexes du nouveau-né

Maintenant que le bébé s'est éveillé, je peux tester ses réflexes et toutes ses réactions conscientes. Comme le bébé est couché, déshabillé en face de moi, je l'observe pour découvrir s'il est capable de mouvoir doucement bras et jambes. Je cherche aussi à savoir s'il garde une bonne coloration de peau sans la protection de ses vêtements. Après chaque mouvement d'étirement, il peut avoir une courte période d'agitation des jambes, comme un mouvement de « frousse », et ses bras se rapprochent par saccades. Je caresse ses pieds pour provoquer des réflexes. Lorsque je passe la main sur sa plante de pied vers l'intérieur, il saisit mon doigt avec ses orteils, vers l'extérieur, il écarte les orteils en un réflexe de Babinski. Je teste son réflexe du genou, et examine sa tonicité musculaire.

En mettant un doigt dans chacune de ses mains, il est possible de tirer doucement le nouveau-né et de le faire asseoir. Au moment où il s'élève, sa tête va rester en arrière, mais il fait un réel effort des épaules pour la maintenir dans l'axe de son corps. Dès qu'il est assis, ses yeux s'ouvrent d'un coup, comme ceux d'une poupée, et il se met à regarder autour de lui. Là, les parents ont le souffle coupé d'admiration. Si la tête du nouveau-né se maintient en arrière et s'il ne parvient pas à la redres-

ser, j'examine de plus près la tonicité de sa musculature.
Je peux savoir d'après les réflexes que j'ai testés si les
muscles du bébé sont vigoureux et intacts. De plus, cette
réaction au niveau des épaules, au moment où l'enfant
est tiré pour s'asseoir, me fournit des indications sur les
réactions qu'il aura quand les parents feront ces gestes.

Pour provoquer un *réflexe de marche automatique*, je
place le bébé debout, les pieds fermement posés sur le
lit, et, de la main, je pousse son corps vers l'avant. Il se
met à marcher lentement, d'abord avec un pied, puis
avec l'autre, tout doucement il va son petit bonhomme
de chemin. Non seulement c'est très amusant à observer
mais, en plus, les parents sont rassurés pour l'avenir par
le potentiel accumulé dans ce parfait petit être. Rien de
ce que je puis dire ne sera aussi convaincant pour les
parents que ce langage sans paroles, mais si plein de
vigueur.

Un bébé qui a souffert d'hémorragie ou d'un épisode
d'hypoxie à la naissance ne sera peut-être pas capable
de telles réactions. C'est donc un soulagement pour les
parents de constater toutes ces performances chez leur
enfant. Si les réflexes sont lents ou faibles, ou s'ils sont
trop prononcés, je devrai examiner à nouveau le bébé
quelques jours plus tard pour voir si le temps apporte
des changements. Si alors les réflexes paraissent plus
proches de la normale, je ne m'inquiète pas. Beaucoup
de nourrissons réagissent peu après la naissance, comme
s'ils devaient se remettre du stress des contractions et
de l'accouchement. Si cette attitude persiste, nous
devrons en chercher la raison, par exemple un état
dépressif du système nerveux, que l'on peut soigner, à
condition de commencer tôt. Nous savons maintenant
que, si l'on traite de façon précoce un enfant déséquili-
bré ou porteur d'une anomalie, cela l'aidera fortement
à récupérer. Dès le plus jeune âge, il peut acquérir des
schémas de succès en surmontant des difficultés, ou des
schémas d'échec qui s'ajouteront à ses problèmes. Les

parents inquiets à propos du développement de leur enfant devraient le faire examiner par un spécialiste compétent et entreprendre un programme d'intervention précoce. Non seulement le bébé y trouvera une aide pour développer son potentiel aussi bien que possible, mais les parents inquiets recevront une aide et une compréhension qui les encourageront à participer à la guérison de leur enfant.

Je repose l'enfant sur le dos et il se met à se tortiller et à tressauter. Un bébé sur le ventre peut s'enfouir dans les draps. Sur le dos, il a tendance à s'agiter, par saccades, à battre des bras et des jambes. Tandis qu'il se trouve dans cette position, je peux tester les importants *réflexes de protection*. Si je place un tissu doux sur ses yeux et si je le maintiens doucement de chaque côté de son nez, le bébé va se débattre. Bien que rien ne l'empêche de respirer, il va arc-bouter sa tête en arrière, la tournant d'un côté à l'autre pour rejeter le tissu. Il va porter une main, puis l'autre à sa tête, et la passer sur son visage pour enlever ce tissu afin de maintenir bien dégagé l'accès de ses voies respiratoires. Les bébés ne risquent pas d'étouffer, sauf si leur visage se trouve recouvert par des couvertures lourdes. Seul un enfant malade est incapable de résister lorsqu'on lui couvre le visage et le nez. Le syndrome de mort subite du nourrisson — MSIN, au moment où j'écris ce livre, beaucoup d'études sont en cours sur les causes du MSIN, mais aucune n'a abouti —, qui reste mystérieux, n'est vraisemblablement pas dû à l'étouffement. Il semble plutôt causé par un déséquilibre de l'appareil respiratoire ou circulatoire qui a tellement affaibli l'enfant que celui-ci ne lutte plus pour respirer correctement.

Chez le bébé né à terme, le rejet en arrière de la tête, la montée des mains pour repousser le tissu sont deux preuves du bon état du système nerveux. Comme nous l'avons fait remarquer, si le bébé est trop endormi par les médicaments administrés à sa mère, ou s'il est pré-

maturé, tous ses schémas moteurs sont nettement affai-
blis. S'il a souffert d'une lésion cérébrale, son activité
motrice sera désordonnée et ses tentatives infructueuses
constitueront autant de signaux qui nous indiquent qu'il
a des problèmes. Nous devons alors tout mettre en œuvre
pour l'aider à guérir !

Le *réflexe de fouissement* apparaît si vous touchez le
bébé d'un côté de la bouche. Il se tourne dans la direction
de ce contact, cherchant le « sein » avec la bouche. Lorsque vous donnez votre doigt à sucer au nouveau-né, vous
pouvez tirer beaucoup d'enseignements au sujet de la
coordination de sa succion. Vous pouvez alors sentir au
moins trois sortes de réactions. L'extrémité de la langue
lèche la partie du doigt la plus proche de la bouche.
L'arrière de la langue se met à masser le milieu du doigt.
Enfin, l'arrière-gorge commence à aspirer le bout de
votre doigt. Ces trois mécanismes se coordonnent rapidement chez un nouveau-né alerte et en pleine santé. Si
l'enfant est immature, la coordination est lente à se faire.
Les infirmières savent qu'un enfant de ce type n'est pas
prêt à téter, et elles doivent donc le nourrir à la sonde.
Au fur et à mesure du développement de l'enfant, ces
trois réflexes de succion si nécessaires commencent à
s'organiser et le bébé est bientôt capable de téter le sein
ou la tétine.

Un bébé somnolent peut ne pas parvenir à coordonner
sa succion si un parent ou une infirmière ne l'y prépare
pas. D'abord, il faut le réveiller ; puis le caresser autour
de la bouche ; et enfin lui donner un doigt à sucer. Après
avoir remué doucement le doigt dans la bouche du nourrisson pour provoquer toutes ces réactions et avoir senti
qu'elles se sont coordonnées, le parent ou l'infirmière
saura qu'il est prêt à prendre le sein. Si la mère presse
l'aréole et fait jaillir le mamelon entre ses doigts, celui-
ci ira directement au fond de la gorge et déclenchera un
mécanisme de succion efficace. Le réflexe le plus puissant est celui qui mobilise la partie arrière de la langue.

Lorsque ces trois réflexes se mettent à agir ensemble, le lait va couler, le processus est en route. Après avoir été aidé quelquefois, le bébé apprendra à s'en sortir tout seul.

Lorsque je tourne la tête d'un nouveau-né d'un côté, il manifeste un *réflexe tonique du cou* — un mouvement d'escrimeur (le bébé s'arc-boute dans la direction opposée à celle de son visage, le bras correspondant au côté vers lequel sa tête est tournée s'étire, l'autre bras se fléchit vers le haut, près de la tête). La flexion d'un côté du corps et l'extension de l'autre vont l'aider pour la latéralisation des mouvements dans le futur, lui permettre de les effectuer chacun de façon indépendante et non symétrique. Il est particulièrement intéressant de noter que ces réflexes sont très utiles pendant l'accouchement. En tournant la tête en réaction aux contractions, le fœtus déclenche une série de mouvements qui contribuent au bon fonctionnement de l'accouchement en stimulant l'utérus de la mère. Plus tard dans l'enfance, ce même réflexe sera à nouveau utile à l'enfant en lui permettant d'utiliser un bras pour prendre un jouet tout en gardant l'autre bras immobile. Le développement du côté dominant qui est à la base de la coordination bénéficie de ce réflexe sous-jacent.

Parmi mes « jouets » d'évaluation, j'ai une balle rouge brillante d'environ cinq centimètres de diamètre. Lorsque je la tiens à environ trente, trente-cinq centimètres des yeux d'un nouveau-né alerte, il la fixe lentement et la suit du regard d'avant en arrière et même vers le haut, jusqu'à un angle de trente degrés. Ce faisant, ses yeux ont de petits mouvements saccadés, sa tête tourne lentement d'un côté à l'autre. Cela me montre que non seulement il voit, mais qu'il est aussi capable de se maintenir dans un état alerte et de réagir avec la motricité appropriée pour suivre la balle des yeux. Son visage tout entier s'illumine et tout son corps participe à cet état d'attention au stimulus visuel. La vision a déjà de l'importance pour lui.

Si je présente alors mon visage à la même distance, son visage à lui va devenir alerte et mobile. Le nouveau-né regarde le visage autrement que le stimulus-objet. Non seulement il manifeste généralement une attention plus intense devant un visage, mais son propre visage s'anime aussi. Devant une balle rouge ou une crécelle, son expression est statique, comme « captivée ». Devant un visage humain, sa bouche bouge doucement, son front se plisse, s'anime comme s'il essayait d'imiter. Et, quand ils sont en état alerte, certains bébés vont effectivement imiter ce qu'ils voient. Ils ouvrent la bouche pour tirer la langue si vous tirez la vôtre. Plusieurs chercheurs l'ont constaté, et en particulier Andrew Meltzoff, de l'université de Washington, à Seattle. Il voit là le premier signe prouvant que le comportement du bébé peut être influencé par les personnes qui l'entourent.

Si je parle doucement, l'intérêt que le nouveau-né témoigne à mon visage augmente. Certains bébés peuvent me suivre des yeux, bien régulièrement, si je bouge doucement de bas en haut, d'avant en arrière, et cela plusieurs fois avant de relâcher leur attention. Tandis que le bébé m'observe, sa bouche et son visage bougent au rythme de ma voix. À ce stade de l'évaluation, si le bébé réagit bien et surtout s'il tire la langue, la plupart des parents sont en extase. Les nombreuses capacités de leur bébé, et surtout sa nette préférence pour la voix et le visage humains, les remplissent de grandes espérances pour l'avenir.

Il y a là un important effet de réciprocité. Les parents semblent attendre le comportement dont est capable un nouveau-né. Une fois ce comportement — l'habileté et les penchants du bébé — démontré, ils tirent un sentiment accru de confiance dans leurs propres capacités à comprendre et à pouvoir élever leur enfant. Nos études ont montré qu'après une évaluation ainsi partagée avec les parents, la mère et le père sont nettement plus sensibles aux signaux comportementaux de leur enfant un mois plus tard, et se sentent plus impliqués dans son développement pendant toute la première année.

Bien sûr, tôt ou tard, au cours de l'examen, le bébé peut s'énerver. Il commencera peut-être par une simple petite plainte, mais si on le laisse déshabillé sans le tenir, il va devenir plus démonstratif. En remuant, il se met à sursauter. Ces sursauts, ces réflexes de Moro, consistent pour le bébé à lancer ses bras en avant, arc-bouter son dos, grimacer et se mettre à crier. S'il n'a rien à attraper et à tenir, ou si personne ne le prend dans les bras, chaque sursaut en déclenche d'autres. Le bébé est bientôt dans un état de grande contrariété, avec une agitation ininterrompue et d'incessants cris de revendication. Lorsque les parents s'en rendent compte, ils ont du mal à se contenir. Ils ressentent une forte envie d'aider leur enfant, tout comme moi. Je leur explique alors que je veux voir ce qu'il faut pour l'aider à se calmer. J'aime le connaître aussi bien s'il pleure que s'il est calme. Ainsi, les parents et moi-même pourrons apprendre comment l'aider à se calmer quand il en aura besoin.

Le bébé peut essayer de tourner la tête pour porter son pouce à la bouche, puis le sucer et se calmer. Si je lui parle d'une voix ferme et apaisante à l'oreille, il arrête parfois de s'agiter frénétiquement pour écouter un court instant. Puis il peut se remettre à pleurer, mais moins intensément. Je mets mes deux mains sur sa poitrine pour maîtriser ses sursauts. Cette fois, quand je lui parle, il y a plus de chances pour qu'il se calme. Son corps devient plus souple, et il peut porter une main à son visage, tourner légèrement la tête, éventuellement mettre un doigt dans la bouche et écouter ma voix, avec une expression intense, vibrante.

S'il ne se calme pas (à ma voix et sous mon influence), je le prends dans mes bras et je le berce. Si cela ne donne pas de résultat, je peux lui donner à sucer un de ses doigts ou une sucette.

À chaque intervention, nous découvrons comment ce bébé particulier peut être consolé et combien il va contribuer à se consoler lui-même.

Un bébé qui n'arrive à se contrôler ni par lui-même ni avec l'aide des adultes va poser des problèmes à ses parents. Un bébé irritable et facilement contrarié peut parfois avoir besoin d'être placé sur le ventre pour dormir, d'être emmailloté, ou encore d'être pris et bercé. Ces gestes l'aident à contrôler les mouvements désordonnés qui autrement provoqueraient une grande angoisse chez lui. Dès que le bébé est maintenu, il redevient capable d'attention et peut finir par trouver le moyen de se calmer. En même temps, il a besoin de douceur, de gentillesse de la part de la personne qui le manipule.

Parmi les autres réflexes qui sont passionnants à observer et à comprendre, il y a les réflexes de Babkin, de Gallant et les réflexes de reptation. Lorsque vous caressez la joue d'un nouveau-né ou que vous mettez votre doigt dans sa paume, il monte son poing jusqu'à la bouche et essaie d'y introduire un doigt. C'est le *réflexe de Babkin*, ou *réflexe de la main à la bouche*, qui lui sert ultérieurement pour sucer son poing ou ses doigts. Si vous passez une main le long de la colonne vertébrale du nouveau-né tout en le tenant d'une main sous le ventre, il fléchit tout son corps du côté qui est caressé ; lorsqu'on change de côté, il fléchit son corps de l'autre côté — il en résulte un réflexe de natation. Nous avons hérité de ce réflexe, connu sous le nom de *réaction de Gallant*, de nos ancêtres amphibiens. Dans le *réflexe de reptation*, le nouveau-né, placé sur l'abdomen, fléchit ses jambes sous lui et se met à ramper, redressant la tête pour la tourner et la libérer des draps. Il a tendance à mettre la main à la bouche pour la sucer, puis à s'installer dans une position confortable.

Apprenez le style de votre bébé

Tout en expliquant aux parents les réactions du nouveau-né à la crécelle, à la cloche, à la balle rouge et aux différentes manipulations, je leur décris les stades de conscience que nous observons et leur explique ce que cela représente en termes d'organisation interne pour le bébé. Nous recherchons les indices qui nous apprendront quelle est sa personnalité pour organiser son nouvel univers. Les parents qui voient dans le cycle des six états que nous avons mentionnés plus haut (sommeil profond et léger, agitation, pleurs et les deux états alertes) la façon dont le bébé contrôle son monde interne et externe font d'ores et déjà preuve d'une complète compréhension de leur enfant. L'organisation de ces états sur une période de vingt-quatre heures devient une véritable ouverture sur les comportements prévisibles que les parents découvriront en s'occupant de leur bébé. En comprenant comment un bébé gère d'emblée son environnement, les parents ou ceux qui peuvent en avoir la charge ont alors un sentiment de respect pour sa compétence.

Le but principal de faire participer les parents à l'observation de ces réactions et de ces réflexes est avant tout de leur permettre d'identifier le tempérament particulier de leur nouveau-né. Il y a de grandes différences dans le style de réaction des bébés face aux stimuli de leur environnement : dans leur besoin de sommeil, dans leurs pleurs, dans leurs façons d'être apaisés, leurs réactions à la faim et à l'inconfort, aux changements de température, aux gestes faits lorsqu'on les manipule, tout comme à la communication qui s'établit avec les personnes qui s'occupent d'eux. Le but des parents n'est pas de comparer leur bébé aux autres à partir de ces différences, mais d'être attentifs au style de leur enfant, à l'écoute de ses particularités. Comme nous l'avons vu au chapitre précédent, les parents peuvent avoir acquis un avant-goût de ce style personnel avant la naissance.

Le bébé a déjà fait l'expérience d'une partie du monde extérieur avec la voix de ses parents. Nous pouvons tester cela au cours de la visite à l'hôpital, sur un bébé calme, alerte. Je prends le bébé en tenant sa tête d'une main, ses fesses de l'autre tandis qu'il regarde le plafond. Je lui parle doucement, il se tourne vers moi pour rechercher la source de mes paroles. Dès qu'il découvre mon visage et ma bouche, il s'illumine. Je demande alors à sa mère de venir de l'autre côté, et de me faire concurrence en lui parlant doucement. Tous les bébés choisissent la voix féminine, se tournent en direction de sa provenance, découvrent le visage qui lui correspond et s'illuminent. Chaque fois que je fais cette expérience, la mère tend les bras, prend son bébé et le serre contre elle en disant : « Tu me connais et tu me connais ma voix, n'est-ce pas ? » Cette réaction prévisible, mais impressionnante, du nouveau-né cimente leur relation.

Lorsque les pères sont présents, je fais le même test avec eux. Dans la plupart des cas (80 pour cent), le bébé se tourne en direction de la voix de son père plutôt que vers la mienne. Je ne peux pas dire si le bébé est sensible au désir du père d'attirer son attention, ou s'il reconnaît effectivement sa voix. S'il ne se tourne pas spontanément vers la voix de son père, j'incline parfois moi-même sa tête vers lui. Car les pères font exactement la même chose que les mères — tendant les bras, saisissant leur bébé, ils s'exclament : « Tu me connais déjà ! », comme si c'était un miracle.

Les adultes qui essaient d'attirer l'attention d'un bébé vont automatiquement élever la voix à un registre plus aigu. Les bébés sont probablement conditionnés dans l'utérus au registre féminin de la voix maternelle. Ainsi, ils réagissent plus volontiers aux voix hautes. Dans chacune des modalités sensorielles, le bébé a un registre préféré. Si vous le caressez lentement, doucement, vous le calmez. Si vous le tapotez rapidement, dans un petit « staccato », il s'éveille, se met en mouvement. Si vous le bougez doucement, le bébé peut suivre des yeux votre visage. Si le mouvement est trop brusque, et si le stimulus se trouve à une distance supérieure à trente-cinq centimètres, il ne peut que regarder dans le vague, sans accommoder, ni fixer son regard.

Beaucoup de parents n'ont nul besoin de ces explications pour comprendre l'extraordinaire complexité de leur nouveau-né. Néanmoins, participer au premier examen avec un professionnel leur donne une occasion de poser des questions et d'exprimer les inquiétudes qu'ils pourraient avoir. En examinant le comportement du nouveau-né avec ses parents, mon objectif est donc double. Tout d'abord, j'essaie de leur faire prendre conscience de l'extraordinaire répertoire comportemental dont leur enfant est doté. Je sais qu'ils vont alors observer son comportement avec un œil neuf, voir chaque réaction comme pouvant être le langage avec lequel le nouveau-né communique avec eux. Tout cela les prépare à notre futur travail, qui est la surveillance de son développement. Mon second objectif est de leur faire sentir mon intérêt pour leurs réactions vis-à-vis de leur bébé et leurs interprétations de son comportement. S'ils veulent bien m'accepter comme observateur actif et comme participant au développement de la famille, ils seront probablement moins tentés de se méfier de moi. Au cours des visites suivantes, ils auront envie de me parler de l'évolution de leur bébé. À travers ce rapide examen de l'enfant, en observant comment il comprend les choses, les refuse, comment il commence à maîtriser son monde, nous découvrons un langage commun, un véritable point fort pour ancrer notre relation future. Plus tard, les parents m'appellent ou viennent me consulter en disant : « Vous vous rappelez ce que vous m'avez montré ce jour-là ? Eh bien ! maintenant il peut le faire ! Je savais que cela vous intéresserait. »

Une mère que je n'avais pas vue depuis trente ans s'est un jour levée au milieu d'un public de mille cinq cents parents, pour me dire qu'elle n'avait jamais oublié comment j'avais examiné son enfant et comment j'avais joué avec lui. Elle me rappela que, alors que le bébé n'avait que deux jours, j'avais fait une prédiction. Il était tellement irascible que, avais-je dit, il traverserait certainement une période de grand négativisme au cours de sa deuxième année — et (surprise !) c'est ce qui s'était passé. Après tant d'années, elle se souvenait que quelqu'un l'avait assistée dans son travail de compréhension de son bébé nouveau-né.

3

Les parents nouveau-nés

Le bébé n'est pas le seul membre de la famille à affronter un monde nouveau ; la vie de sa mère et celle de son père sont elles aussi en cours de changement. Les médecins et les infirmières ont fini par comprendre que les parents ont besoin d'autant de soins, de « maternage », que leur enfant. La nouvelle mère et le nouveau père passent par une des plus grandioses périodes d'adaptation qui soient : entreprendre une mystérieuse et toute nouvelle fonction dont ils auront la responsabilité complète pour au moins les dix-huit années à venir.

« Vous voilà donc avec tous vos œufs dans le même panier, écrit le célèbre pédopsychiatre D.W. Winnicott. Qu'allez-vous faire ?... Vous réjouir de laisser les autres se charger du monde tandis que vous êtes en pleine production d'un de ses nouveaux membres. Vous réjouir d'être mis à l'écart et de pouvoir être presque amoureux de vous-même, tellement le bébé fait partie de vous. »

Ces sentiments de délice sont accompagnés d'une angoisse bien naturelle. Tous les parents profondément aimants seront anxieux. L'anxiété a une fonction vitale : elle renforce l'énergie des parents, ce qui les aide à assumer leurs nouvelles responsabilités. L'anxiété peut les rendre plus ouverts face au bébé et aux autres personnes susceptibles de les aider.

Cependant, si l'anxiété submerge les nouveaux parents, elle peut aussi les renfermer sur eux-mêmes, ou les amener à la dépression. Un jeune parent déprimé n'est plus disponible pour les nombreux signaux que lui envoie son bébé. Presque toutes les jeunes mères qui ont eu un dur travail d'accouchement ont tendance à être quelque peu déprimées au cours des premiers jours. Un des rôles d'un professionnel soutenant la mère est de faire la différence entre cette baisse de tonus naturelle et une dépression plus profonde. La première de ces éventualités peut être utile à la mère pour ralentir son rythme de vie et se remettre physiquement du stress de l'accouchement. C'est un phénomène courant, normal, et qui a une fonction adaptatrice.

Dans les îles Goto, au Japon, où nous avons étudié des familles pendant plusieurs années, la jeune mère doit rester couchée, enveloppée dans son édredon, pendant un mois après l'accouchement. Son bébé, bien emmitouflé, est couché à côté d'elle. Pendant ce mois, les grand-mères, les tantes et autres membres de la famille viennent s'occuper d'elle, la nourrissant, l'aidant pour sa toilette. La mère ne doit rien faire d'autre que nourrir son bébé et se remettre. Tandis que ses parents lui permettent de régresser et de reprendre des forces, ils s'adressent à elle en parlant « bébé ». En réponse, elle s'exprime d'une voix haut perchée. Pendant un mois, elle est une enfant à leurs yeux. Au bout de ce temps, elle retourne à ses dures corvées, aussi bien dans les travaux du ménage que pour aider son mari, pêcheur, à tendre ses filets. Une période de convalescence postpartum est acceptée et considérée comme normale dans ce pays. Aux États-Unis, en revanche, on attend de la mère qu'elle se lève rapidement pour faire face aux exigences de son nouveau travail, en parent performant. On attend d'elle qu'elle crée un lien fort avec le bébé — le fameux *bonding* — dans la salle d'accouchement avant d'avoir eu la possibilité de récupérer complètement elle-même. De nos jours, il est rare qu'elle puisse rester à l'hôpital assez longtemps pour reprendre ses forces. Si elle a eu une césarienne, elle pourra bénéficier de cinq jours de soins et de convalescence. Pour les accouchements par voie naturelle, quarante-huit heures représentent une longue hospitalisation. En fait, la mère doit prendre en main son propre rétablissement et son attachement au bébé. Étant donné qu'il est devenu difficile de s'appuyer sur toute la famille et sur la génération précédente, le jeune père peut très bien être son seul appui. Mais lui, de son côté, doit faire son propre travail d'adaptation. S'il prend sa fonction au sérieux, s'il est prêt à apporter son soutien à l'adaptation familiale, il se voit offrir un rôle tout à fait unique aujourd'hui. Mais cette éventualité s'accompagne pour lui d'une lourde responsabilité. Comme il n'a généralement eu aucun modèle pour ce rôle paternel dans son passé, un père peut lui aussi être anxieux et se sentir dépassé. Si un professionnel parvient à déceler ces petits problèmes, il peut lui être d'une aide précieuse. Dans mon propre travail de pédiatre, je m'efforce d'établir un « contact de base, une force de base » avec chaque nouveau père, à l'hôpital et chez lui, par téléphone, au cours de la première semaine.

Le bonding

Les pédiatres Marshall Klaus et John Kennel ont été les premiers à décrire le phénomène de « bonding », de lien, qui s'établit entre les parents et le nouveau-né, et à insister à ce propos sur l'importance des tout premiers jours. Ils ont aussi démontré à quel point les hôpitaux modernes négligeaient les besoins des jeunes parents. Pour renforcer l'intimité toute neuve qui se crée entre eux et le bébé, ils ont recommandé de laisser un moment aux parents dans la salle d'accouchement, pendant lequel ceux-ci pourront toucher, tenir le nouveau-né et communiquer avec lui. Ils ont recommandé que le bébé « flambant neuf » soit immédiatement placé peau contre peau sur la poitrine de sa mère et qu'on le laisse téter le sein. Le père a été encouragé à tenir son bébé et à le regarder bien en détail. Leur recherche montrait que c'était un moment de grande émotion pour chacun des parents qui avaient là l'occasion de canaliser toutes les impatiences, les aspirations accumulées pendant la grossesse, et la possibilité de voir se nouer leur attachement au bébé réel. Une étude plus récente des Drs Kennel et Klaus a prouvé que la présence d'une *doula* (une femme qui assiste et encourage la mère pendant l'accouchement) avait pour effet de réduire de façon notoire la longueur des accouchements, et donc leurs complications. Un tel soutien constant aide les parents à vivre au mieux l'expérience de l'accouchement et à être prêts pour s'occuper de leur enfant et pour communiquer avec lui.

Certains ou certaines responsables des séances de préparation à l'accouchement ont pris cependant les implications de la recherche sur le bonding trop au pied de la lettre, allant jusqu'à placer un panneau sur la porte de la chambre des parents, à l'hôpital : « Ne pas déranger — en cours de bonding ». Cette interprétation ne tient pas compte des différences de personnalités ni de la nature évolutive du bonding. Au cours de mes recherches dans d'autres parties du monde, j'ai découvert que toutes les femmes ne désirent pas avoir leur bébé près d'elles immédiatement. Certaines, après un accouchement pénible, ont besoin d'un moment pour reprendre des forces. Ensuite, elles sont prêtes à recevoir le nouveau-né. Voilà pourquoi je suis sceptique au sujet de toute pratique systématique visant à donner obligatoirement le bébé à la mère pour « créer des liens sur-le-champ ». J'aime laisser le choix aux parents et j'aime en plus leur donner la possibilité de se remettre, et de ressentir une grande impatience et un grand désir d'être avec leur bébé.

Si les parents sont submergés, dépassés, il est important qu'une personne soit disponible pour les assister au moment où ils font connaissance avec le bébé. Cela au moment où ils le souhaitent. Les choix des parents doivent être respectés si nous voulons que l'arrivée du nouveau membre de la famille se fasse dans les meilleures conditions.

Les circonstances dans lesquelles l'état du bébé exige qu'on le transfère immédiatement vers une unité de soins intensifs, sans que les parents aient eu la possibilité de l'accueillir à sa venue au monde, nous ont appris que l'attachement au bébé est surtout une évolution à long terme, et non seulement un moment court et magique. Le bonding dès la naissance peut être comparé au coup de foudre — rester amoureux prend plus de temps et demande plus d'efforts. Même si le premier contact doit être remis à plus tard, les parents peuvent réussir un parfait attachement avec leur bébé... Il est très important qu'eux et ceux qui les assistent à la naissance sachent que non seulement chaque famille a son propre rythme, mais aussi qu'un attachement fort, durable, est le seul but à atteindre.

À la découverte du bébé réel

Lorsque j'examine le nouveau-né et que les parents et moi-même observons son comportement, c'est le deuxième point fort — celui par lequel nous apprenons ensemble à connaître le bébé. J'aime les faire se souvenir du bébé dont ils rêvaient et des prédictions qu'ils avaient exprimées au cours de la visite prénatale. Étant donné qu'ils essaient maintenant de faire coïncider cette image avec le bébé réel, nous avons intérêt à provoquer ces souvenirs pour comprendre quelle rectification ils ont à faire. Si, par exemple, ils avaient rêvé d'un gentil bébé de tout repos et s'ils ont devant eux un enfant vigoureux, impulsif, difficile à calmer, les jeunes parents ont un grand travail en perspective. S'ils peuvent être conscients de cette inévitable période d'adaptation, ils la vivront probablement plus facilement. Leur déception peut leur donner un certain goût du défi, l'envie de comprendre ce bébé-là. Si nous discutons de leurs sentiments, ils voient alors que je les comprends eux aussi.

« Elle a ton nez. » « Il a les yeux de mon père. » « Sa voix est tout à fait celle de tante Jane quand elle est en colère. » Ces commentaires sont autant de tentatives pour faire du bébé une personne familière et pour déterminer quelle sorte d'être humain il deviendra. Le psychiatre Bertrand Cramer, spécialisé dans le traitement de très jeunes enfants, a montré dans le livre que nous avons écrit ensemble, *Les Premiers Liens*[1], comment les parents doivent réconcilier le bébé réel avec un bébé imaginaire qui porte en lui une grande somme d'expériences de leur propre passé. Les essais des parents pour caractériser l'enfant, lui mettre une étiquette, font partie du travail destiné à faire connaissance avec cet étranger. Comme des metteurs en scène de théâtre, les parents dis-

---

1. Stock-Laurence Pernoud-Calmann-Lévy, 1991.

tribuent de nombreux rôles au bébé — « petite reine »,
« pleurnicheur », « explorateur parti à la conquête du
monde », « ange », etc. —, ils plongent dans l'histoire de
leur famille pour essayer de mieux comprendre leur
enfant. Si le bébé pâtit d'une mauvaise distribution,
l'adaptation sera plus difficile et les parents pourront
avoir besoin d'aide...

L'examen du bébé

Tandis que les parents examinent leur bébé, d'abord
avec précaution, puis centimètre par centimètre, chaque
détail leur saute aux yeux. Ils sont souvent inquiets de la
forme de sa tête, qui peut être un peu pointue et bosselée.
La tête doit se prêter au travail de l'accouchement. Elle
peut s'allonger et rétrécir de plus de deux centimètres.
Elle retrouvera sa forme ronde en deux ou trois jours.
Cela ne fait courir aucun risque au cerveau. La seule
bosse qui dure se présente comme un gonflement important, souple, empli de sang et situé sur un côté ou l'autre
de la tête. C'est ce qu'on appelle un céphalohématome.
Cette bosse se résorbera en trois ou quatre mois, elle est
sans rapport avec un quelconque traumatisme cérébral,
car le cerveau est bien protégé. La partie molle qui se
trouve au sommet de la tête, la fontanelle, permet au
crâne de s'adapter au moment de l'accouchement. Si la
tête reçoit un choc, le crâne va se « prêter ». C'est une
protection importante.

Des ecchymoses ne signifient pas que le bébé ait été
blessé. Si l'un des côtés du visage est affaissé et reste
immobile, cela peut être dû à une paralysie faciale, parfois constatée après un forceps. C'est généralement transitoire et, en quelques semaines, tout redevient normal.
Les ecchymoses et les enflures disparaissent rapidement.

Les yeux du bébé sont gonflés à cause des gouttes de
nitrate d'argent que l'on y instille. Ces gouttes sont

encore employées systématiquement pour tous les bébés, dans beaucoup d'hôpitaux, afin de prévenir les risques, pourtant rares, de gonococcie. Certains États d'Amérique préconisent l'usage d'un onguent antibiotique, moins irritant. De toute façon, même si ses yeux sont gonflés, le bébé peut voir à travers la fente des paupières.

D'autres personnes s'inquiètent des piqûres faites pour les tests sanguins de dépistage. Bien que cela représente une véritable agression pour ces petits pieds si tendres, c'est nécessaire. Les petits pieds vont guérir à une vitesse miraculeuse... Ces tests sont effectués pour diagnostiquer la jaunisse, ainsi que plusieurs troubles congénitaux — problèmes thyroïdiens et phénylcétonurie, une maladie qui entraîne un retard mental si on ne traite pas le bébé aussi vite que possible. Les troubles thyroïdiens peuvent également être traités, à condition de commencer très tôt. Piquer le talon des bébés pour prélever du sang et diagnostiquer ces maladies est une mesure de prévention importante, bien que très peu de bébés soient positifs dans l'un ou l'autre de ces cas.

Beaucoup de nouveau-nés deviennent jaunes au deuxième ou troisième jour. La jaunisse est provoquée par certaines cellules sanguines immatures qui transportent l'oxygène dans l'utérus et sont fragilisées lorsqu'elles se trouvent au contact de l'oxygène extérieur. Comme, dans l'utérus, il faut davantage de cellules pour le transport de l'oxygène qu'en dehors, après la naissance il y a donc trop de cellules. Ces cellules sont éliminées, et ce processus produit la bilirubine ou jaunisse. Le foie et les reins du nouveau-né sont encore immatures et ne peuvent facilement détruire cette bilirubine. Si celle-ci dépasse un certain niveau (hyperbilirubinémie), ce qui varie de jour en jour, il est nécessaire d'intervenir. Des lampes sont utilisées pour effectuer une sorte de photothérapie. Les yeux du bébé doivent être cachés et lui-même est déshabillé. Un nouveau-né déteste cela. Sous les lampes il sera agacé, aura peur et

sera difficile à nourrir. Mais il va guérir. Ce comportement passe avec le temps et ne présente aucun risque
cérébral. Étant donné que les parents associent souvent
jaunisse et traumatisme cérébral, je tiens à les rassurer.

Apprendre à identifier les différents cris du nouveau-
né est très important pour les parents. Tout cri est pris
par eux pour un appel à l'aide. Ils ressentent automatiquement le besoin d'y répondre et de trouver le problème
qui en est la cause. Cela prend du temps. Il existe au
moins six cris différents : douleur, faim, inconfort, fatigue, ennui, défoulement. Si nous les rencontrons au
cours de notre examen, j'essaie de les décrire — ton,
caractère, durée et intensité. J'essaie aussi d'aider les
parents à observer chaque effort que fait le bébé pour se
calmer lui-même ; ces observations peuvent servir par la
suite aux parents qui apprendront ainsi à répondre à ces
cris.

Les études montrent que les parents arrivent à reconnaître les cris de leur bébé parmi d'autres nouveau-nés
dès le troisième jour. Entre le dixième et le quatorzième
jour, ils savent distinguer les différents cris. La rapidité
avec laquelle ils apprennent est encore accélérée si un
responsable des soins les aide. Au lieu de réagir par des
efforts acharnés pour faire cesser tout cri, ils découvrent
un objectif plus réaliste, qui consiste à aider le bébé à se
calmer lui-même et à reprendre son contrôle.

Chaque famille doit trouver sa manière à elle de changer le bébé, de le nourrir, de lui faire faire son rot, de le
prendre dans les bras, de le bercer ou de lui fredonner
des chansons. Peu à peu on apprend ce qui est le plus
efficace et à quel moment le bébé a besoin qu'on le laisse
tranquille pour se calmer et s'installer dans sa vie personnelle. Apprendre à être parent est une œuvre de longue haleine. Nous faisons tous des erreurs. Dès le début,
j'insiste bien auprès des parents pour qu'ils comprennent
qu'apprendre à être parent consiste à apprendre de ses

propres erreurs. En effet, on apprend beaucoup plus par les erreurs que par les succès.

Premiers soins

Lorsque j'en ai la possibilité, j'aime assister à un repas. C'est aussi un point fort pour nous. Si la jeune mère essaie de commencer l'allaitement, il y a beaucoup de petits « trucs » que je peux lui donner pour l'aider : par exemple, comment tenir le bébé pour faire jaillir le mamelon, que celui-ci entre aussi profondément que possible dans la gorge du bébé et déclenche ainsi le réflexe de succion ; puis comment (voir le chapitre 2) apprendre à un bébé somnolent ou au contraire nerveux à coordonner sa succion.

Il y a deux types de succions 1) la succion non nutritive, ou positive, qui aide le bébé à trouver du réconfort et à se contrôler ; 2) la succion nutritive, ou négative, qu'il utilise pour se nourrir. Vous pouvez sentir la différence en introduisant un doigt (propre bien sûr !) dans la bouche du bébé. Le premier type de succion s'effectue avec l'avant de la langue, un peu comme si le bébé léchait. Dans le deuxième, comme nous l'avons décrit plus haut, le bout de la langue se met à laper, la base de la langue tète le doigt et, pour finir, le fond de la gorge effectue un véritable mouvement de traction. Ces trois éléments démarrent indépendamment, puis se coordonnent en un processus de succion efficace. Les parents peuvent sentir eux-mêmes ces différences. Quand le bébé utilise la première forme de succion, il est disponible, on peut lui parler. Les parents peuvent employer ces moments pour communiquer et jouer. La journée d'un bébé doit être riche et variée, ne pas être consacrée uniquement au sommeil et à la nourriture.

En ce qui concerne l'alimentation, les parents me demandent souvent : « Comment puis-je savoir s'il a pris suffisamment de lait ? » Le bébé commence par une brève séquence de tétée sans interruption. Très vite, il passe à un schéma d'alternance tétées/pauses. Quelques succions, puis un arrêt : téter-téter-téter et repos. Le psychologue Kenneth Kaye et moi-même avons étudié les pauses pour essayer de comprendre leur signification, car nous nous étions rendu compte que, dans ces moments-là, les bébés avaient tendance à regarder autour d'eux et à écouter. Au cours d'une pause, une mère bouge le bébé, se penche vers lui, le regarde pour l'inciter à continuer à téter ; ou encore elle lui touche les joues en parlant : 50 pour cent de ces pauses sont accompagnées d'une réaction maternelle, 50 pour cent restent ignorées. Nous avons demandé aux mères pourquoi elles bougeaient l'enfant, le touchaient ou lui parlaient. Voilà, à peu de chose près, les réponses qu'elles nous ont faites : « Pour qu'il se remette à boire. Il avait l'air de rêver ou d'avoir oublié qu'il était en train de téter, et je veux qu'il prenne tout ce qu'il peut. » Notre étude a montré que les pauses auxquelles la mère ne réagissait pas duraient nettement moins longtemps. En d'autres termes, le bébé les prolongerait pour provoquer des stimuli sociaux. Nous insistons sur ce schéma tétée/pause pour bien faire sentir l'importance qu'il y a à jouer et à parler avec le bébé au cours des repas.

Comme nous en sommes à parler des occasions de jeu, je tiens à préciser que le change et le bain peuvent également devenir des moments privilégiés de communication. Parler au bébé, embrasser son ventre, ce sont d'irrésistibles accompagnements du change. Les parents peuvent vraiment en faire un moment d'amusement ! Beaucoup de bébés ont horreur d'être déshabillés pour le bain. Si c'est le cas, pourquoi ne pas mettre au bébé, une fois dévêtu, une couche, pour qu'il continue à se sentir en sécurité ? Il est plongé alors dans l'eau chaude, sa tête maintenue d'une main. Puis, dès qu'il a été bien immergé, on enlève la couche. Il va s'activer, mais dans le calme. Lorsqu'il est dans l'eau chaude, tandis qu'il déploie de l'énergie et joue des pieds et des mains, les parents peuvent lui parler et s'amuser avec lui. Parfois, ils ont besoin d'approbation pour se sentir à l'aise, et d'encouragement pour voir que le jeu avec un bébé est tout aussi important pour lui que le sont d'autres formes de soins plus terre à terre.

« Comment saurai-je à quel moment le nourrir ? » Les parents se demandent s'il faut suivre un horaire ou s'en remettre entièrement au bébé. Au début, nourrissez-le quand il crie. Si cela ne marche pas, vous apprendrez vite quel cri signifie qu'il a faim, et quels cris indiquent autre chose. Si le bébé a vraiment faim, ce sera impossible de ne pas le comprendre. Il continuera à s'énerver et à se tortiller jusqu'à ce que vous le nourrissiez. Les premiers jours, à la maison, suivez ses signaux pour le nourrir chaque fois que vous avez l'impression qu'il le désire. Réveillez-le au bout de quatre heures s'il ne se réveille pas tout seul. Bientôt, en une semaine ou deux, vous connaîtrez mieux son rythme et vous pourrez commencer à le faire attendre un peu avant chaque repas. En deux ou trois semaines, il devrait être capable d'attendre deux ou trois heures entre chaque tétée, tout en faisant au moins six repas par jour.

Quand un bébé recrache ou régurgite, les parents ont peur qu'il ne s'étouffe. Un bébé s'étouffe très rarement, car les réflexes respiratoires sont efficaces pour garder les voies respiratoires dégagées. Mais si, effectivement, il manifestait des signes d'étouffement, posez-le sur vos genoux, la tête plus bas que le corps, et donnez-lui une petite tape sur le dos. Cela l'aidera à dégager sa trachée pour reprendre son souffle. Vous, vraiment tous les parents, devriez posséder un guide de premiers soins, comme celui que nous, nous avons au Children's Hospital de Boston. Vous devriez également avoir les numéros des services d'urgence inscrits près de chaque appareil de téléphone. Ainsi, en cas d'urgence, vous n'auriez pas besoin de penser ; vous auriez simplement à réagir.

Si le bébé crache après chaque repas, c'est vraisemblablement parce qu'il a bu trop vite. Si vous entendez un bruit à chaque gorgée, c'est que l'enfant avale de l'air. Redressez-le doucement après la tétée, avant de lui faire faire son renvoi — c'est-à-dire gardez-le incliné selon un angle de trente degrés pendant vingt minutes. La gravité va pousser le lait vers le bas et l'air va remonter. Ensuite, lorsque vous redresserez votre bébé, la bulle d'air sortira sans entraîner de lait.

Pour les parents, rien n'est aussi rassurant après une tétée qu'un bon gros renvoi. Pour cela, mettez le bébé contre votre épaule. Tapotez-lui doucement le dos en le berçant et en chantonnant. Si le bébé tète bien, il n'aura pas de renvoi à chaque repas. S'il avale de l'air, il en aura, bien sûr. Chaque gorgée gloutonne fait descendre de l'air. Ces bulles ne lui font pas mal, et il peut toujours les faire passer jusqu'à l'autre extrémité de son corps ; il y a peu de risques qu'elles provoquent des douleurs d'estomac. Après cinq à dix minutes d'efforts de votre part, si l'enfant ne fait pas remonter l'air, couchez-le sur le dos avec une inclinaison de trente degrés ; cela se fera probablement tout seul.

Les premiers hoquets font l'effet d'un cataclysme sur un jeune parent. Détendez-vous. Ils disparaîtront. Vous pouvez toujours donner au bébé quelque chose à téter — de l'eau pure ou de l'eau sucrée. Mais cela passera de toute façon. Le hoquet est souvent le signe que le bébé est trop stimulé, n'ajoutez pas à son agitation.

Bien que j'essaie de ne jamais imposer de règles catégoriques aux parents, il y a une question à laquelle je donne une réponse très ferme. Lorsqu'ils me demandent si l'on peut installer le bébé de façon qu'il boive seul son biberon, ma réponse est *non, un non absolu*. Tous les bébés ont besoin d'être tenus dans les bras pendant qu'ils sont nourris. À ces moments-là, la communication est aussi importante que la nourriture.

Les mères qui allaitent se demandent toujours si le bébé a bu suffisamment de lait. Le fait que le bébé semble satisfait après sa tétée est le signe le plus important. Attend-il ensuite quelques heures ? Urine-t-il plusieurs fois par jour ? De plus, il devrait reprendre son poids de naissance au bout de sept à dix jours d'alimentation. Tous les bébés perdent une partie de leur poids de naissance au cours des premiers jours — parfois jusqu'à cinq cents grammes, pendant qu'ils attendent la montée de lait de leur mère. Le lait maternel peut très bien ne pas venir avant quatre ou cinq jours. Pendant ce temps, les bébés sont protégés par leurs propres réserves de graisse, accumulées à la fin de la grossesse. Le colostrum précède le lait d'un ou deux jours, et il est très précieux — riche en protéines et en anticorps qui protègent des infections.

Les selles du nouveau-né ont une apparence alarmante au début. Elles sont noires, faites d'une substance appelée méconium, qui provient de déchets cellulaires ingérés au cours des neuf mois de vie intra-utérine. Vers le troisième jour, elles deviennent verdâtres et glaireuses. Vers le quatrième ou le cinquième jour, elles peuvent commencer à avoir une couleur jaune et une consistance molle. C'est le premier signe que le bébé commence à boire du lait. Les selles peuvent se produire à chaque repas ou une fois par semaine. Si l'enfant est nourri au sein, elles ne sentent pas mauvais. Elles ont souvent une couleur jaune bouton-d'or ou verte très prononcée. (Pour plus d'information sur l'alimentation au sein et au biberon, cf. chapitre 23.)

Très heureusement pour les parents, le nouveau-né passe la plus grande partie de son existence à dormir. Les bébés ont en général une nette préférence pour dormir dans une certaine position, et ils savent l'exprimer. Les infirmières, à l'hôpital, conseillent souvent de les installer sur le côté. Cela pour prévenir toute aspiration de lait ou de sécrétions après la naissance, et ce n'est plus vraiment nécessaire passé les tout premiers jours. Dès que le bébé sera actif, il va rouler d'un côté ou de l'autre. Sur le ventre, il peut redresser la tête pour dégager son nez et sa bouche, à condition qu'il n'y ait pas trop de draps ou de couvertures. Le bébé est parfois plus calme s'il est mis sur le ventre. Il ne peut pas sursauter, car ses bras sont limités par le lit. Donc, s'il est très actif, essayez cette position. S'il préfère être sur le dos, il trouvera une position bien confortable, une main à la bouche. Vous saurez ce qu'il aime, puisqu'il vous le fera savoir.

« Dois-je utiliser une sucette ? » Certains bébés, qui ne peuvent ou ne veulent pas trouver leur pouce, en ont besoin pour se calmer. Mais je préfère réellement le pouce. Il est toujours là et peut être employé à volonté. La plupart des bébés ont besoin d'acquérir un schéma d'autoréconfort. S'ils sont actifs ou facilement excités, il leur faut un moyen de se défouler et de se détendre. Je suis toujours soulagé en voyant un nouveau-né capable de se réconforter lui-même. Ce sera un enfant plus facile pour ses parents.

Lorsqu'un bébé est extrêmement surstimulé, ses yeux peuvent paraître vagues, ses mains et ses bras devenir flasques, son visage va se renfrogner, et il peut détourner son regard. Régurgitation et selles représentent des signes de stress si elles surviennent à des moments inattendus et sont accompagnées de cris aigus, plaintifs. Ces réactions montrent bien que le bébé a besoin de temps pour se remettre et se réorganiser intérieurement. Si vous en faites trop pour tenter de l'aider, vous risquez de l'énerver encore plus. Si vous avez tout essayé sans résultat, vous avez intérêt à vous éloigner, en vous contentant de le regarder. Il vous signifiera par son comportement ce dont il a besoin.

C'est le bébé qui vous éduquera

Ainsi que je l'ai dit précédemment, apprendre à élever un enfant est apprendre par l'erreur aussi bien que par le succès. Chaque fois que vous essayez quelque chose de nouveau, laissez le bébé vous indiquer si ce que vous faites est juste ou non. Si vous êtes sur la bonne voie, son visage est satisfait et serein, son corps détendu et ses réactions organisées et prévisibles. Si vous faites fausse route, il semble désorganisé et inapte à la communication. Il détourne son visage du vôtre. Il se débat, impossible à calmer. La couleur de sa peau change et devient ou très rouge ou légèrement bleue. Ses membres se raidissent et son cri peut devenir perçant, ou il peut sembler à bout de souffle. Peut-être ne saurez-vous pas que faire, alors essayez tout, y compris de laisser le bébé se réorganiser par lui-même, comme nous venons de le dire. En un temps étonnamment court, vous apprendrez ce que ses comportements essaient de vous dire.

Beaucoup de jeunes mères m'ont déclaré : « Je voudrais pouvoir rester ici, à l'hôpital, là où je sais que mon bébé est en sécurité. » Tout le monde a ressenti cela. Mais pensez à toutes ces femmes qui s'en sortent depuis des siècles. J'assure à chaque jeune mère qu'avec l'aide de son bébé elle apprendra ce qu'il faut faire. L'infirmière et le pédiatre peuvent aussi l'aider, mais son meilleur maître sera le bébé, dont le langage particulier — le comportement — doit être pris en considération : on peut lui faire confiance.

Les débuts d'un bébé prématuré

Lorsqu'un bébé est né avant terme ou s'il est épuisé par de mauvaises conditions de vie intra-utérine, les parents s'en sentent responsables. Les mères pensent qu'elles auraient pu faire une chose ou l'autre différemment. Que ce soit fondé ou non, la mère a le sentiment d'avoir mis son bébé en danger. Le père va lui aussi se sentir responsable à sa façon. Ce sentiment entraîne la dépression. Les parents se font des reproches, se sentent irrités et impuissants. « Pourquoi moi ? » « Qu'aurais-je pu faire de façon différente ? » Une réponse rationnelle n'apporte rien : ces sentiments sont trop profonds.

La naissance d'un grand prématuré, ou d'un enfant à risque, porteur d'un handicap, provoque trois réactions prévisibles de défense :

1) Le *déni*. Les parents peuvent nier la gravité du problème, tout en ressentant la fragilité de ce procédé défensif. Le déni tend à déformer la réalité d'une façon ou d'une autre, en lui apportant une image ou trop rose ou trop sévère. Il aide les parents à tenir le coup, à condition qu'une mise au point puisse être faite.

2) La *protection*. La faute est attribuée à une autre personne que l'on imagine avoir pu causer le problème ou l'avoir aggravé d'une façon ou d'une autre. Les médecins, les infirmières ou tout autre responsable deviennent les cibles de ce réflexe de défense. Leur assistance devient suspecte et les relations avec eux sont compromises.

3) Le *détachement*. Les parents peuvent se détourner d'un bébé à risque, non par indifférence, mais parce qu'il est trop douloureux d'être attachés aussi profondément à son enfant et de se sentir aussi impuissants.

Ces réactions de douleur et ces défenses sont naturelles et même appropriées. Il faut les accepter. Ceux qui s'occupent de parents et de nouveau-nés doivent comprendre que de telles défenses sont nécessaires et qu'elles ne seront pas inévitablement destructrices si elles sont bien interprétées. Un professionnel très chaleureux les interprétera comme des efforts faits par les parents pour se remettre, et pour prendre contact avec un bébé qui ne correspond pas à celui de leurs rêves.

Après l'accouchement, tous les bébés passent par une période de récupération. Un prématuré ou un bébé victime d'un stress intra-utérin trahit par son comportement sa fragilité physique. Tandis que son système autonome (respiratoire et cardio-vasculaire) se remet du choc d'une sollicitation prématurée, et que son système neurologique mûrit hors de la protection utérine, le bébé est très vulnérable aux stimuli auditifs, visuels et tactiles. Chaque contact, chaque bruit, le moindre changement de lumière vont se traduire par une altération de la couleur de sa peau, de sa respiration et de son propre contrôle cardiaque. Le comportement moteur sera le reflet de la prématurité en se manifestant par un tonus musculaire faible, des mouvements spontanés rares, ou par des mouvements saccadés, sans coordination qui surviennent à des moments imprévisibles. Ces mouvements peuvent être systématiques après chaque stimulation ; ils perturbent le système fragile du bébé. Le contrôle de ses états de conscience est faible et, bien qu'il essaie de rester endormi pour éviter ces stimuli accablants, il peut passer du sommeil à de brefs moments d'état de veille, de façon très rapide. En état de veille, le bébé passe plus de temps à pleurer qu'à rester alerte, et il peut chercher à éviter les regards, les paroles ou les contacts. Il peut n'apporter en retour que des réponses négatives. Chez un parent anxieux, avide de communication, un tel comportement ne fait qu'augmenter la crainte que l'enfant ne soit anormal ou incapable de récupérer.

Les parents ont besoin d'un soutien patient pendant que le bébé se remet. S'ils ont la possibilité de lui rendre visite, d'apprendre peu à peu comment s'occuper de lui, ils seront prêts à le prendre en charge à sa sortie. Les médecins et des infirmières peuvent les aider en leur expliquant le comportement et les réactions du bébé avant de le laisser sortir. Un bébé prématuré ne supporte que des stimuli d'un niveau extrêmement faible. Il peut être tenu ou bercé, ou se laisser regarder, à condition

qu'une seule chose à la fois soit faite et très doucement.
Si vous respectez ce seuil très bas de tolérance de l'information, le bébé pourra progressivement en accepter de
plus en plus.

Avec le temps, chaque système — moteur, autonome,
états de conscience et d'attention — va manifester des
réactions plus vigoureuses. En devenant moins fragile,
le bébé peut commencer à faire attention aux stimuli
auditifs et visuels, mais encore à un niveau faible et pendant des périodes réduites. Lorsqu'il commence à fixer
la balle rouge ou le visage de ses parents, ou à se tourner
au bruit de leur voix ou de la crécelle, vous pouvez voir
quels efforts cela coûte à son système nerveux. Ses mouvements se font plus saccadés ou ses extrémités deviennent molles. Il peut se détourner du son de la voix ou du
bruit de la crécelle, au lieu de se tourner dans leur direction. Son regard peut devenir vague et les traits de son
visage comme relâchés, sa peau est toute blanche, sa respiration accélérée. Un hoquet, un bâillement, une régurgitation ou une selle peuvent survenir et être autant de
signes de stress et de surcharge. Les parents ont besoin
de comprendre ces symptômes, afin de ne pas réagir trop
vivement.

En réduisant les bruits, la lumière, la stimulation dans
notre service de prématurés, mes confrères et moi-même
avons essayé de ménager le système nerveux fragile de
ces bébés. Ils se sont remis plus tôt, ont pris du poids
plus vite, ils ont eu besoin de moins d'oxygène et ils ont
passé moins de temps dans l'incubateur. En outre, ils
sont rentrés plus tôt chez eux et en meilleur état. Les
parents qui chez eux continuent à maintenir un environnement feutré aident leur enfant à bien s'épanouir.

Au fur et à mesure que les bébés prématurés, ou ceux
nés à terme mais avec un poids inférieur à la normale
(on les appelle hypotrophiques) se développent, la durée
de leurs états de conscience s'allonge. Non seulement ils
deviennent capables d'une attention prolongée, mais ils

tètent avec plus d'efficacité. On peut alors les tenir et jouer avec eux pendant des périodes de plus en plus longues. Mais rattraper leur retard demande parfois plus de temps que ne le prévoient les parents. Si ceux-ci ne cessent de comparer les progrès de leur bébé à ceux d'un enfant né à terme, ils vont se démoraliser. Si, au contraire, ils sont attentifs aux réactions personnelles et à tout ce qui est comportemental chez leur enfant, ils peuvent se fixer des objectifs appropriés. Lorsque le NBAS que nous avons décrit plus haut est effectué avec la collaboration des parents, les capacités particulières de ces bébés, dans les domaines de l'audition, de la vision et de l'attention sont évidentes au même titre que leurs insuffisances. Leur besoin d'une intervention précoce ou d'un traitement particulier est alors clairement exprimé.

Le bébé dont le système neurologique a subi un traumatisme peut bénéficier de programmes thérapeutiques immédiats qui lui apprendront à substituer aux fonctions atteintes d'autres fonctions. Le bébé aveugle, par exemple, peut apprendre à employer les signaux auditifs ou tactiles pour compenser sa cécité si ces signaux lui sont envoyés à son propre rythme. Si on les lui propose un par un, avec calme, lenteur, comme des stimuli non invasifs, il est possible d'observer le comportement de l'enfant pour savoir s'il les utilise. Nous avons suivi plusieurs bébés aveugles. Ils sont hypersensibles au contact tactile et aux sons, il faut donc réduire le ton de la voix et les manipuler plus doucement et plus lentement qu'à l'ordinaire. Les parents d'un bébé atteint d'un handicap ou d'un retard comportemental ont besoin de l'aide d'un professionnel qualifié pour identifier les réactions positives de ce bébé, pour apprendre comment l'aider à se contrôler et pour reconnaître les signes faisant savoir qu'il a dépassé son seuil de tolérance.

Au fil des ans, j'ai été frappé par les remarquables capacités des bébés à se remettre de chocs tels que la prématurité, et cela me permet de garder mon optimisme lorsque je travaille avec les parents de ces enfants. Deux écueils sont à éviter pour des parents devant s'adapter à des bébés aussi fragiles. Tout d'abord, l'angoisse et la déception peuvent les pousser à surprotéger leur enfant. Or le plus délicat, le plus stressé des bébés progresse davantage en apprenant à franchir chaque étape par lui-même. Il est difficile de ne pas continuer à couver l'enfant fragile, encore longtemps après que celui-ci n'a plus besoin de protection. Laisser suffisamment d'espace et de temps à un bébé pour apprendre à progresser par lui-même n'est pas facile, mais récompense son sens de l'autonomie et de sa compétence personnelle.

L'autre écueil, nous l'avons déjà mentionné. Les jeunes parents comparent tous leur bébé aux autres enfants, et plus encore lorsqu'il est prématuré ou handicapé. « Quand va-t-il rattraper les autres bébés de son âge, quand va-t-il être comme eux ? » me demandent les parents. « À quel âge, à quel stade devrait-il être ? J'ai tellement peur qu'il ne soit lent. Chaque fois qu'il est en retard pour franchir une étape, je crains qu'il n'ait une lésion cérébrale. » Ces questions sont le reflet des craintes qui accompagnent l'adaptation des parents à un enfant en retard ou handicapé.

Les réactions individuelles du bébé ainsi que les particularités de son tempérament sont le meilleur antidote à ces craintes.

À chaque consultation, les parents doivent demander au médecin d'expliquer les progrès du bébé et d'indiquer son niveau de développement. Même si l'on soustrait les mois de prématurité et les semaines d'hôpital, chaque nouveau progrès prend deux fois plus de temps — ce temps dont peut avoir besoin le système nerveux pour s'organiser avant de franchir un nouveau pas. Par exemple, la période d'excitation en fin de journée peut commencer plus tard et durer plus longtemps chez un bébé fragile qui a eu une convalescence difficile, et les sourires ainsi que les réponses vocales peuvent mettre plus de temps à apparaître. Lorsque les parents savent à quoi s'attendre, ils peuvent faire en sorte que leur angoisse n'interfère pas dans leur élan pour aider le bébé à se rétablir. La patience ainsi qu'une approche optimiste, sensible, constituent l'objectif à atteindre. C'est difficile, et les parents méritent toute l'aide que peuvent offrir les professionnels. Dans les chapitres qui suivent, au long de la première partie de ce livre, les âges mentionnés doivent donc être adaptés à chaque cas et, de toute façon, ne doivent jamais être pris comme des repères rigides (cf. chapitre 32).

4

Trois semaines

Lorsque les parents amènent leur bébé pour la visite de trois semaines, ils sont généralement tous les deux épuisés. Ils viennent chercher auprès de moi réconfort et compréhension pour leur nouveau rôle si exigeant. Parfois, un grand-parent, une nourrice ou une jeune fille au pair les accompagne. J'observe qui porte le bébé. Si c'est le grand-parent ou la nourrice, je me demande dans quelle mesure les parents se sont reposés sur cette personne plus chevronnée, et quelle véritable expérience de leur nouveau-né ils ont acquise. J'essaie de savoir également si ces parents bénéficient de soutien.

Beaucoup de jeunes mères sont plus ou moins déprimées. Cette dépression postpartum peut accompagner la remise en forme physique et le rééquilibrage hormonal qui suit l'accouchement. Mais elle peut aussi être liée à l'apprentissage de ce nouveau rôle qui les submerge. Une mère déprimée est généralement une femme qui fait de gros efforts pour devenir vraiment « parent ». Souvent, elle a une apparence très négligée alors que son bébé est soigneusement habillé de petits vêtements fragiles, très peu pratiques, et enveloppé dans des couvertures pastel. La jeune mère tient son bébé étroitement serré, comme si elle avait peur de trébucher ou de laisser tomber son précieux fardeau.

Le jeune père tourne en rond, avec un air protecteur, dans les parages immédiats. Après avoir pris le manteau de la mère, il l'aide généralement à s'installer en lui proposant de tenir le bébé à sa place. Si elle le lui donne momentanément, il le regarde avidement, espérant visiblement que le bébé se réveille et le regarde aussi. À la façon dont il le tient, je peux dire combien il a participé aux soins de ce bébé. Les mères qui n'ont pas partagé les soins du bébé s'asseyent avec un air gêné plutôt que de le passer à d'autres bras. Chacun des gestes des jeunes parents indique à quel stade ils sont de cette adaptation capitale.

Tandis que nous parlons, après chaque phrase, la jeune mère baisse le regard vers le « baluchon » posé sur ses genoux. Si le bébé se met à remuer, elle me jette généralement un coup d'œil inquiet, comme pour demander : « Qu'est-ce que je fais maintenant ? » S'il pleure, je peux m'attendre à voir le père bondir pour aider. Tous deux vont essayer de calmer le bébé, le faisant passer d'une position à l'autre, lui proposant une sucette — s'ils ont choisi d'en utiliser une — tout en m'appelant à l'aide du regard, avec une expression quelque peu suppliante. En dernier ressort, la mère va essayer d'allaiter le bébé. Bien que les jeunes femmes soient moins inhibées de nos jours, la situation nouvelle — se trouver dans mon bureau et sous mes yeux — peut être paralysante. Il faut parfois que ce soit moi qui suggère cet allaitement. Dès qu'elle met l'enfant au sein, la mère semble se détendre. Quelques pères, ils ne sont pas nombreux, prennent le bébé furieux pour le calmer et pour tenter de soulager leur femme, témoignant par là qu'ils ont, comme elle, une bonne relation avec leur enfant.

J'en suis venu à attendre ce comportement hésitant, plutôt enfantin, de la part des parents qui viennent dans mon bureau. Plutôt qu'un signe d'incompétence, il représente leur capacité à me conférer un rôle de « grand-père » actif et à abandonner leurs défenses. Tous les jeunes parents ont besoin d'être soutenus par une personne capable de répondre à leurs questions et d'apaiser leurs inquiétudes. Je leur suis reconnaissant de cette confiance, et j'essaie de le leur faire comprendre par le ton de ma voix et par mes commentaires.

À la troisième semaine, la plupart des parents ont déjà fait un très grand travail d'adaptation au nouveau bébé. Il y a eu un échange constant de coups de téléphone entre parents et médecin. Ils commencent à retrouver le contrôle de leur existence. Mais cette adaptation est épuisante sur les plans physique et émotionnel. La dépression postpartum peut être considérée comme une façon de conserver une sorte d'énergie après l'accouchement. J'ai toujours conseillé aux parents de garder intactes leurs ressources personnelles de toutes les façons possibles. Les visites de l'extérieur doivent se limiter à quelques personnes efficaces, apportant un véritable appui. Il sera préférable d'exclure, pour le moment présent, tous ceux qui sont animés de bonnes intentions, mais qui ne font que prendre du temps et de l'énergie. Si les parents se sentent gênés, ils peuvent dire alors que le médecin a interdit les visites à l'enfant pendant deux semaines. Jusqu'à ce que leur système immunitaire entre en fonction, les nouveau-nés sont en effet vulnérables aux microbes apportés par les visiteurs. Une période sans pression extérieure permet aux parents de garder leur propre espace, nécessaire à la formation d'une famille. Souvent, l'exaltation des parents après la naissance est proportionnelle à leur effondrement lorsqu'ils reviennent chez eux. La réalité des responsabilités paraît redoutable à tous ceux d'entre eux qui y réfléchissent.

Je fais le maximum pour que le père participe à cette première visite, insistant pour que le rendez-vous soit pris en fonction de ses disponibilités. Au début, je lui demande ses impressions et ce qu'il a remarqué chez son bébé. Dès qu'il s'est exprimé, je sais qu'il communiquera avec nous tout au long de l'entretien. J'essaie d'observer comment il se comporte avec le bébé, afin de commenter le contact qui s'établit entre eux, tel que je peux le voir. Vers la quatrième semaine, les bébés ont appris des schémas de comportements particuliers pour chaque parent. Avec la mère, les mouvements du bébé, ses expressions ont quelque chose de doux, de rythmé, dans l'attente d'une interaction qui sera doucement rythmée, modérée. Avec le père, sa physionomie s'illumine, les extrémités de son corps sont tendues, prêtes, comme si ce bébé tout neuf avait déjà appris qu'un père est quelqu'un qui va jouer avec lui. Lorsque je peux constater ces premiers comportements de reconnaissance chez le bébé de trois semaines, je les décris aux parents afin qu'ils puissent eux aussi les observer et en profiter. Ces réactions différentes vis-à-vis de chaque parent sont un signe passionnant du développement cognitif précoce.

Les pères qui peuvent soustraire du temps à leur travail, non seulement apprennent à changer leur bébé, à le nourrir et à jouer avec lui, mais ont ainsi l'occasion d'aider leur femme dans cette remise en question radicale que représente la responsabilité d'un nouvel être dépendant. Si une réaction de «défense du territoire » de la part de la mère ou de la grand-mère donne au père l'impression d'être exclu à ce moment, la probabilité que celui-ci s'investisse par la suite en est considérablement réduite.

Pendant que je parle aux parents, que j'en apprends plus sur eux et leur adaptation, je peux observer le tem-

pérament du bébé. Le tempérament est une façon d'être
— comment le bébé dort, est difficile à calmer, comment
ses mouvements deviennent parfois très intenses, comment il essaie de se réconforter lui-même et jusqu'à quel
point il devient alerte lorsque je le manipule au cours de
cet examen. Toutes ces observations peuvent être partagées avec les parents dès le début, afin qu'ils constatent
que le bébé que je vois est bien le même que celui avec
lequel ils vivent. Une fois que les parents ont compris
cela, ils se sentent plus en confiance, plus détendus pour
demander informations et encouragements.

L'alimentation

Sur la carte de nos points forts, de ces moments dans
la vie d'un enfant où certaines interrogations vont surgir,
les questions d'alimentation sont, à trois semaines, inévitables. Une fois le sujet abordé, je peux m'attendre à un
déluge de questions : combien de tétées par jour, comment
savoir si un bébé a faim, combien de temps laisser l'enfant
téter, aussi bien qu'à des questions posées à propos des
renvois et des régurgitations, des selles, des tentatives
paternelles pour donner le biberon — spécialement si
l'enfant est nourri au sein. Au début, l'alimentation artificielle peut paraître plus facile, puisque chaque parent sait
quelle quantité de lait l'enfant a prise et combien de fois
il a été nourri.

Souvent les parents appellent, très inquiets parce que
le bébé « a tout recraché ». J'explique qu'après une tétée
bruyante, avec ingurgitation d'air, on peut s'attendre à
un important renvoi, suivi par un flot de lait. Un repas
qui « descend comme ascenseur » remonte de la même
façon. Ainsi que nous l'avons dit dans le chapitre précédent, apprendre à faire faire son renvoi au bébé est une
des choses les plus importantes au cours des premières
semaines. Souvent, de petites suggestions pratiques de la

part d'une mère expérimentée ou d'un pédiatre vous procureront une réussite rassurante. Après une question pratique comme celle-là, les parents passent souvent à des problèmes de fond à propos de l'alimentation. Pour les mères qui allaitent, le premier souci est : « Est-ce qu'il prend assez ? » Nous discutons des façons dont elles peuvent le savoir :

1) Est-ce que le bébé paraît satisfait après son repas ?

2) Est-ce que le bébé dort une à deux heures entre les tétées ?

3) Est-ce que le bébé urine souvent ? (Quand le bébé mouille ses couches, c'est la preuve qu'il a avalé des liquides.)

4) Combien de selles le bébé a-t-il ? (J'avertis les parents à ce propos : le fonctionnement intestinal peut changer du tout au tout au cours des prochaines semaines. Un bébé au sein peut avoir huit à dix selles par jour au début, puis passer à un rythme d'une par semaine. Si, au bout d'une semaine, les selles sont molles et grumeleuses, c'est qu'il n'y a pas eu de constipation. Le lait maternel peut être complètement digéré, sans laisser aucun résidu. Beaucoup de bébés ont un fonctionnement intestinal de ce type tant qu'ils sont allaités et jusqu'à ce qu'on les mette au lait artificiel ou aux aliments solides. Alors les schémas de fonctionnement changent.)

5) Est-ce que l'enfant a repris son poids de naissance ? Comme nous l'avons mentionné plus haut, les bébés perdent à la naissance les liquides stockés pendant la grossesse. Cette perte peut représenter jusqu'à 20 pour cent de leur poids corporel au cours des quatre ou cinq premiers jours, avant que le lait maternel ou artificiel ait réussi à les réhydrater. La plupart des bébés sortent de l'hôpital avec un poids inférieur à leur poids de naissance. L'installation à la maison constitue un changement stressant, et la montée de lait chez la jeune mère a pu se faire attendre jusqu'au cinquième jour. C'est pour-

quoi la reprise du poids est souvent retardée jusqu'à la deuxième semaine. À la troisième semaine, les bébés devraient avoir repris leur poids. Toutes les mères, tous les pères sont soulagés de voir leur bébé bien profiter.

Les parents, très souvent, voient l'alimentation comme leur responsabilité la plus importante. Plus ce sentiment est intense, moins ils vont reconnaître la participation de l'enfant dans ce domaine. À la première visite, j'essaie de provoquer ou de faire remarquer le comportement qui, au moment des repas, nous permet de mieux comprendre le tempérament particulier du bébé et l'intensité de sa participation. J'essaie d'insister sur les signaux du bébé que les parents peuvent utiliser pour renforcer le développement de son autonomie dans cette situation d'alimentation. Nous parlons des schémas de succion — activité/pause — qui leur donnent à eux l'occasion de parler au bébé, de jouer avec lui, au cours d'un repas.

La communication

Notre conversation nous mène au point le plus important : nourrir le bébé n'est que la moitié du « travail ». Apprendre à communiquer avec lui — en le touchant, le tenant, le berçant, lui parlant, en apprenant à se synchroniser avec son propre comportement —, tout cela est aussi nécessaire que de le nourrir. Souvent, à ce stade, la mère et le père ont tendance à être trop absorbés par le côté « matériel » de leur apprentissage de l'alimentation. Ils ne sont pas encore capables de m'entendre parler du côté plus « affectif » de cette tâche. Mais je le dis et le dirai de nouveau à chaque visite ultérieure.

Dans mon cabinet, j'ai la meilleure occasion d'observer la façon dont les parents communiquent avec le bébé. Je constate les comportements qui ont déjà paru être mis au point. Est-ce que le visage du bébé s'éclaire lorsque les parents abaissent le regard pour lui parler ? Ont-ils appris, eux, à le tenir, à le placer juste comme il le faut par rapport à leur visage, afin qu'il soit en mesure de maintenir son intérêt ? Les deux premières étapes dans l'apprentissage de l'attachement sont d'aider le bébé à faire attention et de prolonger son attention dans la situation du face à face. Le rythme spécial, tout en demi-teinte — qu'il soit fait de paroles ou d'expressions du visage —, indispensable pour attirer et garder l'attention d'un bébé, doit être appris au cours des premières semaines.

Tous ces légers indices m'indiquent combien de temps cette nouvelle famille a passé pour faire connaissance les uns avec les autres. Beaucoup de jeunes parents anxieux consacrent les premières semaines à l'alimentation et au sommeil, sans garder le moindre moment pour la communication. Si je le constate, je cherche l'occasion de leur montrer comment jouer avec le bébé. Je le prends dans mes mains, le tiens à bout de bras, face à moi, et en le berçant doucement je l'amène à l'état alerte. Puis nous communiquons avec des gazouillements lents et tranquilles. Les réponses du bébé captent l'attention des parents, et ils imitent les rythmes, la voix douce, le léger bercement nécessaire pour éveiller un petit bébé. Si un bébé est d'un tempérament particulièrement nerveux, a des réactions excessives, je l'emmaillote et je maintiens ses bras immobiles, avant d'essayer de l'amener à l'état alerte.

Si les parents nourrissent le bébé dans mon cabinet, j'essaie de leur faire remarquer le rythme activité/pause. Comme je l'ai déjà mentionné dans le chapitre précédent, le bébé se met à téter avec des succions régulières. Au bout de trente secondes ou plus, il change de programme, un accès de succion est suivi d'une pause. Il est utile que les parents sachent que, s'ils accompagnent ces pauses d'un sourire, d'une caresse ou de tout autre signal de sociabilité, le bébé les prolonge, comme s'il recherchait effectivement à communiquer — tout autant qu'à se nourrir. Le lait ne suffit pas, je le répète !

Sommeil et éveil

Au même moment, pour un bébé, l'apprentissage le plus important après l'alimentation — apprentissage qui ne va pas sans entraîner de nombreux problèmes chez les parents — consiste à acquérir le contrôle de ses états de conscience. Les lecteurs reconnaîtront ces états à partir de la description du comportement fœtal du chapitre 1 et des états décrits dans la discussion de l'évaluation du nouveau-né du chapitre 2.

Le sommeil profond est un état de protection. Dans cet état, le petit enfant peut se fermer aux stimuli perturbants de son environnement. Il respire profondément, régulièrement. Les paupières hermétiquement closes, il est immobile. S'il lui arrive de bouger, ses mouvements sont légers, brefs et saccadés. La nature autoprotectrice de cet état apparaît dans la position de l'enfant, la façon dont il est replié sur lui-même, ramassé, les mains à la bouche, tous les membres fléchis — rejetant le monde extérieur.

Le sommeil léger ou paradoxal. Dans cet état la respiration est plus légère et plus irrégulière. De temps en temps, le bébé a des mouvements de succion, avec ou sans doigt dans la bouche. Il bouge par moments, en se contorsionnant. Il peut sursauter une fois ou deux. Dans cet état, il est plus vulnérable aux influences extérieures. Si on le bouge, il va ou se réveiller à moitié, avec mauvaise humeur, ou tenter de se remettre en état de sommeil profond.

État indéterminé. Cet état de brève durée est celui qui se produit fréquemment quand l'enfant s'éveille ou qu'il se rendort. Il se tortille, bouge par sursauts, soulève des paupières lourdes, puis referme ses yeux ensommeillés. Il peut geindre ou pleurer, sans objectif particulier. Il va souvent essayer de se blottir dans une position confortable, mais des mouvements soudains, brusques, interfèrent. Son comportement paraît désorganisé et son visage renfrogné trahit les tentatives pénibles qu'il effectue pour atteindre un état plus organisé — sommeil profond ou état alerte.

ÉTAT ALERTE, DE VEILLE COMPLÈTE. Le visage épanoui du bébé et ses yeux brillants montrent qu'il est tout à fait réceptif. Ses mouvements sont contrôlés. S'il bouge, il bouge doucement, et il peut même atteindre un but, comme mettre sa main à sa bouche, ou tenir une de ses mains avec l'autre. Sa respiration s'adapte au stimulus. Avec un stimulus plaisant, elle est profonde. Avec un stimulus négatif, elle est rauque et rapide. On peut lire sur son visage et sur tout son corps combien il réagit au moment où il écoute un bruit intéressant, où il observe un visage familier. Son visage, sa respiration, son attitude corporelle — tout manifeste son intérêt, son attention ou alors son désir de se détourner d'un stimulus trop violent. Les parents attendent ce moment et souhaitent que le bébé prolonge ce merveilleux état ; ils apprennent même comment l'y aider, car c'est dans ces moments qu'ils peuvent communiquer avec lui. Un parent attentif apprend très vite à discerner les signaux qui signifient « J'en ai assez », quand le bébé est fatigué, ou « Faites attention à moi », lorsqu'il a l'impression qu'on le néglige.

ÉTAT ALERTE, AGITÉ. Cet état suit souvent l'état alerte. Les mouvements deviennent saccadés. La respiration est irrégulière. L'enfant se détourne des stimuli, s'agite ou geint de temps en temps. Il fait des tentatives inefficaces pour se contrôler. Tandis qu'il lance pieds et mains dans toutes les directions, son visage reflète son sentiment d'impuissance. Dans cet état, il ne peut pas contrôler ses mouvements, ni son système autonome, ni sa capacité à recevoir des stimuli de son environnement. L'aider à se calmer est une tâche gratifiante pour ses parents, mais il peut malgré tout tomber dans un état de pleurs incontrôlés. Alors, les parents sentent qu'ils ont été impuissants eux aussi.

Les pleurs. On peut distinguer beaucoup de cris différents : 1) un cri perçant, douloureux ; 2) un cri impératif — qui appelle l'urgence ; 3) un cri vague, creux, cri d'ennui ; 4) un cri rythmé, mais sans caractère d'urgence, qui survient quand le bébé est fatigué ou surchargé d'un excès de stimuli. Ses mouvements alors partent dans tous les sens, mais restent plutôt organisés malgré les pleurs. Il peut se calmer brièvement, comme pour écouter. Et c'est aussi ce qui se passe souvent si on le prend, si on le berce ou si on le nourrit. Cet état réclame l'attention des parents et ils apprennent par quelles manœuvres réconforter l'enfant.

La façon dont le bébé entre et sort des différents états de conscience devient prévisible pour les parents. Sa manière de passer de l'un à l'autre est l'un des meilleurs révélateurs de son tempérament. S'il est actif, nerveux, il entrera et sortira d'un état rapidement. S'il est décontracté, le passage se fera lentement. À ce moment, les parents savent généralement déjà que, lorsque le bébé se trouve dans un état intermédiaire, agité, il va se mettre à crier ou au contraire se calmera, suivant ce qu'ils feront. Ses états et son mode de participation dans le cycle qu'il constitue toutes les trois ou quatre heures sont les meilleurs éléments que peuvent avoir les parents pour comprendre leur bébé. Leur première tâche est d'apprendre le langage le plus significatif de son comportement dans les états de conscience.

S'ils comprennent ce langage, les parents peuvent amener le bébé à organiser les états en cycles de comportement. Un schéma prévisible est possible maintenant puisque le système nerveux du bébé a mûri, et aussi parce que les parents le connaissent mieux. À trois semaines, l'électroencéphalogramme montre qu'il y a eu un véritable « coup de collier » dans les progrès et les enregistrements du sommeil témoignent d'une maturité nettement plus grande. Les tests du rythme cardiaque démontrent que l'enfant a atteint un nouveau stade de prédictibilité dans ses réactions aux stimuli visuels et auditifs. À ce stade, le cœur du bébé bat plus rapidement en réaction à un stimulus négatif et plus lentement en réaction à un stimulus positif. Ces changements physiologiques entraînent une poussée de développement. À trois semaines, le bébé commence à pouvoir attendre plus longtemps entre deux tétées. Il est prêt à consacrer de plus en plus d'attention à ses parents et cette attention l'amène à gazouiller et à sourire.

Au début, nourrir le bébé lorsqu'il se réveille est la réaction la plus appropriée. De cette façon, les parents peuvent découvrir à quel moment leur enfant a faim, à quel moment il prend bien et à quel moment il prend mal. Souvent, les repas qui se passent le moins bien sont ceux proposés alors que le bébé n'est pas prêt.

À partir de la troisième ou quatrième semaine, le démarrage de la tétée peut être retardé pour donner le temps de jouer un peu. Cela ne fera pas de mal au bébé d'attendre un peu. Il va apprendre petit à petit que jouer peut être aussi plaisant que se nourrir. Dès que les parents sont sûrs que le bébé prend suffisamment de lait, ils peuvent commencer à prolonger les états alertes du bébé entre l'allaitement et le sommeil. La mère a plus de lait, et un lait plus riche si les tétées sont espacées de deux ou trois heures que si elle nourrit toutes les heures. De plus, s'il y a un intervalle, le fonctionnement des seins sera amélioré, avec de meilleures conditions de détente.

L'objectif est d'« étirer » les moments de veille du bébé jusqu'à trois ou quatre heures entre les tétées, et en préservant le long sommeil de la nuit. Certains jeunes bébés inversent le jour et la nuit : ils sont éveillés toute la nuit et dorment pendant le jour. Pour changer cette habitude, les parents peuvent essayer de garder le bébé éveillé à la fin de chaque cycle de sommeil léger au cours de la journée. Ils peuvent ensuite réveiller le bébé le soir pour un grand vrai moment de jeu, et très progressivement avancer le dernier repas. Peu à peu, le bébé restera éveillé plus longtemps chaque soir ; de lui-même, il apprendra à dormir plus longtemps la nuit et à se réveiller le jour.

Les parents font, en modelant les cycles de veille et de sommeil de leur enfant, leurs premières tentatives pour l'adapter à son nouveau monde et pour harmoniser ses rythmes et les leurs. Cette technique, comme le savent tous les parents expérimentés, prend des années, et parce que nous élevons des individus et non des clones, elle n'est malheureusement jamais complètement au point.

Anticipons un peu

LA PÉRIODE D'AGITATION. Entre trois et douze semaines, la plupart des bébés passent par une période d'agitation à la fin de la journée. Cela se produira avant mon prochain rendez-vous avec la famille et, comme c'est l'un des obstacles les plus difficiles à franchir pour les parents, je veux absolument évoquer le sujet au cours de la visite faite à trois semaines. S'ils ont la possibilité d'anticiper ce comportement très éprouvant, d'en comprendre la valeur pour l'enfant, les parents s'éviteront panique et angoisse inutiles. S'ils peuvent comprendre que le bébé a besoin de s'agiter à la fin de chaque journée, entre la troisième et la douzième semaine, ils n'auront pas à se sentir responsables de cette agitation.

Dans le passé, beaucoup d'entre nous, en pédiatrie, appelions « coliques » cet épisode de cris inconsolables — de cris qui semblent « chercher midi à quatorze heures » — et participions aux efforts des parents pour la faire cesser. Nous essayions les sédatifs ou des médicaments tels qu'antispasmodiques, tout en encourageant vivement les mères à porter leurs bébés, à les nourrir fréquemment, etc. Ces choses-là apportaient une amélioration temporaire, mais ne supprimaient pas l'agitation et les cris quotidiens. Très intrigué à ce sujet, j'ai entrepris une étude en demandant à quatre-vingts mères de recueillir pour moi des données, en notant quand et de quelle manière leur bébé manifestait son agitation. À peu près tous les bébés concernés, bébés normaux, avec des parents en bonne santé, faisaient à peu près la même chose. Ils avaient une crise d'agitation commençant à la fin de chaque journée — juste au moment où leur mère était épuisée et où leur père rentrait à la maison. (Cela se passait avant la libération des femmes !) Leur crise s'accompagnait d'une sorte de cri cyclique, qui ne ressemblait pas du tout à un cri de douleur ou à un cri de faim. Lorsque les parents prenaient leur bébé ou le nourrissaient, celui-ci s'arrêtait, mais recommençait dès qu'on le recouchait. S'il était porté longtemps, la quantité des cris pouvait être réduite, mais non supprimée. Ces cris semblaient avoir un caractère inévitable chez 85 pour cent des bébés. Juste avant la crise, ces bébés devenaient très nerveux, et l'on pouvait prévoir ce qui se préparait. Après la crise, comme le rapportaient les parents, le bébé dormait mieux, plus longtemps, de façon plus réparatrice.

Lorsqu'un comportement est tellement prévisible et tellement répandu, nous devons bien en déduire qu'il a son utilité et la rechercher. Cette agitation commençait à ressembler à une véritable technique d'organisation. Un système nerveux immature peut recevoir et utiliser des stimuli tout au long de la journée, mais il y a toujours un peu de surcharge. Au fur et à mesure que le temps passe, le système nerveux, de plus en plus surchargé, s'organise en cycles de sommeil et d'alimentation de plus en plus courts. Finalement, il relâche la tension accumulée par un épisode actif d'agitation. Ce n'est qu'après que le système nerveux peut se réorganiser pour les vingt-quatre heures suivantes. C'est pratiquement réglé comme une horloge.

Lorsque j'explique cela à une mère, elle me demande souvent : « Mais comment pourrais-je laisser crier mon bébé sans rien faire ? » Ce n'est pas ce que je recommande. Au contraire, je donne le conseil suivant. Allez trouver le bébé. Essayez toutes les manœuvres que vous connaissez pour découvrir s'il a besoin de quelque chose. Prenez-le et portez-le. Nourrissez-le, câlinez-le, changez-le. Donnez-lui de l'eau chaude pour l'aider à faire un renvoi, car en criant un bébé avale de l'air. Mais n'en faites pas trop. Une fois que vous vous êtes assurée qu'il n'est pas mouillé, qu'il n'a pas faim, qu'il ne souffre pas, ou bien utilisez des techniques apaisantes ou bien laissez-le. L'heure ou les deux heures normales d'agitation peuvent facilement se transformer en une épreuve de quatre ou cinq heures si les parents deviennent trop angoissés et s'ils submergent le système nerveux déjà surchargé du bébé par trop de manipulations et de stimulations.

Lorsque j'en suis à ce point de mes explications, beaucoup de parents me demandent de leur conseiller une sorte de mode d'emploi. Comme l'exprima un père : « Je suis sûr que ma femme pensera qu'il a faim et qu'elle ne lui a pas donné assez de lait. » Bien sûr, il a raison ; c'est ce qu'elle pensera. C'est pour cela que je suggère de commencer par nourrir le bébé. Mais s'il ne boit pas vraiment, s'il suçote seulement par à-coups, les parents peuvent parier qu'il n'a pas faim. Après qu'ils auront tout essayé, je leur conseille d'accorder au bébé dix à quinze minutes pour le « laisser donner libre cours à ses sentiments ». Après cela, prenez-le et donnez-lui de l'eau chaude pour qu'il fasse un renvoi. Puis laissez-le pour un autre cycle d'agitation, après lequel vous pouvez répéter la même manœuvre. Cette méthode est rarement nécessaire plus de trois ou quatre fois. Dès que c'est fini, le bébé semblera probablement mieux organisé — en dormant, mangeant et en restant alerte à un rythme plus régulier.

Au cours de notre entretien de la troisième semaine, cela est le maximum que l'on puisse dire sur la période d'agitation, car c'est un sujet qui n'a pas encore de réalité pour les parents. Mais, en parlant de cette probabilité et en l'expliquant aux parents, j'espère réduire leur angoisse. Lorsque le bébé développera sa technique rythmée à la fin de chaque jour, les parents n'auront pas de réaction exagérée et ne le surchargeront pas. Maintenant, je constate que tous les bébés que je soigne crient tous environ une heure à une heure et demie, et non plus pendant des périodes de trois heures d'affilée, comme on me le rapportait auparavant. De tels résultats font de cette discussion un véritable point fort.

Et que dire des bébés qui crient de plus en plus ? Ne faut-il pas les prendre au sérieux ? Bien sûr que oui. Si les parents découvrent que la période d'agitation augmente en durée et en intensité malgré leurs efforts pour la restreindre, je désire qu'ils m'en parlent. Je recherche alors d'autres raisons à ces pleurs — comme une petite allergie, un reflux gastro-œsophagien, acide et douloureux. Il y a d'autres causes possibles que je passe en revue lorsque les pleurs sont intenses et incessants.

LA SUCCION DU POUCE ET LES SUCETTES. Il n'est pas trop tôt, à la visite de la troisième semaine, pour que les parents s'interrogent sur leurs sentiments à propos du pouce et des sucettes. Je demande souvent aux parents si le bébé met déjà son pouce à la bouche. Est-ce que cela lui apporte du réconfort ? Il arrive qu'une mère réplique vivement : « Je ne le laisse pas faire. Je ne veux pas d'un suceur de pouce. Je lui enlève le pouce de la bouche. S'il a besoin de quelque chose à sucer, il peut avoir mon sein aussi souvent qu'il le désire. Ou alors, je lui donnerai une sucette. » Parfois un père fait remarquer : « Je préfère qu'il suce son pouce plutôt que de le voir tourner partout dans la maison avec sa bouche « verrouillée » par une sucette. » Dans certains cas, les parents ne sont pas d'accord et me demandent ce qui est préférable.

Avant de souligner le pour et le contre, j'essaie de savoir ce que les parents eux-mêmes ressentent à l'égard de la succion du pouce et des sucettes. Certains gardent le souvenir d'épouvantables bagarres au moment de leur enfance. « Ma mère faisait tout ce qu'elle pouvait pour l'empêcher de sucer son pouce, mais ma sœur disparaissait à tout moment pour le faire en cachette. Elle a continué jusqu'à sept ou huit ans. » Je peux alors poser une question : « Y avait-il une raison pour que votre mère ait été aussi intransigeante ? » Parfois les parents peuvent voir le pouce comme quelque chose de sale ; d'autres craignent que la sucette déforme la dentition de leur enfant. Je peux les rassurer sur ce dernier point, grâce à une étude effectuée par des dentistes au Children's Hospital sur des enfants qui avaient sucé leur pouce ou une sucette, et d'autres qui ne l'avaient pas fait. Il y avait en fin de compte peu de différence dans leur besoin respectif d'un appareil dentaire. Apparemment, c'est la poussée de la langue qui déforme les dents supérieures. De toute façon, il semble que les malformations dentaires soient avant tout d'origine héréditaire. L'exception pourrait être les enfants très repliés sur eux-mêmes et qui passent la plus grande partie de leur temps à sucer, ou les enfants qui continuent à sucer très activement après cinq ou six ans. Mais les problèmes de ces enfants appartiennent au domaine psychologique plutôt qu'à celui de la succion.

Pour donner un peu de recul aux parents sur ce problème, j'explique que la succion du pouce représente un schéma sain d'autoréconfort. Comme on l'a vu au chapitre 2, le fœtus suce son pouce. Le nouveau-né est équipé d'un réflexe de la main à la bouche, ou réflexe de Babkin. S'il est contrarié ou s'il essaie de se calmer, il va recourir à son pouce comme à une façon de se contrôler. Le schéma paraît être inné. Les bébés qui sucent leur pouce sont plus faciles à vivre. Comme je l'ai mentionné au chapitre 3, si les parents me posent des questions sur les mérites respectifs du pouce ou de la sucette, je souligne l'évidence : le pouce est toujours disponible. Après avoir dit cela, cependant, je renvoie le problème aux parents. Les préférences, les sensibilités ont de profondes racines dans l'histoire et la culture de la famille. « Mais ne va-t-il pas grandir en continuant à sucer son pouce ? Il serait plus facile de lui retirer une sucette », me déclarent certaines mères et certains pères.

Rares sont ceux qui entrent à l'université en suçant encore leur pouce ou une sucette... Les enfants qui continuent jusqu'à la maternelle ou les premières années de primaire sont ceux dont l'habitude a été renforcée par l'opposition des parents. Si vous avez envie de doter votre enfant d'un comportement qui dure, vous pouvez simplement essayer d'interrompre son geste au moment où l'enfant en a besoin comme réconfort. C'est valable pour beaucoup d'autres « habitudes » qui seraient passagères si les adultes ne se mêlaient pas de vouloir les faire passer. C'est la raison pour laquelle je suggère aux parents d'évaluer leurs propres sentiments vis-à-vis de la succion du pouce aussitôt que possible. Les parents qui refusent que leur enfant utilise son pouce devront le lui faire savoir tôt ou tard. Et s'ils ne supportent vraiment pas de le voir sucer son pouce, ils devraient alors songer à la sucette. Le monde est stressant pour les petits enfants. Ils ont tendance à rechercher un moyen de se réconforter pour réussir à dominer leur stress. Je considère cela comme un signe de santé et de compétence, et non pas comme une habitude sale ou honteuse.

Une mère, parmi ma clientèle, a bien exprimé le véritable problème sous-jacent au débat pouce-sucette. « J'ai le sentiment que si j'étais capable de faire quelque chose pour lui, et de le faire vraiment bien, il n'aurait pas besoin de cette assistance. » Tout ce qui touche l'auto-réconfort de l'enfant provoque des sentiments d'incapacité chez les parents — peut-être même un brin de jalousie. Pour cette raison, ils considèrent ces habitudes comme sales et embarrassantes. Un père, après nous avoir écoutés, sa femme et moi-même, passer en revue tous les aspects de ce problème, tourna les yeux vers son bébé qui avait commencé à s'agiter. L'enfant se débattait un peu, geignait, et puis il tourna la tête sur le côté, mit son pouce dans sa bouche et se calma. « Eh bien ! dit le père, j'ai l'impression qu'il a décidé à notre place. »

Cette sage observation répond à la question éternelle que posent les jeunes parents. « Comment savoir quand je fais ce qu'il faut pour être un parent de qualité et quand je ne le fais pas ? » La seule façon de le savoir, d'en être sûr, est d'observer le bébé. Lui seul, et non un médecin ou un livre, vous dira si vous êtes sur la bonne voie. Et si vous ne l'êtes pas à certains moments, vos erreurs vous feront progresser, vous n'aurez rien perdu de toute façon. Le travail du médecin, tel que je le conçois, consiste à faire prendre conscience aux parents que certaines étapes du développement sont susceptibles de les perturber. La possibilité d'anticiper leur offre l'occasion de faire des choix, et de les faire en toute indépendance.

5

Entre six et huit semaines

À la visite suivante, environ six à huit semaines après la naissance, la mère vient souvent seule. Si le père l'accompagne, je sens que lui et moi avons pris un bon départ, et je considère sa présence comme la preuve de son désir de participer à chaque étape de la vie de son bébé. Plus tard, les parents qui s'investissent tous les deux beaucoup peuvent venir chacun à leur tour. Au moment où nous nous trouvons, la mère, qui est habituellement encore en congé de maternité, a l'air un peu moins fatiguée. Parfois elle s'est habillée pour la consultation, comme si c'était pour elle un grand événement, une occasion de sortir de chez elle. Étant donné que nous avons été généralement plusieurs fois en contact téléphonique, elle peut me saluer chaleureusement, comme si nous étions de vieux amis. Habituellement, la première chose qu'elle fait est d'essayer de me montrer que son bébé commence à sourire et à gazouiller. Il est rare que le bébé coopère, mais cela me suffit pour savoir qu'ils ont une relation tout à fait harmonieuse. Si elle confie le bébé au père tandis qu'elle consacre toute son attention aux problèmes dont nous parlons, je découvre un peu la façon qu'ont les parents de partager les rôles. Si, au contraire, la mère ne cesse de surveiller étroitement son bébé et si le père s'impose au moment des questions, je me demande ce qu'ils partagent et je peux avoir besoin de m'adresser à chacun d'eux pour connaître leurs préoccupations. Si la mère est pâle, épuisée, nerveuse, je dois avoir à l'esprit que la très courante fatigue postpartum se transforme parfois en véritable dépression.

À cette visite, mes objectifs sont simples. D'abord, examiner le bébé par rapport à son développement. Est-il normal sur le plan neurologique ? A-t-il pris du poids comme prévu ? Son comportement est-il bon ? Réagit-il en souriant à son entourage, en gazouillant ? Bouge-t-il bras et jambes vigoureusement ? S'il est placé sur le ventre, est-ce qu'il lève la tête pour libérer ses voies respiratoires ? Quand on l'assied, garde-t-il la tête droite ? Est-ce qu'il attend de plus en plus longtemps entre les tétées ? A-t-il une période d'agitation le soir ou pleure-t-il toute la journée ?

Je désire aussi que les parents me confient leurs motifs d'inquiétude. S'ils ont besoin de conseils pour l'alimentation, nous pouvons y réfléchir plus spécialement. Est-ce qu'ils comprennent bien le concept d'états de conscience et la façon dont ces états s'organisent en cycles le jour et la nuit ? Sont-ils capables de reconnaître les différents cris du bébé ? Ont-ils l'impression de mieux réagir à ces cris, ou au contraire de ne pas les supporter ?

Avec le concours des parents, je cherche à nouveau les signes indicateurs du tempérament du bébé. Est-il actif ou calme ? Hypersensible et facilement surchargé nerveusement ? Si oui, ont-ils appris comment l'aider à se calmer, comment s'occuper de lui sans le fatiguer ? Nous partageons ces observations tandis que je déshabille le bébé et que je commence à l'examiner. Les parents ont souvent plus de facilité à exprimer leurs inquiétudes et leurs questions au moment où je fais mes remarques sur le comportement du bébé, pendant l'examen proprement dit, qu'au moment où nous sommes assis face à face.

L'alimentation

La plupart des parents craignent encore que leur bébé ne boive pas assez. Dès que je me suis assuré que le bébé prenait bien du poids (à peu près deux cent cinquante grammes par semaine), je peux leur affirmer qu'il est bien nourri. Son ventre présente peut-être un léger gonflement. Dans ce cas, il devrait attendre plus longtemps entre chaque repas. Si le bébé est nourri au sein, quinze à vingt minutes à chaque sein sont plus que suffisantes pour que l'enfant assouvisse son appétit et son besoin de téter. Il ne faut pas plus de quelques minutes de chaque côté pour stimuler la montée de lait. Si le bébé est nourri au biberon, cent à cent dix grammes suffisent largement.

Trop de régurgitations, des selles fréquentes entre les biberons ou une poussée eczémateuse sèche sur le visage peuvent indiquer une intolérance à un lait artificiel. Si le bébé présente un de ces symptômes, les parents devraient commencer par en parler à leur médecin. C'est peut-être un problème de sensibilité à une protéine du lait. Les bébés nourris au sein ne risquent pas ce genre d'incident. Il est important d'identifier une allergie au lait aussi vite que possible. L'eczéma peut être évité si on supprime le lait assez tôt. Il existe des préparations à base de soja, qui ne contiennent aucun lait mais qui sont tout aussi nourrissantes et conviennent aux enfants allergiques au lait. Si on peut éviter de lui donner du lait, le bébé allergique va surmonter cette tendance ; et au fur et à mesure que l'enfant grandit, le risque d'intolérance et d'eczéma par allergie va diminuer.

Avant de commencer à donner des aliments solides, vers quatre ou cinq mois, il est important de diagnostiquer et de traiter toute sensibilité au lait. Sinon, le risque que d'autres aliments ne déclenchent des crises allergiques est accru. Il est rare qu'un enfant allergique manifeste sensibilité ou intolérance à un seul aliment. Si on ajoute au lait d'autres allergènes, la réaction sera plus violente. Les familles présentant cette tendance génétique doivent absolument s'employer à éviter les causes d'allergie. Les mères qui allaitent doivent éviter tous les aliments auxquels elles sont allergiques elles-mêmes, pour leur propre bien-être, et aussi parce que le bébé peut avoir hérité de ces allergies (cf. aussi l'analyse sur les allergies, au chapitre 14).

À ce moment de la vie du bébé, les repas devraient avoir acquis un caractère prévisible et plus routinier. L'allaitement devrait être désormais facile et agréable. Si le père veut donner le biberon, cela aussi pourra être intégré dans la routine sans qu'il y ait d'interférence avec l'allaitement. Un biberon par jour ne réduira jamais la sécrétion du lait maternel et donnera au père un véritable sens de la participation.

Si le bébé a l'habitude de recracher, les parents et moi-même en avons certainement déjà parlé au téléphone. J'estime que 15 pour cent des bébés que je suis, et qui montrent un développement normal, ont cette habitude. Ils recrachent de petites quantités d'un repas à l'autre, et le lait remonte toujours avec une bulle d'air. Ils recrachent chaque fois qu'ils sont manipulés ou lorsqu'ils s'excitent. Apparemment, la valve située au-dessus de l'estomac n'est pas assez forte chez eux, et le lait reflue dès qu'il y a la moindre manipulation. Tant qu'ils gagnent du poids et sont satisfaits entre les tétées, ce n'est pas inquiétant. J'essaie de rassurer les parents, en leur disant que c'est courant et qu'ils ne doivent pas se faire de souci. On peut obtenir des résultats en nourrissant le bébé en position semi-verticale et en le faisant téter plus lentement. Des mères qui nourrissent leur bébé m'ont dit qu'il y avait moins de régurgitations lorsqu'elles s'allongeaient pour la tétée. Comme nous l'avons suggéré plus haut, ce genre de bébé doit être installé selon un angle de trente degrés, sans être remué, pendant vingt à trente minutes après la tétée. Ainsi, la force de gravité aidera à maintenir la plus grande partie du lait vers le bas. Ensuite, s'il y a encore de l'air, la personne qui s'occupe du bébé pourra doucement lui faire faire un renvoi. Ces procédés contribuent à réduire les régurgitations, mais ne les supprimeront pas forcément. Le lait maternel n'a pas d'odeur désagréable, alors que celle du lait artificiel qui remonte est très aigre. En entrant dans une maison, je peux tout de suite dire s'il y a un bébé « cracheur » nourri au biberon, tellement l'odeur est caractéristique. Un peu de bicarbonate de soude répandu sur l'endroit souillé aidera à combattre l'odeur. Pour les parents sachant que le bébé est en bonne santé, qu'il prend du poids, un vêtement à laver ne sera pas pour eux une affaire d'État !

Le lait maternel, ou artificiel, est tout ce dont a besoin un bébé de cet âge. Les aliments solides n'ont aucune utilité et ne sont probablement pas digérés avant trois ou quatre mois. Les mécanismes de déglutition ne sont pas développés avant ce moment-là : l'enfant avale la nourriture d'un seul coup, comme il tète, comme si la nature ne voulait pas qu'il prenne des aliments solides trop tôt. De toute façon, le lait est l'aliment parfait pour les bébés. En outre, des allergies aux autres aliments peuvent rester inapparentes à cet âge et ne se déclarer ouvertement que plus tard. Pour toutes ces raisons, je ne recommande pas d'alimentation solide à cet âge.

Un bébé nourri au sein peut ne pas avoir une selle chaque jour. Beaucoup de bébés qui boivent de bonnes rations et qui prennent du poids digèrent le lait si complètement qu'ils n'ont qu'une seule selle en trois, quatre, voire en huit jours. Cela n'arrive jamais aux bébés nourris au biberon qui ont habituellement une selle ou plus par jour. Les bébés nourris au sein peuvent aussi changer brusquement d'habitudes, et passer d'une selle après chaque tétée à une par semaine, par exemple. Entre-temps, les bébés sont contents. Vers la fin de *leur* cycle (car je considère que celui-ci leur est personnel), ils font des efforts et se comportent comme si la selle les perturbait. Si l'on se sert d'un thermomètre rectal comme d'un stimulus, le bébé aura un mouvement d'évacuation à n'importe quel moment. Mais ce n'est pas nécessaire. S'il s'agit de son cycle personnel, la selle sera molle et sans signe de constipation. Les parents ont, bien sûr, tendance à s'inquiéter. Ils pensent qu'il s'agit de constipation et se jettent sur les suppositoires ou veulent à tout prix stimuler l'anus du bébé pour obtenir des selles régulières. C'est tout à fait inutile, et l'on risque de perturber le rythme naturel. Un bébé constipé est un bébé qui a des selles difficiles, dures et grosses. Celles du bébé nourri au sein sont molles, jamais dures et on y trouve souvent des mucosités verdâtres, tachées de bile. Bien que le bébé puisse pleurer au moment où il les produit, il n'est pas constipé. Puisque le lait maternel est un lait parfait, il peut être presque complètement assimilé. Les parents qui savent cela d'avance n'ont pas la tentation d'interférer avec le cycle normal du bébé.

Les bébés nourris au lait artificiel peuvent avoir une selle tous les deux jours, mais en général ils n'attendent pas plus. Le lait artificiel n'est jamais complètement digéré. Mais si un bébé nourri ainsi a des selles dures, ou plus de cinq à six selles liquides, vertes, glaireuses, les parents doivent consulter leur médecin.

Les pleurs

Les cris de bébé devraient être compris par la plupart des parents maintenant. L'ennui, la douleur, l'inconfort, la faim, la fatigue et le défoulement provoquent des cris différents les uns des autres chez la majorité des bébés. Les jeunes parents apprennent à les reconnaître en essayant toutes les manœuvres de réconfort : repas, change, câlin, emmaillotage, etc. En constatant ce qui a de l'effet, ils sauront alors quoi faire la fois suivante. Mais qu'ils ne soient pas surpris si la méthode qui a réussi auparavant n'apporte aucun résultat par la suite. L'apprentissage du métier de parent est un processus fait de tentatives et d'erreurs.

Comme nous l'avons vu au chapitre 4, une période régulière d'agitation, habituellement en fin de journée, est à la fois courante et utile chez les enfants de cet âge. Elle aide le bébé à se défouler pour mieux s'adapter à un cycle d'états de conscience de quatre heures. Peu à peu, il va découvrir d'autres façons de se calmer, plus évoluées, comme utiliser le réflexe de la main à la bouche, ou écouter des voix, ou rester appuyé dans une position semi-verticale pour regarder la lumière et les couleurs.

La façon dont les parents se comportent face aux pleurs nerveux de leur bébé peut représenter un point fort particulièrement important. Il y a là non seulement une occasion de progresser pour eux en tant que parents, mais il y a aussi pour le médecin une occasion de soutenir ce progrès. Les parents capables de comprendre les différents signaux, de savoir quels gestes calment chaque cri, de savoir aussi ce qui n'aura aucun effet, ne sont pas particulièrement perturbés par leur échec apparent quand pleurs agités, réguliers, se poursuivent à la fin de chaque journée. Les études que j'ai faites sur des bébés moyens montrent que cette crise est à son maximum vers six semaines, et qu'elle diminue peu à peu les semaines suivantes, pour disparaître vers douze semaines.

Les parents veulent savoir s'ils risquent de « gâter » le bébé en se précipitant chaque fois qu'il crie. Ils me demandent : « Si nous le prenons pendant cette crise d'agitation, ou si nous lui donnons à boire autant qu'il le désire, est-ce que nous n'allons pas le rendre capricieux ? » Je les rassure : gâter un enfant, ce n'est pas cela. En fait, je ne crois pas qu'il soit possible de « gâter » un bébé dans la première année. Les parents devraient essayer tout ce qui peut l'aider, jusqu'à ce que leurs tentatives n'aboutissent plus qu'à envenimer les choses. Alors il sera temps de s'empêcher d'agir. Ou bien ils portent le bébé très calmement, ou ils le posent pour de brefs intermèdes d'agitation. Cinq à dix minutes sont suffisantes à sa détente. Après ce laps de temps, reprenez-le pour le calmer et éventuellement lui faire faire un renvoi, puis couchez-le à nouveau.

Selon mon expérience, un « enfant gâté » est un enfant anxieux ou surmené. Vous n'en ferez pas un « enfant gâté » en répondant à ses besoins. Le couver sans cesse, s'occuper de lui avec inquiétude ou exaspération peut rendre un enfant anxieux ou capricieux, mais le prendre pour jouer ou essayer quantité de petites choses pour le satisfaire n'aura pas cet effet. Les parents et les bébés apprennent à se connaître de cette façon. Les mères et les pères peuvent découvrir des choses différentes chez le même bébé. Et une façon de réagir différente chez chaque parent est une excellente chose pour le bébé (cf. chapitre 16).

Sommeil et veille

Les schémas du bébé dans les domaines de l'alimentation et du sommeil devraient devenir de plus en plus prévisibles. Comme nous l'avons vu, celui-ci devrait attendre plus longtemps entre les tétées. Un intervalle d'au moins trois heures entre les repas permet aux parents de planifier leur journée et celle du bébé. Selon leur poids et d'autres facteurs, les bébés de deux mois allongent également la durée de leurs nuits. Je conseille aux parents, à ce moment-là, de réveiller le bébé et de lui faire commencer sa journée au moment où eux sont prêts. Le soir, ils peuvent lever le bébé pour le nourrir une dernière fois avant d'aller se coucher. L'observation d'un horaire aide tout le monde à s'adapter au bébé. Il n'est pas nécessaire d'en établir un avec rigidité et il est bien évident qu'il est important de suivre les exigences du bébé, mais celui-ci est désormais prêt à s'adapter. Il s'intégrera mieux dans l'environnement de ses parents si ceux-ci s'attendent à ce qu'il le fasse.

Non seulement le bébé prolonge les intervalles entre les tétées, parce que son système nerveux et son système digestif ont évolué, mais il continue également à améliorer ses propres pratiques d'autoréconfort : sucer son pouce, se tourner et se retourner dans le lit, balancer la tête d'un côté et d'un autre, cela fait partie de la façon dont un bébé se calme de lui-même. Après l'avoir nourri, l'avoir bercé et apaisé, alors qu'il est tranquille, sans être encore endormi, c'est le bon moment pour le coucher dans son berceau. Asseyez-vous à côté pour le caresser doucement et lui chanter un petit air. S'il a du mal à passer de vos bras au lit (comme c'est le cas pour les bébés hyperactifs), ce sera encore plus important de lui apprendre tôt comment se consoler la nuit. Tandis qu'il gigote à la recherche d'un moyen de se réconfor-ter, aidez-le doucement à trouver son pouce, ou sa sucette, ou une position qu'il reprendra de lui-même chaque fois qu'il s'éveillera. Comme nous l'avons dit au chapitre 4, non seulement il n'y a rien d'inquiétant dans ces schémas d'autoréconfort, mais, en les appre-nant à votre enfant, vous l'aiderez à bâtir lui-même son indépendance.

La communication

Parmi toutes les façons dont le bébé s'adresse à ses parents, aucune, assurément, n'a autant d'effet que le sourire. Au cours de ces premières semaines, les parents ont appris ce qu'ils ont à faire pour obtenir un sourire, et le bébé découvre quelle réaction extraordinaire et pré-visible ce petit signe peut lui apporter. Les parents savent bientôt câliner le bébé, le bercer, comment bien le tenir à un angle de trente degrés et lui parler gentiment, avec des variantes infinies propres à chacun des couples amoureux. Mais une réaction trop intense de la part d'un parent impatient peut être aussi dissuasive qu'une réac-tion trop faible. Vous pourrez arrêter net un sourire en y répondant avec trop d'enthousiasme !

Maintenant, le bébé peut observer le visage de ses parents pendant de longs moments. Tandis qu'il regarde, il éprouve de plus en plus d'intérêt et finit par faire un large sourire. Répondre par un sourire équivaut à prolonger son sourire à lui.

Le bébé se met à se tortiller de joie et peut émettre un gazouillis. Si les parents imitent ce son, il va s'arrêter de bouger et une expression de surprise envahit son visage. Puis il peut faire de gros efforts pour recommencer un gazouillis. Incapable d'y arriver, il va renoncer, frustré. Une telle frustration me prouve que l'enfant sait ce qu'il a fait, qu'il reconnaît l'imitation de l'adulte, et qu'il désire la répéter. Il renonce parce qu'il ne peut être à la hauteur de ses propres ambitions.

Durant notre visite, j'observe attentivement ce trio pour déceler si parents et bébé se sourient et communiquent. La plupart des parents ont le désir de parler de ce nouveau dialogue enchanteur. Certains confient que toutes les autres activités leur paraissent fades comparées à ce bonheur tout neuf. « Mon problème, m'a dit l'un d'entre eux, est que je ne peux pratiquement rien faire d'autre que regarder ma petite fille et jouer avec elle dès son réveil. » Quelques-uns, surtout les parents qui ont très peu de temps à la maison après le travail, réveillent leur bébé juste avant de se coucher ou de partir travailler le matin, pour jouer avec lui. Beaucoup de parents racontent aussi que le bébé dort mieux après avoir joué ainsi un petit moment. Je profite de cette occasion pour montrer par quels moyens le bébé essaie d'attirer l'attention de ses parents. S'il y réussit, son visage s'illumine, ses épaules se lèvent et il arrive même qu'il crie de plaisir. Il sait que c'est *lui* qui est arrivé à cela !

Les jeunes parents, qui ont l'art de trouver des raisons de s'inquiéter à propos de tout et de rien, me demandent parfois si l'on peut avoir des « overdoses » de jeu. « Elle est si mignonne dès qu'elle sourit et qu'elle gazouille ! Je fais tout pour qu'elle continue et elle finit par se mettre à pleurer. Est-ce que je lui demande trop ? » La seule réponse que je puisse donner c'est : « Non ! Amusez-vous. » C'est un moment si grandiose pour découvrir la communication. Le bébé peut très bien faire attention à lui, et c'est d'ailleurs ce qu'il fait en ayant des moments d'énervement. Ensuite, il peut même revenir à la charge. Certains enfants surchargés vont réagir par une sorte de petit frisson ou en ayant le hoquet. Cela ne présente aucun caractère inquiétant non plus. Les bébés atteignent un point où ils ne peuvent plus continuer. Ils semblent vouloir en faire plus, mais ils n'en sont pas capables. La frustration est une grande force qui pousse à apprendre et le bébé prendra très bien soin lui-même de sa frustration.

Certains parents d'un bébé de deux mois demandent : « Est-ce qu'il a déjà compris qu'il peut attirer notre attention en criant ? » Bien entendu. Les bébés acquièrent une faculté d'attente lorsque les parents répondent rapidement. Les parents peuvent considérer cela comme un signe encourageant d'apprentissage et d'attachement précoce. Quel est celui qui ne souhaiterait pas la présence d'une personne qui vient vous faire rire, qui chante, qui berce, qui fait des câlins et qui sourit — une personne qui est déjà passionnément amoureuse de vous ?

Le tempérament

Au cours de cette deuxième visite, la façon particulière dont chaque bébé réagit aux manipulations devient plus manifeste. J'essaie de faire participer les parents à mon observation de l'activité de leur enfant : façon de réagir au contact, aux sons, au fait d'être déshabillé, etc. À cet âge, les bébés calmes peuvent déjà être distingués des bébés plus nerveux, plus actifs. On peut désormais discerner un certain tempérament. Chacun de ces types de bébés, spécialement les types extrêmes, réclament de la part des parents une adaptation particulière. Dans mon livre *Trois bébés dans leur famille*[1], je parle de ces adaptations et des différences de caractère entre les bébés au cours de la première année.

Au moment où les parents s'adaptent à leur bébé, il peut leur être utile de constater son énergie, son seuil de tolérance aux stimuli, la façon dont il bouge, sa compétence et ses façons de se calmer. Lorsque j'observe soigneusement l'enfant, que j'explique son langage — c'est-à-dire son comportement —, ses parents sont mieux disposés à exprimer leurs questions, qu'elles portent sur le bébé ou sur eux-mêmes. Tandis que nous jouons ensemble avec le bébé, souvent certaines inquiétudes plus profondes se font jour.

Par exemple, un bébé hypersensible pose un véritable problème à ses parents et peut les faire douloureusement douter de leurs capacités de bons éducateurs. Un bébé qui réagit avec une activité frénétique et des pleurs aux tentatives enjouées de ses parents, s'ils le câlinent ou essaient de le faire sourire, peut provoquer de terribles frustrations, même chez des parents plus expérimentés.

Lorsque des parents essaient de jouer avec un enfant hypersensible, celui-ci peut s'écarter, détourner le visage, régurgiter ou avoir une selle. Par tous les systèmes de son minuscule corps, il dit : « C'est trop pour moi. » Avec un tel bébé, les parents doivent apprendre des techniques subtiles : maintien des membres, emmaillotage, jeux tranquilles dans une atmosphère sereine, sans source de perturbation. Un bébé hypersensible peut être abordé de plusieurs manières : ou on lui parlera doucement, ou on le regardera en face, ou on le bercera len-

---

1. Stock-Laurence Pernoud, 1985.

tement — mais surtout on essaiera une seule chose à la fois. Dès qu'il commence à assimiler chacune de ces approches et à y réagir prudemment, on peut en ajouter une autre, progressivement, jusqu'à ce que le bébé soit capable de réagir aux trois à la fois. Dès qu'il a appris à bien accepter et à bien associer ces trois modalités, un enfant, même très vulnérable, a accompli un grand progrès.

Je peux parfois aider les parents en leur demandant de regarder comment je me comporte avec leur bébé, en respectant son seuil très bas de tolérance aux stimuli. Je commence à le tenir, simplement, sans le regarder ni lui parler. Chaque fois que je bouge un tant soit peu, il va sursauter et se raidir complètement. Je dois attendre qu'il soit détendu pour ensuite seulement le regarder. Il va se crisper. J'attends qu'il se détende à nouveau pour lui parler tranquillement, d'une façon apaisante, chantante, jusqu'à ce que, peu à peu, il trouve le réflexe de se détendre et de lever son regard vers moi. Si je parle en le regardant et en le berçant doucement, il peut alors se remettre à sourire et à gazouiller. Si je suis parvenu à ce résultat, je suggère aux parents de suivre le même processus lent, en ma présence ou chez eux. Je les encourage à n'ajouter aucun autre stimulus avant que le bébé ne leur dise qu'il est prêt. Lorsque son corps se raidit, puis se détend, cela signifie pour eux qu'il assimile l'information et qu'il leur rappelle à quel point il est difficile pour lui de ne pas être surmené. Avec un seul nouveau stimulus à la fois, les parents peuvent apprendre peu à peu à leur bébé à « recevoir » son environnement sans se fermer à lui.

Tout en discutant des façons d'établir la communication avec un bébé hypersensible, j'essaie également d'expliquer aux parents que leur désir passionné de bien s'occuper de leur bébé — preuve qu'ils sont des parents très attachés — peut aussi provoquer une surcharge chez ce type de bébé. Si les parents parviennent à reconnaître sa fragilité et à la respecter, ils pourront construire progressivement une nouvelle relation avec le bébé (cf. aussi le chapitre 26).

Un bébé calme, observateur peut lui aussi faire peur à ses parents. Il se referme sur lui-même chaque fois que vous essayez de communiquer. Si vous parlez trop fort, il se détourne, comme s'il ne voulait surtout pas vous écouter, vous. Chaque tentative paraît vouée à l'échec. Ce qui risque de donner à un jeune parent impatient et passionné l'impression d'être rejeté.

Quand je parle avec les parents d'un bébé de ce genre, je leur donne le conseil suivant. Abordez votre bébé lentement et sans parler. Ne le regardez pas en face tandis que vous maintenez fermement ses fesses. Touchez-lui alors la jambe et laissez-le agripper vos doigts. Dès qu'il relâche sa prise, vous pouvez alors vous permettre de le regarder en face. S'il se raidit et détourne la tête, c'est que vous êtes allé trop vite. Attendez et essayez de nouveau. Il se laissera regarder à un certain moment, mais attendez encore, jusqu'à ce que vous sentiez qu'il se détend de nouveau. Là, commencez à chantonner doucement en vous penchant vers lui. Si son visage s'illumine et s'il essaie de vous répondre, vous pouvez créer à vous deux une sorte de petite chanson rythmée — vous commencez et il répond, une fois vous, une fois lui, jusqu'à ce qu'il en ait assez et qu'il se détourne. Ne vous sentez pas rejeté. Rendez-vous plutôt compte que vous avez un bébé très sensible, qui a besoin de se familiariser avec une chose à la fois. Au moment où il aura accepté un comportement de votre part, vous en ajouterez un autre, très doucement. Avec le temps, il apprendra à supporter les stimuli sans se détourner. Et alors il sera vraiment gratifiant — calme, observateur, même reconnaissant de votre respect à son égard. Notre objectif avec un tel bébé est de l'aider à grandir en comprenant bien que les gens prennent sa timidité tranquille pour ce qu'elle est : le signe d'un système nerveux facilement surchargé.

Jerome Kagan, de l'université de Harvard, a fait sur ce sujet des recherches intéressantes, en suivant des enfants timides, sensibles, tout au long de leur scolarité. Beaucoup d'entre eux choisissent des voies intellectuelles ou artistiques.

Les capacités motrices

Entre six et huit semaines, la plupart des bébés ont commencé à contrôler, dans une certaine mesure, leurs réflexes. Plus tôt, quand le bébé voulait effectuer un mouvement, il était gêné par des sursauts ; maintenant, couché sur le dos dans son lit, il est capable de faire des mouvements circulaires avec ses bras et ses jambes. Si vous lui touchez la main avec un objet qui l'intéresse, cette main peut se tendre brusquement dans sa direction. Bien avant que le bébé ne soit capable de saisir avec sûreté un objet, tous les éléments de la saisie sont déjà là : le bébé arrive à tourner la tête du côté qu'il préfère, à mettre son poing dans la bouche pour se calmer. Il lui aura fallu deux mois pour acquérir le contrôle de ces mouvements. Les parents peuvent le voir s'entraîner en le regardant le matin dans son lit.

Un bébé de cet âge, qu'on assied en le soulevant par les bras, ne garde sa tête qu'un bref instant en arrière. Il peut désormais se maintenir en position assise pendant une minute, même plus. Allongé sur le ventre, il peut relever la tête pour regarder tout autour et pour libérer l'accès à ses voies respiratoires. En position debout, il a toujours son réflexe de marche, plus difficile à susciter tout de même qu'à la naissance. Les parents peuvent constater que les réflexes de la naissance disparaissent peu à peu tandis que se développe un comportement plus volontaire.

Les capacités cognitives

Les parents sont très excités par les premiers signes d'intelligence manifestés par leur bébé. Entre six et huit semaines, les bébés ont déjà acquis le sens de l'expectative, et cela dans toutes sortes de domaines. Par exemple, si vous bercez gentiment un bébé en l'amenant à une position inclinée selon un angle de trente degrés, il sait que c'est une situation d'interaction. Il devient alerte, d'une façon prévisible. Tandis que j'examine un bébé, j'aime voir à quel moment il sourit et vocalise. Je veux observer sa capacité, à l'âge de huit semaines, à faire la différence entre sa mère, son père et un étranger.

Dans notre laboratoire, au Children's Hospital de Boston, nous pouvons regarder des bébés sur des enregistrements vidéo d'une durée de deux minutes. En observant attentivement les doigts, les orteils, les mains, les pieds et les expressions du visage, nous sommes capables de dire à qui ces réactions sont destinées. Devant sa mère, les mouvements sont doux et cycliques. Ses mains, pieds, doigts et orteils se tendent dans sa direction et se replient à un rythme de quatre fois par minute, en cycles calmes. Son visage s'illumine légèrement. Quand la mère le regarde, le bébé détourne lentement les yeux, à intervalles de quatre fois par minute. Mais avec son père, chaque partie de son corps réagit différemment. Son être tout entier se tend, s'agite. Son visage s'éclaire ; ses sourcils se lèvent, sa bouche s'ouvre en un large sourire ; ses doigts, orteils, bras et jambes se projettent en avant vers le père, dans l'attente d'une interaction ludique. Avec moi, un étranger, le visage de l'enfant va commencer par me regarder avec intérêt, puis il va se détourner ou me regarder comme s'il reconnaissait l'étranger en moi, avec le même regard fixe, fasciné qu'il réserve aux objets. Ainsi, quand on l'observe soigneusement, on peut voir qu'un bébé de six à huit semaines fait une différence entre nous trois.

J'aime à faire remarquer ces subtiles variations de comportement aux jeunes parents, afin qu'ils puissent apprendre à observer leur bébé.

Au même âge, les objets acquièrent un pouvoir de fascination. Un mobile devient une grande source de plaisir, et l'enfant va l'observer de plus en plus longtemps, luttant même parfois contre le sommeil pour ne pas s'interrompre. À cet âge encore, les bébés regardent aussi leurs mains, les tournant et les retournant devant leurs yeux. De cette façon, ils apprennent la coordination œil-main qui leur sera utile au moment où ils commenceront à vouloir saisir les objets, vers quatre mois. Alors le bébé pourra rapidement atteindre un objectif de grande précision, s'étant ainsi entraîné auparavant. Vers quatre ou cinq mois, lorsqu'il réussira à saisir les objets, il saura garder sa main dans sa vision périphérique pour l'employer avec précision.

Anticipons un peu

REPRENDRE LE TRAVAIL ? « Je vais devoir penser à reprendre le travail. Mon congé va se terminer dans quatre semaines. C'est une idée qui m'est insupportable. On m'a proposé un mois supplémentaire de congé, mais sans salaire. Est-ce que cela en vaut la peine ? » Avant la fin de cette visite, je vais entendre cette question, formulée d'une façon ou d'une autre. Pour une mère, le choix du moment de la reprise du travail soulève des problèmes graves. Si elle prévoit de laisser son bébé à une autre personne, nous devons mettre en lumière ses sentiments face à cette séparation tout autant que penser au mode de garde du bébé. Si le père participe à la garde, il faudra parler de cet arrangement. S'il doit y avoir une autre personne à la maison, je devrais, dans l'idéal, rencontrer également cette personne.

En tenant compte des conditions de vie des parents, j'ai tendance au cours de cette visite à encourager la mère à rester au moins quatre mois à la maison. Quatre mois lui donnent le temps de dépasser les tribulations des trois premiers mois et de profiter d'un mois de plaisir, avec un bébé qui lui adresse sourires et gazouillis. Si elle doit partager tous ces progrès avec une remplaçante, cela va lui faire très mal. Parfois, les parents qui avaient mis en route des plans pour une crèche ou une aide — nounou, baby-sitter — à la maison vont découvrir qu'ils ont changé d'avis. « Je suis incapable d'y réfléchir, me dit une mère. Chaque fois que je m'imagine laissant mon bébé, j'ai des vides dans la tête, je me sens accablée. » Les parents doivent peser ces sentiments forts, importants, et leur besoin de deux salaires, sans oublier les pressions de leur employeur. C'est une des décisions les plus difficiles à prendre. S'ils reconnaissent que la reprise du travail est une perspective à la fois douloureuse et avantageuse, s'ils en parlent ouvertement avec moi à l'avance, je sais alors que nous avons atteint un point fort vital pour notre relation, et pour leur propre évolution.

Si les parents considèrent qu'ils doivent tous deux travailler à temps complet, je les encourage alors à prendre le temps de chercher la personne qui convient exactement. Ils ont besoin de quelqu'un qu'ils aiment vraiment, en qui ils ont confiance, et qu'ils devraient pouvoir observer avec d'autres bébés pour être sûrs de la façon dont cette personne se comporte. Il est important de penser à ce qu'ils ressentiront si cette personne s'occupe de leur bébé et le partage donc avec eux. Je rappelle aux parents que plus une garde d'enfant est gentille, parfaite, et plus ils en seront jaloux. Mais ils ont intérêt à essayer de trouver quelqu'un qui soit sensible à leurs besoins et à leur travail d'adaptation. Ils doivent absolument pouvoir participer aux décisions concernant leur bébé, quelle que soit la personne qui s'en occupe.

Dans mon livre *À ce soir*[1], je traite de ces questions en détail.

Dans les crèches, le nombre de bébés par adulte est un critère primordial — pas plus de trois bébés pour un adulte. Cela revient cher, mais c'est une exigence aussi bien pour le bébé que pour la tranquillité d'esprit des parents.

Parfois, les parents me demandent : « Si j'avais vraiment le choix, à votre avis, combien de temps devrais-je rester à la maison ? » Si ce choix paraît chose possible, je suggère un an. Vers un an, le bébé est capable de s'entendre avec d'autres enfants, et une situation de groupe n'est pas stressante pour lui. Avant cela, la meilleure solution consiste à ce qu'un des deux parents puisse travailler à mi-temps, et qu'il soit ainsi disponible pour son enfant une grande partie de la journée. Je considère cette solution comme étant aussi importante pour le développement des parents que pour celui du bébé.

Si la famille ne peut s'offrir cette option, j'essaie tout de même de l'aider à s'organiser. Si la mère parvient à trouver une solution pour continuer d'allaiter, en tirant son lait sur son lieu de travail et en revenant peut-être donner le sein à l'heure du déjeuner, et le bébé et elle en profiteront. C'est merveilleux pour une mère de pouvoir mettre le bébé au sein quand elle rentre chez elle de son travail.

En ce qui concerne les mères (ou les pères) qui prévoient de rester à la maison pour une certaine période, je ne manque pas de les encourager à respecter leur besoin d'un temps à eux. Après les importants changements apportés par la maternité et la paternité, ils ont besoin de « recimenter » leur relation en passant du temps ensemble. Ce pourra être un bon moment pour

---

1. Stock-Laurence Pernoud, 1986.

envisager de recourir aux services d'une garde et de passer un peu de temps sans le bébé. Un petit moment suffit. Il est donc vital pour les parents de trouver quelqu'un en qui ils aient confiance.

La difficulté des parents à se séparer de leur enfant peut représenter l'obstacle numéro un au moment de laisser leur bébé. Celui-ci regrettera peut-être ses parents, mais ceux-ci se sentiront très certainement déjà perdus sans lui. Les parents ont plus besoin du bébé que le bébé ne semble avoir besoin d'eux. Soyez prêts à ressentir ce manque, car il est courant chez les jeunes parents attentifs. Mais une petite séparation peut constituer une bonne façon de surmonter ces sentiments. Au début, la plupart des mères préfèrent revenir pour chaque repas. Si nécessaire, elles peuvent tirer leur lait à l'avance et laisser des biberons à la garde.

Parfois, une mère me demande : « Est-ce qu'il va me reconnaître si je reprends mon travail et que je le laisse ? » Je lui affirme que son bébé la reconnaîtra. Et il le manifestera par les mouvements et les gestes particuliers qu'elle et lui ont appris ensemble. Retrouver tous ces comportements empêchera la mère de ressentir trop fortement la séparation.

Au cours de cette visite de six, huit semaines, les parents demandent souvent s'ils peuvent prendre leur bébé avec eux lorsqu'ils sortent ou qu'ils vont au bureau. Je leur dis oui, en leur signalant que le seul problème, s'ils mettent leur bébé en présence de nombreuses personnes, est qu'il sera exposé à beaucoup de microbes. Ce serait une très bonne idée de ne pas laisser des inconnus ou des gens « qui-ont-le-nez-qui-coule » prendre le bébé ou se pencher sur lui pour jouer. Tout le monde désire prendre un petit bébé dans les bras. Lorsque nous voyagions avec l'un de nos enfants, toutes les chères vieilles dames (et certains messieurs) comme il faut essayaient de le prendre dans leurs bras, quitte à lui éternuer dans la figure. J'étais obligé de dire à tous ces enva-

hisseurs pleins de bonnes intentions : « Je suis désolé,
mais je ne veux pas vous faire courir de risque. Mon bébé
est sous surveillance pour une infection grave — syphilis
ou encéphalite, craint-on. » Alors plus personne ne voulait le prendre dans les bras...

6

Quatre mois

Après toutes ces années de pratique, je me rends
compte que j'ai toujours eu une préférence pour la visite
du quatrième mois. Parents et bébé constituent désormais
une « unité ». Des liens d'affection se sont étroitement
tissés pour former la trame familiale. À cette visite,
même les parents tout neufs semblent avoir acquis une
autoconfiance. L'un ou l'autre porte le bébé, en le bal-
lottant comme un paquet. Ils s'asseyent, ils placent le
bébé devant eux, pas trop près, gazouillent avec lui. S'il
est somnolent, ils le secouent un peu pour qu'il exécute
ce qu'il sait faire. Ils observent les personnes présentes
et vérifient qu'elles ont bien remarqué et admiré cette
extraordinaire progéniture qui est la leur. Les innocents
spectateurs dans la salle d'attente sont régalés de ses derniers exploits. On peut imaginer que les amis et les collègues du couple les trouvent un brin ennuyeux.

Dès qu'ils sont dans mon bureau, les parents ont tendance, tous les deux, à chatouiller le bébé, à lui parler
d'une voix aiguë — n'importe quoi pour provoquer une
de ses adorables « réponses ». Quand je dois le déshabil-
biller, ils tournent autour de moi pour s'assurer que je le
tiens correctement. Si je lui fais un vaccin, ils tressaillent
de douleur et m'enlèvent l'enfant. Ils le connaissent vrai-

ment maintenant, et ils sont en pleine idylle. Tous ces gestes, toutes ces attitudes sont de très bonnes nouvelles pour moi, et c'est avec plaisir que j'observe les réactions du bébé à leur égard. Il manifeste encore plus nettement qu'à la dernière visite des comportements différents avec chacun de ses parents : doux avec sa mère, brusques et enjoués avec son père. Il m'adresse des sourires et des gazouillis par-dessus mon bureau, mais ne peut retenir ses gémissements si je l'approche de trop près ou si je me penche pour l'examiner. Mon cabinet et moi sommes des étrangers pour lui. Cela représente le début de sa conscience des étrangers. Ce processus arrive dans une période où le développement cognitif du bébé fait un véritable bond en avant. L'enfant me détaille pour me comparer avec les personnages familiers de son univers : parents, frère ou sœur, garde.

Les sentiments nouveaux et passionnés qui envahissent les parents peuvent paraître accablants à certains d'entre eux : « Je n'arrive à penser à rien d'autre qu'à mon bébé. Mes amis célibataires en ont absolument marre. Quand je me déplace avec lui, je veux surtout le montrer à la ronde. Est-ce que je suis narcissique ou quoi ? » Je rassure les parents : un tel débordement de sentiments s'appelle être amoureux. Les parents ressentent un tel amour qu'ils ont l'impression que le bébé fait partie d'eux. Chaque progrès du bébé leur donne l'impression que c'est leur propre progrès. Et il y a en plus le miracle de regarder quelqu'un apprendre un geste pour la première fois. Observer un apprentissage fait avec tant de détails est fascinant. Bien sûr, ils sont complètement emballés par ce bébé. Tous ceux qui ont eu un enfant connaissent ce sentiment. Du point de vue du pédiatre, c'est ce qui peut arriver de meilleur. Ce profond attachement va devenir la base solide de l'enfance.

Beaucoup d'autres choses se sont passées encore. Dans ces quatre petits mois, la famille s'est organisée. Désormais, chacun des membres connaît son rôle. La difficile tâche que représentait l'adaptation à un bébé particulier a été maîtrisée. Les périodes d'agitation de fin de journée se transforment en moments de communication intense. Ces épisodes auparavant redoutés deviennent les périodes de jeux les plus attendues. S'il y a encore un problème de pleurs ou de « coliques », il faut que nous en trouvions les raisons.

Après que j'ai partagé la joie exubérante des parents, il m'arrive d'entendre des propos exprimant des inquiétudes au sujet de l'alimentation ou du sommeil. Ces deux domaines posent parfois aux parents des questions difficiles à résoudre. J'utilise ce point fort pour aider les parents à comprendre le point de vue du bébé dans les problèmes qui vont surgir. S'ils décident quels sont ses besoins face à son développement, ils sont alors en mesure de faire les choix indispensables pour éviter les problèmes d'alimentation et de sommeil.

Dans le domaine de l'alimentation, des habitudes acquises vont être perturbées par des intérêts concurrents : le bébé va vouloir regarder autour de lui et écouter ; il ne restera pas au sein ni au biberon. Il peut même devenir difficile à nourrir. Les parents vont peut-être le ressentir comme un échec personnel. Mais, s'ils réussissent à comprendre que ce bref intermède (une à deux semaines) représente un bond en avant passionnant dans le développement cognitif, que ces interférences dans le déroulement des repas trahissent un nouvel intérêt pour l'environnement, ils ne risqueront pas de les interpréter comme un échec de leur part.

Dans le domaine du sommeil, il est maintenant essentiel d'établir des rituels, tout d'abord pour aider le bébé à apprendre à s'endormir, mais aussi pour lui permettre de dormir pendant huit à douze heures sans s'éveiller. À ce stade, le système nerveux central a acquis suffisamment de maturité pour permettre à l'enfant une plus longue durée de sommeil. Aider les parents à comprendre les cycles du bébé va les préparer à l'encourager à acquérir son autonomie. Comme nous le verrons plus loin, ces nouveaux problèmes d'alimentation et de sommeil sont les points forts dont parents et médecins doivent parler avant qu'ils ne se manifestent et non après l'apparition des difficultés.

L'alimentation

L'enfant a maintenant un horaire prévisible, ce qui rend à nouveau la vie possible pour les parents. Il n'est plus nécessaire de le laisser choisir ses heures de repas. On peut le réveiller le matin au moment qui convient le mieux à l'horaire familial, puis prévoir les autres repas toutes les trois ou quatre heures, avec une sieste le matin et une autre le soir. En général, à cet âge, il faut cinq repas par jour. Le dernier repas peut être prévu juste avant que les parents ne se couchent. Si le bébé est bien réglé, ils sauront voir l'arrivée d'un nouveau changement. Si c'est le contraire, il leur sera plus difficile de comprendre l'enfant. Pour cette raison, je leur conseille de pousser le bébé à adopter une sorte d'horaire régulier. S'il prend du poids, s'il « profite » avec le lait qu'on lui donne, maternel ou artificiel, les parents ont alors la preuve que le nouvel horaire convient bien à l'enfant.

La mère qui a repris le travail hors de son domicile peut tirer son lait une ou deux fois par jour, afin de le rapporter à son bébé. Elle peut laisser à la personne qui s'occupe de l'enfant le lait recueilli la veille. La mère et le bébé peuvent avoir le grand plaisir de trois bonnes tétées — le matin avant le départ, le soir au retour, et encore une avant le coucher.

Il est important, pour entretenir la lactation, que la mère réveille le bébé pour une troisième tétée à la fin de sa journée de travail. Et c'est extraordinaire pour eux deux d'être réunis dans ce moment d'intimité, au retour du travail. C'est ce que l'on peut appeler du « temps de qualité ».

Je suis toujours stupéfait de constater à quel point le sein s'adapte aux exigences croissantes du bébé. Au cours de ces premiers mois, le bébé a fait plus que doubler son poids, et il a grandi de huit à dix centimètres. Le sein est un organe d'une adaptabilité incomparable. Il est capable de fournir juste ce qui lui est demandé. Même si le bébé s'est désormais habitué à ne réclamer que toutes les trois ou quatre heures, il y a encore des « jours où tout semble aller mal », il veut boire toutes les deux heures. Ce sont comme des moments excessifs, durant lesquels ses besoins n'ont aucun rapport avec le rythme de la lactation. Mais de toute façon, en tétant plus souvent, le bébé stimule les seins qui produisent un lait plus riche et plus abondant.

Si le bébé continue à réclamer de plus en plus pendant une semaine ou davantage, et s'il a plus de quatre mois, il est temps d'envisager l'introduction d'aliments solides. C'est en effet le moment où, pour la plupart des bébés, le lait ne suffit plus. L'Academy of Pediatrics considère que quatre mois est un bon âge pour commencer les aliments solides. Les introduire plus tôt, comme c'était à la mode il y a une vingtaine d'années, ne se fait plus. On croyait alors qu'en commençant tôt, les parents éviteraient les refus, se produisant, pensait-on, chez les bébés plus âgés. Cependant, avant trois mois révolus, l'appareil de succion du bébé n'est pas bien équipé pour l'acte volontaire de déglutition.

Avaler des aliments solides, donnés à la cuiller, est un réel changement pour un bébé. Lorsque ces aliments sont proposés pour la première fois, la plupart des bébés font la grimace, bavent, protestent et recrachent tout. Les parents disent : « Je devrais peut-être commencer avec quelque chose de sucré ? J'ai l'impression qu'il a horreur de ce goût nouveau. » Bien sûr, les premiers aliments devraient être fluides et lactés, mais le problème ne vient probablement pas du goût. Apprendre à déglutir plutôt qu'à sucer, à téter, ce qui est un acte déjà familier, présente un véritable défi. Tout nouvel accomplissement demande du temps. C'est normal que le bébé « fasse des façons » la première semaine devant des aliments solides. Il faut alors momentanément cesser de porter trop d'attention à la quantité que prend le bébé et considérer que c'est simplement une période d'apprentissage de la déglutition. La mère doit guider son enfant patiemment, sans hâte. Bien sûr, il faut l'asseoir dans une position appropriée, sinon les aliments risqueraient de passer par ses voies respiratoires. Il va mettre les mains dans son assiette, expédier la cuiller et utiliser ses doigts pour s'aider à sucer les aliments. Les mains sont un important outil d'exploration à cet âge. Jamais je ne les attacherais, j'enfilerais un imperméable et le laisserais à son exploration...

Les parents devraient introduire un seul aliment à la fois, et à une semaine d'intervalle, ce qui leur permettra de découvrir si le bébé y est allergique. Avant six mois, il peut ne pas manifester de réaction immédiate à une sensibilité alimentaire. Une intolérance, généralement sous forme d'eczéma ou de trouble gastrique, n'apparaît pas toujours dès l'introduction d'un aliment. Vers six mois, par contre, l'allergie se déclare en quelques jours. C'est pourquoi l'introduction des aliments solides est beaucoup moins risquée à partir de cet âge. Avant cela, il faut souvent une semaine ou plus pour constater une intolérance. On peut donc prévenir les allergies alimentaires en se montrant prudent, c'est-à-dire en évitant les sensibilisations. Une réaction allergique déjà déclenchée est plus difficile à traiter. Si le bébé réagit négativement dans la semaine qui suit, supprimez tout simplement l'aliment fautif (cf. l'analyse de l'allergie au chapitre 14).

Une bonne idée est de commencer avec une céréale simple le soir. Les mélanges de céréales sont risqués, puisqu'ils peuvent réunir trois ou quatre causes éventuelles d'allergie. Donnez au bébé sa céréale sans rien d'autre pendant deux semaines, jusqu'à ce qu'il ait appris à le digérer. Si on la lui donne le soir, avant son lait, il l'acceptera plus volontiers, et cela l'aidera peut-être à faire des nuits plus longues. Ensuite, on peut ajouter un fruit le matin et, une semaine plus tard, un légume à midi. Enfin, du bœuf ou du poulet seront introduits à midi, une semaine plus tard encore. Chaque aliment doit être pur, sans autre ingrédient, les parents devront lire l'étiquette des produits. Si le bébé a une poussée de boutons après avoir goûté à l'un ou l'autre de ces aliments, que les parents ne le lui en donnent plus, qu'ils arrêtent tout ce qu'ils viennent d'essayer.

Ces nouveaux aliments, petits pois ou carottes par exemple, apparaissent immédiatement, verts ou orange, dans ses selles. Les parents n'ont pas à s'inquiéter. Au début, ils ne sont pas complètement digérés, car les intestins doivent eux aussi s'habituer à chaque nouveauté.

Voici un exemple de ce que peut manger un enfant de cinq à six mois pendant une journée :

7 h	lait
8 h 30	fruit
12 h	viande, légumes et lait
15 h	jus de fruit ou autre liquide
17 h	céréale
18 h 30	lait
22 h 30	lait, pour la quatrième fois.

En séparant les repas solides et liquides, et en donnant des repas constitués exclusivement de lait au début et à la fin de la journée, on peut habituer le bébé à quatre tétées ou biberons par jour.

La véritable ouverture de la conscience du bébé à tout ce qui l'entoure, vers quatre mois et demi/cinq mois, peut avoir pour résultat de perturber les repas. Cela va déranger les parents qui se sentiront frustrés si on ne les a pas avertis. J'essaie d'en faire un point fort, une occasion de les aider à bien se rendre compte que ce changement est normal et passionnant. L'avantage est que chaque repas peut devenir une occasion de jeu et de communication. Le bébé vient de découvrir qu'il peut saisir les objets, et chaque repas se transforme pour lui en un véritable jeu animé. Il va falloir se servir de la cuiller. Il va avoir envie de se barbouiller la figure et les cheveux de nourriture et, si vous le retenez dans les bras, il va vous barbouiller vous aussi. Ce genre d'exploration lui apporte autant de satisfactions que le simple fait d'être nourri. Si cela ne facilite pas les choses, c'est en tout cas un signe de développement.

À ce stade, beaucoup de mères qui allaitent me disent que leur enfant est « prêt à être sevré ». Quand je leur rappelle qu'elles avaient l'intention de nourrir pendant toute la première année, elles répliquent : « C'est ce que je voulais, mais lui n'est plus d'accord. Chaque fois que je commence à le nourrir, il s'éloigne et refuse de rester au sein. Chaque bruit, chaque mouvement le distraient. Il ne prend jamais suffisamment, à aucun moment. J'ai l'impression d'être en train de perdre mon lait. » La mère qui allaite est elle aussi entraînée dans cette nouvelle poussée de développement, la prise de conscience cognitive. Le bébé voit et entend avec une acuité toute nouvelle. Chaque nouveau bruit, chaque nouveau spectacle le distrait, et c'est pourquoi il devient difficile à nourrir. Il tire le sein dans tous les sens. Chaque nouveau stimulus réclame son attention. Par exemple, les bébés s'excitent beaucoup plus devant des jouets inconnus, ils sont littéralement haletants d'impatience dès qu'ils voient quelque chose de nouveau.

À ce moment-là, les mères qui ont savouré l'intimité chaleureuse, ininterrompue, de l'allaitement, se sentent souvent délaissées. La toute nouvelle indépendance du bébé, son intérêt pour ce qui n'est pas elle, lui font l'effet d'un abandon. Jusqu'à maintenant, la mère pensait à elle et au bébé comme étant une seule unité. Ce n'est plus possible. En fait, à propos de ce moment, des psychanalystes comme Margaret Mahler ont pu parler d'« éclosion » ou de « naissance psychologique », survenant plusieurs mois après la naissance physiologique. Si les mères n'arrivent pas à se rendre compte de ce qui se passe, elles risquent d'être tristes et frustrées. Elles ont l'impression que la merveilleuse histoire d'amour qu'elles ont vécue jusqu'alors est en train de se terminer. Elles ne voient pas que la séparation est une grande étape du développement de leur bébé. Certaines mères décident d'être de nouveau enceintes pour remplir le vide qu'elles ressentent.

Lorsqu'une mère me paraît touchée par de tels sentiments, je suis en mesure de lui faire remarquer que le bébé ne se désintéresse pas du sein. Il se trouve, en fait, confronté à tout un ensemble d'intérêts nouveaux et concurrents. Ceux-ci deviennent *momentanément* plus importants que l'allaitement. Cette poussée d'intérêt pour le monde dure une ou deux semaines, et puis le bébé retourne au sein avec une vigueur nouvelle. Il n'y a pas de raison de renoncer à le nourrir. La mère peut laisser le bébé regarder autour de lui, explorer son environnement, et même lui donner un jouet à manipuler pendant la tétée. Pendant cette période, les tétées du jour ne suffiront peut-être pas pour entretenir une bonne lactation. Le bébé sera sans doute trop excité pour téter correctement à ces moments-là. Le matin et le soir, l'allaitement devrait se faire dans une pièce pas trop éclairée et tranquille, qui n'offre pas de stimulus concurrent. Ainsi, on pourra maintenir la montée de lait pendant cette période. Les bébés préfèrent souvent des aliments solides, à ce moment précis, parce que la situation dans laquelle on les leur présente est plus riche en sensations et qu'ils peuvent davantage participer au repas. Tout à coup, le repas au sein peut leur sembler trop passif, et les bébés de cet âge sont tout, sauf passifs ! Le nourrisson calme et coopérant est devenu un tourbillon d'activité. C'est de plus en plus excitant pour lui d'observer et de conquérir ce tout nouveau monde.

Les repas ne sont plus des événements simples. Les distractions peuvent constituer une véritable menace pour l'instinct naturel que possède toute mère, instinct lui disant qu'elle doit faire prendre de la nourriture à son enfant. Si les parents arrivent à comprendre ce qui se cache sous la distraction de leur bébé, sous ses refus au moment des repas, ils n'auront pas le sentiment d'échouer. Encourager l'immense volonté de l'enfant à apprendre est aussi une partie vitale de l'éducation.

Dès que l'on a commencé à leur donner des aliments solides, certains bébés s'attendent à en avoir tout le temps et réclament moins de lait. Je me suis parfois demandé si cette sorte de compétition n'était pas renforcée par une mère qui pourrait être un peu jalouse de toute nourriture autre que son lait. La première cuillerée de céréales représente en effet le premier pas hors de l'union complète, idyllique, entre la mère qui allaite et son nourrisson. « Je suis vraiment triste de voir qu'il a besoin de tout sauf de moi, m'a déclaré une mère. C'était tellement délicieux de le voir complètement dépendant de moi. » Dans cette situation, beaucoup de mères trouvent qu'il vaut mieux commencer le repas par une tétée, avant d'essayer les aliments solides à la cuiller.

D'autres mères ont des sentiments opposés : « Enfin, je peux donner des aliments solides. Toutes mes amies ont commencé il y a des mois, et leurs bébés sont plus avancés que le mien. » Quand je demande à la mère ce qu'elle entend par « avancés », elle réplique parfois : « Eh bien ! ils pèsent davantage et ils connaissent certainement plus de goûts différents. Ils ne jouent pas avec la cuiller comme mon bébé. » Je réponds que les gros bébés ne sont pas les mieux portants, et que les aliments solides peuvent être responsables d'un excès de graisse.

En outre, bien s'amuser est une réaction normale devant
une acquisition nouvelle. La vraie question pour les
parents est de savoir s'ils désirent élever leur enfant dans
une attitude de compétition, pour « rivaliser de standing
avec leurs voisins ». J'essaie de soulever le problème
tout en respectant le désir universel de tout parent
d'avoir le bébé « le meilleur », le plus parfait de tous.
C'est un sentiment naturel qui fait partie de l'affection,
et qui aidera les parents à s'adapter à tous les changements difficiles qui les attendent. Mais si les parents sont
trop tendus, s'ils sont incapables de considérer cette
compétition avec le moindre humour, je dois leur faire
remarquer que le bébé va pâtir de la pression excessive
qu'ils lui imposent.

Le sommeil

Vers quatre mois, la plupart des bébés n'ont plus
besoin d'un repas tard le soir. Pour qu'un bébé dorme
toute la nuit, il doit être prêt à effectuer plusieurs cycles
de sommeil profond et de sommeil léger à la suite des
uns et des autres. Le comprendre est notre premier point
fort dans ce qui nous permettra d'éviter les problèmes de
sommeil. Les spécialistes dans ce domaine ont découvert
que nous passons tous du sommeil profond au sommeil
léger, et que nous parvenons à cet état que l'on appelle
sommeil paradoxal toutes les quatre-vingt-dix minutes.
Toutes les trois ou quatre heures nous traversons une
phase plus active, plus proche de l'éveil. Le cycle de
sommeil paradoxal est caractérisé par des schémas
d'activité très individualisés. Lorsque le bébé passe à
l'état de sommeil léger, il a tendance à crier, à manifester
un comportement désorganisé et à se débattre dans son
lit. S'il est couché sur le ventre, la résistance du lit suffit
généralement à contenir cette activité désorganisée. S'il
est sur le dos, il peut très bien sursauter, lancer bras et

jambes dans toutes les directions, enrager et crier. Plus il crie et s'agite, plus il semble perturbé. S'il possède un schéma d'autoréconfort, comme prendre son pouce ou une couverture, s'il parvient à s'installer dans une position confortable, il va se calmer. Certains bébés se blottissent dans un coin, cherchant apparemment un contact pour le sommet de leur tête, comme dans l'utérus. Un bébé actif, très vif, a plus de difficultés à se calmer. S'agitant dans tous les sens, de plus en plus contrarié, il finit par se réveiller complètement et à passer d'un seul coup à l'état alerte. Alors, il veut qu'on le prenne dans les bras et qu'on le console. Il n'a pas encore appris à se calmer tout seul. Les parents de ces bébés se sentent obligés de se précipiter et de procurer à l'enfant le réconfort dont ils pensent qu'il a besoin pour se calmer.

La plupart des bébés parviennent à établir ces cycles de quatre-vingt-dix minutes. Mais les cycles de trois ou quatre heures sont plus perturbateurs, car ils provoquent une excitation plus marquée. À ces moments prévisibles, les comportements sont plus vigoureux, plus difficiles à contrôler. Pendant ces cycles de trois ou quatre heures, les bébés passent à l'état d'éveil. Beaucoup d'entre eux crient, comme s'ils avaient peur ou mal. Ils sont encore endormis, mais ils peuvent se réveiller, tellement leurs mouvements sont brusques et incontrôlés. Les parents trouvent ces moments très difficiles. Ils pensent qu'ils doivent intervenir pour aider le bébé à se calmer. Les tétées de 22 heures, de 2 heures ou de 6 heures du matin coïncident de façon prévisible avec ces périodes d'agitation. Cependant, si les parents deviennent un élément de l'état d'excitation de leur bébé, il leur faudra alors être présents pour aider l'enfant à se rendormir toutes les trois ou quatre heures. S'ils le prennent pour le nourrir, le changer, l'apaiser, il n'apprendra pas à se calmer et à retourner par lui-même au sommeil profond. Les parents doivent comprendre ces états, ces schémas, et se rendre

compte des effets de leur réaction pour rester en dehors
d'un cycle que le bébé doit maîtriser tout seul.

Au sujet de cet important point fort, lorsque les
parents expriment leur détresse face à ces réveils nocturnes, je dois en premier lieu peser le pour et le contre :
aider bébé à se calmer ou le laisser crier « à perdre
haleine ». Je ne pense pas qu'aucun bébé ait jamais
besoin de crier « à perdre haleine » en aucune situation.
Le laisser faire ne lui apprend rien, sinon que ses parents
peuvent l'abandonner au moment où il a besoin d'eux.
Ce que les parents peuvent faire de mieux est de mettre
en place des rituels qui aident le bébé au moment du coucher, et apprendre à ne pas se précipiter au premier
gémissement. Le soir, au moment de coucher leur enfant,
ils peuvent lui donner une tétée ou un biberon, en fre-
donnant une petite chanson, doucement, de façon que
cela ne ressemble pas aux repas de la journée. Alors, ils
mettront le bébé au lit avant qu'il soit complètement
endormi, et resteront là en le caressant tranquillement,
mais de façon assurée. S'il a un « objet sentimental » ou
une sucette, on peut s'en servir pour le calmer. Un bébé
qu'on laisse toujours s'endormir au sein n'apprend pas
à trouver le sommeil par lui-même. Il apprend à utiliser
sa mère à cette fin. En conséquence, toutes les quatre
heures, la nuit, quand il passe au sommeil léger, il a
besoin d'elle comme d'un élément de sa tactique
d'endormissement.

Les « problèmes de sommeil » sont bien souvent ceux
des parents (cf. chapitre 37). Nombreux sont ceux qui ne
veulent pas laisser leur enfant être indépendant la nuit.
Je peux le comprendre. Mais ceux qui ont du mal à laisser un petit bébé seul jusqu'au matin s'intègrent à son
schéma d'autoréconfort lorsque le bébé se réveille,
schéma qui risque de se prolonger dans le futur.

Les parents qui travaillent ont des difficultés particulièrement importantes à se séparer de leur enfant le soir,
parce qu'ils ont été absents toute la journée. Le soir, un

rituel chaleureux, plein d'intimité, le matin, un moment consacré aux câlins, avant le départ, peuvent aider les parents à surmonter ces sentiments. Mais beaucoup de mères qui travaillent découvrent qu'elles ont besoin de la présence de leur bébé pendant la nuit. Nous discutons alors de ce problème et du risque que la séparation ne devienne de plus en plus difficile pour le bébé par la suite. Mais le choix leur appartient, et je l'approuverai quel qu'il soit.

Certains parents croient fermement que toute la famille devrait dormir ensemble dans un « lit familial ». Si de jeunes parents envisagent une telle solution, ils doivent se rendre compte que cette décision va affecter la famille pour de nombreuses années. Une discussion franche sur ce sujet représente un important point fort entre les parents et leur médecin, et peut prévenir les crises imprévues. Bien que cela puisse ne pas sembler évident à cet âge, décider ou non de dormir ensemble, est le problème des parents, apprendre à faire des nuits est du ressort de l'enfant. Si on peut l'aider à s'adapter tôt, dormir ne deviendra pas un problème par la suite. Les parents voudront, à un moment ou à un autre, qu'il quitte leur lit. Ils sembleront alors répressifs devant la résistance normale de l'enfant. Anticiper ces difficultés évitera les conflits ultérieurs.

Notre culture attend des enfants qu'ils dorment séparément de leurs parents, et beaucoup de psychiatres craignent des effets à long terme sur les enfants qui ont passé quatre ou cinq ans dans le lit de leurs parents. Une fois que les bébés ont obtenu le droit de dormir avec leurs parents, on ne peut pas les chasser brusquement, au moment où les parents auront envie de récupérer leur lit pour eux seuls. La transition prendra du temps, et pourra être beaucoup plus difficile que d'habituer d'emblée le bébé à dormir seul dans son berceau.

Dans beaucoup d'autres cultures, parents et enfants dorment ensemble parce qu'ils manquent d'espace. Au

Japon, cet arrangement est appelé *kawa*, ou « rivière ». La mère est une rive, le père l'autre et les enfants, au milieu, sont la rivière. Le père quitte le lit lorsqu'il y a plus d'un enfant et qu'il peut avoir une chambre pour lui. La mère continue à dormir avec les enfants jusqu'à ce qu'ils aient cinq ou six ans. Dans certaines parties d'Afrique et dans le Mexique du Sud, la mère et le père gardent le bébé entre eux la nuit jusqu'à ce que la femme redevienne enceinte. Alors l'enfant doit laisser la place au suivant, ce qui me paraît une double agression.

Dans notre culture, où nous avons le choix, il n'est pas équitable d'exclure un jour l'enfant brutalement. S'il crie, aucun enfant ne devrait être laissé à lui-même sous prétexte de le « dresser ». Il faut donc bien réfléchir à l'avance. Il y a d'autres choses à prendre en considération, dans notre société. La plupart d'entre nous avons des tabous très enracinés, issus de notre passé, au sujet du lit commun. Les spécialistes des mauvais traitements à enfant sont généralement contre, parce qu'il y a risque d'abus sexuel, dans l'imagination de l'enfant tout autant que dans la réalité. Tout cela fait partie de notre culture. Les parents doivent en prendre conscience avant de se décider. Et, s'ils décident finalement de dormir avec leur enfant, ils devront alors être attentifs aux questions d'autonomie dans les autres domaines de son développement.

Bien des parents ont des raisons de se sentir obligés de répondre aux cris de leur enfant la nuit. Les parents seuls — qui se sentent eux-mêmes très isolés — auront beaucoup de difficulté à laisser leur bébé constituer ses propres habitudes. Les parents qui ont le sentiment d'avoir été abandonnés par leurs propres parents ne veulent pas les imiter. Il leur semble impossible de laisser leur bébé trouver ses propres façons de se réconforter. Les parents qui travaillent à plein temps et qui se sentent coupables de passer de si rares moments avec leur bébé, ou ceux qui ont toujours eu des difficultés à affronter les séparations et à accéder à l'indépendance dans leur propre passé, seront sans doute incapables de reconnaître que leur enfant est prêt à être indépendant la nuit.

Les études sur la petite enfance ont montré qu'en l'espace d'environ quatre mois, le système nerveux du bébé s'est suffisamment développé pour lui permettre de dormir pendant douze heures d'affilée, avec un seul réveil dans la nuit. Une durée de huit heures de sommeil signifie que le bébé doit se replonger dans le sommeil profond au moins deux fois. Pour dormir douze heures, il doit pouvoir le faire au moins trois fois. Si l'on veut qu'il dorme de façon indépendante, il faut lui laisser apprendre des procédés d'autoréconfort chaque fois. Pour toutes ces raisons, la période entre quatre et cinq mois est un moment crucial pour les parents, puisqu'ils doivent alors décider comment ils peuvent aider leur bébé à apprendre à dormir.

Les dents

La plupart des bébés vont commencer à faire leurs dents après quatre mois, habituellement entre six et neuf mois. Un vieux dicton prétend que les bébés devraient percer une dent par mois à partir du quatrième mois. Il ne faut pas s'y fier. Le moment de la percée dentaire est déterminé génétiquement, et les parents qui ont eu leurs dents tard ont généralement des enfants qui ont leurs dents tard. Aucun de mes enfants n'a eu de dent avant un an. Comme moi, m'a dit ma mère. Cela n'est pas du tout anormal.

Les dents définitives commencent à se former dans les gencives dès la petite enfance. Si le lait et les sucres du lait séjournent trop longtemps dans la bouche du bébé (quatre à huit heures) il y a risque de formation de caries, dites du « biberon », qui peuvent par la suite se retrouver dans les dents définitives. Les parents ne devraient jamais laisser leur bébé avec un biberon de lait dans son lit !

Les dents servent souvent d'explication à tous les troubles du bébé à cet âge. Chaque fois qu'un bébé pleurniche ou se tortille, « ce sont les dents ». En mettant tout sur le compte des dents, les parents risquent de passer à côté d'autres causes. Par exemple, la contrariété de ne pas parvenir à obtenir ce qu'il veut en est une. Le bébé cherche à attraper un objet, ou à bouger, ou encore à attirer l'attention. L'ennui, l'inconfort, sous une forme ou une autre, peuvent aussi représenter les causes réelles de ces prétendus problèmes de dents.

Les dents perturbent le bébé, parce qu'elles représentent un corps étranger dans la gencive. Elles lui font probablement le même effet qu'une écharde dans le doigt. Elles provoquent un gonflement. Dès que le bébé tète, le sang afflue davantage dans la gencive enflée. Il se tortille, il pleurniche et finit par refuser de téter. Pour que l'enfant puisse boire sans souffrir, le mieux est de commencer par masser les gencives afin de supprimer le gonflement. Il est facile de déterminer si un enfant est en train de faire ses dents : si vous appuyez sur le devant de sa gencive inférieure, il hurle. Lavez-vous les mains et massez-le énergiquement avant chaque tétée. Après une brève protestation, votre bébé sera aux anges. La poussée des incisives du bas explique généralement les difficultés rencontrées au cours des repas. Une fois ces deux premières dents sorties, le bébé s'habituera à la douleur sourde provoquée par la sortie des dents suivantes. Les souffrances dues à la percée dentaire ne durent généralement pas plus de quelques semaines. Tout à coup, on entend un petit clic contre la tasse ou la cuiller. Une rangée de minuscules points blancs est sortie de la gencive, et c'est fait !

La communication

Au cours du cinquième mois, les bébés commencent à bien profiter de leurs nouveaux progrès. Ils apprennent à pleurer utilement, en attendant de voir si quelqu'un vient, et à recommencer s'il le faut. C'est un grand pas en direction du processus cognitif connu sous le nom de « causalité » : « Si je fais quelque chose, j'obtiens ce résultat. » Les parents ont tendance à mettre cette sorte de cris manipulateurs, sur le compte des dents, de la fatigue, sur le fait que l'enfant est « gâté ». Il va sans dire que toutes ces raisons peuvent jouer un rôle. S'ils croient que les dents sont la cause des réclamations, ils peuvent faire le test dont nous venons de parler. Si c'est la fatigue, le bébé doit être calmé pour pouvoir se reposer. Il peut aussi, éventuellement, ressentir le besoin de crier un peu avant de pouvoir se détendre. Si rien ne marche, peut-être les parents sont-ils devenus *trop* disponibles ; il faut donc mettre les choses au point.

En même temps que se développe cette capacité de manipulation, commence un nouveau dialogue passionnant ! Tousser, éternuer ou pousser des hauts cris, tous ces comportements ont au début une raison d'exploration. Peu à peu, le bébé apprend à les maîtriser, à les produire à volonté. En fin des compte, il découvre que « pa-pa-pa » fait surgir le visage de son père. Et que s'il dit en pleurnichant « ma-ma-ma », sa mère arrive en courant. Très vite, il apprend à maîtriser ces jeux vocaux, et à les utiliser pour manipuler les personnes qui l'entourent. Les enchères peuvent se mettre à monter.

Les parents se demandent : « Comment savoir à quel moment il me manipule ? » Au début, ce n'est pas vraiment clair. Mais un comportement répétitif fait surgir certains signes. Est-ce qu'après avoir crié il attend pour voir si on lui répond ? Est-ce qu'il manifeste par son expression qu'il a « appris » à obtenir une réponse ? Il peut, par exemple, prendre un air d'autosatisfaction. Tout cela dénote un très important progrès, le bébé a appris non seulement à attendre des réponses, mais à les provoquer. C'est aussi un tournant pour les parents. Plutôt que de répondre automatiquement aux signaux et aux cris de leur bébé, ceux-ci doivent prendre le temps de réfléchir pour décider jusqu'où ils veulent aller dans leurs réponses. S'ils commencent à se sentir manipulés, ils peuvent prendre une décision. La plupart du temps, ce dialogue tout neuf va intensifier la relation, et apporter des plaisirs jusqu'alors inconnus. Simplement, parents et bébé doivent acquérir un nouvel équilibre.

L'apprentissage

Les apprentissages moteur et cognitif sont indispensables à cet âge. Un bébé de quatre à cinq mois fait des efforts pour essayer d'apprendre à s'asseoir et à utiliser ses mains pour déplacer des objets. Deux activités qui ouvrent les portes de nouveaux mondes à explorer. Chaque fois qu'un parent assied un bébé en le tirant par les bras, celui-ci s'efforce de se redresser. À cinq mois, il essaie avec tant d'ardeur qu'il peut bien se retrouver en position verticale, raide sur ses jambes. Bien droit, il regarde les adultes comme s'il recherchait une approbation. Il est déjà pressé de se mettre debout.

Les bébés de cet âge sont terriblement impatients d'arriver à leurs fins. Certains s'agitent, protestent, jusqu'à ce qu'on les asseye sur une chaise ou sur les genoux. La frustration est une grande force d'apprentissage. Les parents peuvent montrer au bébé comment se redresser en position assise. Mais il lui faudra au moins un grand mois de frustration, d'échecs pour réussir. Les parents peuvent faire de leur mieux pour aider, à condition de ne pas se sentir obligés d'aller vers leur bébé à tout bout de champ.

Si les parents achètent une petite chaise ou un fauteuil à bascule, ils doivent veiller à ce que le dossier soit bien incliné, pour que le bébé ne soit pas assis trop à la verticale. Il risquerait de se fatiguer le dos en restant affaissé sur lui-même pendant trop longtemps. Il existe (aux

États-Unis) des fauteuils à bascule dotés de moteurs qui servent à calmer les bébés, et à réduire leurs frustrations, mais je ne les trouve pas nécessaires.

Dès qu'il a appris à passer un objet d'une main à l'autre, l'enfant a accompli un grand pas qui va lui permettre bientôt de jouer. Un bébé de quatre mois devrait essayer de saisir un objet et de jouer avec. À cinq mois, il peut habituellement le donner et le reprendre. Je conseille d'attacher plusieurs objets maniables sur une ficelle solide, au-dessus du berceau, comme un petit portique. Ils doivent être à sa portée. En les mettant à la bouche, en les touchant, en les maniant, l'enfant va découvrir tout ce qu'il peut faire de ces objets.

Je suis toujours ravi lorsque je tiens un bébé de cet âge et qu'il se met à explorer mon visage. C'est un geste si tendre, si révélateur de son sens déjà très affiné de l'exploration. Cet apprentissage va aboutir à la prise de conscience de la « permanence », c'est-à-dire à la compréhension que les personnes sont réelles et qu'elles continuent d'exister même si elles sont hors de vue.

Rouler sur soi pour se retourner n'est pas une étape obligatoire. Nombreux sont les bébés tout à fait normaux qui ne roulent jamais sur eux-mêmes. Ils sont satisfaits sur le dos ou sur le ventre et ne cherchent pas à se retourner. Les gros bébés sont généralement inactifs. La première fois qu'un enfant se retourne, cela peut très bien être par hasard. Quand en se contorsionnant il parvient à se retourner, la soudaineté de la chose est accompagnée d'une sensation inconnue qui terrorise l'enfant et le fait crier. Le parent se précipite pour le découvrir dans cette nouvelle position. Mais l'enfant a eu très peur, et il arrive qu'il n'essaie pas de recommencer avant plusieurs semaines.

Les parents qui entendent dire que d'autres bébés se retournent déjà se demandent s'ils doivent apprendre à leur enfant à le faire. Je ne le conseille pas. On ne peut pas dire qu'il y ait un âge où un enfant devrait savoir se retourner. C'est beaucoup trop individuel. Lorsqu'un parent me pose cette question, j'en profite pour lui expliquer qu'on ne doit pas comparer un bébé à un autre. Les comparaisons et la compétition peuvent exercer une pression sur les parents, les entraînant à pousser leur bébé pour qu'il « rattrape » les autres. Il est bien plus important de se mettre sur sa longueur d'onde et de l'apprécier pour ce qu'il peut et veut faire.

Lorsqu'un bébé passe tout son temps sur le dos, les parents se demandent comment il va pouvoir apprendre à ramper. Je les rassure, il apprendra à se déplacer sur le ventre quand il sera prêt, vers sept ou huit mois. S'il se met sur le ventre, il peut déjà commencer à essayer de ramper, ce qui va renforcer son dos. Si le bébé paraît frustré, les parents peuvent l'aider en se mettant par terre, à son niveau, et le sécuriser en lui procurant des petits jeux et jouets qu'il puisse observer. Mais ce n'est pas obligatoire. Il finira de toute façon par ramper, et aura appris à le faire *tout seul*.

Anticipons un peu

LES REPAS. Le comportement exploratoire dont nous avons parlé va se préciser au cours des prochaines semaines. Le bébé voudra tenir lui-même son biberon. Passez-le-lui en lui présentant la partie inférieure. Observez sa perplexité alors qu'il le regarde, puis voyez qu'il découvre la possibilité de le retourner pour mettre la tétine dans sa bouche. Il vient d'apprendre quelque chose au sujet de la façon de combler ses propres désirs. Mais vous devriez vous asseoir et tenir le bébé pendant qu'il mange. Le temps du repas est plus important que la nourriture. La communication avec le bébé est toujours tellement, tellement essentielle. Des études ont démontré que les sécrétions nécessaires à la digestion ne sont produites que si le bébé est heureux pendant son repas. Il existe un syndrome de dépérissement (que nous appelons « faillite de l'épanouissement »), dans lequel le bébé ne prend pas de poids et ne grandit pas, malgré une alimentation correcte, parce qu'il n'a pas avec son environnement une relation affectueuse. À cet âge, un bébé va s'arrêter pendant son repas pour que vous lui parliez, que vous le regardiez, pour que vous le serriez contre vous. Ensuite, il va se remettre à téter, ou à manger, avec empressement et avec une expression de plaisir.

Continuez à proposer au bébé de nouveaux aliments, mais attendez qu'il ait neuf mois pour les mélanges alimentaires, les œufs et la farine de froment. Comme nous l'avons mentionné plus haut, ces aliments sont ceux qui présentent le plus grand risque d'allergie chez le petit enfant. Dès que vous lui donnerez des aliments solides, le bébé va vouloir tenir sa cuiller pendant que vous le nourrirez avec la vôtre. Attendez-vous à ce qu'il la laisse tomber, et qu'après l'avoir regardée, il vous regarde pour que vous la ramassiez. Il découvre la permanence des objets. Lorsque vous commencez à lui donner à boire à la tasse, laissez-le vous aider. Le jeu et l'expérimentation qui accompagnent un repas doivent être encouragés et appréciés.

Si vous donnez le biberon, comptez environ cent quatre-vingts à deux cents grammes de lait à cet âge. Le lait est plus important que les aliments solides donc, si le bébé boit mal, réduisez la quantité d'aliments solides pour être sûre qu'il prend son lait. Vous pouvez allaiter ou donner le biberon deux fois par jour dans une pièce calme et pas trop éclairée. De cette façon, il prendra le lait dont il a besoin pour grandir et bien profiter. Les bébés ne prennent du poids que s'ils consomment une quantité suffisante de lait.

Les bébés continuent à recracher les aliments solides de temps en temps. Il leur faut apprendre à les avaler. Jusqu'à présent, ils n'ont fait que téter. Beaucoup de bébés mettent leurs doigts à la bouche et les sucent pour s'aider à avaler les solides. Les parents ont parfois l'impression que le bébé veut les provoquer en recrachant la nourriture. Ce n'est pas le cas. Si l'on réagit trop fermement, on risque de renforcer ce comportement. Souvent, le bébé ayant assez mangé ne veut pas de solides. Il vaut mieux alors arrêter le repas. Si le bébé fait beaucoup de saletés, mettez un imperméable, et nourrissez-le dans une chaise lavable, mais ne lui attachez surtout pas les mains. Laissez-le jouer à sa façon avec les aliments. Il faut lui donner du temps pour faire la transition entre téter et manger. De plus, il vient juste d'apprendre à saisir et veut participer en touchant la nourriture. Si vous intervenez, vous risquez d'installer en lui des comportements de résistance à l'égard de la nourriture qui le rendront négatif et difficile à nourrir plus tard.

Le sommeil. Si le bébé a établi sa propre technique, sa « meilleure façon » de s'endormir, il va continuer à allonger la durée de ses nuits. Il passera au sommeil paradoxal, en gigotant dans son lit et en pleurant, puis retrouvera sa façon de se rendormir. Ces schémas d'autoréconfort et d'endormissement vont prendre une importance accrue pour le bébé dans les deux mois à venir. Après une journée où le bébé a été surstimulé ou exposé à de nombreux événements nouveaux, il peut se réveiller la nuit. Il faut parfois le consoler plusieurs fois d'affilée pour qu'il retrouve le schéma qui lui permet de rester endormi.

Trouver le temps de jouer. La prise de conscience cognitive continue à faire de gros progrès, et tous les moments de la journée en sont empreints. Non seulement les moments des repas, mais aussi ceux du change et du bain deviennent une occasion d'exploration. L'enfant va vouloir se tourner d'un côté, puis de l'autre, se tortillant dans vos mains savonneuses. Cela exige des parents une vigilance accrue. Un bébé glissant, gigotant, doit être l'objet d'une surveillance sans faille. Il est bien sûr très important de ne jamais laisser un bébé seul sur la table à langer. Il est indispensable de toujours garder une main sur lui. Dès qu'il se tient assis, vous pouvez le baigner dans cette position dans une petite baignoire, ou dans le lavabo à condition que le robinet soit réglé sur une température inférieure à trente-sept degrés. Beaucoup de bébés sont gravement brûlés pour avoir tourné par hasard le robinet d'eau chaude. Une façon délicieuse de baigner le bébé est de le prendre avec vous dans la baignoire.

Les parents se demandent comment nettoyer efficacement les parties génitales des bébés. Ne soyez pas trop énergiques, ce n'est pas nécessaire. Les petites filles ont des sécrétions vaginales qui contribuent à la propreté de la région génitale. Le seul fait de les plonger dans le bain les rend très propres quotidiennement. N'utilisez *jamais* de produits détersifs ou de bain moussant pour une petite fille. Ces produits détruisent les muqueuses protectrices du vagin. De plus, les liquides irritants peuvent remonter jusqu'à la vessie, les bactéries pénétrer dans l'orifice sans protection et entraîner une cystite et une infection urinaire. Chez filles et garçons, bains moussants et produits trop décapants peuvent provoquer un dessèchement de la peau et des éruptions cutanées. Ces produits devraient donc être tous interdits pour les bébés. En ce qui concerne les petits garçons, il n'est aucunement nécessaire de dégager le prépuce pour la toilette.

Ne soyez pas trop maniaque de propreté. Le bain peut être un moment délicieux, un moment d'amusement qui vous rapproche de votre bébé. Si vous n'êtes pas chez vous de la journée, essayez de programmer le bain à un moment où vous avez le temps de bien vous détendre à la maison. Le change est une autre occasion de jeux et de communication. Si nécessaire, levez-vous plus tôt pour passer un moment où vous n'êtes pas pressé du tout avec votre bébé avant de partir. Prévoyez-en un autre dès que vous êtes de retour à la maison. Le bébé perd tout contrôle de lui-même et proteste au moment où vous arrivez. Vous lui avez manqué et, toute la journée, il a gardé en lui ses reproches. Mais, après cette crise, vous aurez une très agréable réconciliation. Bercez-le en chantant. Laissez-le vous « raconter » combien sa journée a été épouvantable sans vous.

LES CAPACITÉS MOTRICES. Dans les deux mois à venir, le bébé va faire beaucoup de progrès passionnants. Aidez-le à se mettre debout et observez l'excitation qui se peint sur son visage. Un bébé de cinq mois *adore* se tenir debout. Il regarde tout autour de lui à la recherche de votre approbation. Même s'il pleure, si vous le mettez debout, il s'arrête, tout excité. Après tout, son objectif à long terme est de se dresser sur ses pieds, de se tenir à la verticale.

Dans ces deux mois à venir, il va essayer de maîtriser la position assise. Il va s'asseoir le dos voûté, ses deux bras formant avec son corps comme un trépied. À six mois, son dos se renforce, mais il a toujours besoin de ses bras pour trouver son équilibre. Il ne peut pas se servir de son bras pour atteindre un objet lorsqu'il est assis.

Saisir les objets, les déplacer, les mettre à la bouche pour les explorer, toutes ces activités constituent une part essentielle de l'apprentissage. Le bébé joue avec une main en la palpant de l'autre. Si vous lui procurez un petit portique, il s'y entraînera pendant de longues périodes.

Dès qu'il se trouve sur le ventre, ou assis, il perd l'équilibre et tombe : très probablement acquiert-il ainsi le concept de déplacement.

Il va imaginer de ramper sur le ventre ; pour cela, il va commencer par reculer, s'éloigner de son objectif. Il va hurler s'il n'y arrive pas. Le spectacle de cette frustration est particulièrement pénible pour un parent. Une main fermement posée contre les pieds du bébé peut l'aider à apprendre à se pousser en avant. De toute façon, il progressera grâce à ses échecs. Je ne répéterai jamais assez que rien n'est plus fort que la frustration pour pousser un bébé à apprendre, tant qu'il peut la supporter. Regardez-le devant une nouvelle occupation, voyez sa frustration et, en fin de compte, sa réussite. Il est tellement content de lui d'avoir réussi ! Il l'a fait de lui-même. Dès que les parents comprennent la force, l'intensité qui poussent le bébé à apprendre tous ces nouveaux gestes, ils deviennent les alliés de son développement, et évitent de saboter le parcours intérieur qui l'y mène. S'ils viennent me confier leurs inquiétudes devant les frustrations de leur enfant, nous pouvons faire de la discussion qui s'ensuit un véritable point fort.

La craine des étrangers. Le nouveau progrès de sa prise de conscience, dans ce qu'il voit et ce qu'il entend, peut avoir un effet sur l'envie d'un bébé de cinq à six mois de faire connaissance avec des étrangers. Plus jeune, il était probablement heureux en passant des bras d'une personne à ceux d'une autre. Les parents d'enfants de quatre ou cinq mois me disent avec fierté qu'il aime tout le monde, qu'il peut entrer dans une pièce surpeuplée sans protester. Cela va bientôt changer. J'observe une façon toute neuve de reconnaître les étrangers dès la visite de cinq mois. Tant qu'il est de l'autre côté du bureau, et tant que sa mère parle avec moi, le bébé gazouille gentiment, m'adressant des sourires engageants. Mais si je me laisse séduire, et que je l'enlève à sa mère pour le prendre dans mes bras, ou si je le regarde en face lorsqu'elle le pose sur la table d'examen, je sais qu'il va se mettre à pleurer. Il va même crier d'une façon retentissante durant tout l'examen. Si, au contraire, je lui parle sans le regarder en face, si je m'arrange pour que sa mère reste dans son champ de vision pendant que je l'examine, je peux effectuer tout l'examen sans le perturber. Je peux même lui faire les injections nécessaires sans trop le contrarier, à condition que sa mère le tienne fermement par l'épaule, et puis attire son attention sur quelque chose. Le domaine nouveau d'exploration visuelle exerce sur lui une telle fascination qu'il en oublie les sensations déplaisantes.

Un étranger représente pour le bébé une somme excessive de stimuli nouveaux, inconnus. Le bébé voudrait pouvoir vaincre chacun de ces stimuli. À cet âge, il peut être profondément perturbé si un grand-parent ou une garde l'aborde avec trop de précipitation, ou le regarde en face dès leur première rencontre. Il a besoin de temps et d'espace pour se familiariser avec chaque sensation nouvelle, visuelle ou auditive. Cette conscience sensorielle accompagne les progrès moteurs — saisie et manipulation — et ces acquis se renforcent les uns les autres. Il n'est pas surprenant que la vie soit pour ce bébé si passionnante !

La nouvelle conscience qui provoque la peur de l'étranger entraîne également de plus grandes protestations à chaque séparation. Plus que jamais, il a besoin d'un mode de garde stable. S'il passe ses journées à la maison avec l'un de ses parents, le bébé protestera devant une baby-sitter du soir, et si les deux parents travaillent au-dehors, la moindre modification à la crèche ou à la maison risque de le perturber.

Ce changement peut surprendre les parents. « Il pleure chaque fois que je le laisse à quelqu'un d'autre. C'est nouveau. Cela ne l'avait jamais contrarié », dit une mère. Nous avons là une de ces poussées de développement au cours desquelles le bébé devient de plus en plus sensible au changement, et paraît être tout d'un coup plus dépendant. La phase aiguë de sensibilité peut ne durer qu'une semaine ou deux, mais le besoin d'un mode de garde stable subsistera.

Souvent, cette dépendance nouvelle coïncide avec la reprise du travail de la mère, ou un changement de mode de garde. Si les changements sont faits avec soin, et de façon progressive, toute la famille en bénéficiera. Les parents préféreront laisser le bébé avec une personne qu'il connaît, à laquelle il est habitué. Si possible, qu'ils fassent en sorte que l'enfant s'habitue à la personne qui doit le garder pendant qu'ils sont encore présents. Qu'ils s'assurent que cette personne comprend bien la nouvelle crainte du bébé devant les étrangers et qu'elle ne s'en formalise pas. Ce n'est pas toujours facile. Laisser le bébé à une nouvelle personne pour de courtes périodes au début, puis de plus en plus longtemps, facilitera la transition.

Au retour de ses parents, il faut s'attendre que le bébé perde son contrôle et qu'il manifeste sa contrariété. Il la leur réserve *tout spécialement*. Les parents sont habituellement soulagés d'en être informés. Il arrive souvent qu'une jeune mère ou qu'un jeune père me dise : « Chaque fois que je le laisse à quelqu'un d'autre, à notre retour, que ce soit mon mari (ma femme) ou moi, il "craque" complètement. La garde me dit toujours : « Il ne hurle jamais de cette façon avec moi ! » J'ai mal lorsque j'entends cela. » Si les parents peuvent considérer que la garde ne veut que les rassurer, et admettre que ce comportement est une façon de leur montrer qu'ils sont *eux* les personnes qui comptent le plus dans la vie de leur bébé, ces crises de fureur leur seront moins pénibles. La raison pour laquelle les parents en sont si profondément affectés, c'est que l'effort qu'ils doivent faire pour laisser leur bébé dans la journée les rend vulnérables et les culpabilise beaucoup.

Les parents qui doivent reprendre le travail ressentent souvent, profondément ancrée, la peur que leur enfant n'en subisse un préjudice. Je peux affirmer que le bébé est capable de s'adapter à la situation sans risque de traumatisme permanent, à condition qu'ils trouvent une personne chaleureuse et affectueuse pour s'occuper de lui. Ce ne sera pas la même chose qu'avoir un parent avec soi toute la journée, mais cette situation-là peut aussi présenter des risques de conflits pour l'enfant et le parent.

Dans *À ce soir*[1], je décris les qualités que l'on doit rechercher pour une garde d'enfant, que ce soit à la maison ou dans une crèche ou garderie. Elle doit avoir suivi une formation et posséder une personnalité calme et cordiale pour bien connaître les besoins d'un enfant de quatre ou cinq mois. Je suis inquiet pour les bébés lorsque je vois dans les crèches un adulte s'occupant de plus de trois bébés ou de plus de quatre jeunes enfants.

En association avec des collègues, j'ai observé des bébés de quatre mois dans une bonne crèche. Ils semblaient suivre des cycles d'éveil et de sommeil avec une grande économie de comportement, tout au long de leurs huit heures de présence. Jamais ils ne s'excitaient outre mesure, jamais ils ne s'intéressaient trop aux puéricultrices, bien que celles-ci fussent bienveillantes et compétentes. Ces bébés paraissaient bien s'économiser. Et puis, quand un de leurs parents venait les chercher, ils éclataient en violents sanglots, comme s'ils avaient réservé leur passion pour la personne qui comptait vraiment pour eux.

Après cet épisode de pleurs, ils devenaient alertes et extrêmement interactifs avec leurs parents. On dirait même que les bébés sont capables de « gérer » ces moments de crise mieux que les adultes. Si les parents peuvent garder un peu de leur propre énergie pour la fin de la journée, et profiter de ces retrouvailles très intenses, la séparation leur semblera moins douloureuse. Parfois, j'encourage les parents, quand ils rentrent à la maison, à s'asseoir pour bercer le bébé en lui chantant des chansons, à lui parler, lui poser des questions sur sa journée et lui dire combien il leur a manqué. Quand les parents me demandent si le bébé peut comprendre, j'explique qu'il est certainement capable d'en saisir l'esprit, et que ce dialogue sera le début d'un rituel pour les années à venir.

---

1. Stock-Laurence Pernoud, 1983.

7

Sept mois

Lorsqu'un bébé de sept mois entre majestueusement dans mon bureau, porté par un de ses parents, je constate qu'il ne reste plus passif dans les bras. Il s'accroche activement. Si je vais chercher la famille dans la salle d'attente, le bébé s'attend déjà qu'on le prenne et tend ses bras potelés au moment où la mère ou le père lui disent : « Viens. On va voir le docteur. » À cet âge, la plupart des enfants me font bon accueil et d'immenses sourires dès que je joue avec eux. Ils s'activent, tiennent leur rôle en riant de plaisir. Si un bébé a l'air soucieux quand je l'approche, je demande à sa mère de le tenir et je l'examine sur ses genoux. La peur des étrangers se manifeste de nouveau. Habituellement, cette visite qui ne comporte pas de vaccin est pleine de bonne humeur, et me permet de faire remarquer à une mère confiante chacun des progrès de son enfant. À cet âge, le bébé déborde d'auto-importance. Il cherche à m'épater, assis de l'autre côté de mon bureau, pendant que je lui parle. Il cache son visage, se retournant alors pour m'observer. Il a des fous rires et pousse des petits cris aigus pour attirer mon attention. S'il n'arrive pas à s'immiscer dans la conversation, il peut même sauter sur les genoux du parent qui l'accompagne, ou lui mettre la main sur la bouche pour essayer de s'interposer. Il veut absolument que, tous les deux, nous fassions de lui le point de mire.

À sept mois, les bébés regardent le monde comme s'il leur appartenait. L'enfant peut s'asseoir à présent, et prendre un jouet après l'autre pour s'amuser, d'un air triomphant. Un bébé de cet âge ramasse un jouet, l'examine soigneusement, le met à sa bouche, le tourne et le retourne, et puis le jette par-dessus le bord de la table.

Ensuite il lève les yeux dans l'attente de quelque chose, tout en proférant un son péremptoire. La mère (ou le père) se baisse complaisamment pour ramasser. Lorsque ce jeu a duré un moment et que le parent concerné dit : « Ne le jette plus, je ne le ramasserai pas », le bébé l'observe pour estimer la détermination qui lui fait face. Il peut se rendre compte que nous sommes occupés et abandonner son jeu, ou bien essayer quelque autre divertissement, appelant « ma », « pa » et riant bruyamment. Si ses efforts pour rivaliser avec moi échouent, il peut renoncer avec élégance et se mettre à jouer seul avec les jouets posés sur la table devant lui.

À cet âge, la personnalité du bébé semble prévisible — pour ses parents et pour les personnes de son entourage. Les tendances et les caractéristiques de son tempérament, constatés à six mois — le style de l'enfant dans ses rapports avec son environnement — sont maintenant complètement exprimés. J'aime partager mes observations à ce sujet avec ses parents afin que nous puissions, les uns et les autres, mieux comprendre ce qui est normal chez cet enfant particulier.

Il y a neuf éléments dans le concept de tempérament. Ces neuf éléments déterminent un ensemble de probabilités à propos du comportement de l'enfant — réactions aux anciens et nouveaux événements, au stress —, qui procurent aux parents une sorte de cadre de réflexion dans lequel ils vont essayer de le comprendre : ils savent à quel moment leur enfant se comporte « comme à son habitude », et à quel moment ce n'est pas le cas. Lorsque ce n'est pas le cas, ils peuvent l'examiner pour voir s'il n'est pas malade ou stressé ; ils peuvent également reconnaître les états transitoires qui précèdent un grand bond en avant dans le développement. Quand l'enfant ne se comporte plus comme d'habitude, le parent doit trouver lequel de ces événements est en train de survenir. S'il s'agit de cette poussée de développement, il faut tenter de comprendre ce progrès avant de prendre toute décision.

Les neuf éléments que nous observons dans l'évaluation du tempérament ont été définis par Stella Chess et Alexander Thomas en 1953. En résumé, ce sont :

1. Le niveau d'activité
2. La concentration
3. La constance
4. L'approche, le recul — comment l'enfant se comporte face à des situations nouvelles ou stressantes ?
5. L'intensité
6. L'adaptabilité — comment il effectue les transitions
7. La régularité — comment prévoir le sommeil de l'enfant, ses fonctions intestinales, ses rythmes diurnes ?
8. Le seuil sensoriel — est-il hyper- ou hyposensible aux stimuli de son environnement ? est-il facilement surstimulé ?
9. L'humeur — est-il fondamentalement positif ou négatif dans ses réactions ?

En partant de cette base, on peut caractériser un petit enfant, tout comme les problèmes qu'il pose — pour lui et pour ceux qui l'entourent. Dans mon premier livre, *Trois enfants dans leur famille*[1], j'ai tenté de tracer la carte du développement de trois bébés différents — actif, calme et modéré — au cours de leur première année. Au terme des six premiers mois, parents et autres personnes chargés du bébé seraient bien inspirés de parler ensemble de la personnalité naissante de l'enfant, afin de s'assurer qu'ils le voient bien de la même manière avant d'envisager les nombreuses décisions qui les attendent.

---

1. Stock-Laurence Pernoud, 1985.

Les capacités motrices

S'asseoir seul est une étape capitale. À cinq mois, le bébé ne peut s'asseoir que penché en avant, en s'appuyant sur ses deux bras — en tripode. Il est incapable de bouger ou de changer de posture, sauf en roulant à terre. À six mois, il a appris à tenir le dos droit et à maîtriser son équilibre avant-arrière. Mais il a encore besoin de l'appui de ses bras de chaque côté. S'il essaie de lâcher un bras, il s'écroule de ce côté-là. Il lui est toujours très difficile de conserver seul la position assise, car son équilibre dépend de la fermeté de ses bras. Il ne peut toujours pas se mettre seul dans cette position.

À sept mois, le bébé n'a plus besoin de l'appui de ses bras et parvient à garder son dos droit pendant une brève période. Il doit toujours éviter d'utiliser ses bras avec trop de liberté, car il tomberait sur le côté. Il peut oser jouer un peu avec des objets posés juste devant lui, mais, s'il tombe, il sait qu'il n'arrivera pas à se rasseoir. Il joue quand même avec précaution, tout en faisant des efforts pour se maintenir dans cette nouvelle position tellement passionnante. À huit mois, il est enfin libre de ses mouvements en position assise. Un enfant de cet âge peut se tourner, se pencher vers l'avant ou d'un côté. Il maîtrise la position assise et l'expérimente avec aise. Même s'il tombe, il parvient généralement, non sans efforts, à se rasseoir.

Les pédiatres et les parents expérimentés peuvent dire depuis combien de temps l'enfant sait s'asseoir d'après la complexité du comportement de son corps en position assise. S'il est immobile, il s'agit d'une acquisition récente. S'il peut tourner, se pencher de chaque côté, il s'assied au moins depuis un mois. Le moment où il peut passer de la position couchée à la position assise, où il fait preuve d'une aisance corporelle pour s'asseoir et ramper, dénote au moins deux mois de pratique.

De petits progrès moteurs se développent parallèlement à cette acquisition. Au fur et à mesure que l'enfant domine mieux son corps, il se passionne de plus en plus pour ses mains. À six mois, les doigts se comportent encore comme un tout. Quand il saisit un objet, il ratisse littéralement avec la paume. À sept mois, sa dextérité augmente. Quand il transfère un objet d'une main à l'autre, il commence à l'explorer avec les doigts. Au cours de ce processus, il sépare peu à peu l'index et le pouce pour affiner ses capacités. À huit mois, il va pouvoir utiliser le pouce et l'index pour former une pince et saisir les petits objets. Pour mettre au point cette nouvelle technique, il ramasse toutes les petites choses qu'il trouve. Des peluches sur le sol, un comprimé d'aspirine tombé, un petit morceau de la pâtée du chien — tout cela l'intéresse désormais prodigieusement. C'est le moment de nettoyer très soigneusement tout l'environnement du bébé. Il faut s'assurer que rien de dangereux n'a été laissé dans ses parages.

La pince, c'est-à-dire la capacité à séparer le pouce de l'index pour une prise plus habile, est l'un des attributs humains qui nous séparent des grands singes. « Les mains, a dit Maria Montessori, sont les instruments de l'intelligence humaine. » La parole et notre dextérité manuelle nous permettent des réalisations plus complexes. Il n'est pas surprenant qu'un bébé soit tellement excité par cette capacité. Il s'y entraîne du matin au soir.

Bientôt, il commence à explorer son univers avec ses doigts. Il montre les objets du doigt pour attirer l'attention des adultes présents, il introduit l'index dans tous les orifices, y compris les prises électriques, il découvre des façons passionnantes d'utiliser ses doigts séparés. Le pouce et l'index sont employés pour tâter le visage des adultes qu'il aime, pour explorer tous les trous possibles et imaginables ainsi que les endroits cachés. Ils sont donc devenus des prolongements très performants de ses yeux et de sa bouche. Auparavant, il utilisait seulement la bouche pour évaluer le monde des objets et des personnes. Maintenant, il peut approfondir cette exploration grâce à ses mains.

À ce stade, presque tous les bébés manifestent une préférence marquée pour une main ou l'autre. Cette préférence découle probablement d'un schéma défini pendant les mois précédents, mais, à présent, les enfants sucent les doigts de la main qui n'est pas dominante pour que la main dominante soit libre d'effectuer les comportements d'exploration. Pendant ces progrès de motricité fine, vers sept ou huit mois, on peut facilement reconnaître la main préférée. Si un adulte présente un jouet en face, la main dominante va être la première à se tendre. Les deux doigts principaux de la main dominante seront les plus utilisés pour l'exploration. Inconsciemment, nous poussons les bébés à être droitiers. Lorsque nous leur tendons un objet, nous le présentons presque invariablement vers leur côté droit. S'il est gaucher, l'enfant doit tendre la main à travers la ligne médiane pour le saisir.

Il est curieux de constater qu'à cette époque l'enfant commence à perdre tout intérêt pour ses pieds, car il passe une moins grande partie de la journée sur le dos, à observer ses orteils. Lorsqu'il apprendra à se tenir debout, ses pieds vont même devenir moins agiles, moins semblables à ses doigts.

Ramper représente un nouveau pas vers l'indépendance. Vers sept mois, la plupart des bébés arrivent à ramper sur le ventre. En se retrouvant par terre, parce qu'il a perdu l'équilibre en position assise, ou parce que, couché sur le dos, il s'est retourné, un enfant de cet âge manifeste immédiatement son ardeur à vouloir se déplacer. Il apprend à se mettre sur le ventre pour s'exercer à avancer. *Ramper*, c'est avancer en se contorsionnant sur le ventre. À huit mois, le bébé sait ramper vers l'avant et il enrichit sa technique. Il peut se mettre à quatre pattes, en se balançant d'avant en arrière, pour finir par s'écrouler face et corps contre terre. Cela peut faire mal, mais rares sont les bébés qui pleurent quand ils ne peuvent s'en prendre qu'à eux-mêmes. Le désir de réussir est trop fort, il fait oublier tous les maux.

Dès que le bébé tente de coordonner bras et jambes, il reprend les comportements réflexes de nage que nous avons observés au cours des tout premiers mois. Il se met à effectuer une sorte de marche arrière, un peu comme un crabe, en se déplaçant sur les coudes et les genoux. C'est le « quatre pattes ». Ce déplacement est différent pour chaque enfant. Certains ne l'emploient jamais. On a coutume de dire que si un enfant ne passe pas par le stade du « quatre pattes », il ne sera jamais coordonné et aura des problèmes d'apprentissage plus tard. C'est sans fondement. J'ai vu bien des enfants ne jamais le faire et n'en être pas moins capables de marcher et d'apprendre à un âge tout à fait normal. Beaucoup d'enfants passent de la position assise à la position debout et à la marche sans ces étapes intermédiaires qui ne sont pas obligatoires dans le développement. Quand un enfant commence à faire du « quatre pattes », on peut voir la consternation se peindre sur son visage lorsqu'il s'éloigne de plus en plus de son objectif. Sa frustration augmente. Il peut se mettre à hurler de ne pouvoir empêcher ses bras et jambes nouvellement coordonnés de le faire reculer. Comme nous l'avons mentionné plus tôt, un de ses parents peut lui bloquer les pieds avec fermeté. L'enfant se poussera en avant en prenant appui sur ses mains. La surprise et la joie qu'il ressentira alors peut l'entraîner à chercher comment adapter ses mouvements pour répéter, sans aide, ce déplacement en avant. Mais il faudra probablement un mois ou deux de frustration avant d'y parvenir. Les parents peuvent encourager et réconforter, mais ils ne doivent pas tenter d'épargner à l'enfant les efforts douloureux qui précèdent toute nouvelle acquisition.

À ce stade, comme nous l'avons mentionné plus haut, il est bon de protéger l'enfant de sa propre curiosité. Bien avant, tous les parents auraient dû passer l'inspection dans leur maison afin de détecter chaque danger potentiel pour un enfant ingénieux et avide d'exploration. Attention aux prises électriques qui ne sont pas protégées, aux escaliers sans barrière, aux médicaments et aux produits toxiques rangés ou non dans les placards. Les bébés trouvent tout. Les prochains mois seront faits de surprises. Il faut s'y préparer. Munissez-vous d'un vomitif en cas d'ingestion de produit toxique, et notez sur chaque appareil de téléphone le numéro du centre antipoison, des urgences de l'hôpital le plus proche et de l'ambulance. Il est important d'être prêt. Une fois que l'accident arrive, les parents sont souvent trop bouleversés pour réagir correctement.

L'alimentation

Les nouvelles acquisitions motrices qui permettent de s'asseoir et d'explorer, la possibilité de saisir au moyen de cette pince si fascinante que forment le pouce et l'index, sont les deux points forts du développement à cet âge et marquent tous les aspects de la vie de l'enfant. En particulier, ils changent radicalement l'ambiance des repas. Si les parents savent utiliser ces capacités pour renforcer le sentiment d'indépendance de l'enfant dans le domaine alimentaire, ils s'éviteront bien des problèmes. Apprendre à jouer avec un gobelet, à le manipuler tout seul, voilà un objectif passionnant pour un bébé. Bien qu'il ne soit certainement pas encore prêt à avaler grand-chose avec un verre ou un gobelet, il va vouloir l'essayer. Lorsqu'un parent boit dans un verre, qu'il propose une gorgée au bébé. L'imitation pousse à apprendre. Si l'enfant veut essayer de se servir du gobelet, il est possible de lui en donner un vide pour jouer, tandis qu'il boit avec un autre. Dès qu'il entre dans sa phase d'entraînement, il peut essayer son gobelet dans la baignoire. Il peut boire l'eau du bain, la faire couler, éclabousser et s'amuser comme un fou, tout cela en s'entraînant à se servir de ce nouvel instrument.

Il ne faut cependant pas surestimer les capacités du bébé. Même si les parents occupent ses deux mains — en lui donnant un morceau de toast dans l'une et une cuiller dans l'autre —, il pourra jeter ce qu'il tient pour se saisir de votre cuiller à vous. Ou bien il va se mettre à jouer avec la cuiller et le toast. Et les parents doivent bien respecter ce comportement. En ce moment, manger n'est pas une chose toute nouvelle, comme l'est l'exploration. Parents qui vous en tenez à une routine un peu ennuyeuse, vous réussirez peut-être à faire manger l'enfant, mais vous risquez aussi de susciter un climat de résistance. Cela n'en vaut vraiment pas la peine. Attendez-vous qu'il explore à sa façon pendant quelque temps, et qu'il laisse le côté alimentaire. Il recommencera à s'y intéresser dès qu'il aura réussi à maîtriser ses nouvelles capacités.

L'alimentation est un domaine où les objectifs des parents et ceux du bébé risquent d'être conflictuels. C'est aussi un domaine où l'enfant gagnera toujours. Laissez faire et profitez de ses nouveaux talents. Quand il sera bien entraîné, il reviendra à un régime équilibré. Mais son désir d'apprentissage passe avant tout le reste. Heureusement, les besoins alimentaires de l'enfant sont couverts par deux ou trois bonnes rations de lait (matin, midi et soir). Si nécessaire, réveillez-le pour un supplément à 10 heures du soir, avant de vous coucher.

Bien que les solides représentent désormais la plus grande part de l'alimentation pour bien des bébés, ils n'ont pas autant d'importance que le lait et les vitamines. Si le bébé refuse les solides pendant cet apprentissage, je forcerais sur les céréales enrichies et sur la viande, pour le fer qu'elle contient. Proposez-lui d'en prendre à n'importe quel repas, à sa convenance. Deux ou trois cuillerées de solide vont suffire, à cet âge, pour une période de vingt-quatre heures. Le nourrir selon un régime très copieux est souvent le souhait des parents, mais ce n'est pas nécessaire.

L'usage de la nouvelle « pince » provoque des situations très comiques au cours des repas ! Le parent peut proposer un ou deux petits morceaux de nourriture facile à mâcher au début de chaque repas. Si l'enfant les avale, proposez-lui-en d'autres. Il ne sera pas capable de mâcher avant longtemps, mais il peut écraser ce qui est mou avec ses gencives. Des petits morceaux de banane, de pomme de terre ou d'un autre légume cuit, la partie tendre d'un toast et même des morceaux de viande hachée ou d'œuf brouillé conviennent très bien.

Une fois que votre bébé a mangé, exploré, manipulé, jeté, écrasé ou fait disparaître de toute autre façon ses morceaux de nourriture, vous pouvez en poser deux autres devant lui. Si vous lui en donnez trop, il va les écraser ou les pousser sur le côté de la table pour les faire tomber. Attendez-vous qu'une partie de ces aliments soit recrachée ou qu'elle retombe le long du menton. L'objectif est de favoriser cette nouvelle aventure. L'enfant peut être tellement excité par l'idée d'attraper les morceaux qui sont devant lui qu'il se laissera mettre dans la bouche son habituelle nourriture en purée. Mais il peut aussi refuser carrément d'être nourri ainsi. Les parents ne devraient pas insister. Ils risqueraient de renforcer sa résistance. Tout cela ne va probablement durer qu'une semaine environ ; l'enfant veut être maître de la situation

Le sommeil

Bien que le bébé puisse avoir fait des nuits de huit à douze heures auparavant, l'excitation d'apprendre de nouveaux comportements tels que s'asseoir, ramper, se déplacer à quatre pattes, et les acquisitions de motricité fine, avec la frustration qui va de pair, tout cela envahit ses nuits. Les siestes aussi sont souvent perturbées, car l'enfant veut s'entraîner dans son lit. Vous pouvez avoir de plus en plus de mal à le coucher. Cette perturbation inattendue représente une frustration pour les parents qui commençaient juste à profiter de soirées tranquilles. Comme pour d'autres points forts, ce changement est une régression qui précède un grand pas en avant. J'essaie d'aider les parents en leur proposant quelques suggestions.

Reprenez vos habitudes du soir pour faire comprendre à votre bébé combien ce moment est important pour lui et pour vous. Il a encore besoin de deux siestes ou de deux pauses dans la journée — au milieu de la matinée et au milieu de l'après-midi. Donc, qu'il dorme ou non, il doit aller au lit dans sa chambre. Si nécessaire, vous pouvez rester tranquillement assis à côté de lui, sans répondre. Ne lui répétez pas cent fois de se reposer. Vous pouvez le caresser doucement, régulièrement, mais sans le regarder ni lui parler. Cela ne lui plaira probablement pas, mais il comprendra vite que vous ne plaisantez pas, que c'est le rituel d'endormissement et non un jeu.

Si vous êtes absent pendant la journée, assurez-vous que votre bébé fait une longue sieste l'après-midi. Il pourra ainsi rester éveillé plus tard le soir. Mais, lorsque vous le verrez s'exciter ou manifester des signes de débordement, rappelez-vous qu'il a besoin d'aller au lit. Il est parfois terriblement facile d'oublier qu'à certains moments son bébé a besoin de se reposer. Vous l'aiderez en restant ferme et en établissant des habitudes. Si vous êtes ambivalent, il va le sentir et essaiera de vous manipuler. Ce faisant, il s'excitera de plus en plus, jusqu'au point de ne plus pouvoir s'arrêter. Dès qu'il sera dans la chambre, vous aurez sans doute besoin de le calmer, de le bercer, mais en restant ferme sur le fait qu'il doit aller au lit.

Parfois des bébés de cet âge recommencent à se manifester à 2 et à 6 heures du matin. Ils pleurent pitoyablement, mais ne paraissent pas vraiment réveillés. Ils se sont peut-être mis à quatre pattes, et se balancent tout en dormant. Les parents se demandent s'il faut réveiller l'enfant, le nourrir et le recoucher. Étant donné que nous avons là un comportement de sommeil léger ou paradoxal — comportement que nous avons décrit précédemment et qui survient de façon régulière toutes les quatre heures chez la plupart des gens —, je conseille aux parents de ne pas lever l'enfant, de ne pas le sortir de son lit. En fait, il faut éviter de renforcer ce comportement de frustration. Tout au plus, aidez le bébé à se calmer en le caressant, en chantant, en lui proposant son objet favori ou sa sucette. Même s'il se réveille complètement lorsque vous vous trouvez là, j'en ferais le moins possible, je l'encouragerais seulement à trouver ses propres schémas pour repasser au sommeil profond. Si vous le levez à ce moment-là, vous risquez de faire partie de son schéma de sommeil pour longtemps.

Les parents qui ont été absents toute la journée sont ceux qui ont le plus de problèmes avec cet éveil nocturne. En fait, c'est plus leur problème que celui du bébé, et je le comprends bien. Mais ces parents qui ont des horaires de travail lourds ont eux aussi besoin de sommeil et, en fin de compte, cette agitation nocturne risque d'épuiser la famille tout entière.

La communication

Vers sept ou huit mois, le bébé non seulement utilise des syllabes avec une consonne et une voyelle (da, ma, ba), mais encore il s'exerce à les prononcer. Il les dit en faisant des trilles et des gammes le matin, dans son lit. Il s'essaie sans cesse à les prononcer, il s'en sert pour appeler les adultes qu'il aime. Il est rare qu'il adresse la bonne syllabe à la bonne personne. Les bébés de cet âge sont probablement capables de comprendre le « non », mais ils n'y réagissent pas.

Tous ces progrès moteurs et cognitifs permettent aux parents de jouer de façon encore plus amusante. Chacun devrait jouer activement de la façon qui convient à son tempérament. C'est le moment où les mères reprochent aux pères d'être trop « rudes ». Les pères peuvent rétorquer : « Tu es trop tendre avec lui. Tu cèdes trop facilement. Tu ne vois pas qu'il demande toujours plus ? » Respectez ces différences et utilisez-les. De cette façon, le bébé apprend que chaque parent est un individu distinct, séparé. Il n'y a aucune nécessité que tous les deux le traitent de la même façon.

L'apprentissage

Par le jeu, le bébé teste ses nouvelles capacités cognitives. Il va cacher un jouet sous un morceau de tissu, enlever le tissu et le saluer joyeusement avec des « oh ! » et des « ah ! ». C'est le début du sens de la permanence de l'objet — le bébé commence à savoir que l'objet n'a pas disparu parce qu'on ne le voit plus — et il veut explorer tous les aspects de la question. En s'exerçant à ramper ou à marcher à quatre pattes, l'enfant s'efforce d'atteindre un objet convoité. S'il le prend, il l'explore, puis s'en désintéresse, le poussant hors de portée. Ensuite, il recommence ses efforts pour l'atteindre, et vous pouvez constater que son intérêt a augmenté en cours de route.

Les miroirs intéressent l'enfant depuis un mois ou même plus. Lorsqu'il se regarde, il semble vouloir obtenir une réaction de son image. Il peut même tendre la main pour se toucher dans la glace. À la moindre réaction, la surprise peut le faire sursauter. Vers sept ou huit mois, si ses parents arrivent derrière lui, il peut d'abord essayer de réagir à leur image dans le miroir. Puis il se tourne pour voir où se trouvent réellement ces personnes familières. Le bébé découvre l'espace et les relations spatiales.

La crainte des étrangers accompagne cette poussée de développement cognitif, qui se poursuit de façon spectaculaire. L'enfant cherche des jouets perdus et soulève un morceau de tissu ou une boîte en espérant les trouver. Il expérimente la permanence des personnes en jouant à « coucou-le-voilà ». Il joue à imiter, avec des grimaces et divers sons. Au cours des deux mois à venir, le développement cognitif va être passionnant à observer, il faut en profiter. Les parents ne devraient pas être trop obnubilés par ses frustrations. L'enfant peut les surmonter — et il les surmontera.

Au cours de cette période, le bébé découvre rapidement la signification des signaux qui l'entourent et, à la fin de la journée, il attend le bruit qui lui apprend que son père ou sa mère rentre à la maison. Sa sensibilité doit être ménagée de diverses façons. Les bruits trop forts, les changements trop brusques, le fait de laisser le bébé pendant la journée, même dans un environnement familier, même avec une personne qu'il connaît déjà, sont autant de façons de faire ressortir la fragilité qui accompagne cette période d'apprentissage rapide. Toute l'énergie du bébé est captée par l'exploration et la maîtrise de ces nouvelles capacités cognitives.

La permanence des personnes va suivre le même cours que la permanence des objets. Qu'est-ce que cela signifie ? Aux parents qui veulent éviter toute expérience traumatisante, je donne le conseil suivant : ne laissez personne, que ce soient des étrangers ou des membres de la famille, se précipiter sur le bébé pour le prendre. Prévenez les grands-parents qu'il serait bon d'attendre que l'enfant lève les yeux sur eux et surmonte son premier moment de méfiance avant qu'ils le prennent dans leurs bras.

Sachez que les séparations inévitables, lorsque vous laissez le bébé à la crèche ou chez la nourrice, par exemple, pourront être douloureuses et bruyantes. Prévenez-le toujours avant de le quitter et assurez-vous qu'il est en de bonnes mains. À votre retour, faites-lui bien savoir qu'il vous a manqué. Réduisez les changements et les séparations au minimum pendant quelque temps.

Les parents peuvent jouer à « coucou-le-voilà » ou à d'autres jeux qui permettent d'aller au bout de cette angoisse de la séparation et du départ. Allez dans l'autre pièce, puis réapparaissez. Laissez le bébé explorer votre visage, vos vêtements. Jouez avec lui devant le miroir. Introduisez dans son univers le plus de personnes étrangères possible, importantes pour vous, afin qu'il puisse faire connaissance avec elles. Vous ne devez pas le surprotéger. Mais vous devez vous rendre compte qu'il se trouve pris dans une poussée majeure et difficile de son développement — un point fort dans le domaine cognitif aussi bien que dans le domaine social.

Anticipons un peu

L'ALIMENTATION. L'enfant va vouloir continuer à explorer les nouveautés et contrôler la situation. Et cela peut aller en s'intensifiant. Lorsqu'il refuse d'être nourri, soyez prêts à lui donner des aliments solides à manger avec les mains, du pain ou une biscotte avec lesquels il peut jouer. Ne restez pas trop près de lui. Bougez dans la cuisine, faites ce que vous avez à faire. Si vous lui consacrez toute votre attention, il aura tendance à se donner en spectacle en jetant la nourriture ou en la refusant. Essayez le jeu de la cuiller dont je vous ai souvent parlé : laissez-le jouer avec une cuiller, pendant que vous le nourrissez avec une autre. Il peut accepter tout ce que vous lui offrez tant que son attention est occupée

ailleurs. Mais il peut aussi refuser. Si c'est le cas, aban-
donnez. Une fois encore, n'essayez pas de contrôler son
jeu, ni de le nourrir s'il s'y refuse. Cela n'en vaut pas la
peine.

S'il ne mange pas, est-ce qu'il aura faim plus tard ?
C'est probable, si vous n'avez pas créé de conflit. Mais
à cet âge le désir de l'enfant de maîtriser son environnement est aussi fort que ses besoins instinctifs.

LE SOMMEIL. Juste avant de se mettre à ramper, ou
d'essayer de se mettre debout, ou de prendre conscience
des étrangers, le bébé peut recommencer à se réveiller la
nuit. Reprenez les habitudes antérieures pour l'aider à
retrouver le sommeil.

Pendant la journée, lorsqu'il se sent frustré par une
chose nouvelle à apprendre, aidez-le à trouver du réconfort. Procurez-lui *un* jouet particulier, une petite couverture. S'il a appris à sucer ses doigts ou une sucette, aidez-
le à y recourir au moment où il est contrarié et perd son
contrôle. S'il se calme, félicitez-le.

LA SÉCURITÉ. C'est l'époque où le parc peut aussi
avoir son utilité, parce qu'il garantit la sécurité de
l'enfant si vous avez à le laisser seul quelques instants.
Si vous n'avez pas de parc, assurez-vous qu'il y a, chez
vous, une pièce ne présentant aucun danger. La mobilité
que votre bébé vient de découvrir, son grand accès de
curiosité cognitive vont le mener tout droit vers tous les
dangers potentiels. Soyez-y préparé !

L'ENFANT GÂTÉ. Au cours de cette visite, beaucoup de
parents expriment à nouveau la crainte de trop gâter leur
enfant. S'ils ont peur d'accorder à un bébé de huit ou
neuf mois trop d'amour et trop d'attention, c'est vraiment une crainte sans fondement. Pour moi, un enfant
« gâté » est un enfant anxieux, qui cherche des limites.
Si personne ne lui en fixe, il est obligé de les découvrir

et de les tester. Dans les mois à venir, vous verrez un comportement montrant clairement une recherche de telles limites. Dès qu'un enfant commence à ramper vers le poste de télévision et regarde tout autour pour être *sûr* que vous l'observez, c'est exactement ce qui se passe. Vous pouvez l'éloigner ou distraire son attention. Mais, dès le début, établissez des limites claires. La discipline est une des principales responsabilités des parents : procurer aux petits enfants des limites fermes dont ils se serviront eux-mêmes plus tard prendra des années ; alors ne soyez pas déjà découragés.

8

Neuf mois

Un bébé de neuf mois reste rarement sur les genoux de sa mère ou de son père pendant la visite à mon cabinet. Il a autant envie de se glisser au sol ou de se dresser en se tenant à une chaise ou à une table, que ses parents ont envie de le voir faire la démonstration de ces extraordinaires progrès. La plupart des questions, à cette visite, auront un rapport avec le développement moteur. Avec un bébé tellement désireux de bouger, tout — repas, sommeil, change — devient différent. De nouveaux problèmes de sécurité, de discipline, de nouvelles inquiétudes surgissent chaque jour, tandis que le bébé se trémousse, roule, rampe, marche à quatre pattes, va de l'avant, et s'écroule, de l'aube à la nuit.

Les nouveaux drames et conflits dérangent l'équilibre des habitudes familiales et poussent les parents à rechercher de l'aide. Les progrès du développement moteur, la régression dans les domaines de l'alimentation et du sommeil qui accompagnent généralement les progrès, font de cette période un parfait point fort, une occasion pour moi d'aller vers les parents pour les soutenir.

Il est fréquent de voir arriver l'un ou l'autre de ces parents d'enfants de neuf mois au bord de la crise de nerfs. « Eh bien ! Comment allez-vous ? » Je leur pose cette question, prêt à essuyer la première salve. « C'est épouvantable, répond la mère. — Oh ? — Oui, Alexandre est devenu complètement incontrôlable. Ou bien il court dans tous les sens, ou il crie à tue-tête, ou il suce son pouce en me regardant fixement. Il refuse de manger ce que j'essaie de lui donner. Il ne veut pas céder et, si vous voulez tout savoir, je ne dors plus du tout. Il s'active jour et nuit. Il se réveille au moins une ou deux fois toutes les nuits. Il est le désordre fait bébé, et je deviens complètement désorganisée moi-même ! »

Après l'avoir écoutée attentivement, j'espère pouvoir aider cette mère à comprendre le point de vue de son fils. Je suggère que, peut-être, son enfant est difficile et désorganisé parce qu'il apprend à maîtriser de nouvelles capacités. Ce faisant, il est normal que les repas et le sommeil posent quelques problèmes.

Les capacités motrices

C'est à ce stade que commence l'apprentissage de la station debout. S'il trouve quoi que ce soit à agripper, une chaise, une table, le bébé va commencer à se hisser. Les jambes bien écartées, le corps penché en avant, il pousse des grognements et lutte contre la force de gravité. Il chancelle, accroché au bord de la table. Une fois debout, il reste ainsi un long moment. Dans mon cabinet, si j'essaie de l'interrompre en lui proposant un jouet ou en le prenant pour l'examiner, il me lance un regard qui signifie : « Laisse-moi tranquille. Tu ne vois pas que je suis occupé ? » S'il se débat sur la table d'examen, je peux facilement venir à bout de sa frustration en l'aidant à se mettre debout. Une fois sur ses jambes, il sourit de plaisir. Son objectif est manifeste et sa détermination tellement forte que toute intervention sera accueillie avec de véhémentes protestations.

Les bébés de cet âge restent sur leurs pieds aussi longtemps qu'ils le peuvent et puis se mettent à crier, mais de frustration plutôt que de douleur. S'ils tombent, ils pleurent. La chute ne leur fait pas mal, mais l'excitation d'être debout a disparu, et c'est cela qui les fait souffrir.

Merci au ciel pour la fontanelle (partie molle) et la souplesse du crâne infantile. De toute évidence, la nature a bien protégé la tête en prévision des chutes. Au cours des deux premières années, le crâne n'est pas rigide, il se « prête » : en cas de choc, le cerveau de l'enfant ne risque donc pas d'être endommagé comme le serait celui d'un adulte. La nature a tout prévu ; la fontanelle n'est pas fermée, et les os du crâne ne se soudent pas avant que le bébé ait acquis un bon équilibre et soit capable de marcher, vers dix-huit mois.

En dépit de cette protection, les parents doivent tout de même être vigilants. Si un bébé ne crie pas immédiatement après une chute ou s'il perd connaissance, il peut s'agir de commotion cérébrale. J'aimerais être certain qu'il y ait un tapis dans les endroits où l'enfant s'exerce à se tenir debout. Un bébé peut supporter un choc de la tête sur un plancher, mais pas sur sol en béton. Après quelques chutes, l'enfant apprend progressivement à se plier en deux. En tendant les fesses en arrière, il acquiert peu à peu de l'équilibre, et découvre comment se laisser doucement tomber, avec un bruit feutré.

Le mouvement est son grand but. Lorsqu'il se tient debout, accroché à quelque chose, le bébé est bel et bien immobilisé. Mais il éprouve déjà le vif désir d'aller de l'avant. Si on lui donne une chaise renversée ou un trotteur, il apprendra très vite à pousser l'une ou l'autre en s'y tenant. Les chaises anciennes de style « Early American » ont le dossier aplati à force d'avoir été poussées par les enfants de nos ancêtres. La station debout et la marche sont des forces innées chez les êtres humains, dès la prime enfance.

Les parents demandent souvent au cours de cette visite s'il faut acheter des chaussures au bébé. Je ne le conseille pas. S'il est pieds nus, ses orteils agrippent le sol et l'aident à trouver son équilibre. Dans des chaussures, il va chanceler et glisser davantage. Dès qu'il saura marcher, de bonnes chaussures l'aideront à plier le pied, en maintenant celui-ci contre la semelle, ce qui lui donnera une meilleure cambrure.

Un enfant de cet âge couché sur le ventre parvient souvent à passer en position assise et à se mettre debout. Quel ensemble complexe de capacités motrices il a maîtrisées en seulement neuf mois ! Tous ces résultats lui procurent le sentiment d'être capable de dominer son corps et de réussir tout ce qu'il veut. À présent, il aborde le monde debout ! Et il s'y efforcera de jour comme de nuit. Il en fait son but dès le moment où il se réveille ; il le revit la nuit, son inconscient le poussant à l'action au cours de chacun des cycles de sommeil léger. Pas étonnant donc qu'il y ait des moments où il « craque » complètement.

Lorsqu'il est debout et qu'il se tient, il trouve toutes sortes de façons de tester cette prouesse nouvelle. S'il y a de la musique, il essaie de danser à son rythme. Tous ceux qui l'entourent le couvrent de compliments. Et la danse, c'est si amusant ! Il peut ensuite essayer de marcher de côté le long des meubles, et cela fonctionne aussi ! Il peut aller d'un endroit à l'autre. Maintenant, les objets interdits qui se trouvent sur la table deviennent accessibles. Le monde n'est plus plat. Il a ajouté une troisième dimension à ce qui l'entoure.

La discipline précoce

Le monde des parents a changé, lui aussi. Au lieu de passer leur temps à applaudir à chaque nouvelle prouesse, ils doivent se décider à dire « non ». Doivent-ils enlever les objets précieux, interdire certaines choses et essayer de restreindre l'étendue des nouvelles activités passionnantes de leur enfant ? Les cuisinières, les lampes, les machines à laver, les téléviseurs et les ordinateurs sont devenus pour lui de véritables jouets. Les plantes vertes, dont les feuilles peuvent être toxiques, sont tellement attirantes, tout à coup. Comment un parent peut-il décider à quel moment supprimer la tentation et à quel moment imposer une discipline ? Si j'en crois mon expérience, moins il y a de conflits, mieux cela vaut. Les règles les plus importantes, comme de ne pas toucher la cuisinière, sont mieux apprises si elles ne sont pas noyées au milieu d'un trop grand nombre de petits interdits. Je conseillerais donc d'enlever les objets attirants faciles à déplacer, de bloquer l'accès à ceux qui sont dangereux et de grande taille à l'aide d'un meuble ou d'une chaise, et de laisser à sa portée très peu de causes de conflits...

Bien qu'un parent puisse détourner l'attention d'un enfant de cet âge, le négativisme, le désir de s'opposer à tout, va bientôt survenir. Le fait de le distraire ne fonctionne que pour les choses peu importantes et se transforme trop facilement en jeu. Il est temps, dès à présent, de se préparer à ce négativisme de la deuxième année, pour votre bien et pour celui de l'enfant. Les parents me demandent à quel âge commencer la discipline. La première fois que le bébé rampe vers le téléviseur ou le radiateur et regarde autour de lui pour être sûr que vous l'observez, il réclame votre autorité. Il manifeste sa conscience de l'interdit et son besoin de limites. Il est temps de reconnaître qu'il réclame la participation de ses parents pour pouvoir apprendre comment s'arrêter (cf. chapitre 19). C'est le premier point fort qui permette d'apprendre quand et comment discipliner l'enfant. Les parents doivent décider de quelle façon ils vont faire face et se mettre à l'œuvre. C'est un long chemin !

Une autre surprise, qui va éprouver le rythme cardiaque des parents de bébés de neuf mois, est de les trouver à mi-chemin dans l'escalier. Si vous n'êtes pas là en permanence pour aider votre enfant, mettez une barrière en haut et en bas des escaliers. Plus tard, vous lui apprendrez à monter et à descendre, mais pour l'instant, c'est trop tôt.

La baignoire est un autre lieu d'amusements et de dangers. La première règle, essentielle, est de ne jamais laisser un bébé seul dans la baignoire, même pour un instant. Il risquerait de tomber et de respirer malencontreusement dans l'eau. Il pourrait avoir peur, simplement, mais ce pourrait être pire aussi. S'il y a une piscine à proximité, il est temps de vous assurer qu'elle est bien couverte, ou complètement entourée d'une barrière. En tant que pédiatre, j'ai vu tellement d'enfants atteints de lésions cérébrales pour avoir failli se noyer dans une piscine que je suis vraiment catégorique sur ce point.

En ce qui concerne le reste de la maison, le plus sûr est que tout soit « baby proof », c'est-à-dire à l'épreuve des dangers encourus par le bébé. Si ce n'est pas possible pour les parents, ceux-ci devraient alors installer une ou deux pièces sans danger et s'assurer que le bébé y reste.

Le sommeil

Comme nous l'avons dit plus haut, le bébé qui apprend à se mettre debout va s'entraîner également pendant la nuit. Cela devient un autre point fort et j'insiste sur les décisions que les parents doivent prendre pour que le sommeil de l'enfant soit vraiment *son* problème. À chaque cycle de sommeil léger, les nouveaux objectifs moteurs émergent. À peine mis dans son lit, le bébé se lève, surtout si les parents quittent sa chambre. S'il est recouché, il se met debout de nouveau, jusqu'à dix fois, ou plus.

Pour en venir à bout, chaque fois que vous revenez, recouchez-le fermement et bordez-le bien serré. Au bout de deux ou trois fois, restez là en le maintenant couché pour le calmer. Il va se débattre, lutter, pousser des cris aigus. Ne répliquez pas. C'est trop excitant pour lui. Soyez plus ferme que lui. Il a certainement besoin de son objet favori pour se calmer, mais il ne va pas l'accepter facilement. Il a besoin de comprendre de façon nette que vous êtes bien décidés à ce qu'il dorme.

Un rituel d'endormissement prend une nouvelle importance à cette époque. Je suggère que vous utilisiez le biberon ou le sein comme un élément qui accompagne le coucher. Ne laissez pas votre bébé au lit avec le biberon, nous l'avons dit plus haut, cela peut abîmer ses dents de lait. Nourrissez-le dans vos bras, en le berçant et en lui chantant une chanson pour le calmer. Mais ne le laissez pas s'endormir dans vos bras. Mettez-le dans son berceau pendant qu'il est encore éveillé. Donnez-lui une couche ou un jouet à serrer contre lui. Asseyez-vous à côté de lui et caressez-le doucement. Une fois encore, votre objectif est qu'il crée son propre schéma d'endormissement. Peut-être faudra-t-il du temps, mais cela en vaut la peine.

Certains bébés se réconfortent eux-mêmes en se balançant. Ils le font avec énergie, tapant souvent leur lit contre le mur. On dirait qu'ils apprécient ce bruit. Étant donné que ce balancement calme bien le bébé, je ne l'arrêterais pas. On peut éviter que le bruit ne soit trop important (ou que le mur ne soit endommagé) en fixant aux pieds du lit des embouts en caoutchouc qui l'empêcheront de bouger. Le bébé pourra alors se balancer et crier tout ce qu'il a sur le cœur, mais son lit ne se déplacera pas. Bien sûr, les vis du lit auront besoin d'être resserrées de temps en temps.

Habituellement, dès que l'enfant commence à marcher et qu'il a maîtrisé les fonctions motrices principales, il sera moins frustré la nuit, et les balancements diminueront. Mais cette habitude peut continuer à faire partie de sa détente pendant plusieurs années. Elle n'est pas du tout inquiétante. Peut-être qu'un jouet ou une couche qu'il serrera contre lui remplaceront le balancement, mais si ce n'est pas le cas, vous n'avez pas à vous tourmenter. L'enfant a besoin de son propre schéma pour devenir indépendant la nuit, et cela peut passer par le balancement.

Chaque nouvelle poussée de développement va susciter une nouvelle occasion d'apprendre à s'endormir. Chaque fois, ce devrait être plus facile, surtout si les parents sont bien déterminés. Comme l'enfant grandit, qu'il s'affine, il va aussi découvrir des façons de plus en plus captivantes pour les détourner de leur objectif au moment où ils désirent le mettre au lit. Mais il apprend également à se réconforter par des techniques de plus en plus perfectionnées, ainsi qu'à s'imposer des limites à lui-même.

Souvent, les parents me disent que, le soir, leur bébé a l'air de s'exciter de plus en plus. Je leur réponds que c'est sa façon à lui de leur dire quelque chose. Il a besoin de se défouler complètement. Rares sont les enfants qui y arrivent tout seuls. La plupart ont besoin d'un coup de main de leurs parents. Quand un enfant « n'en peut plus » et qu'il se comporte d'une façon de moins en moins organisée, c'est le signe évident qu'il a besoin de quelqu'un pour l'aider à se calmer, à se retrouver. Quand les parents sont tous deux absents dans la journée, ils ont des difficultés à être fermes, et à laisser l'enfant le soir. S'ils ne dépassent pas le moment où celui-ci a généralement besoin de s'arrêter, s'ils font du coucher une habitude régulière, chaleureuse, chaque membre de la famille va s'habituer à ce rythme. La personne qui garde l'enfant devrait éviter de le laisser faire de longues siestes l'après-midi.

Il arrive qu'une mère me dise : « Mais il est absolument à bout de nerfs. Je dois vraiment l'aider à se calmer. Il se tient très fort aux barreaux de son lit et il est incapable de se recoucher. Il semble terrorisé. » Lorsque je demande si le bébé parvient à se remettre par terre après s'être tenu à un meuble durant la journée, elle réplique généralement : « Mais oui ! Il est parfait dans la journée. Il sait se laisser glisser tout doucement par terre. » C'est ma façon de lui suggérer que son bébé n'a probablement pas tout oublié la nuit. Pourquoi ne pas le pousser un petit peu pour voir s'il n'effectuerait pas éventuellement un repli au milieu de son lit ? Un petit rappel de ce genre, avec quelques mots d'apaisement, peut être tout à fait suffisant. Après quelques nuits, il saura se débrouiller tout seul. Les bébés apprennent très rapidement à incorporer un apprentissage dans leur cycle de sommeil léger. S'ils appellent à l'aide, les parents peuvent répondre qu'ils sont là. Mais c'est le travail du bébé de se remettre en position allongée et de bien se blottir dans son berceau pour retrouver le sommeil.

Un parent non averti peut se demander si l'on doit attacher le bébé dans son lit pour éviter qu'il ne se lève. Je n'aime pas du tout l'idée de recourir à des sangles ou des harnais. Un peu de patience dans l'enseignement permettra à l'enfant d'acquérir des schémas importants pour l'avenir. Ce point fort représente une occasion pour les parents de montrer à l'enfant comment se comporter de façon indépendante et, dans ce cas précis, pendant la nuit.

L'alimentation

L'heure des repas n'échappe pas à la tyrannie des nouvelles prouesses motrices. « Il ne me laisse plus lui don-

ner à manger, va m'annoncer une mère. Il refuse presque
tout ce que je lui propose. Il se trémousse dans sa chaise
et c'est tout. » Comme toujours, la meilleure politique
consiste à ne pas lutter, mais à s'associer. Je propose aux
parents les « trucs » suivants. Servez-vous des doigts de
votre bébé et de sa curiosité. Plus il réussit à manger tout
seul, mieux cela vaut. Tout en vous affairant dans les
parages, vous pouvez laisser devant lui tout un choix
varié d'aliments indispensables, contenant des protéines
(œufs, fromage, viande), des céréales, des fruits et des
légumes. Donnez-lui un peu de nourriture à la cuiller en
même temps, et n'intervenez pas davantage. Il sera ravi
de choisir tout seul et de se charger de son propre repas.
Il peut éventuellement vous laisser lui donner quelques
cuillerées de nourriture tandis qu'il s'affaire des deux
mains, mais là encore, ce n'est pas certain. Pour le
moment, il a besoin d'en faire le plus possible par lui-
même.

Au lieu de vous battre avec lui pour que sa tasse ne se
renverse pas, donnez-la-lui. Comme celle-ci finira bien
par tomber, n'y versez qu'une gorgée à la fois. Il sera
ravi de boire seul, s'il y arrive. Les bébés aiment beaucoup s'exercer avec une tasse ou une petite bouteille en
plastique munie d'un bec avant de passer au verre.

Il ne faut pas s'attendre à ce que l'enfant sache bien
utiliser sa cuiller avant d'entrer dans sa deuxième année,
mais, à neuf ou dix mois, les bébés aiment avoir une
cuiller pour apprendre par imitation, ou simplement pour
taper et faire du bruit. Je le répète, donnez-lui-en une,
tout en vous servant de la vôtre.

Tous ces nouveaux intérêts de l'enfant font que les
parents commencent à envisager le sevrage. Certains
craignent qu'en attendant trop longtemps l'enfant ait
plus de mal à renoncer au sein ou au biberon. Je ne suis
pas d'accord. Si un bébé manifeste par des signes évidents qu'il désire y renoncer, alors, bien sûr, faites-le.
Mais c'est la seule raison valable que je connaisse. Il

n'existe assurément pas un moment donné où le sevrage soit plus facile, un moment qui ne se reproduirait jamais. Au cours du développement du bébé, il y a beaucoup de stades où il est plus intéressé par ce qu'il veut apprendre que par le sein ou le biberon. Bien souvent, la nourriture passera au second plan.

En contrepoint de ces progrès dans le domaine de l'indépendance, il est important que l'enfant puisse retrouver le rituel chaleureux, sécurisant de l'allaitement ou du biberon. Toute cette nourriture solide dont il se sert lui-même constitue sa marque d'indépendance. Pourquoi ne pas le laisser régresser avec du lait, mais en s'assurant au passage qu'il en prend suffisamment ? En dehors de l'allaitement et du biberon, les repas d'un bébé de neuf mois ne peuvent se passer de façon décontractée, sans se presser. Lorsqu'il s'arrête de manger et qu'il se met à sauter sur sa chaise, il montre qu'il s'ennuie. Les parents devraient alors le descendre de sa chaise et ne pas le harceler pour qu'il mange plus. Et l'enfant ne devrait surtout pas grignoter entre les repas, c'est en apprenant à attendre qu'il s'habituera à un certain horaire des repas.

Lorsque les parents demandent comment sevrer leur bébé, voici mes conseils. Commencez par supprimer la tétée du milieu de la journée. Gardez celles du soir et du matin. Assurez-vous qu'il boit suffisamment de lait à la tasse (un demi-litre) car, une fois le processus de sevrage entamé, votre lactation va diminuer et vous ne pourrez plus vous fier aux tétées. Si vous désirez continuer à allaiter matin et soir pour le plaisir de l'intimité, n'hésitez pas. C'est une si agréable façon de commencer et de terminer une journée ! De nouveau, je vous déconseille de laisser votre bébé s'endormir dans vos bras : couchez-le quand il est calme, mais encore éveillé, et laissez-le faire le reste.

L'apprentissage

La nouvelle indépendance motrice entraîne la nécessité d'apprendre la notion de danger. Par exemple, peu après avoir appris à ramper, le bébé apprend qu'il se met dans une situation dangereuse en rampant au-delà d'un certain endroit. Ainsi Robert Emde, un éminent chercheur dans le domaine du développement infantile, et ses collègues ont utilisé cette conscience du vide pour mettre au point une expérience fascinante qui teste le concept de « référence ». Ils ont démontré que, lorsqu'un bébé prend une décision, il utilise des signaux provenant de ses parents — il « fait référence » à leur approbation ou désapprobation. Si on lui permet de ramper sur une surface de plastique transparent, sous laquelle on peut voir un « précipice », il s'arrête au bord du précipice. Il pourrait continuer à ramper en toute sécurité, mais il a remarqué le vide sous la table et s'arrête au milieu de la surface en plastique. Si sa mère se trouve de l'autre côté de la table et qu'elle lui fasse parvenir des signes par son expression, il l'observe. Si elle lui sourit, il se remet à ramper sans tenir compte du danger qu'il a perçu. Si elle fait la grimace, si elle le regarde d'un air menaçant, il s'arrête et ne repart plus. Cette expérience montre de façon spectaculaire la capacité du bébé à utiliser l'aide de ses parents pour les décisions importantes. Il enregistre de leur part toutes sortes de signaux — expressions, gestes, autant que paroles — qui l'aident à reconnaître leurs attitudes, et ce qu'elles signifient pour lui.

Les jeux répétitifs — comme « coucou-le-voilà » ou encore se taper la tête sans s'arrêter — représentent pour le bébé une façon de tester et de développer sa faculté d'attente. Amusez-vous à tapoter légèrement le front de votre bébé de façon cadencée. Il va fermer les yeux chaque fois. Changez un peu de rythme. Il va continuer à fermer les yeux à l'allure précédente, en attendant votre geste. Si vous ne faites pas ce geste, il va vous regarder et rire. Il a établi une attente, et il adore qu'elle puisse être transgressée.

La compréhension de la permanence de l'objet (« l'objet est toujours là, même si je ne peux plus le voir ») se transforme en compréhension de la permanence des personnes (« si maman ou papa vont dans une autre pièce, ils continuent à exister »). Les jeux comme « coucou-le-voilà » qui consistent à cacher un objet ou une personne sont un contrôle permanent de ce concept. Et c'est en pratiquant sans relâche les jeux répétitifs que le bébé en acquiert la maîtrise. Il apprend qu'il peut contrôler les objets et qu'il peut les faire apparaître. Il n'a plus besoin d'avoir peur de renoncer à quelque chose, parce que cette chose va revenir. Il apprend cela avec des objets. Tout devient beaucoup plus passionnant lorsque ces jeux impliquent des personnes. Le développement du sentiment de confiance à l'égard de l'environnement est étroitement lié à la maîtrise de la permanence des objets et des personnes.

Dans ces jeux, le bébé va également s'exercer au rythme, et casser le rythme pour rire. Si vous cassez le rythme, il vous regarde avec un large sourire en attendant quelque chose. Cette réaction suppose un véritable sens du temps. De tels jeux préparent la voie à la communication, au langage, au rythme partagé de la conversation, plus tard.

Les jeux démonstratifs — taper des mains, répéter « si grand », « au revoir », etc. — offrent au bébé l'occasion de jouer avec des adultes. L'approbation des adultes fait tout l'intérêt de ces jeux. Ce sont des jeux de grands-parents ! Les enfants utilisent leurs nouvelles capacités par le biais de l'imitation — un des modes d'apprentissage les plus efficaces qu'un bébé de cet âge ait à sa disposition.

À cette même période, le bébé essaye beaucoup de nouveaux sons, « da-da », « ma-ma », « ba-ba », mais pas obligatoirement en y attachant un sens spécifique. Il explore les sons du discours. Au lit, il peut faire des trilles, pratiquer des inflexions, expérimenter un nouveau son ou une nouvelle syllabe encore et encore. Il les utilise pour appeler ses parents. Les pleurs ne sont plus son seul recours. Il a élargi son registre, il peut y ajouter des gestes et des syllabes, tout en commençant à bien manipuler ses parents.

À neuf mois, le nouveau concept de causalité commence tout juste à apparaître. Comment les choses fonctionnent-elles ? Comment le petit camion roule-t-il ? À cet âge, l'exploration se réduit à pousser le camion pour faire rouler ses roues. L'enfant peut le pousser devant lui pour aller le chercher. Nous avons déjà là un exemple d'expérimentation de maîtrise de l'espace. Mais, à un certain stade, l'enfant va retourner le camion pour examiner les roues. Comme s'il désirait savoir de quelle façon le véhicule avance — juste au moment où lui-même apprend à se déplacer.

L'attente du succès ou de l'échec

Vers neuf mois, nous pouvons dire d'après le comportement d'un bébé s'il s'attend à réussir ou à échouer devant une tâche qu'il se fixe lui-même ou que d'autres lui ont fixée. Au Children's Hospital de Boston, nous devons souvent tester des bébés dont nous savons très peu de chose. Lorsque nous proposons à un enfant de neuf mois des tests de notre échelle d'évaluation, nous observons son comportement, puisque c'est son langage. Par exemple, nous apprenons beaucoup sur un bébé par un simple test qui consiste à lui tendre deux cubes de même taille. S'il s'attend à réussir, il va les saisir, en mettre un à la bouche, le frotter dans ses cheveux, et souvent le laisser tomber pour voir si un adulte va le lui redonner. Finalement, après avoir longtemps expérimenté et exploré les cubes, il les pose tous les deux ensemble, montrant qu'il sait qu'ils sont de même taille. Enfin, il va lever les yeux sur l'observateur avec une expression de délice, de fierté. Il s'attend à être félicité.

Au contraire, le bébé qui s'attend à échouer peut prendre les deux blocs avec une certaine docilité. Mais il n'en fait pas grand-chose, comme s'il pensait que personne ne s'en soucie. Il rapproche les deux blocs, montrant qu'il voit qu'ils ont la même taille, mais les éloigne rapidement l'un de l'autre. Il adresse à l'observateur un regard morne, comme pour exprimer son sentiment d'échec, ou comme pour dire : « Juge-moi sévèrement. Je n'y arrive pas. Je mérite d'échouer. » Plus tard, à douze mois, le même bébé peut renverser un cube qu'il a empilé sur un autre, comme par accident, et avoir le même air de chien battu sans espoir. À quinze mois, quand il trébuche, il a encore un air de chien battu, impuissant à tout. Il n'espère aucun succès.

À neuf mois, nous ne pouvons pas dire si cette attente de l'échec vient du bébé ou de son environnement extérieur. S'il vit dans un foyer chaotique où jamais il ne reçoit la moindre gratification, nous savons que le problème vient de l'environnement et que jamais il n'a été encouragé à réussir. Sinon, parents et pédiatre devraient examiner cet enfant plus en détail. Il peut avoir des difficultés à assimiler l'information nécessaire à l'apprentissage. Ou bien un problème d'apprentissage qui l'empêche de recevoir les signaux, de les assimiler et d'y réagir sans préjudice pour lui-même. Il se peut également qu'il soit hypersensible et incapable de fixer son attention. Un enfant qui n'arrive pas à rester suffisamment longtemps sur une même occupation, ou qui est atteint de problèmes neuromoteurs mineurs, peut dire, à travers son comportement, que tout lui semble tellement difficile qu'il est sûr d'échouer. Ces enfants ont besoin d'une aide patiente et respectueuse pendant longtemps. Leurs déséquilibres peuvent être surmontés avec le temps, à condition qu'on les comprenne. Le problème le plus sérieux pour un enfant présentant une légère anomalie ou atteint de difficultés d'apprentissage n'est pas le trouble lui-même ; c'est plutôt la pauvre image qu'il se forge de lui-même et cette attente de l'échec. Si l'on peut identifier le désordre de façon précoce, on a des chances d'en éviter les conséquences graves. Je recherche toujours chez un enfant de cet âge la preuve qu'il s'attaque à une occupation avec une excitation intérieure ou l'assurance de réussir.

Anticipons un peu

L'ALIMENTATION. À partir de maintenant, le bébé a besoin d'avoir de plus en plus le contrôle de ses repas. Quand j'insiste sur ce point auprès des parents, les mères, tout spécialement, me disent : « Mais j'ai besoin de lui donner une nourriture copieuse. » Les parents doivent se souvenir qu'à cet âge la nourriture n'est pas le problème principal. Le besoin d'imiter, d'explorer, d'apprendre à dire non prend la priorité. Vers un an, l'enfant doit être capable de contrôler la situation. Je recommande aux parents de ne pas tenter de le dominer au moment des repas et, au contraire, de faire de ces moments une période de jeu et de découverte. Lorsque notre premier enfant avait un an, ses pitreries, ses refus, ses explorations à table m'avaient presque donné un ulcère. Nous avons appris à la laisser se nourrir toute seule. Ensuite, elle a eu la permission ou de se joindre à nous ou de jouer à côté, mais pas sur la table. Pour ce qui est des bonnes manières ou d'une nourriture équilibrée, n'en espérez pas trop à cet âge. Il est plus important pour l'enfant d'apprendre à se nourrir tout seul. La difficulté, pour la plupart des parents, est que l'on a trop insisté dans leur propre enfance sur la valeur de la nourriture. Il est difficile de ne pas reproduire cette pression.

LE SOMMEIL. À chaque nouvelle acquisition motrice — se mettre debout, tanguer et marcher —, je dis aux parents qu'ils peuvent prévoir que le bébé va commencer à se réveiller la nuit. Tous ces apprentissages l'excitent tellement. Et, comme nous l'avons vu, l'excitation tout comme la frustration ne disparaissent pas la nuit ; elles émergent au moment du sommeil léger. Soyez prêts à remettre en place un plan d'action réconfortant mais ferme, pour aider le bébé à se rendormir à chaque cycle. Je vous conseille d'utiliser les mêmes procédés que pour toute séparation imminente. Avertissez-le que l'heure de la sieste ou du coucher arrive. S'il proteste, consolez-le, mais de manière qu'il comprenne que vous pensez bien ce que vous dites.

L'APPRENTISSAGE DE LA PROPRETÉ. Je pense que vous connaissez déjà l'une des causes de difficultés dans le domaine de la propreté : la pression extérieure qui s'exerce sur les parents pour qu'ils mettent leur enfant tôt sur le pot. L'objectif est que le bébé soit capable d'apprendre par lui-même, il n'y a donc aucune raison pour commencer maintenant. Si vous le faisiez, cela reviendrait à effectuer vous-même cet apprentissage ou à l'imposer aux sphincters du bébé, comme on le faisait jadis, quand il n'y avait pas de couches jetables. Comme je le dis aux parents, pour le premier anniversaire de leur enfant, vous pourriez bien recevoir un joli pot par le courrier de la part d'un des grands-parents ! Ce cadeau va vous donner des sentiments de culpabilité pour ne pas y avoir pensé vous-même. Il arrive avec un message implicite : « C'est le moment de l'y mettre. » C'est faux. Quand le « cadeau » arrive, remerciez l'envoyeur et dites-lui que vous avez votre propre programme. Quand le bébé aura deux ans, il sera prêt à se mettre tout seul sur son pot. Vous avez donc prévu d'attendre jusque-là, pour que les choses se passent facilement et sans problème. Si on vous fait d'autres suggestions, ignorez-les ou faites remarquer que vous avez mille autres sujets de préoccupation.

LA SÉPARATION. Dans les prochains mois, les séparations vont devenir plus difficiles. Ne manquez pas de préparer le bébé chaque fois que vous devez partir. Au début, ne le laissez jamais longtemps, et toujours avec une personne qu'il connaît. À votre retour, montrez-lui que vous êtes là. Peu à peu, augmentez la durée de vos absences. Cette étape passera, mais elle peut être très désagréable. À ce moment de son développement, le bébé acquiert peu à peu le concept de l'indépendance et celui de l'éloignement. Mais en attendant, il devient plus dépendant.

Les transitions sont toutes plus importantes maintenant parce qu'elles sont davantage chargées d'implications. Lorsque le bébé est à la crèche, la séparation du matin va être pénible, et c'est un signe précurseur du développement de son indépendance. Le moment est bien choisi pour juger de la façon dont les puéricultrices s'occupent du bébé. Arrivez sans prévenir. Voyez si votre enfant est content ou non. Essayez de voir si les puéricultrices sont sensibles à ses rythmes — sommeil, jeu, repas, etc. Et puis, lorsqu'il les regarde, sont-elles sensibles à ce regard, ont-elles une façon affectueuse de le regarder, s'occupent-elles de lui avec respect ? Si oui, vous aurez moins de mal à le quitter. Sinon, il faudra peut-être envisager un changement.

À la fin de la journée, continuez à passer un moment d'intimité avec lui, éventuellement dans votre fauteuil préféré. L'angoisse que vous éprouvez à être loin de lui est contagieuse, mais elle fait partie de votre affection. Si vous reconnaissez ces sentiments, cela vous rapprochera.

LA SÉCURITÉ. Révisez périodiquement vos mesures de sécurité. À chaque nouvelle étape de développement, et spécialement au moment du triomphe de ces prouesses motrices, vous aurez besoin de réévaluer tout ce que vous avez fait précédemment. La plupart des hôpitaux pour enfants et des magasins de jouets peuvent vous fournir des livrets sur la sécurité qui vont vous informer de tous les pièges que vous pouvez avoir oubliés.

9

Un an

La fin de la première année mérite bien d'être fêtée. Tous les albums de famille renferment la photo d'un enfant joufflu prêt à démolir un gâteau orné de « sa » bougie. Cet anniversaire devrait être aussi savouré comme un moment de calme avant la tempête. Bientôt, en effet, tout le comportement du bébé va entrer dans une période de désorganisation, qui précédera la prochaine poussée de développement. Le « futur-enfant-qui-commence-à-marcher » se met à se réveiller la nuit toutes les quatre heures. Il hurle dès qu'un de ses parents s'éloigne de lui. Inconsciemment, il exprime le désir d'être celui qui s'en va. Toute activité peut provoquer une crise de frustration furieuse, comme le font chaque confrontation ou chaque demande. Toute cette turbulence est provoquée par le nouvel objectif : marcher, et en route pour l'indépendance.

Je me souviens d'une famille, que nous appellerons les Lowry, venue pour une consultation avec leur fille d'un an. De l'intérieur de mon bureau, je les avais entendus arriver. Lorsque j'ai ouvert la porte de la salle d'attente pour les saluer, j'ai été accueilli par des hurlements de protestation. « Dana a toujours aimé venir, dirent les Lowry, décontenancés, mais maintenant tout ce qui est nouveau déclenche ce genre de tempête. » Une fois mise par terre, elle se calma. Elle avait aperçu l'aquarium et démarra comme une fusée. Son père pensa qu'il ferait bien de lui enlever ses vêtements de dessus. Il se précipita derrière elle, et elle accéléra son mouvement. Il plongea pour l'attraper. Elle hurla, à moitié triomphante tout de même d'avoir pu le faire courir derrière elle. Mais dès qu'elle se rendit compte qu'il allait « lui faire quelque chose », ses hurlements redoublèrent de vigueur. Il lui enleva son bonnet et son manteau, la laissa aller, et elle repartit. Cette fois, elle se posta devant l'aquarium. Dans son excitation, elle trébucha et tomba en arrière, en se heurtant la tête. Elle hurla. Les Lowry bondirent vers elle, persuadés qu'elle s'était fait mal. Je vis à son expression bien attentive et à son regard vif que ce n'était pas le cas. Elle était seulement furieuse d'être contrariée. Je la relevai, la remis sur ses pieds. Elle se calma complètement, semblant satisfaite d'elle-même. Elle se rendit compte que j'étais son sauveur et me jeta un coup d'œil pour voir si je la regardais en face ou non.

Je m'y attendais et je savais que je devais regarder ailleurs. Les caprices d'un enfant de un an devant une atteinte à son territoire sont à leur maximum. Quand on le regarde, on envahit son espace personnel et on a toutes les chances de déclencher une réaction d'autodéfense. Je dirigeai donc mon regard ailleurs. Dana émit un petit gloussement que je pris pour une réponse, et je dis : « Salut, Dana. » Je la sentis se raidir et elle recommença à pleurnicher. J'ai su alors que j'avais été trop rapide. Je me suis éloigné. Intriguée, elle se mit à me suivre. À ce moment-là, il était clair pour moi que nous pouvions entrer dans mon cabinet de consultation sans coup d'éclat.

Lorsque je veux examiner un enfant de cet âge tout en lui conservant sa bonne humeur, je demande à sa mère ou à son père de le prendre sur ses genoux pour le déshabiller. Je ne l'approche pas jusqu'à ce qu'il se détende et se mette à s'amuser avec un des jouets disposés sur mon bureau, non loin de lui. Alors, sans le regarder en face, je peux l'approcher et m'installer avec précaution par terre, devant les genoux de la mère ou du père. Je m'assieds, je dirige mon regard au-delà de l'enfant. À mon approche, l'enfant s'est tendu. Malgré tout, je continue à parler au parent présent. Je donne à l'enfant son objet favori — couche ou poupée. S'il n'en a pas apporté, je lui donne une poupée du cabinet. S'il la prend et commence à se détendre, je me risque à commencer mon examen. Je pose mon stéthoscope sur la main, puis sur le bras de la mère ou du père, puis sur la poupée. Si l'enfant ne paraît pas trop inquiet, je pose rapidement mon stéthoscope sur lui. Je repasse alors vite à la poupée ou au parent. Je continue ce petit jeu d'approche avec des passages répétés sur la poupée et l'adulte jusqu'à ce que l'enfant soit bien détendu. Alors, peu à peu, il m'est possible d'examiner sa poitrine, son cœur, son abdomen. Je ne le laisse jamais voir mon regard de face.

L'examen des oreilles d'un enfant de cet âge peut représenter un traumatisme majeur. J'examine d'abord les oreilles de la poupée, puis celles du parent présent. Enfin, je demande à celui-ci de tourner l'enfant de côté, en le maintenant par son bras extérieur. Je lui montre comment j'examine l'oreille de l'adulte. Et j'examine son oreille à lui rapidement. Après avoir regardé une fois encore l'oreille de la poupée, je demande au parent de tourner l'enfant de l'autre côté. J'examine l'autre oreille. Puis je lui montre comment ouvrir la bouche en grand. Je demande à l'adulte d'ouvrir la bouche grande et de dire « ah », puis de tirer la langue. De très, très nombreux enfants vont nous imiter. Si l'imitation ne marche pas, je demande au parent d'asseoir l'enfant sur ses genoux face à moi, et de placer un bras sur chacun des bras de l'enfant. Une fois la tête bien maintenue entre les bras de sa mère, dans une véritable « prise », je peux ouvrir rapidement la bouche de l'enfant avec un abaisse-langue, l'examiner et retirer le tout aussi vite.

Pour autant que tout se passe comme prévu, les enfants ne protestent pas. Ils acceptent mes manœuvres en se rendant compte que je respecte leur crainte de l'intrusion. L'usage de l'imitation avec leur mère ou leur père et la poupée les intéresse suffisamment pour capter leur attention et distraire leurs craintes. Ces manœuvres d'approche ne me prennent pas plus de cinq minutes supplémentaires. Elles sont plus que valables, car grâce à elles, j'ai pu faire en sorte que l'enfant soit heureux d'être venu me voir. Et pendant que lui est heureux, moi je peux observer la qualité de son jeu et estimer ses progrès, tout en parlant avec ses parents. Comme j'ai déjà vu ses capacités motrices dans la salle d'attente, je sais s'il faut suspecter une déficience dans ce domaine. Comme j'ai aussi regardé ses parents par rapport à lui, je peux estimer la qualité de leur relation. Avant même d'entamer l'examen physique, j'en sais donc déjà beaucoup sur l'enfant, sur ses parents et sur le style de leur interaction.

Au cours de cette visite, les parents commencent souvent par se plaindre que leur enfant soit devenu « irritable ». « Chaque fois que nous voulons faire quelque chose, il réussit à faire tout échouer. C'est lui qui veut tout décider. Nous n'avons plus rien à dire. » Si c'est vraiment le cas, j'y vois les premières manifestations d'indépendance. Quand on regarde en arrière, la première année paraît facile, puisque le bébé aborde une toute nouvelle phase. S'il manifeste de la résistance, les parents sont pris par surprise. « Vous voulez dire que tous les enfants de un an sont comme ça ? Aucun de mes amis n'en est arrivé là. Nous avons l'impression, nous, d'être les parents d'un monstre. » Quand les parents expriment leurs craintes face à cette nouvelle perturbation, ils sont manifestement soulagés que je puisse la replacer dans le contexte du développement.

Les bébés ne deviennent pas tous indépendants d'un seul coup, et de façon aussi théâtrale. Mais s'ils le font, je suis toujours heureux de le constater. Et il y a un véritable point fort si les parents arrivent à voir quel progrès cette nouvelle attitude représente. Bien que cela signifie que l'histoire d'amour de la première année est terminée, cette poussée d'autonomie est normale et saine. Pour qu'un bébé parvienne à s'exprimer et à trouver ses propres limites, il faudra de nombreuses années. Ce type d'enfant montre qu'il va le faire ouvertement. Tout deviendra plus facile à la longue, que vous le croyiez ou non. Un enfant trop docile finira obligatoirement par se révolter, et cela pourra être alors beaucoup plus dur. Un enfant facile, docile, permet à ses parents de traverser la première année pratiquement sans problème, mais le choc d'un négativisme précoce n'en est que plus dur.

Lorsque cette nouvelle indépendance se manifeste, les parents s'inquiètent inévitablement à nouveau du sujet de l'« enfant gâté » en puissance. Un enfant indépendant de douze mois n'est pas un enfant gâté. Comme nous l'avons vu plus haut, un enfant gâté est un enfant qui ne sait pas quelles sont ses limites. Personne ne lui a imposé de discipline et ne lui a appris ce que sont ses propres limites, ni quand attendre des limites de la part des autres. Ce que nous appelons un comportement d'enfant gâté est en fait une façon de réclamer des limites dont il sent instinctivement qu'il a besoin. Fermeté et enseignement des limites lui faciliteront l'existence, mais n'auront aucune prise sur les turbulences normales de la deuxième année. Lorsque l'enfant aura surmonté les ambivalences et les craintes suscitées par cette nouvelle indépendance, il deviendra plus raisonnable. L'agitation diminuera. Mais le besoin de discipline ne disparaîtra pas. Nous parlerons de cela plus en détail dans les mois à venir.

Les capacités motrices

Vers le début de la deuxième année, parfois plus tôt, le bébé se transforme en enfant qui commence à marcher. Le monde s'ouvre devant lui — le monde de l'indépendance. Avec ce grand désir de marcher, l'enfant fait l'expérience d'une tumultueuse ambivalence. Est-ce que je vais me retrouver seul, est-ce vraiment ce que je veux ? Est-ce que je veux partir ou est-ce que je ne veux pas ? Est-ce que je dois faire comme mes parents me disent ou comme je veux ? Aucune autre période de la vie n'est aussi agitée par tant de questions dérangeantes — même pas l'adolescence, qui correspond pourtant au même type de déchirement interne. Le conflit entre « est-ce que je veux ou est-ce que je ne veux pas ? », « vais-je faire ou ne vais-je pas faire ? » est tellement intense qu'aucune solution ne pourra être apportée avant un an et demi au plus tôt. Un enfant peut, à un moment où personne ne s'occupe de lui, se coucher pour faire une colère à ébranler la terre entière parce qu'il est incapable de décider s'il veut ou non franchir une porte. Les accès de colère font partie de ces conflits et se manifesteront avec la plus grande violence au cours de la deuxième et de la troisième année. Les parents se culpabilisent invariablement. Ils ne doivent pas. Une colère est l'expression d'un conflit *interne*. Les parents peuvent l'avoir déclenchée, mais ils ne sont pas responsables des conflits sous-jacents, et peuvent encore moins les résoudre.

Ce désir d'indépendance et le négativisme qui l'accompagne commencent avec la marche. Il s'agit là d'un point fort d'une particulière intensité, un progrès extraordinaire pour l'enfant et un défi éprouvant pour tous les parents. Si ceux-ci comprennent ce qui va se passer, ils peuvent éviter bien des crises. L'étroitesse de la connexion entre les accomplissements moteurs et le développement émotionnel devient apparente. Les mères d'enfants qui, commençant à marcher, sont immobilisés

par un plâtre, me disent que leur enfant est docile, désireux de plaire, facile à contenter — tant que dure
l'immobilisation. Dès qu'il retourne sur ses jambes, la
conception de son monde change. Finie la docilité, finies
les satisfactions faciles. La marche signifie : « Je peux
partir et je peux revenir. Mais qu'est-ce qui va se passer
si je pars ? Je contrôle ma destinée, mais qu'est-ce que
je veux ? »

La marche, en fait, n'arrive pas tout d'un coup. Pendant l'année, l'enfant s'est exercé à toutes les difficiles
composantes de la marche. Comme nous l'avons vu plus
haut, le réflexe de marche automatique existe à la naissance et persiste pendant les premiers mois. Il englobe
beaucoup des capacités motrices qui refont surface. Au
moment où la mobilité volontaire devient possible, dans
la seconde partie de la première année, le réflexe de marche disparaît. La reptation, le « quatre pattes » prennent
le dessus. Avant sa disparition complète, vers cinq mois,
si vous tenez un bébé en position assise, il va souvent
pousser son corps vers le haut, pour se dresser, avec un
large sourire qui montre bien quelle excitation interne
sous-tend cette réaction. Il apprend à contrôler les muscles de son thorax qui lui seront nécessaires pour se tenir
debout. Ramper, se déplacer à quatre pattes, se tenir
debout, marcher et finalement se déplacer sont les éléments de la technique générale, maîtrisés un à un. Finalement, ils sont prêts à être réunis. L'enfant s'est d'abord
déplacé en se tenant aux meubles, ce qui l'a préparé à
bouger les jambes tout en se maintenant debout et en préservant son équilibre. Lorsque, finalement, il se sent
plein de courage et qu'il ose se lancer les mains libres,
il trébuche et tombe. Mais il continue à essayer, intrépide, jusqu'à réussir à réunir toutes ses capacités motrices et sensorielles pour accomplir quelques pas hésitants.
La nouvelle sensation de maîtriser quelque chose fait
rayonner son visage. Il marche, marche, il marche avec
un sourire immense de satisfaction absolue. Il a vaincu !

Avant ce grand moment, toute son énergie, nuit et jour, est consacrée à ce nouveau pas en avant. Le fait de voir quelqu'un marcher peut le faire hurler. Chaque fois qu'un de ses parents s'éloigne de lui, il pleure de frustration. Il tombe et retombe en essayant de marcher comme son frère aîné ou sa sœur. La nuit, la frustration bouillonne à chaque cycle de sommeil léger. Il se dresse dans son berceau, pleurant d'un désespoir qu'il revit toutes les trois à quatre heures, en se rappelant ses tentatives pour maîtriser cette nouvelle situation. Il lui devient impossible de faire une nuit complète, de même qu'à ses pauvres parents.

Un enfant luttant pour apprendre quelque chose d'aussi important que la marche réclame l'énergie de toute sa famille. Il peut se trouver heureux, assis dans sa chaise haute, et tout à coup le désir de se mettre debout et de marcher s'empare de lui. Vous voyez son regard changer brusquement. Ses mains, qui s'affairaient avec des morceaux de nourriture, s'immobilisent. Il repousse la nourriture qui lui reste, la renverse par terre ou sur les genoux de ses parents, il tend les bras vers le dossier de la chaise et se tortille pour se libérer du plateau. Il se retrouve debout sur la chaise, prêt à s'élancer. Se mettre debout, marcher, voilà ses priorités. La faim, la nourriture passent au deuxième plan.

Toutes les occupations quotidiennes se transforment en bagarres. L'allonger pour le changer devient sans espoir. Il va gigoter, donner des coups de pied, se mettre à hurler. Les parents doivent apprendre à changer leur enfant debout. Soudain, le seul fait de l'immobiliser pour lui enlever ses vêtements est plus qu'il ne peut en supporter. Si on lui recouvre les yeux en lui enlevant une chemise ou un pull, on lui fait perdre son objectif de vue. Toutes les chances de provoquer une colère sont réunies, comme chaque fois que l'on restreint sa mobilité — motrice ou visuelle.

Les parents dont l'enfant ne marche pas à un an vont s'inquiéter et se demander pourquoi il est en retard. Bien que je leur dise qu'ils ont la chance d'avoir un délai de grâce avant l'état de siège de la véritable première enfance, ils n'en sont pas rassurés. Bien des raisons expliquent qu'un enfant de un an ne soit pas prêt à marcher. Les enfants tout en sensibilité peuvent très bien ne pas être pressés de se lancer. Aux États-Unis, les enfants de race blanche marchent en moyenne vers douze, quatorze mois. Un deuxième enfant marche souvent plus tard. Il lui faut deux fois plus de courage pour se lâcher s'il a des aînés tournant autour de lui et risquant de menacer l'équilibre qu'il vient tout juste d'acquérir. Les enfants lourds ont tendance à marcher plus tard, puisqu'ils doivent apprendre à maîtriser leur poids.

De plus, les enfants gros ont généralement des jointures souples. Un enfant aux articulations très extensibles peut avoir un retard de six mois pour la marche. Des ligaments extensibles et une musculature plutôt molle ne sont pas obligatoirement une déficience, mais il en résulte des difficultés pour l'apprentissage de la marche. Avec le temps, cet enfant va développer sa force musculaire et parviendra à maîtriser ces articulations fragiles.

La frustration envahit l'enfant ayant des jointures souples. Elle va intensifier son désir de marcher et il en aura besoin pour s'élancer. Mais cela peut également entraîner de la mauvaise humeur, de la colère s'il se voit incapable de se mettre sur ses pieds. Une très faible tolérance aux autres sources de frustration peut durer plusieurs mois. Si les parents ne comprennent pas ce qui arrive, ils risquent de se décourager. La plupart de ces enfants ont été très gentils, très calmes et faciles au cours de la première année. Ce soudain changement de caractère donne aux parents attentionnés un sentiment d'échec. « Qu'ai-je bien pu faire de mal ? Lorsque j'essaie de l'aider à se mettre debout, il devient tout mou. J'ai de la peine à croire qu'il veuille vraiment marcher ! » L'aide des parents ne sert à rien, parce que l'enfant veut y arriver tout seul. La frustration va le pousser à apprendre. Beaucoup de ces enfants qui mettent plus longtemps pour marcher et courir deviennent des athlètes une fois adultes. On dirait que l'envie de réussir les pousse encore plus loin par la suite.

L'agitation qui accompagne l'apprentissage de la marche peut entraîner chez les parents la crainte que leur enfant ne soit « hyperactif ». Cette pulsion qui lui fait vouloir se tenir droit et être mobile ne le lâche pas, le poussant à une activité incessante — il se déplace en se tenant aux meubles, en rampant frénétiquement, même en roulant sur lui-même, pour aller à certains endroits. Dès qu'il est parvenu à son but, il repart vers une autre destination. Cela ne signifie pas que l'enfant soit hyperactif. Il veut seulement apprendre comment être en mouvement et sur deux jambes.

Un enfant véritablement hyperactif se reconnaît à cet âge parce qu'il est facilement distrait. Il ne peut s'atteler à aucune tâche parce qu'il est trop sensible à ce qu'il voit et entend. Rien ne retient son attention, tous les sons, tous les stimuli nouveaux le détournent de ce qu'il fait. S'il se trouve seul, sans distraction, il parvient à se concentrer et à apprendre. Mais s'il entend un son, ou s'il voit quelque chose changer, il réagit aussitôt. Par exemple, même quelque chose d'aussi simple qu'un cube qui tombe peut lui faire perdre sa concentration. Tout son, toute image le distraient. À un an, un enfant véritablement hyperactif, hypersensible s'attend à échouer devant n'importe quelle tâche un peu compliquée. Ce sentiment d'échec envahit tout ce qu'il entreprend. Cela n'a rien à voir avec la pulsion obstinée de l'enfant qui apprend à marcher (cf. chapitre 26).

Le sommeil

Ce désir irrésistible de se tenir debout et de marcher dérange tous les rythmes diurnes. Les deux siestes qui étaient possibles jusque-là le deviennent moins. Sa sieste, le bébé peut la passer tout entière à se lever et s'asseoir dans son lit. Je recommande souvent aux parents de continuer à coucher le bébé pendant un petit moment le matin et l'après-midi, et de ne pas s'inquiéter s'il ne dort pas.

Comme nous l'avons vu plus haut, chaque fois qu'un enfant apprenant à marcher s'agite la nuit, il va être poussé à se mettre debout. Ce faisant, il peut se réveiller, mais ce n'est pas toujours le cas. Il peut aussi très bien se lever et se déplacer, à moitié endormi, le long des barreaux. Et les cris de frustration que cela provoque vont réveiller toute la maisonnée. Cette phase ne devrait pas durer trop longtemps. Comme je l'ai expliqué dans les chapitres 7 et 8, il doit continuer à apprendre à se rendormir tout seul. Chaque progrès accompli au cours de la journée ou les difficiles efforts qui l'ont précédé vont refaire surface dans ces cycles de sommeil léger. Les parents peuvent aider l'enfant en réagissant calmement et fermement, et en réinstaurant tous les rituels familiers. Caressez-le un peu, puis laissez-le. Si vous renforcez son comportement en restant avec lui ou en jouant, c'est comme si vous lui disiez : « Si tu insistes vraiment beaucoup, je cède ! » Les parents qui ont choisi de garder leur bébé dans leur propre lit doivent eux aussi s'attendre à ces mêmes cycles d'agitation, et il leur faudra trouver une solution de fermeté pour éviter qu'un rassemblement de famille complètement réveillée n'ait lieu toutes les trois ou quatre heures.

Une autre mesure d'aide à ceux qui voudraient avoir une bonne nuit de sommeil est de réveiller l'enfant à 22, 23 heures, avant que les parents ne se couchent. Ils peuvent lui manifester leur amour, le nourrir si nécessaire et l'aider à se recoucher en lui disant : « Maman et papa sont là tout près, et nous t'aimons. Nous serons là quand tu te réveilleras. » Pour une raison mystérieuse, le fait de rompre son rythme de sommeil *avant* même qu'il ne se réveille a un effet magique. Il y a bien moins de risques qu'il se réveille à 2 heures du matin.

Quand un bébé de douze mois se réveille le matin, il est prêt à se distraire, et il sait comment le faire. Si les parents ne se précipitent pas au premier bruit, ils peuvent profiter du monologue du bébé qui gazouille et qui chantonne. C'est une façon de commencer la journée sous le signe de la bonne humeur.

L'alimentation

À ce stade, les parents qui n'ont pas encore permis à leur enfant de manger avec ses doigts vont découvrir qu'il se met à manifester de la résistance. Une mère m'a raconté qu'elle ne pouvait nourrir son enfant qu'en le distrayant. Une de ses façons de faire était d'allumer le téléviseur en mettant le son tellement fort que l'enfant ouvrait la bouche de surprise. Elle y enfournait la nourriture avant que l'enfant ne la referme volontairement. Alors elle baissait le son pendant une minute, et le remontait à nouveau pour enfourner une autre cuillerée. Très ingénieuse, cette façon de faire passait cependant à côté du véritable problème. À cet âge, l'enfant doit pouvoir contrôler son repas. Lui faire avaler de la nourriture au moyen de procédés douteux n'a aucun intérêt. Non seulement chaque repas doit comporter quelques aliments pouvant être mangés avec les doigts, mais les parents ne doivent pas avoir un idéal très haut placé en ce qui concerne la nourriture d'un enfant qui commence à marcher. Un régime bien équilibré ne doit pas être un objectif pour la deuxième année de l'enfant. Vers la quatrième année, l'enfant sera peut-être prêt à manger de tout et à imiter les habitudes de table de ses parents, mais la deuxième et la troisième année sont remplies d'expérimentations bizarres.

Une semaine, l'enfant va manger des œufs ou de la viande, une autre, uniquement des aliments lactés. De temps en temps, il va même essayer les légumes. Mais on ne peut compter là-dessus, et plus les parents insisteront, moins ils auront de succès. En un mois, le bébé aura probablement eu un régime équilibré. Mais c'est un point sur lequel les parents ne doivent pas se bloquer. Un enfant de un an est extrêmement sensible aux réactions des adultes à propos de ses repas. C'est probablement le signe de l'importance de son autonomie dans ce domaine. Pour aider les parents à laisser à leur enfant le choix de son alimentation, j'ai essayé de définir un régime quotidien minimal. Pour un enfant de un ou deux ans, on peut conseiller :

1. Un demi-litre de lait ou son équivalent en fromage, yaourt ou crème glacée.
2. Soixante grammes d'aliments protéinés contenant du fer (viande ou œuf) ou de céréales qui contiennent l'équivalent en fer.
3. Trente grammes de fruit frais ou de jus d'orange.
4. Des vitamines que je prescris pour suppléer aux légumes.

Lorsque des mères idéalistes, consciencieuses, entendent cela, elles demandent : « Vous voulez dire qu'il n'a besoin de rien d'autre pendant vingt-quatre heures ? » Je leur assure que cela suffira à couvrir les besoins nutritionnels de base pendant cette période de négativisme intense. Quand, plus tard, l'enfant mange bien, les vitamines peuvent ne plus être nécessaires. Mais en les employant, les parents peuvent oublier les légumes. « Pas même de légumes verts ? demandent les mères. Ni même d'autres légumes, tels que les carottes ? » Je dois alors insister sur le fait que les légumes et un régime bien équilibré devront attendre la fin de cette période, et que le drame permanent du choix soit calmé. Même lorsque je réussis à convaincre les mères, je ne peux empêcher les grand-mères de se faire du souci...

L'indépendance et le négativisme qui peuvent se manifester sur le terrain de l'alimentation touchent les parents sur un point vulnérable. C'est ce qui en fait d'ailleurs un point fort très valable. Ils ont le sentiment que nourrir le bébé est de leur entière responsabilité. Le laisser se nourrir seul leur donne une impression de vide — et l'impression d'avoir négligé leur bébé. Les parents ont à comprendre ces sentiments et à les surmonter.

Lorsque je parle avec les parents, voici ce que je recommande. Dès qu'un enfant de cet âge ne veut plus manger et qu'il commence à vous provoquer en écrasant sa nourriture ou en la jetant par terre, où dès qu'il se met debout, retirez-le de sa chaise. Arrêtez les solides et donnez-lui un biberon ou le sein. Après cela, laissez-le aller. N'essayez pas de prolonger le repas par « encore un petit peu ». Dès que le repas est terminé, il est terminé, jusqu'au prochain. Si l'enfant a faim, il apprendra à respecter les heures de repas, et finira bien par apprendre aussi à manger ce qu'on lui donne. Mais ne soyez pas trop pressés. L'appétit des enfants de cet âge est facilement oublié au profit d'un jeu bien plus excitant : faire enrager ses parents. Si vous essayez de le nourrir entre les repas, ou si vous laissez de la nourriture là où il peut la trouver, vous ne faites pas que sous-estimer l'importance des repas, vous exercez aussi une pression bien peu subtile pour le faire manger. Et, en plus, vous perdrez à tous les coups. Ces moyens n'ont d'autre efficacité que créer des problèmes d'alimentation. Le besoin que ressent l'enfant de vous contrôler et de contrôler ce qu'il mange passe avant la faim et tout désir de nourriture.

S'il commence à garder ses aliments dans la bouche pour les recracher, s'il se met à vomir, il vous signifie très clairement qu'il ressent les repas comme étant une situation de contrainte. Consciemment ou inconsciemment, vous exercez une pression sur lui. Prenez du recul et changez un peu d'attitude.

Au cours de ces mois, les parents sont parfois tellement obsédés par le désir de faire prendre du lait à leur enfant qu'ils le laissent aller et venir toute la journée le biberon à la main. Ils finiront par découvrir qu'il ne prend pas plus de lait, mais plutôt moins à ce régime forcé. Je n'aime pas cela, parce que le lait perd ainsi toute valeur alimentaire, que l'enfant l'utilise pour se donner une habitude de confort ou pour faire enrager ses parents.

Une fois cette habitude prise, elle n'est pas facile à supprimer. L'enfant peut même réclamer son biberon avec insistance ou faire une colère pour qu'on le laisse le transporter partout avec lui. Les parents devront faire preuve de patience et de fermeté, et dire à leur enfant qu'il peut avoir son jouet favori pendant la journée, mais que le biberon est réservé aux heures des repas. Ils peuvent alors accrocher un biberon vide à sa poupée, sa peluche ou sa couche, ou à tout autre objet favori pendant quelque temps. Dès que l'enfant a transféré son attachement, le biberon peut être retiré, avec sa permission. Pendant ce temps, il ne faut pas mettre de lait dans le biberon. S'il ne boit pas suffisamment de lait, donnez-lui des yaourts, de la crème glacée ou du fromage (trente grammes de fromage sont équivalents à cent vingt grammes de lait). Enfin, lorsqu'il pourra avoir son biberon à nouveau, que ce soit fait d'une façon marquante. Tenez-le dans vos bras, manifestez-lui votre affection pendant qu'il boit.

Les interminables petits jeux avec la nourriture qui durent autant que les repas vont aussi agacer les parents. L'enfant écrase, triture les aliments en partie pour les explorer, mais il se rend vite compte qu'il en tire un autre profit — celui de vous provoquer. Dès que les parents se sentent trop contrariés, ils devraient tout arrêter, retirer l'enfant de sa chaise jusqu'au prochain repas et ne pas lui reprocher de jouer avec sa nourriture. Un renforcement négatif ne peut que l'encourager à ses provocations.

Alors qu'un enfant de cet âge aime s'amuser avec une cuiller, il est habituellement incapable d'y mettre de la nourriture sans la laisser tomber. Il n'y parviendra pas vraiment avant quinze ou seize mois. En attendant, il apprend à manipuler des ustensiles — ce n'est pas un jeu inutile.

Si la sucette est devenue une habitude, ce n'est pas le moment de la supprimer. Je n'en parlerais même pas. Y prêter la moindre attention ne fait que lui donner une plus grande valeur de provocation. Au cours de la deuxième année, l'enfant a besoin de quelque chose qui puisse l'aider à supporter la difficulté d'être un enfant qui marche. S'il perd sa sucette, s'il la fait tomber par-dessus les barreaux de son berceau pour que ses parents viennent la ramasser, cela fait partie de l'amusement à les torturer. Les parents peuvent l'attacher à son poignet avec un ruban pendant la journée, ou à un jouet qu'il prend avec lui la nuit, ou encore l'attacher au berceau avec un lien *court*, trop court pour que l'enfant risque de le mettre autour de son cou. Il pourra alors retrouver sa sucette tout seul. Et il n'aura pas besoin de l'utiliser pour vous manipuler.

Les dents

Au cours de la deuxième année, les molaires commencent à percer. Pour calmer les gencives et atténuer leur gonflement, les enfants mâchent tout ce qu'ils trouvent. Il faut alors faire très attention aux risques d'empoisonnement par des substances toxiques, comme les peintures à base de plomb, puisque beaucoup d'enfants se mettent à manifester cette tendance à manger tout ce qui leur tombe sous la main. La peinture à base de plomb a un goût sucré, et les petits enfants grattent volontiers les murs pour en manger des particules. Le danger est moins grand actuellement, car les peintures modernes ne sont plus fabriquées avec du plomb. On n'en trouve que dans les maisons anciennes. Si vous habitez ce genre de maison et que vous ayez le moindre doute, faites très vite effectuer sur votre enfant un test sanguin pour détecter la présence éventuelle de plomb.

Le langage

Les signes d'apprentissage de langage réceptif — la compréhension — sont manifestes à cet âge. Si vous demandez à votre enfant d'aller chercher un jouet ou une couche, il va montrer qu'il comprend ce que vous lui demandez, ou en le faisant, ou en manifestant clairement qu'il refuse de le faire bien qu'il le comprenne. L'enfant répondra mieux à des demandes simples qu'à des phrases plus complexes. Quant au langage productif — l'expression —, l'enfant y trouve de plus en plus de plaisir. Il va se tenir dans son lit, un bras levé, pour déclamer avec les inflexions et le rythme d'un véritable orateur. Rares sont les mots vraiment identifiables, mais l'enfant construit les bases de son futur « parler ». On peut néanmoins généralement deviner quelques mots, comme « papa », « mama », « bébé », « non ». Ces noms concernent bien les gens dont il veut parler. L'enfant peut s'aider en montrant du doigt et en faisant des gestes. Et, de toute façon, il accompagne ses mots par des expressions du visage et des mouvements des yeux.

Les gestes, et surtout le doigt tendu, deviennent des signaux évidents de communication. Quand l'enfant veut attirer votre attention ou la maintenir en éveil, il va tendre le doigt et vocaliser. Si sa vocalisation n'est pas tout à fait claire, ses parents vont la corriger avec un mot. De cette façon, ils lui font comprendre qu'ils désirent que son discours devienne de plus en plus distinct. Il va d'ailleurs parfois répéter le mot plus distinctement juste après eux. Il est vraiment impatient d'apprendre à parler.

Apprendre

Les concepts de la permanence des personnes et des objets continuent à dominer la journée de l'enfant. Il va sortir d'une pièce et vous appeler pour s'assurer que vous êtes toujours là. Si vous êtes hors de vue, il peut faire du bruit ou se livrer à une activité interdite pour vous obliger à réagir et à apparaître. Tout à coup, après que l'enfant est resté d'un calme inquiétant, le téléviseur peut se mettre à hurler. Lorsque vous arrivez, votre seule présence est une récompense pour lui. Aucun interdit ne peut être assez fort pour dépasser le plaisir qu'il éprouve à vous attirer à lui. Les séparations — pendant la journée, ou le soir, pendant le rite de préparation à la séparation du coucher — redeviennent un problème. Votre enfant peut avoir très bien supporté de vous voir partir jusqu'à ce stade. Maintenant, il proteste avec vigueur, dans les larmes. Il veut contrôler les départs. Il veut bien vous quitter, mais refuse que ce soit vous qui le quittiez.

Pour aider un enfant de cet âge, je conseille aux parents de lui annoncer leur départ. En fait, il faut en parler bien à l'avance. Avant qu'il ne soit perturbé par le moment présent, l'imminence de la séparation, préparez-le, dites-lui que vous allez bientôt revenir. Comme nous l'avons dit dans les chapitres précédents, si l'enfant a des difficultés, ne le laissez sans vous que quinze minutes pour commencer. À votre retour, rappelez-lui que vous lui aviez promis de revenir. Au fur et à mesure, il apprendra à vous faire confiance. Il arrivera peu à peu à maîtriser ce qu'il ressent. Cependant, protester est ce qu'il peut faire de plus sain. S'il reste avec une personne familière, qui a de l'affection pour lui, il sait cela et se tournera vers cette personne pour être consolé. Après votre départ, il se remettra rapidement. Chaque fois, il fera des progrès. À votre retour, n'oubliez pas de lui rappeler que vous aviez promis de revenir, et que vous avez tenu votre promesse.

LE STOCKAGE. C'est un nouveau concept. Si vous proposez à un enfant de moins de un an deux objets, il va en saisir un dans chaque main. Si vous lui en offrez un troisième, le jeune enfant va en laisser tomber un pour prendre le troisième. À un an, il peut réfléchir au moyen de garder les trois. Il peut en mettre un à la bouche pour prendre le troisième. Ou bien en poser un ou deux au creux de son bras pour avoir une main libre. Si les objets sont suffisamment petits, il va en prendre deux dans une seule main. Il a appris à accumuler.

LA CONSTRUCTION. Un enfant de cet âge va poser ses cubes l'un sur l'autre. Si l'édifice s'écroule, il manifeste sa frustration et se tourne sans attendre vers un autre jeu. En apprenant à construire, il acquiert de la précision.

L'IMITATION. Les jeux d'expression, comme « coucou-le-voilà », ont de plus en plus de succès auprès des enfants de cet âge. S'il n'arrive pas à faire entièrement le jeu, l'enfant se livre à des imitations fragmentaires. Cela montre bien que l'imitation présente désormais pour lui un grand intérêt. C'est l'âge où l'enfant commence à apprendre tant de choses d'un aîné. Ses frères et sœurs plus âgés vont lui montrer comment faire, et lui va s'exercer à les imiter. Il imite des comportements qu'il n'apprendrait jamais d'un parent ou d'un autre adulte. Les petits enfants sont beaucoup plus intrigués par ce que font leurs aînés que par les adultes !

LA CAUSALITÉ. Avant un an, l'enfant pousse une petite voiture à ressort pour la faire rouler. À un an, il sait que vous faites quelque chose d'autre pour la faire avancer. Il va la retourner pour regarder dessous. Mais il va vous rendre le jouet pour que vous le fassiez marcher à nouveau en le remontant.

Les peurs

Étant donné que son univers s'est rapidement étendu, l'enfant de un an accorde beaucoup plus d'importance à son espace personnel. Cette prise de conscience s'accompagne d'un sentiment croissant d'indépendance et de la dépendance qui en est la contrepartie. Ce sont deux faces différentes de la même médaille. À un an, l'enfant se laisse prendre dans vos bras mais, dès qu'il comprend qu'il s'est mis dans une situation de dépendance, il se tortille pour qu'on le remette par terre. Il veut et ne veut pas. Toute approche, toute intimité, lui semble une menace pour son espace personnel et le contrôle qu'il veut exercer sur son univers. En ce qui concerne les étrangers, si l'enfant peut les observer, assimiler leurs traits, bien à l'abri dans les bras de ses parents, il arrivera à les accepter. L'étranger le plus menaçant est celui qui est *presque un familier* — comme la sœur de la mère, ou le frère du père, ou encore un grand-parent qui ne viendrait que rarement. Ce genre de visiteur doit être patient, pour permettre à l'enfant de discerner les différences subtiles ou évidentes auxquelles sa présence le confronte, tout en gardant un sentiment de contrôle sur la situation.

Anticipons un peu

LE NÉGATIVISME. L'élan qui pousse l'enfant vers l'indépendance va s'amplifier au cours de l'année à venir. « Non » devient le mot favori. Tourner la tête de gauche à droite, en disant « non », d'un air menaçant, va bientôt devenir le comportement le plus habituel du petit enfant. N'importe quelle demande va se heurter à une opposition obstinée et absolue. Les parents doivent s'y préparer. Si je peux profiter de cette visite de un an comme d'un point fort pour les mettre en garde, leur expliquer les raisons qui vont transformer un bébé docile en un enfant têtu, résistant, cela leur évitera de se sentir trop coupables et désemparés. Sinon ils risqueraient de prendre cette opposition comme un comportement qui serait dirigé contre eux personnellement, et qu'il leur faudrait contrôler ou modifier.

LES COLÈRES. Elles sont une caractéristique de la deuxième année, et donnent aux parents le sentiment que tout est leur faute. Comme nous l'avons dit plus haut, ce n'est pas leur faute. La colère reflète l'intensité, la passion qui agite l'enfant devant toute décision. Vous pouvez essayer de désamorcer ces crises d'opposition, mais vous n'y parviendrez pas à tous les coups. Souvent, une attitude calme, un refus de s'impliquer, est une façon de dire : « Je voudrais bien t'aider, mais je ne le peux pas. Tu décides ce que tu veux, et moi ou je te soutiendrai ou je dirai non. De toute façon, cela t'aidera à savoir ce que toi tu veux. » Je sais que cela peut paraître cruel d'ignorer une violente colère, mais tous ceux qui ont fait le contraire savent que les parents prolongent souvent la crise en essayant d'y remédier. Retirez-vous tant que cela dure, faites une « pause », c'est souvent la meilleure façon d'aider l'enfant.

Les parents me demandent parfois pourquoi les enfants font des colères dans les lieux publics. Pour commencer, ils sont surexcités. Ils se rendent compte, également, que vous ne faites pas attention à eux. Ils savent qu'ils peuvent vous embarrasser et que vous êtes plus perturbés en public. Votre consternation, vos tentatives de conciliation vont probablement prolonger la colère. Mes conseils vont vous sembler aussi impossibles à suivre l'un que l'autre : 1. Prenez l'enfant, et renoncez à vos courses. Revenez dans votre voiture et laissez-le se défouler en toute sécurité. Dites-lui calmement que vous ne pouvez plus rester dans le magasin. 2. Faites comme si cet enfant n'était pas le vôtre, ignorez-le. Il s'arrêtera très rapidement. Ensuite, asseyez-vous, prenez-le dans vos bras et dites-lui : « C'est terrible d'être en colère, n'est-ce pas ? » (Pour plus d'informations sur les colères, cf. chapitre 40.)

LA DISCIPLINE. Même quand les parents parviennent à faire renoncer un enfant en enlevant les objets fragiles ou en le laissant debout pour lui changer sa couche, l'autorité va devenir nécessaire. Continuez à la réserver aux choses importantes, pour qu'elle ait plus de poids chaque fois que vous y recourez.

Le jeune enfant ressent le besoin de trouver ce qui va contrarier ses parents. Il est facile de prédire à quels moments de la journée il va être le plus désagréable : le soir, quand vous êtes tous deux fatigués, au moment où vous recevez un invité de marque, quand vous téléphonez et chaque fois que vous l'emmenez à l'épicerie. Cette nouvelle situation aggravante du comportement va pousser les parents à trouver des solutions. Il y aura là un important point fort s'ils parviennent à comprendre ce qui se passe effectivement.

À cet âge, quand un enfant réclame l'attention de ses parents, il a besoin d'un câlin, d'une marque d'intérêt, mais pas de colère de leur part. Les punitions physiques comme les tapes ou les fessées signifient pour lui deux choses : la première, que vous êtes plus grand et que vous pouvez faire ce que vous voulez en toute impunité, et la deuxième, que vous croyez en l'agression. En parlant avec les parents, je suggère l'approche suivante. Trouvez un moment pour faire une pause, un temps hors de l'agitation quotidienne, inclure un câlin, afin de briser le cycle de l'excitation. Ce sera bénéfique pour vous également. Au moment où vous mettez un terme à ses provocations, dites-lui : « Désolé, je t'aime, mais je n'aime pas ce que tu es en train de faire. Il faut que je t'arrête tant que tu n'auras pas appris à t'arrêter tout seul. »

La discipline est la chose importante en second, après la tendresse. Discipline signifie enseignement, et non pas punition. L'objectif pour l'enfant est de connaître ses propres limites. Chaque occasion de discipline est une occasion d'apprendre. C'est pourquoi, après avoir fait preuve de votre autorité, asseyez-vous avec l'enfant pour le réconforter en lui disant : « Tu ne dois pas faire ça. Il faut que je t'en empêche jusqu'à ce que tu sois capable de t'arrêter toi-même. »

L'APPRENTISSAGE DE LA PROPRETÉ. Si famille et amis n'ont pas commencé à faire des allusions plus ou moins subtiles à ce propos, considérez-vous heureux. *C'est encore trop tôt.* L'enfant sera probablement prêt à se mettre tout seul à la propreté vers la fin de la deuxième année. Pensez un peu à ce que nous exigeons d'un petit enfant en lui demandant d'être « propre » : sentir qu'il a besoin d'uriner ou d'aller à la selle, se retenir avec difficulté, aller, de son pas mal assuré, à un endroit que *nous* avons choisi, s'asseoir et finalement faire. Ensuite, il doit renoncer complètement à ce qu'il vient de faire, car nous le faisons disparaître avec la chasse d'eau. Est-ce que ce n'est pas trop demander à un enfant au moment où il se donne tellement de mal pour se forger une personnalité ? Je vous garantis que si vous attendez qu'il comprenne ce que vous voulez et si vous le laissez décider de s'y conformer, vous éviterez que votre enfant ne se salisse, ne se mouille ou ne se retienne. Si vous commencez trop tôt, vous pourrez par contre avoir toutes ces réactions-là à la pression que vous exercerez sur lui. Il faut que ce progrès soit le sien. Soyez patients et attendez !

MORSURES, COUPS, GRIFFURES. Tout cela va bientôt émerger, avec d'autres comportements tout aussi déplaisants, dans le cours normal du développement. Bien qu'ils soient mortifiants pour les parents, ils sont prévisibles à cette période. Ils débutent comme des gestes d'exploration — l'enfant teste ses capacités, en quelque sorte. Ils arrivent souvent au moment où il est surexcité, où il a perdu son contrôle. Si vous aussi vous perdez votre contrôle, vous allez l'effrayer et renforcer son comportement à lui. Il vaut donc mieux vous attendre à ce genre de choses. Quand cela arrive, essayez de retenir l'enfant, mais sans renforcer son geste — que ce soit positivement ou négativement. Dites-lui aussi calmement que possible : « Je n'aime pas cela et personne n'aime cela. Tu ne dois absolument pas le faire. Je t'en empêcherai chaque fois que tu ne pourras pas te retenir. » Savoir que tous les bébés du monde ont eu ce genre de comportement vous aidera à prononcer ces mots — avec conviction.

10

Quinze mois

Les parents d'enfants qui commencent à marcher ont peu de chances de pouvoir lire les magazines qui se trouvent dans la salle d'attente de mon cabinet. Dès le moment où ils arrivent, ils sont sur le qui-vive, surveillant le tourbillon de leur enfant pour s'assurer qu'il n'est pas en danger, pour le divertir chaque fois qu'il s'apprête à faire une bêtise. Les questions qu'ils me posent, la façon dont leur attention est constamment tiraillée me montrent comment ils passent leurs journées : en faisant ce qu'ils peuvent pour empêcher leur enfant de se faire du mal et de faire des dégâts autour de lui. Pendant toute la durée du rendez-vous, ils n'ont qu'une communication minime avec moi.

L'enfant n'arrive pas, lui non plus, à maintenir son attention sur une seule chose. Il garde un œil sur ses parents pour être sûr qu'ils l'observent, et un œil sur les jouets. Pendant tout ce temps-là il manifeste un peu d'inquiétude au sujet des projets que je pourrais avoir en tête.

Tandis que j'observe sa façon de jouer, ce qui m'intéresse particulièrement n'est pas seulement son développement neurologique et physique, mais aussi la façon dont il réussit à maîtriser les tâches variées auxquelles il est confronté. Est-ce qu'il s'attend à réussir ? Est-ce qu'il continue à faire des tentatives ? Et s'il réussit, est-ce qu'il attend d'être félicité par les personnes qui l'entourent ? Ou bien, au contraire, est-ce qu'il renonce facilement ? Est-ce qu'il essaie de se détourner de quelque chose qu'il sait ne pouvoir maîtriser ? Est-ce qu'il se rend compte qu'il échoue et, ce faisant, est-ce qu'il s'attend à des reproches de votre part ? Si un enfant qui commence à marcher est perturbé par tout ce que mon bureau représente d'inconnu et de menaçant, il m'est beaucoup plus difficile de me faire un jugement sur son comportement et son développement. C'est pourquoi j'essaie de toutes mes forces de l'encourager à avoir envie de venir me voir, ainsi je peux avoir plus de poids auprès des parents et vraiment parrainer tout ce qui concerne le bien-être de l'enfant. L'examen physique et les vaccins sont notoirement insuffisants dans la relation pédiatre-parents.

Si l'enfant sait déjà marcher, je demande parfois aux parents de venir avec moi dans mon cabinet et de le laisser nous suivre. Cela ne réussit pas toujours mais, plus tôt nous respectons l'indépendance de l'enfant, mieux ça vaut.

Quand les parents m'annoncent que leur enfant va avoir peur de moi, je comprends qu'il a été mal informé. Lui va s'exécuter docilement — en hurlant dès que je l'approche. Bien sûr, les enfants de cet âge ont horreur d'être examinés et détestent les injections obligatoires de vaccins. Bien sûr, ils ont gardé le souvenir de tout ce qui s'est passé au cours des précédentes visites. Mais les parents sous-estiment souvent leur capacité à surmonter cette épreuve. Tous les enfants aiment être le centre d'intérêt. Si leur inquiétude est respectée, il n'y a plus d'obstacle. Les nouveaux jouets du cabinet, les récompenses après l'examen sont aussi des choses qu'ils n'oublient pas d'une visite à l'autre. Lorsqu'un enfant, à ce stade, réussit à surmonter sa peur, il en retire un profond sentiment de réussite.

Tandis que l'enfant joue dans mon cabinet, je vois tous les progrès qu'il a faits. Pour se lever quand il est assis, il va pousser ses fesses vers le haut, en effectuant un mouvement de balancier avec les deux bras. Lorsque ses jambes sont droites, il se dresse, un peu chancelant. Il écarte alors les jambes pour retrouver son équilibre. S'il vient de commencer à marcher, il se déplacera en tenant les bras tendus pour améliorer sa stabilité. Si la démarche se fait sur la base de deux jambes largement écartées, on voit que l'enfant vient tout juste d'apprendre à marcher. Plus il va gagner en pratique, plus ses jambes vont se resserrer. Dès qu'il se sent vraiment sûr de lui, il peut ramener ses pieds ensemble et tendre la main pour saisir un jouet plus haut que sa tête. Plus tôt, cette manœuvre lui aurait certainement fait perdre l'équilibre.

Vous pouvez dater le premier jour de marche d'un enfant en observant toutes ces manœuvres.

Ces nouvelles capacités cognitives, à quinze mois, se manifestent aussi sous forme de jeu au moment où je sollicite la coopération de l'enfant. Lorsque je dois mesurer son périmètre crânien (cette mesure est aussi importante que celle de la taille, parce qu'elle permet de suivre le développement du cerveau, et aussi parce qu'elle fournit une donnée de base en cas de lésion accidentelle du cerveau), je commence par mesurer ma propre tête. L'enfant regarde mon mètre et il le trouve tellement absurde sur ma tête qu'il rit. Il me laisse alors prendre sa mesure. L'otoscope va d'abord dans l'oreille de la poupée, puis dans les oreilles de la mère ou du père, et enfin dans celles de l'enfant. Pour le peser, je demande à sa mère de monter sur le pèse-personne sans lui, puis avec lui, et je soustrais le poids de la mère. Parfois, cela suffit pour exciter la curiosité de l'enfant et le pousser à monter sur le pèse-personne, parfois non. Avec un peu de chance, nous arrivons à effectuer un examen entièrement satisfaisant sans la moindre protestation.

De toute façon, j'ai la possibilité d'observer l'enfant dans toute une série de situations. Je vois quelle indépendance il manifeste à mon égard : si on le force, il se révolte. C'est une réaction appropriée. Il me montre qu'en utilisant un nouvel acquis cognitif — le jeu symbolique — il peut transférer l'anxiété qu'il ressent à une poupée, et qu'il peut se rassurer en regardant les manipulations effectuées sur la poupée. L'imitation des parents est généralement importante à cet âge. J'utilise donc ces derniers comme modèles, et je regarde s'il accepte de les imiter. Tous ces comportements sont des processus cognitifs naissants. Tout en procédant à mon examen, j'évalue sa capacité à se contrôler face à des manœuvres un peu agressives. S'il arrive à faire face au stress et à le surmonter, en utilisant ses parents, une poupée ou moi-même comme alliés, il a pris un bon départ.

À la fin de cette visite, je dois injecter le vaccin contre la varicelle, la rubéole et les oreillons, et c'est un coup dur pour l'enfant qui ressent cela comme une trahison. Je demande à un des parents de le tenir. Je le prépare en lui expliquant bien ce qui va se passer et en faisant une piqûre à un ours ou une poupée. Je conseille au parent présent de le serrer très fort au moment où je le pique et, ensuite, de l'entraîner dans une danse pour le distraire dès que j'ai fini. Puis je propose une récompense. Souvent l'enfant la refuse. Je lui explique que je sais qu'il est furieux, que je peux très bien le comprendre, mais que la piqûre, c'est pour qu'il reste en bonne santé. Je veux être son ami, et *aussi* son médecin. Un médecin est quelqu'un qui veut que les enfants soient toujours en bonne santé pour qu'ils puissent jouer. Un médecin les aime aussi. Parfois, mon cadeau est alors accepté. Mais la chose la plus importante est que ni les parents ni moi-même n'avons traité cavalièrement les peurs de l'enfant, ni son merveilleux, si fragile, et si nouveau sentiment d'être une personne indépendante.

La discipline

La discipline devient importante au cours de la deuxième année. Cependant, on doit la considérer comme un projet d'enseignement à long terme. Pour les parents, il est capital de comprendre que l'enfant a besoin de connaître ses limites, c'est la base des choix en matière de discipline. Ce que fait un parent en matière de discipline à tel ou tel moment est moins important que les objectifs et attitudes à long terme. C'est la raison pour laquelle, comme je l'ai dit précédemment, je conseille de réserver les affrontements aux problèmes vraiment importants. L'inévitable inquiétude des parents quant au moyen de « dompter » leur enfant farouchement indé-pendant nous donne un point fort capital pour nous.

Beaucoup de couples, spécialement ceux qui ont leur premier enfant tard, ne veulent pas changer de mode de vie. Ils veulent apprendre à l'enfant à ne pas toucher les objets de valeur qui se trouvent dans la maison. C'est chose possible, mais ces parents vont devoir consacrer à cet enseignement beaucoup de temps et d'énergie qui seraient mieux utilisés pour des problèmes plus importants. Pourquoi ne pas mettre ces objets à l'abri pour le moment ? Il y aura moins de risques de conflits quotidiens. L'enfant aura bien d'autres façons d'apprendre à se discipliner et à respecter le droit d'autrui. Chaque fois que les parents agissent avec prévenance en sa présence, l'enfant en tire un enseignement. Mais il se peut qu'il ne le manifeste pas tout de suite.

Les parents qui ont un enfant plutôt facile me demandent parfois comment savoir s'il a besoin d'autorité. Il leur suffit d'être à l'écoute de l'enfant. S'il touche quelque chose d'interdit tout en regardant derrière lui pour s'assurer que vous le voyez, s'il adopte un comportement de plus en plus provocateur, il vous demande alors d'intervenir pour lui dire : « Arrête, ça suffit. »

À cet âge, les parents demandent s'ils doivent continuer ou, parfois, commencer à utiliser un parc. La réponse est « non ». Mais l'enfant a besoin d'un endroit où il puisse se livrer en toute sécurité à ses explorations. Si vous ne pouvez pas faire de sa chambre un endroit sans danger ou organiser un coin de la cuisine pour qu'il y soit sans risques lorsque vous y êtes, alors il faudra peut-être le mettre dans un parc. Mais à mon avis ce n'est pas souhaitable. À cet âge, où le mouvement et la liberté sont prédominants, c'est un véritable outrage. Selon moi, il vaut mille fois mieux qu'il puisse se livrer à ses explorations. Mais le laisser aller en toute liberté signifie vraiment que quelqu'un doit être à sa disposition tout le temps.

À quinze mois, les accès de colère et les mouvements d'humeur ont généralement déjà fait leur désagréable apparition (cf. chapitre 9). En se produisant en public, ils sont terriblement embarrassants pour les parents. Tout le monde se retourne en les regardant, comme s'ils faisaient preuve d'abus de pouvoir notoire sur leur enfant. Dans une telle situation, les parents devraient se tourner vers les spectateurs et leur proposer de s'en occuper eux-mêmes. Ils vont disparaître rapidement...

Lorsque de malheureux parents me racontent la première colère, cela mène à un point fort, une occasion capitale pour moi de dire que tout cela fait partie du comportement normal de l'enfant qui commence à découvrir une certaine autonomie. Un enfant volontaire aura presque obligatoirement des colères au cours de sa deuxième année. Un enfant qui ne fait jamais de colère entre un et deux ans risque de devenir un adolescent ayant mauvais caractère, ou un adulte qui s'emporte très facilement. Comme nous l'avons dit auparavant, bien que le comportement ou les sollicitations des parents aient pu déclencher la colère, celle-ci est en fait causée par les perturbations internes de l'enfant. Il est le seul à pouvoir résoudre l'indécision sous-jacente à ses problèmes. C'est la lutte fondamentale entre dépendance et indépendance. Après qu'il aura appris à surmonter cette indécision, il sera plus fort et plus sûr de lui.

Je rappelle aux parents quelques mesures à prendre. Tout d'abord, rappelez-vous vos options, des interventions toutes destinées à laisser l'initiative à l'enfant. Ou alors prenez-le dans vos bras calmement, emmenez-le dans un endroit sécurisant où il puisse résoudre son problème tout seul, ou encore éloignez-vous de sa vue temporairement. S'il ne vous voit pas, sa colère perdra de sa force. Ensuite, revenez vite lui dire : « Je suis désolée de ne pas pouvoir t'aider davantage. Je suis toujours là, et je t'aime, mais cette colère, c'est ton problème. » Donner à l'enfant de l'espace pour qu'il puisse venir à bout de son agitation n'est pas comme l'abandonner. Faites-le en sorte qu'il se rende compte que vous voulez l'aider. Mais vous et lui savez parfaitement que des efforts de votre part pour l'aider ne peuvent que prolonger la colère. En revanche, des limites fermes vont le rassurer, car elles l'empêcheront de perdre dangereusement son contrôle.

Certains parents trouvent difficile de quitter la scène, car ils craignent que l'enfant ne se blesse. Le spectacle d'un petit enfant qui donne des coups violents avec bras et jambes, qui se tape la tête par terre, est effectivement terrifiant. Cependant, il est bien rare qu'il se fasse du mal. S'il paraît trop violent, mettez-le sur un tapis ou dans son lit. Heureusement, dans la plupart des cas, il s'arrêtera avant de perdre tout contrôle.

Il y a des années, j'ai passé une semaine dans l'Oregon, en compagnie des quintuplés de la famille Anderson. L'un d'entre eux a fait une violente colère. Les quatre autres se sont assemblés autour de lui pour essayer de l'arrêter. Leurs efforts l'ont rendu plus violent. L'un essayait de lui tenir les bras, l'autre s'était couché à côté de lui pour le calmer en chantant. Un autre criait. Le quatrième lui lançait de l'eau froide. Rien ne marchait, ils ont donc renoncé. Immédiatement, l'enfant a cessé de pleurer. Il s'est levé sans attendre et a commencé de jouer avec eux, comme si de rien n'était. Cette expérience a représenté pour moi la preuve vivante que les colères sont l'expression d'un tourment interne. Le soutien, et non l'intervention, est la seule aide possible. Dès que c'est terminé, les parents peuvent trouver des façons de prouver à l'enfant qu'ils comprennent combien c'est dur d'avoir deux ans.

Découvrir des moyens simples de discipline, sans danger, des moyens qui ne risquent pas de dégénérer en mauvais traitements est un objectif important. Beaucoup de parents trouvent que la « pause », ce moment où on le laisse seul, donne de bons résultats plus tard, en fin de deuxième année. Des gestes fermes, tels que tenir l'enfant, le mettre dans son lit ou dans sa chambre, permettent d'interrompre l'escalade de la provocation avant qu'il ne perde tout contrôle. Lorsque le cycle est brisé, les parents doivent alors lui expliquer clairement quel comportement a entraîné leur réaction, et lui offrir un grand moment de petits câlins.

Les peurs

Les progrès de l'indépendance et la compréhension suscitée par l'exploration vont provoquer l'apparition de peurs chez l'enfant qui commence à marcher. Une peur de la baignoire est courante. Si c'est le cas, baignez-vous avec lui en faisant attention de ne pas le laisser seul, car il risque de glisser ou de se sentir en danger s'il se met debout. Vous ne pourrez pas lui laver les cheveux sans qu'il pousse des cris perçants, mais vous n'avez pas besoin de le faire souvent. À ces moments-là, essayez de le rassurer. La peur d'un enfant qui commence à marcher est de perdre l'équilibre, surtout lorsqu'on le penche en arrière pour lui rincer les cheveux.

Les capacités motrices

Quand l'enfant commence à marcher, il va toute la journée, le dos creusé, le ventre proéminent, les jambes écartées, les pieds tournés en dehors. Au fur et à mesure qu'il s'habitue à marcher et à gérer son équilibre, ses pieds se redressent pour devenir parallèles. Ce n'est que lorsqu'il aura pratiqué la marche un certain temps qu'il sera capable de faire autre chose en même temps. S'il arrive à transporter un jouet avec un bras en marchant, c'est qu'il a un bon mois d'expérience. S'il peut lever le bras au-dessus de la tête ou regarder en l'air, au moins deux mois. Quand il parvient à se tourner et à s'accroupir, il a derrière lui deux à trois mois de pratique de la marche.

Comme je l'ai dit au chapitre 9, apprendre à marcher nu-pieds est l'idéal. Les chaussures ne deviennent nécessaires comme soutien que plus tard. Au moment où l'enfant apprend à marcher, ses orteils agrippent le sol, ce qui favorise la formation de la voûte plantaire. Les chaussures ne sont indispensables que comme protection sur les surfaces froides ou pouvant risquer de blesser. Marcher pieds nus constitue le meilleur exercice pour les pieds.

Une fois encore, je vous rappelle que les escaliers doivent être fermés par une barrière en haut et en bas. L'enfant sera curieux de grimper. Il doit apprendre, mais sous votre surveillance. Les marches protégées par une moquette permettent un apprentissage plus facile et moins risqué.

L'alimentation

Au cours de cette visite, je me préoccupe avant tout de savoir si l'enfant est indépendant en ce qui concerne son alimentation. Est-ce que c'est lui qui choisit, est-ce que sa mère le laisse faire ? Je vous rappelle mes conseils de régime minimum, car je sais combien il est difficile pour ses parents (et spécialement sa mère) de ne pas intervenir dans ce domaine.

Les parents croient souvent qu'ils doivent faire avaler à l'enfant au moins quelques cuillerées de nourriture réduite en purée. Mais à cet âge, il n'a pas besoin qu'on lui écrase ses aliments. Tout ce que vous voudriez lui donner en purée, il peut le prendre sous forme de petits morceaux ou de produits de remplacement. Lorsqu'une mère me dit : « Je ne supporte pas qu'il refuse de manger alors que je me donne le mal de lui préparer des choses spécialement pour lui », je lui demande de ne pas s'inquiéter. Elle se plaint que sa cuisine soit rejetée, mais la vérité, en général, est qu'elle veut contrôler ce qu'il mange. La solution consiste à arrêter de cuisiner pour lui et à respecter ce qu'il essaie de dire : « Je veux le faire tout seul. » Les petites phrases allusives — comme : « Regarde tout le mal que maman s'est donné pour te préparer tout cela », ou : « Tu veux quelques délicieux haricots de l'assiette de papa ? », ou : « Regarde ta grande sœur. Elle adore les légumes », représentent en fait des tentatives flagrantes pour forcer l'enfant, et elles sont le plus sûr moyen de le dégoûter et de provoquer des problèmes d'alimentation. Tant que les parents sont détendus et ne le poussent pas à manger, il mangera. Assurez-vous simplement que ce que vous lui proposez reste dans la ligne de ce minimum dont nous avons parlé plus tôt : aliments contenant du fer — viande, œufs ou céréales — lait, fruit, vitamines (cf. chapitre 9).

Aux rares enfants qui refusent le lait, on donnera, bien sûr, les yaourts, le fromage, la crème glacée, ou autres produits de remplacement. Si un bébé veut boire à la tasse, mais qu'il renverse presque tout, ou bien disposez une serpillière autour de sa chaise et laissez-le renverser sa tasse dessus, ou bien installez-le dans la baignoire. Renoncez à la propreté pendant un temps. D'autres choses, bien plus importantes, sont en jeu.

Cette attitude non directive vis-à-vis de l'alimentation est véritablement difficile à adopter pour beaucoup de parents, surtout les mères. Nourrir devient trop souvent un gage d'instinct maternel. Bien que la malnutrition soit un terrible fléau mondial, elle a peu de chances de concerner les lecteurs de ce livre. Si les parents n'arrivent vraiment pas à respecter ce domaine essentiel de l'indépendance, je recherche ce que le Dr Selma Fraiberg a appelé les « fantômes de la nursery ». Les mères me racontent des histoires affreuses d'heures entières passées à table pour finir leur assiette quand elles étaient petites. La conséquence extrême d'une coercition de longue durée apparaît chez certains sous la forme de l'anorexie mentale. Cette condition se manifeste habituellement à l'adolescence, mais elle démarre avec les problèmes précoces d'alimentation. Les parents ne devraient pas courir ce risque. La meilleure façon d'éviter de perpétuer les problèmes d'alimentation est de vous retirer de la scène et de laisser l'enfant se débrouiller seul. Il trouvera son équilibre personnel et en tirera un sentiment d'indépendance. Tout le monde sait que la meilleure nourriture est celle que l'on a choisie.

Vers quinze mois, l'enfant commence à savoir se servir de la cuiller et de la tasse. Si l'on fait de cet apprentissage un jeu, l'utilisation de ces ustensiles peut lui procurer un sentiment de maîtrise. Pendant ce temps, il suffit de lui donner des aliments en morceaux faciles à saisir.

Le sommeil

À cet âge, il faut de nouveau parler des habitudes de régularité et d'autoréconfort que nous avons déjà évoquées. Une fois qu'il sait marcher, habituellement l'enfant recommence à faire ses nuits. Une sieste peut suffire alors, au début de l'après-midi pour ne pas perturber le coucher du soir. Et réveiller l'enfant au moment où ses parents vont au lit continue à être un moyen efficace d'assurer à tout le monde une bonne nuit de sommeil.

Les parents qui ont choisi de laisser leur enfant dormir avec eux vont sans doute reconsidérer leur décision. Un enfant qui se trouve dans le lit de ses parents a davantage tendance à s'éveiller vers 2 et 5 heures du matin. Alors il s'attend qu'on le berce, qu'on le nourrisse ou qu'on le réconforte. Ce qui provoque parfois des divergences de vues entre les parents : « Mon mari déteste cela, dira une mère. Il se sent exclu. Mais qu'est-ce que je peux faire ? Je ne peux pas laisser le petit crier. » Je ne pourrais pas non plus et je ne le proposerais pas. Mais je ne crois pas qu'il soit bon pour un couple d'avoir des divergences pour une chose semblable. Lorsque je fais remarquer que la situation pourrait durer plusieurs années, la mère s'exclame : « Mon Dieu ! Il va être fou à cette pensée. » Comme mesure transitoire, vous avez la possibilité de placer un petit lit à côté du vôtre ; ainsi vous pourrez atteindre l'enfant pour le caresser quand il passera en sommeil léger. Les parents qui ont eu des problèmes de sommeil ou de séparation au cours de leur propre enfance auront obligatoirement des difficultés à renoncer à leur enfant pendant la nuit. Le moindre petit soupir, le moindre cri devient un signal pour se précipiter et offrir du réconfort. Tout enfant lutterait pour bénéficier de ce renfort inespéré.

Le jeu

L'objectif principal de l'enfant qui se trouve dans mon cabinet est de m'empêcher de communiquer avec ses parents. Il va d'un jouet à l'autre et essaie d'obtenir de nous une réaction en disant : « Ça ? Ça ? » Bien que sa capacité d'attention soit encore de courte durée, j'aime à m'assurer qu'il examine les objets avec un intérêt réel. Est-il capable de jouer un certain temps avec un même jouet, ou bien son attention est-elle entièrement distraite par l'anxiété ?

À cet âge, la différence entre l'intense énergie et la faible capacité d'attention de l'enfant normal, d'une part, et une véritable hyperactivité d'autre part, commence à être évidente. L'enfant hyperactif aura des périodes d'attention d'une fraction de seconde, ne cessera de passer d'un jouet à l'autre. Il ne prendra jamais le temps d'inspecter les objets de près ni de jouer vraiment avec eux, car il est sans cesse distrait par autre chose. N'importe quel stimulus visuel ou auditif l'attire. Son seuil de réception des informations est peu élevé, gêné par cette inattention. Il n'arrête pas de bouger, pour tenter de surmonter son hypersensibilité. La plupart du temps, il a une expression inquiète. S'il essaie de ramasser un jouet, ses mains tremblent légèrement. Si quelqu'un frappe des mains plusieurs fois devant lui, il sursautera chaque fois s'il est véritablement hypersensible. Il ne parvient pas à se fermer aux images et aux sons qui viennent à lui. Il est donc à la merci de toutes les stimulations de son environnement. Son hyperactivité semble être une réaction à un système nerveux hypersensible.

Lorsque nous parvenons à diagnostiquer tôt l'hyperactivité, je peux aider les parents à réduire les stimuli qui environnent l'enfant. Il y a des moments où ce sera essentiel, surtout si celui-ci doit se concentrer pour apprendre, pour manger ou dormir. Avec le temps, il trouvera des façons de se contrôler dès qu'il se sentira submergé — en s'interrompant, en se raccrochant à un objet favori, ou en trouvant des solutions actives pour se couper des stimuli externes. Tant que les parents n'ont pas identifié ce problème, ils peuvent considérer que leur enfant fait des caprices, qu'il est gâté. Leur réaction excessive s'ajoute aux siennes, pour s'amplifier jusqu'à provoquer un état de chaos au sein de la famille. Les parents de ces enfants ont besoin d'encouragement à chaque visite, et même d'une décision pour être dirigés vers un programme d'intervention précoce (chapitre 26).

À cet âge, la plupart des enfants sont capables d'empiler quatre cubes. Ils peuvent aussi généralement retrouver un jouet caché, si vous lui montrez qu'il est caché sous un premier, puis un second morceau de tissu. Nous appelons cela un « double déplacement ». Ce test de permanence de l'objet est un jeu charmant, qui constitue aussi une tâche cognitive très parlante. Le jeu symbolique commence également au début de la deuxième année. Est-ce qu'il nourrit sa poupée avec un petit biberon ? Est-ce qu'il berce sa poupée, la porte comme ses parents le portent, lui ? Est-ce qu'il construit un garage avec des cubes — une représentation symbolique ?

Quand on joue à un jeu rythmique avec un enfant — par exemple « au pas... au trot... au galop... » — est-ce qu'il anticipe le dénouement ? Est-ce qu'il rit lorsque vous lui tenez les mains, que vous les frappez ensemble, puis que vous arrêtez ? A-t-il acquis le concept de rupture dans l'attente répétitive ?

Pour ce qui est de la causalité, l'enfant commence à mieux la comprendre. Lorsqu'il a un jouet à ressort, plutôt que de vous le rendre s'il ne marche plus, l'enfant essaye de le remonter tout seul. Chaque aspect du jeu qui, comme l'a dit Montaigne, est l'« activité la plus sérieuse de l'enfant », est révélateur du stade de maturité atteint. Nous considérons le jeu comme l'agent principal de l'apprentissage, des capacités motrices et du développement émotionnel.

Le langage

L'enfant continue de « jargonner », surtout la nuit et dans son lit. Il pratique des inflexions, s'exerce à prononcer des mots, à faire des phrases ; il montre qu'il se prépare à parler. À chaque tentative, les adultes jugent bon de corriger, de répéter. De cette façon, ils poussent les enfants vers l'étape suivante. La plupart du temps, les noms sont l'objectif choisi et les verbes, les adjectifs, les adverbes sont laissés de côté. « Moi », « maman », « papa », « gâteau », un occasionnel « encore » et bien sûr le « non » apparaissent. À cet âge, les enfants commencent à manifester une réelle frustration de ne pouvoir parler. Ils communiquent très clairement par gestes, et ils comprennent presque tout ce que vous leur dites.

Anticipons un peu

La deuxième année est un bon moment pour tout réapprendre de l'art d'être parent. Au cours de l'histoire d'amour de la première année, le comportement du bébé était prévisible et habituellement gratifiant. Les efforts des parents provoquaient une réaction immédiate du bébé. Et puis tout à coup ce n'est plus vrai. À partir de maintenant, l'enfant va effectuer ses propres choix. « Est-il sourd ? » se demandent les parents. « Est-ce qu'il m'entend, mais refuse de réagir ? Que dois-je faire pour maintenir mon autorité ? » La « terrible » deuxième année est terrible pour les parents, mais pas pour les bébés. C'est une année au cours de laquelle l'apprentissage est extraordinairement rapide. Le jaillissement d'indépendance porte en lui une sorte d'énergie pour explorer et apprendre le monde qui est vraiment remarquable. Être parents dans cette deuxième année est plus que jamais apprendre à partir de ses erreurs. Les bonheurs de la première année ont motivé les parents qui trouvaient chez leur enfant les indications dont ils avaient besoin. À présent, ils doivent trouver leur voie à un niveau tout à fait différent.

Le principal point fort de cette période est celui du contrôle. Qui va mener le jeu ? Lorsque les parents ressentent le besoin de manifester leur autorité, l'enfant refuse et s'y oppose. Les parents en retirent souvent un sentiment d'échec. Leur travail, au cours de cette deuxième année, va consister à chercher sans cesse des moyens de « prendre » cet enfant récalcitrant. Pour les parents qui ne sont pas souples, l'année peut être vraiment épouvantable. Mais si on l'aborde avec humour, elle sera extraordinaire.

Bien sûr, garder le sens de l'humour est plus vite dit que fait. « Chaque fois que je lui demande de faire quelque chose, il résiste, va me dire une mère. Même sa façon de se tenir signifie "non". Ou bien il se laisse aller comme une chiffe molle, ou bien c'est une bête sauvage, qui se rejette en arrière pour m'échapper. » La cause de ce négativisme, de cette opposition, est que chaque suggestion ou demande des parents pose un dilemme à l'enfant. « Est-ce que je veux ou est-ce que je ne veux pas ? » « Est-ce que je vais avoir envie de le faire ou non ? » Comme je le dis aux parents, si vous désirez vraiment qu'il fasse quelque chose, essayez de le lui interdire, vous aurez peut-être du succès. Si c'est important, j'insisterais. En revanche, si ça ne l'est pas, je laisserais tomber. Moins vous aurez de conflit, mieux ce sera. Alors, vous découvrirez que celui que vous aurez malgré tout sera une expérience riche d'enseignements.

L'APPRENTISSAGE DE LA PROPRETÉ. À chaque visite, pendant cette année, je redis l'importance d'attendre la fin de la deuxième année pour commencer l'apprentissage de la propreté. Les parents pressés me disent parfois : « Mais il sait déjà quand il a besoin d'aller à la selle. Il tire son pantalon juste après », ou encore : « Il court se cacher dès qu'il a fait dans ses couches. » Ces signaux sont clairs, mais ils soulignent seulement le fait que, lorsque le moment sera venu, l'enfant voudra contrôler ses habitudes.

LES ALLERGIES. Comme nous l'avons vu dans les chapitres précédents, la meilleure façon de traiter les allergies est de les éviter. Beaucoup d'entre nous avons une tendance génétique aux allergies en certaines occasions — sous l'emprise du stress, à la saison du pollen, si nous avons avalé ou respiré une substance qui ne nous convient pas. Mais cette tendance se manifeste rarement, parce qu'il faut parfois plus d'un contact pour déclencher l'allergie. Plusieurs allergènes faibles peuvent également ne pas entraîner de symptômes. Mais quand vous ajoutez un chat, de la fourrure, de la poussière, des moisissures, des plumes, du crin (de matelas), des œufs, du poisson, ou n'importe quel allergène courant, ou du stress, le système ne peut plus le supporter, et cela se traduit par de l'asthme, un rhume des foins ou de l'eczéma. La crise peut être déclenchée une fois par une cause, la fois suivante par une autre. Un stress d'origine émotionnelle, une séparation peuvent provoquer les symptômes. Les parents redoutent ces facteurs psychosomatiques et se défendent d'avoir fait quelque chose de grave à l'enfant. Le nier peut les empêcher de chercher les nombreux facteurs risquant d'entraîner une rechute.

Il y a une seconde raison pour prévenir les allergies le plus tôt possible. Plus un enfant est âgé au moment de la première manifestation allergique, plus il est difficile de l'en débarrasser. Je conseille de faire tous les efforts possibles pour prévenir les réactions allergiques dès la première enfance et je recommande aux parents de prendre les mesures suivantes. Prenez au sérieux toute éruption cutanée. Supprimez les aliments nouveaux. Si l'éruption ne disparaît pas, procurez-vous un savon hypoallergénique pour la toilette de l'enfant et pour laver ses vêtements. Supprimez la laine dans les vêtements et les couvertures, ainsi que les oreillers, les coussins et les matelas remplis de plume. Si c'est un jouet qui est responsable, remplacez-le par un autre, progressivement. Si votre maison est chauffée par air pulsé, recouvrez la bouche de chauffage de la chambre de votre enfant avec huit épaisseurs d'étamine, qui feront office de filtre. À la saison du pollen, condamnez la bouche de chauffage et laissez la fenêtre fermée la nuit. Un purificateur d'air est souvent utile.

Lorsque l'enfant est plus grand, apprenez-lui que faire pour surmonter son problème. Laissez-lui bien vous dire s'il a besoin de quelque chose, pour sa peau, pour son asthme ou pour son nez qui coule. Lorsque vous lui donnez un médicament, pensez à lui dire ensuite : « Tu vois, tu savais ce qu'il fallait faire. Lorsque nous l'avons fait, cela a marché. »

Le plus effrayant pour un enfant, dans une allergie, est le sentiment que personne ne sait que faire. Je suggère donc d'agir d'abord préventivement, comme je l'ai déjà indiqué. Puis, si un symptôme apparaît, de ne pas tarder à appeler le médecin à l'aide. Informez l'enfant de ce que vous faites, et pourquoi vous le faites. Plus tard, vous le laisserez s'occuper de ses propres symptômes, ce qui est la meilleure façon de prévenir les sentiments d'angoisse et d'impuissance qui accompagnent et exacerbent les manifestations allergiques comme l'asthme ou l'eczéma (cf. chapitre 14).

D'UN ATTACHEMENT À L'AUTRE. L'enfant traite presque toujours chacun de ses parents différemment. Il est plus exigeant, plus difficile avec le parent qui compte le plus, habituellement la mère. Cette différence de comportement peut provoquer de la jalousie. Les parents doivent comprendre que c'est normal, et c'est une façon importante de tester la solidité des attachements.

De son côté, la dynamique familiale continue à évoluer : l'enfant qui a été au centre de l'attention générale s'efforce de devenir plus indépendant ; s'il est toujours à la maison, le parent qui s'occupe de lui va souvent commencer à envisager de reprendre un travail à mi-temps, ou alors de mettre l'enfant dans un endroit lui permettant d'avoir des compagnons de jeu. Ce n'est probablement pas une coïncidence si l'indépendance du petit enfant et la dépendance qui y est associée — suivre sa mère partout — poussent l'adulte à ces projets. À cet âge, un petit groupe de jeu est une excellente chose. L'enfant apprendra énormément par l'intermédiaire des autres au cours de l'année à venir. Dès qu'il sera habitué à un petit groupe, d'un ou deux enfants du même niveau, il sera plus facile d'envisager un mode de garde. Pour l'enfant, la deuxième année est un moment idéal pour commencer à établir des relations avec d'autres enfants.

LES DIFFÉRENCES INDIVIDUELLES. La deuxième année fait ressortir les différences entre les enfants. Celui qui était calme et observateur devient encore plus observateur et reste encore plus calme, en contraste avec les enfants actifs, pleins d'énergie, qui passent leur temps à bouger. Ces derniers ne demeurent pas assis assez longtemps pour apprendre à parler ou pour manifester leurs nouvelles capacités cognitives. Ils sont toujours sur la brèche. Les parents ont tendance à penser qu'ils sont hyperactifs, car, effectivement, ils donnent l'impression de n'avoir que de courts moments d'attention. Le mouvement est une telle motivation ! Pour les enfants moins actifs, l'énergie se traduit par l'observation et les activités de motricité fine.

Les parents sont parfois inquiets devant de telles différences. Lorsque leur enfant se trouve à une extrémité ou à l'autre de l'échelle, ils ont besoin d'être rassurés. Ils passent tant de temps à faire des comparaisons : « Pourquoi mon fils ne marche-t-il pas encore ? Tous les autres bougent dans tous les sens, et pas lui. » Ou bien : « Il n'arrête pas de bouger. Il ne peut jamais rester assis longtemps sur mes genoux, pour regarder un livre. Tous ses amis sont tellement câlins. »

Étant donné que tous les parents font ces comparaisons, je me suis demandé quel était leur objectif. Ils découvrent les étapes de développement en les observant chez les autres enfants. En analysant les différences, ils arrivent à visualiser l'échelle complète des comportements. Dans mon propre travail, j'ai découvert, avec profit, combien l'on peut apprendre de l'observation de chaque bébé. Ce qui m'inquiète, pourtant, c'est que l'on gâche tant d'énergie en s'angoissant devant ces comparaisons. Au lieu d'accepter le bébé qu'ils ont, les parents paraissent vouloir le mettre à tout prix dans le moule de l'enfant « idéal ». Si je pouvais réussir une chose, en tant que pédiatre, ce serait d'aider les parents à mettre en valeur l'individualité de leur propre bébé. Le danger des comparaisons est qu'elles risquent de donner à l'enfant un sentiment d'infériorité. Par exemple, les petits garçons sont toujours un peu plus lents dans leur développement moteur que les petites filles. Pourtant, les parents de garçons veulent qu'ils soient vifs et actifs. Il me paraît important que les parents se concentrent sur l'enfant

qu'ils ont, qu'ils prennent plaisir à son style de développement, plutôt que d'essayer de le pousser à se conformer à la notion du « bébé moyen ».

Lorsque les parents se mettent à faire des comparaisons, je les interromps pour leur montrer comment leur
enfant apprend en ce moment — ses petites particularités, ses luttes et ses succès.

11

Dix-huit mois

Lorsqu'un enfant qui marche depuis peu entre dans
mon cabinet, il se livre à une exploration en règle. Tandis
qu'il marche vers mon bureau, tend la main vers une
lampe, vers des rayonnages de livres tout en disant :
« Non ! », j'ai une avant-première de ce que vont être les
questions des parents. Presque toutes porteront sur la
croissante opposition de l'enfant. « Il ne m'écoute plus
du tout ! Il m'agace tellement que j'en arrive à lui donner
une fessée, bien que ce ne soit pas dans mes intentions,
mais il me provoque et me provoque jusqu'à ce que je
sois obligée de faire quelque chose. Quand il a des colères, il choisit exprès des endroits où cela est le plus
embarrassant. » Les mères ont les larmes aux yeux en
parlant des changements survenus chez leur enfant. Les
pères soulèvent le problème de la punition. Je sais que
ma tâche la plus importante sera de les aider à comprendre cette continuelle poussée d'indépendance et de négativisme. Leurs questions reflètent leur besoin de contrôler la situation. C'est un point fort qui va nous servir à
insister une fois de plus sur l'importance de la discipline,

et nous permettre de parler à nouveau de ce projet d'enseignement à long terme.

Je dois leur dire à nouveau : « Il est parfaitement normal. Tous les enfants de cet âge passent par une phase identique », et les parents approuvent avec soulagement. Mais mes paroles rassurantes ne vont les aider que pour une brève période seulement. Il devient important de comprendre que le comportement d'opposition aide l'enfant à définir sa propre indépendance. Les actes provocateurs, qui poussent les parents à faire preuve d'autorité, reflètent une recherche passionnée des limites, avec la discipline la plus appropriée. L'agitation, qui provoque les colères, montre aussi avec quelle passion l'enfant défend son indépendance. Si j'arrive à leur faire comprendre ce que leur enfant recherche, ils pourront alors — sans doute — être capables de reconnaître la valeur de cette quête et de l'admirer.

Actuellement, beaucoup de parents sont absents toute la journée à cause de leur travail. Quand ils reviennent le soir, ils rêvent de retrouvailles pleines d'amour et de douceur. Ce n'est pas ce qui les attend. Un enfant sain va réserver ses sentiments les plus intenses pour ses parents. Et eux, qui ont travaillé toute la journée, reviennent à la maison ou vont tout droit à la crèche pour retrouver un bébé qui a attendu toute la journée et peut enfin se laisser aller. Dès qu'il les voit, il ne se retient plus de joie. Il se couche par terre en hurlant, en donnant des coups de pied, en se tapant la tête contre le sol. À la crèche, si un de ses parents essaie de le prendre pour lui mettre ses vêtements d'extérieur, il se débat et hurle à faire pitié. Un père m'a raconté qu'il avait presque laissé tomber sa fille qui se déchaînait ainsi dans ses bras. « Le pire est que j'avais envie d'être là. J'avais été obligé de me dépêcher au bureau pour pouvoir aller la chercher. Je me réjouissais de la voir. Et qu'est-ce que je trouve ? Une petite harpie hurlante qui fait tout pour que je la haïsse. Et pour conclure en beauté, la puéricultrice m'a regardé en disant : « Elle n'est jamais comme ça avec moi. » Eh bien, je peux vous dire que je me sentais vraiment défaillir. »

Il est rare que la personne qui s'occupe de l'enfant en l'absence de ses parents soit exposée au même déchaînement de passion. Cette puéricultrice voulait sans doute rassurer le père, lui dire que sa fille n'était pas malheureuse à la crèche. Mais sa remarque participait de la « défense du territoire ». Nous avons déjà parlé de cette compétition tacite, inconsciente, entre deux parents. Elle se produit aussi bien entre gardes et parents. Malheureusement, cette remarque survenait à un moment de la journée où le père était épuisé et vulnérable. Si la puéricultrice avait dit : « Elle attendait votre arrivée avec tellement d'impatience. C'est la première fois de la journée qu'elle fait preuve d'un tel emportement », le père aurait beaucoup mieux compris cet éclat.

Le négativisme, l'opposition, est une des faces de la médaille ; l'autre est l'affection et la coopération. À chaque phase du développement qui implique des sentiments passionnés, des sentiments opposés émergent. L'enfant doit essayer et ses sentiments négatifs et ses sentiments positifs. Sans cette période intensément négative, l'enfant serait passif et en conflit avec lui-même. Dans la deuxième année, les conflits doivent s'exprimer. Le rôle des parents est de les reconnaître comme étant un passage important et de les accepter, mais aussi bien sûr d'aider l'enfant à les maîtriser. L'apprentissage du contrôle de soi et de la manière dont on peut vivre avec ses conflits est un processus à long terme, et ces premières leçons peuvent bien être des leçons orageuses. « On dirait que vous aimez les enfants récalcitrants », m'a dit un jour une mère furieuse alors que j'admirais le négativisme dont faisait preuve son enfant. Oui, je les aime — tant que ce ne sont pas les miens.

La discipline

L'enfant a besoin d'explorer les limites de la tolérance avec les différents adultes qui l'entourent. Ses parents et les autres personnes qui s'en occupent le verront sous un angle différent. Par exemple, une nourrice ou une grand-mère me dira qu'elle a trouvé la manière de calmer l'enfant lorsqu'elle le garde et qu'il s'excite : « Si je n'interviens pas, il s'excite de plus en plus, il se met à casser des objets exprès, il a des colères et paraît très malheureux. Si je lui fais faire une petite pause, en le berçant, il devient si facile. Mais dès que ses parents arrivent le soir, il commence à les provoquer. Ils ont l'air complètement dépassés. J'ai horreur de le voir se déchaîner, comment puis-je les aider ? » Pour répondre, je commence à rassurer cette personne : l'enfant apprend l'autodiscipline grâce à elle. Ensuite, je fais remarquer que les enfants se comportent différemment avec chaque adulte. Enfin, j'ajoute qu'il est tout à fait prévisible que l'enfant fasse une comédie au retour de ses parents. À ce moment, elle doit s'effacer. Sinon, la situation se transforme en triangle et personne n'y gagnera. Tout comme un enfant apprend à aborder différemment chacun de ses parents, de même il aura un comportement différent à l'égard de toute autre personne s'occupant de lui.

Vu le peu de temps dont disposent les parents qui travaillent, une discipline ferme paraît impossible. Les parents me disent : « Nous sommes tellement contents de le voir, mais au bout de dix minutes de hurlements et d'agitation, nous n'avons qu'une envie, le laisser à nouveau. Pendant les week-ends, c'est presque comme s'il cherchait continuellement à savoir jusqu'à quel point il peut aller. Il nous teste jusqu'à ce que nous soyons furieux et épuisés. Je sais qu'il nous punit parce que nous ne sommes pas là de la semaine, mais nous n'avons plus aucun plaisir à nous trouver ensemble. » La culpabilité que ressentent les parents entretient cette situation. Ils se sentent incapables de faire preuve d'autorité après avoir été absents toute la journée. Et pourtant la discipline est importante pour l'enfant. Les provocations sont sa façon de vous dire très clairement qu'il a besoin d'aide pour savoir ce qu'il peut et ce qu'il ne peut pas faire. Punir n'est pas la solution. Définir les limites et les enseigner à un enfant, ce n'est pas la même chose que le punir.

Si les parents comprennent qu'une autorité calme, cohérente, doit faire partie de leur affection, ils ne se sentiront plus coupables. Je leur dis de réserver leur autorité pour les choses importantes. Si un cycle de comportement provocateur s'engage, arrêtez-le rapidement. Prenez l'enfant pour le maîtriser. Si cela ne donne pas de résultat, faites une « pause » dans sa chambre ou son lit, ou mettez-le sur une chaise. Dès que c'est terminé, asseyez-vous à côté de lui. Essayez de l'aider à comprendre pourquoi vous l'avez arrêté. N'attendez pas trop longtemps, et ne parlez pas trop longtemps. Dites-lui bien que vous ne plaisantez pas, et que vous attendez de lui qu'il s'arrête vraiment.

Si une mère me dit : « Jamais il ne me laissera faire cela en pleine crise ! Il est bien trop furieux et moi aussi », je suggère ce qui suit. Prévoyez ce que vous devez faire. Et alors, pas d'hésitation. Dites-lui que vous l'aimez, mais que vous ne pouvez tolérer son comportement. Si vous êtes ambivalent, il le sentira. Serrez-le dans vos bras dès qu'il a repris son calme. Asseyez-vous tous les deux et laissez le temps passer. Il doit comprendre que vous n'êtes pas fâché avec lui continuellement. La discipline fait partie de la façon de s'occuper d'un enfant, et de lui apprendre tout ce qui concerne ses limites. Cela prendra longtemps. Aucune méthode n'a d'effet magique. Les fessées ne sont pas bonnes, comme nous l'avons déjà dit, car elles signifient que vous croyez que l'on peut résoudre les choses par la force — et je ne le crois pas.

L'alimentation

Les problèmes de nourriture doivent être envisagés à chaque visite. Un enfant doit explorer toutes les techniques. À dix-huit mois, il va apprendre à se servir de la cuiller et de la fourchette mais, à un moment ou à un autre, il voudra régresser et recommencer à manger avec les doigts. Donnez-lui des aliments qu'il puisse soit prendre de cette façon soit piquer à la fourchette, et laissez-le choisir.

Les mères qui continuent à allaiter vont éprouver des inquiétudes. « Je voulais arrêter à un an. Maintenant, je n'arrive plus à y renoncer. Il continue à venir et à déboutonner ma chemise. Cela m'ennuie vraiment de ne pas coopérer. » La seule raison pour laquelle je conseillerais le sevrage serait que l'allaitement aille à l'encontre de l'indépendance. Mais si l'enfant est autonome dans tous les autres domaines, l'intimité n'a que des avantages. J'ai étudié des cultures où les mères nourrissent leur nouveau-né avec un sein, et les autres enfants jusqu'à l'âge de cinq ans avec le deuxième. (Après cinq ans, ils ne réclament plus.) Les enfants vont très bien, mais les mères ont l'air hagard. « Tout le monde me dit d'arrêter, que je veux seulement me faire plaisir », disent souvent les mères qui allaitent leur enfant de dix-huit mois. Et pourquoi pas ? Se retrouver pour une tétée garde toujours le même charme après une journée au bureau, ou après une journée d'agitation et d'opposition constante.

Au même âge, d'autres mères se demandent comment supprimer le biberon. Beaucoup d'enfants ne l'utilisent plus pour boire leur lait, mais ils se promènent toute la journée, la tétine à la bouche. Cet usage du biberon me dérange, car il ne sert que pour le réconfort — et non pour le lait. Comme nous l'avons vu au chapitre 9, vous pouvez aider l'enfant à passer progressivement du biberon à une couche ou une poupée, ou tout autre jouet favori, en l'attachant au biberon. Quand le biberon n'a plus de fonction, ni alimentaire ni de communication, il perd toute signification. Ne proposez un biberon qu'aux repas. Donnez-le dans vos bras. Si l'enfant le réclame en dehors des repas, promettez-lui qu'il l'aura avant sa sieste ou son coucher, mais que c'est vous qui le lui donnerez. Associez le biberon au rituel du soir. Commencez par prendre un livre, regardez-le avec lui dans un fauteuil, puis prenez le biberon. De cette façon, vous allez détendre l'enfant et l'amener à un état de sommeil. Mais ne le mettez jamais au lit avec son biberon. L'enfant mérite un moment spécial avec vous. De plus, comme nous l'avons dit précédemment, le lait resté dans sa bouche pendant la nuit peut faire des dégâts sur sa future dentition. Cela dit, si votre enfant réclame encore son biberon, c'est qu'il a besoin de vous et du sentiment de sécurité que lui apportent votre présence et ce rituel du coucher.

Le sommeil

Le somnambulisme peut se manifester à chaque nouveau stress, que ce soit l'absence d'un parent, la visite d'une grand-mère, une longue journée en ville ou un après-midi agité avec d'autres enfants. Il aura besoin d'une présence ferme, réconfortante. Les parents lui apprennent à être indépendant la nuit. Ils peuvent recourir à tout ce qu'ils ont déjà utilisé à d'autres moments — notamment en se servant de ses tentatives d'indépendance de la journée et en l'encourageant lorsqu'il parvient à se calmer de lui-même. De cette manière, l'enfant comprendra mieux ce qu'on attend de lui également la nuit.

Une sieste est tout ce que vous pouvez espérer pendant la deuxième année. Je recommande de faire déjeuner l'enfant tôt et de le coucher entre midi et 2 heures. Plus de sieste après 2 heures, 2 heures et demie. Sinon, vous aurez de plus en plus de difficultés à le coucher à une heure raisonnable le soir.

De toute façon, les difficultés vont s'amplifier le soir. Je conseille vivement aux parents de suivre plus que jamais les rituels et de redoubler de détermination pour *garder le contrôle* du coucher. Plus l'enfant s'excite le soir, plus il aura de mal à se calmer. Mettre un enfant de cet âge au lit n'est pas un travail de tout repos. Le rituel du câlin dans un fauteuil et une histoire du soir aident certainement. Un objet fétiche — couche ou ours — trouve toute sa signification à ce moment ; il peut aider l'enfant à se consoler pendant la journée et dès qu'il se réveille la nuit. Les parents sont souvent un peu hésitants en ce qui concerne ce genre d'objets, tout particulièrement si ceux-ci sont un peu usés et misérables. Ils pensent qu'un enfant affublé d'une telle chose semble négligé, à l'abandon. En fait, d'après mon expérience, c'est tout le contraire. Lorsque nous évaluons un enfant au Children's Hospital de Boston, sans aucun renseignement sur son milieu, nous sommes contents de voir qu'il peut se réconforter avec son pouce ou son jouet fétiche. Cet enfant fait déjà preuve de force intérieure. Il nous montre qu'il est aimé chez lui. Cette capacité à se réconforter soi-même est favorisée par les parents qui s'occupent bien de leur enfant.

Les capacités motrices

L'allure de l'enfant de dix-huit mois effraie ses parents. Va-t-il toujours avoir un gros ventre ? Sa posture très cambrée, avec ce ventre proéminent, ne disparaîtra pas avant la troisième année. Alors, comme par magie, l'enfant va se redresser et son ventre va se tendre.

Entre dix-huit mois et deux ans, l'enfant passe toutes ses journées à faire des expériences. Grimper partout l'amuse de plus en plus. Mais on ne peut pas compter sur lui pour s'inquiéter des hauteurs, les parents doivent donc le protéger. Ils doivent s'assurer qu'il y ait des tapis ou des coussins au bas de son escalier favori s'ils lui accordent la liberté de grimper seul. À présent, votre enfant ne va plus marcher, mais courir partout.

Il va se mettre à danser, à tourbillonner, à expérimenter toutes ses nouvelles capacités motrices — balancements, pirouettes, sautillements. Il va essayer de vous fausser compagnie chaque fois qu'il le pourra — dans les magasins, dans la rue, partout. Faites en sorte d'avoir toujours une main libre pour le tenir. Sinon, il s'échappera.

La séparation

C'est au cours de la deuxième année que la séparation devient le plus pénible. L'enfant est alors capable de protester avec violence. J'ai souvent pensé que le niveau de protestation était lié à la force de la personnalité. En d'autres mots, protester est une façon saine d'affronter la séparation. Pourquoi l'enfant désirerait-il être laissé alors qu'il peut maintenant concevoir de rester avec vous et qu'il voudrait surtout être celui qui s'en va ?

Au Children's Hospital, nous avons étudié la façon dont les petits enfants réagissaient quand leur mère les laissaient le matin. Les enfants qui avaient déjà été préparés à la maison avaient commencé à s'adapter à la séparation. Ils étaient prêts au moment où cela se passait. Leur mère et eux se séparaient calmement — pas de protestations interminables, pas d'agitation dans tous les sens. Les enfants qui n'avaient pas été préparés à la séparation dès la maison se divisaient en deux groupes. Certains protestaient bruyamment. Les autres manifestaient leur chagrin en se renfermant sur eux-mêmes, et ceux-là nous inquiétaient le plus. Ils n'arrivaient pas à surmonter leur tristesse ni à jouer avec les autres.

Si l'on veut que l'enfant supporte la séparation, il est impératif de l'y préparer. Et puis d'accepter une saine crise de protestation. Enfin, de promettre de revenir et, en revenant, rappeler que revenir était promis, et que c'est fait. C'est le fondement de la confiance future.

Apprentissage et jeu

Les grands progrès du développement sont la récompense des parents après tous ces comportements mouvementés. Lorsque les parents parviennent à voir les choses avec suffisamment de recul, ils remarquent tous les progrès qui accompagnent l'agitation de leur enfant, et ils ne se sentent pas des victimes de cet âge terrible. Apprendre par imitation donne une poussée d'énergie dans la deuxième année. L'enfant a besoin de fréquenter d'autres enfants de son âge. Un ou deux amis habituels suffisent. Mais c'est le bon moment pour faire sortir l'enfant du cocon mère-père-enfant et pour l'introduire dans le monde-des-plaies-et-des-bosses, celui des autres enfants. (S'il a des aînés, c'est moins urgent, car il aura l'occasion de profiter de leur exemple.) C'est donc pour lui le moment de découvrir les autres enfants. Avec eux, il en apprendra plus sur lui-même qu'avec ses parents.

Il n'y a rien de plus merveilleux, à mon sens, que d'observer deux enfants de cet âge qui jouent tout près l'un de l'autre. Ils s'amusent pendant de longs moments côte à côte. Leur jeu est parallèle. On a l'impression qu'ils ne se regardent jamais. Et, pourtant, ils copient l'un sur l'autre des comportements, des attitudes. Ils semblent assimiler les schémas ludiques par la vision périphérique. Des séquences entières de jeu et de communication sont répétées, bien qu'ils ne se regardent pas. D'abord un enfant tape un jouet. « Non ! Non ! Non ! » Le second fait la même chose. Le premier fait une pile.

Le second aussi. Le premier : « Non ! » et il démolit sa pile. Le second : « Non ! » et il fait tomber ses cubes. Les gestes autoritaires, la posture, les expressions, tout est semblable. Pensez à la somme, à la qualité d'apprentissage contenues dans une imitation si fine.

Une psychologue canadienne, Hildy Ross, a observé le jeu parallèle en rapprochant un enfant de deux ans et un enfant de un an. Leur désir de communication et d'imitation les poussait à changer leurs propres techniques pour celles de l'autre. L'enfant qui avait déjà deux ans a régressé, pour adopter le comportement ludique d'un enfant de quinze mois. Celui de un an s'est dépassé pour atteindre le même niveau. Ils désiraient tant s'identifier l'un à l'autre ! Cette étude m'a prouvé à quel point les relations entre enfants pouvaient être importantes.

Le désir de se tester l'un l'autre peut aussi s'égarer. Mordre, tirer les cheveux, griffer, frapper sont des comportements qui finissent tous par se manifester et qui sont alors imités. Ils sont souvent destinés au « meilleur ami ». Les parents et les institutrices, horrifiés, réagissent violemment et punissent le responsable. Cette réaction excessive installe ce comportement plutôt qu'elle ne l'élimine. Ces attitudes apparemment agressives ne le sont pas au départ. Elles surviennent à des moments où l'enfant est surmené et où il perd tout contrôle. Après que c'est fait, l'agresseur est tout aussi horrifié que la victime. Lorsque les parents interviennent, la culpabilité fait son apparition. À la prochaine récidive, le comportement se reproduit. L'intervention des adultes le renforce.

De tous les comportements, la morsure paraît être le plus grave. Tous les parents en ont peur — peur que leur enfant ne morde les autres, peur qu'il ne soit mordu. Ce qui semble les effrayer le plus est la perte de contrôle : « Est-ce que cela va durer indéfiniment ? » À leur place, j'essaierais de consoler les deux protagonistes : le mordeur et le mordu. C'est le premier qui a le plus besoin de l'être, car il est terrifié de n'avoir pu se contrôler, plus que la victime ne l'est d'avoir été attaquée. Asseyez-vous avec lui et dites-lui : « Personne n'aime être mordu. Tu n'aimerais pas ça, toi non plus. La prochaine fois que tu sens que cela va t'arriver, rappelle-toi que je suis là pour t'aider. » Il faudra répéter ces paroles de nombreuses fois. Une mère que je connais a eu l'idée ingénieuse de donner à son enfant un os en caoutchouc à mordre, pour éviter qu'il ne s'attaque à ses amis.

Dans le passé, je conservais à mon cabinet des listes d'enfants de deux ans à l'intention des parents qui souhaitaient trouver des compagnons de jeu pour leur fils ou leur fille. Deux ou trois enfants arrivés au même stade d'apprentissage sur eux-mêmes peuvent se faire progresser énormément l'un l'autre. Deux « mordeurs » ou deux « frappeurs » peuvent être réunis. Lorsque l'un d'entre eux sera contrarié, il mordra l'autre. La victime ripostera en rendant la morsure. Ils se regarderont alors l'un l'autre, comme pour dire : « Eh, ça fait mal ! Pourquoi est-ce que tu l'as fait ? » Et ils ne recommenceront jamais plus. Je pense que les enfants de cet âge ne comprennent vraiment pas qu'ils font mal aux autres. Ils ne veulent pas faire de mal et sont terrifiés ensuite. Étant donné que le symptôme est le résultat de la perte de contrôle, il est déjà trop tard pour l'arrêter à temps. Mais, avec le temps, ces enfants peuvent apprendre à se contrôler, parce qu'ils le veulent. Les concessions mutuelles entre enfants de cet âge-là sont d'excellents moyens pour eux de pouvoir apprendre. Les adultes ne font qu'interférer avec cet apprentissage.

Les mères dont l'enfant mord se demandent si elles ne devraient pas lui rendre ses morsures. Non ! Cela revient à vous abaisser à son niveau et c'est dégradant pour vous autant que pour lui. La solution est de lui apprendre calmement que ce comportement est inacceptable, et de lui proposer une solution de remplacement, comme un jouet qu'il peut frapper s'il en a envie — juste une façon de venir à bout de son problème.

Le jeu reste le mode d'apprentissage le plus fort. L'enfant peut expérimenter différentes situations, différentes façons d'agir pour trouver celle qui lui convient. On ne dira jamais assez l'importance du jeu pour un petit enfant.

L'IMAGE DE SOI. Le psychologue Michael Lewis a mis au point une expérience ingénieuse pour découvrir l'image que se faisait un enfant de son corps. On lui donne un miroir pour se regarder. Après un certain temps, le chercheur fait sortir l'enfant et, sans que celui-ci le remarque, lui met du rouge sur le nez. Dès que l'enfant est remis face au miroir, sa réaction est variable selon son âge. À un an, l'enfant se regarde attentivement et remarque l'étrange couleur qu'a prise son nez. À quinze mois, les enfants touchent le reflet de leur nez sur le miroir et essaient d'y nettoyer la trace rouge. Ils se reconnaissent et devinent que quelque chose est différent. Vers dix-huit mois, ils essaient d'essuyer le rouge sur leur nez.

L'exploration du corps s'intensifie à cet âge. L'enfant est curieux de ses yeux, de son nez, de sa bouche. Lorsqu'il en a l'occasion, il est intrigué par son nombril et ses parties génitales. Les petits garçons sont intéressés par leur pénis quand on leur enlève leur couche. Les filles commencent à mettre le doigt dans leur vagin. Cette partie de leur corps semble avoir une valeur spéciale pour eux, quand elle est enfin dénudée. Elle est en effet toujours couverte, et soustraite à leurs expérimentations. Pas étonnant qu'elle devienne le domaine de sensations accrues. Les parents ne doivent pas empêcher cette exploration. Ce sont des parties de leur corps, et les enfants ont besoin de se familiariser avec elles.

Anticipons un peu

L'APPRENTISSAGE DE LA PROPRETÉ. Je conseille aux parents d'attendre encore un peu. Bien que la plupart d'entre eux sachent pourquoi il faut attendre que l'enfant puisse comprendre ce que l'on veut de lui, et qu'il soit prêt à le faire pour lui-même, certains s'impatientent. « Je ne veux pas qu'il aille à l'université avec ses couches ! » La véritable source de pression est que la plupart des écoles maternelles n'acceptent les enfants que s'ils sont propres. Beaucoup de crèches exigent qu'ils le soient au plus tard vers deux ans et demi. Si possible, je chercherais une école où l'on reconnaisse aux enfants le droit de décider quand commencer cet apprentissage. L'âge de deux ans et demi n'a rien de magique. Et il est absolument primordial de laisser le choix à l'enfant. Peu de parents ont envie de forcer leur enfant mais, tant qu'ils ne comprennent pas parfaitement ce qui les pousse à avoir un enfant sec et propre, ils risquent malgré tout de faire pression sur lui.

À ce stade, il est utile pour eux de regarder plus loin et de savoir ce qu'il faut observer.

Vers deux ans, plusieurs étapes du développement vont s'associer, l'enfant est prêt à ce moment-là pour que l'on puisse commencer à l'entraîner à la propreté.

1. Il n'est plus aussi excité par la marche, et est prêt à s'asseoir.

2. Il est prêt à comprendre des mots et des concepts comme : « Voici ton pot. Le mien, c'est le grand. Un jour tu iras sur le tien comme je vais sur le mien. »

3. Il y a une période, à cet âge, où les enfants veulent imiter les adultes. Le garçon marche comme son père. La fille comme sa mère. De façon subtile, ils s'identifient à toutes les personnes importantes de leur entourage. Ils veulent porter vos vêtements. Ils assimilent même les gestes que font les adultes.

4. À deux ans, la plupart des enfants commencent à remettre les choses à leur place. Ils ont le concept de l'ordre et comprennent où les parents mettent leurs affaires. Ce désir de ranger ou de jeter les choses comme les parents peut être transposé aux besoins naturels.

5. Le négativisme va et vient, autour des deux ans. vant, il est toujours sous-jacent. Commencer lorsque l'enfant est en pleine opposition mènerait à l'échec, c'est certain.

Tous ces mécanismes de développement peuvent être utilisés pour aider l'enfant à se conformer aux exigences de la société : être propre le jour et la nuit.

« Quels sont les comportements à surveiller ? » demandent les parents. Quand un enfant grogne et tire son pantalon en faisant dans ses couches, cela montre qu'il est conscient de ses productions. Lorsqu'il atteint une période de développement relativement calme — pas trop d'opposition ni d'agressivité —, je chercherais à voir s'il a l'air intéressé par vos déplacements aux toilettes. Devient-il ordonné ? A-t-il beaucoup de goût pour l'imitation ? Est-il capable d'obéir à deux directives ou plus ? Par exemple, si vous lui demandez d'aller dans le placard, de trouver vos pantoufles et de vous les apporter, peut-il suivre cette succession de trois demandes ? Si oui, cela montre qu'il acquiert la compréhension du langage et qu'il parvient à garder à l'esprit deux ou trois ordres en série.

Étant donné toutes les difficultés de l'apprentissage de la propreté, certains parents se demandent si ne rien faire est la façon d'éviter les erreurs. Peut-être, mais alors l'enfant risquerait fort de ne pas comprendre ce qu'on attend de lui. Il est quand même nécessaire de lui montrer la voie, tout en lui permettant de refuser de la suivre. Étant donné qu'il est pratiquement impossible d'imaginer qu'un enfant de dix-huit à vingt-quatre mois puisse désirer coopérer de quelque façon que ce soit, la meilleure chose à faire, pour l'apprentissage de la propreté, est de la remettre à plus tard, à un moment où il sera prêt.

LES MOMENTS OÙ IL FAUT ÊTRE FERME AVEC UN ENFANT. Dans certaines situations, s'il s'agit de traverser une rue, par exemple, on ne peut pas attendre que l'enfant se décide. Si cela arrive, je dis aux parents : montrez clairement que vous ne plaisantez pas. Lorsque vous proposez un nouveau légume, vous n'avez pas à insister, mais il y a d'autres moments où vous devez faire preuve d'autorité. Par exemple, certains parents m'appellent, désespérés, parce qu'ils n'arrivent pas à donner un médicament à leur enfant. Si la situation est aussi importante, faites-lui sentir qu'il n'est pas question de négocier, que ce n'est pas comme les repas. Il *faut* obéir. Si nécessaire, vous pouvez l'allonger pour lui donner le médicament. S'il s'étouffe et recrache, vous recommencez jusqu'à ce qu'il l'avale. Je me rappelle combien je bouillais de frustration quand, moi, un pédiatre, j'étais obligé de recourir à ces moyens. Un de nos enfants me recrachait ses pilules à la figure en me regardant droit dans les yeux chaque fois. Puis il finissait par céder. Quand je le prenais dans mes bras, ensuite, je me demandais qui de nous était le plus soulagé.

Une autre façon de donner un médicament, c'est de se faire aider d'un adulte qui immobilisera l'enfant sur ses genoux, passera ses bras sous les aisselles, et lui tiendra la tête en arrière avec les mains pour que l'enfant ne puisse pas recracher. Et puis introduisez le médicament dans la bouche, ainsi il aura le choix entre s'étouffer ou avaler. Il prendra la bonne décision.

Tout cela paraît brutal ; il ne faut recourir à ces extrémités qu'en cas de *véritable urgence*. Lorsque l'enfant comprend que vous ne plaisantez pas, généralement il abandonne très vite le combat.

Dix-huit mois est l'âge où les enfants commencent à sortir tout seul de leur lit. N'oubliez pas de mettre des coussins ou un tapis à côté. Il peut tomber, mais ce n'est pas fréquent. Lorsqu'il commence à grimper pour sortir, vous devrez abaisser les barreaux. Alors, la chambre pourra remplacer le lit, avec une barrière à la porte. Je souhaite toujours que cela n'arrive pas trop tôt. La merveille du lit à barreaux est qu'il dit implicitement : « Voici ta place pour la nuit. » Une fois que les enfants sont dans un grand lit ou dorment par terre, il n'y a plus de véritables limites à leurs déplacements. Le petit lit est le symbole des limites à leurs déplacements. Le petit lit est le symbole des limites qui sont nécessaires pour les protéger la nuit. La chose la plus dangereuse que je connaisse à ce sujet est de les voir se promener dans une maison, livrés à eux-mêmes.

Un enfant de dix-huit mois ne connaît pratiquement pas la peur. Il aborde les escaliers sans hésitation et pourrait facilement dévaler dans l'espace. Montrez-lui comment les monter et les descendre — en rampant ou en marchant — tout en lui tenant la main. Il apprendra assez vite. Mais la barrière reste une précaution vitale. Toute l'énergie insatiable, turbulente, intrépide, dont fait preuve cet enfant, doit à la fois être applaudie et maîtrisée. Les barrières, le lit et des bras fermes qui retiennent représentent la sécurité autant que les limites.

12

Deux ans

Je trouve encore plus passionnant et spectaculaire de constater les grands progrès des enfants si un certain temps s'est écoulé entre deux visites. Pour les parents, il est très satisfaisant de me faire remarquer ces changements, à moi qui suis un public qui leur est tout acquis. Ils rayonnent de joie lorsque je leur dis : « Est-ce qu'il n'est pas magnifique ? »

Un des traits caractéristiques les plus délicieux chez les enfants de deux ans est leur façon d'arriver, l'air important, en imitant la démarche d'un de leurs parents. L'identification au même sexe est souvent frappante. Le garçon marche, bouge, sourit comme son père, la fille comme sa mère. Une identification subtile, déjà !

Le négativisme est toujours très virulent, mais l'enfant et ses parents savent mieux l'affronter. Nous avons encore besoin d'aborder le sujet, mais cette fois sans l'anxiété qui faisait se demander aux parents lors de la dernière visite : « Est-ce que cela va gâcher notre vie ? »

Généralement, l'enfant va être capable de s'amuser dans le coin des jouets avec une intense concentration pendant que je parle avec ses parents. Sinon, s'il est trop effrayé pour lâcher ses parents, s'il s'accroche à eux, c'est le moment de se demander pourquoi. Il devrait maintenant être capable de manifester plus d'indépendance. Je suis content lorsque les questions des parents portent sur ce sujet : « Combien faut-il lui laisser d'indépendance ? » « Jusqu'où peut-on lui permettre d'aller ? » « Quelles sortes de mesures de discipline devons-nous prendre ? » etc. Si les parents me disent qu'il est « trop gentil » à cet âge, je m'en inquiète.

Lorsque l'enfant pénètre dans mon cabinet, je l'observe pour déceler l'air de confiance, de sécurité qu'affiche un petit être qui s'attend à réussir dans la vie. (Il ne me faut qu'un instant pour m'en rendre compte.) Ce bref examen me permet de constater les faits suivants :

1. *Confiance en soi.* Quand l'enfant entre dans mon cabinet, il doit surmonter les souvenirs qu'il garde des visites précédentes. Un enfant confiant va se précipiter vers le coin des jouets, comme s'il était chez lui. Il entre

devant ses parents, certain que ceux-ci vont suivre. Il montre par son allure décidée qu'il se sent prêt à maîtriser cette nouvelle situation. La curiosité qu'il manifeste envers mes jouets signifie qu'il a un esprit de recherche, décidé à affronter la nouveauté.

2. *Compétence.* Un enfant de deux ans a une démarche assurée, les jambes serrées, les bras le long du corps ; il se tient bien droit. Il va directement vers les jouets et se penche pour les ramasser avec des gestes assurés et coordonnés.

3. *Langage.* Il dit : « bonjour », « auto » et « non » d'une voix mélodieuse, vibrante, pas criarde. Il a des inflexions musicales très engageantes.

4. *Identification au parent du même sexe.* Le petit garçon a déjà assimilé le comportement de son père, la petite fille celui de sa mère. L'identification apparaît clairement vers deux ans, et témoigne de la force de l'imitation ainsi que de la prise de conscience précoce de son sexe par l'enfant.

5. *Latéralisation.* L'enfant droitier va tendre sa main droite pour s'emparer d'un jouet. Il a peut-être tendu sa main droite pour me dire bonjour. S'il est gaucher, il se servira de sa main gauche avec assurance. S'il a du mal à choisir, s'il est ambidextre, j'en prends note, car cela peut constituer un obstacle à son habileté.

Jeu et développement

Tout ce que j'observe en parlant avec les parents m'apporte des informations importantes. Je regarde l'enfant jouer pendant notre conversation. Ce faisant, je découvre ses capacités à maîtriser les tâches cognitives et je vois si elles correspondent à cet âge de deux ans. Par exemple, un enfant peut construire, avec des cubes, un carré qui représente une maison. À l'intérieur, il place

une poupée féminine. Puis, saisissant la poupée masculine, il lui dit : « Va à la maison. »

« Toc toc ! Entrez ! » Il écarte un des cubes pour faire
entrer la poupée masculine. Les deux poupées s'étreignent.

Par cette scène, l'enfant témoigne de sa capacité à
recourir au *jeu symbolique*. Il utilise les poupées pour
imiter les personnes qui vivent autour de lui. L'événement de l'existence de cet enfant-là est le retour de son
père le soir. Le jeu symbolique fait appel à l'*imitation*.
Dans cette utilisation des *différences sexuelles* et du
comportement de la poupée, l'enfant prouve bien son
imagination. Souvent cette capacité d'assimilation et
d'imitation du comportement des membres de la famille
se manifeste par des questions et des dialogues — son
habileté à reproduire des inflexions subtiles. En repous-
sant le cube pour permettre d'entrer à la poupée masculine, il démontre un certain sens des principes de *finalité*
(que doit-on faire pour accomplir cette tâche) et de *causalité* (ouvrir la porte va permettre d'entrer).

Même le moindre comportement comme celui-là suffit à confirmer toutes sortes de progrès. L'enfant continuera son jeu en apportant le camion mécanique devant
la « maison ». Il placera délicatement les poupées dans
ce camion, posera le tout bien à plat par terre, pour éviter toute chute. Puis il tournera la clé pour faire marcher
le camion. Le jeu d'imagination chez l'enfant de cet âge
révèle sa capacité à assimiler et à conceptualiser le
comportement de son entourage, et la signification des
événements dont il est témoin. Il prouve non seulement
de la compétence dans le domaine cognitif, mais aussi
une sorte de liberté émotionnelle. Le jeu imaginatif
d'un enfant tendu, malheureux est peu ou pas du tout
développé.

Le degré de délicatesse avec lequel il manipule ses
jouets, ses *compétences en motricité fine*, lorsque, par
exemple, il tourne une clé, m'indiquent que son système
neuromoteur est intact et qu'il a de la facilité à l'utiliser.

S'il est atteint d'une lésion cérébrale légère, ou d'un déficit neurologique, il aura des mouvements saccadés, maladroits, une véritable difficulté à diriger correctement ses gestes, ce qui le fait souvent manquer son objectif. On peut diagnostiquer ces petits handicaps en observant l'enfant jouer.

En même temps, j'étudie les efforts qu'il peut faire pour recevoir une information venant de son environnement, l'assimiler et s'en resservir sous forme d'action. En d'autres termes, si son système nerveux accepte et utilise l'information de façon efficace, ou s'il doit surmonter certains légers retards pendant ce processus d'assimilation. L'enfant qui fait preuve d'une attention soutenue, qui réussit à ignorer tous les jouets qui n'entrent pas dans son jeu symbolique, et à choisir ceux qui lui conviennent, et de toute évidence capable de contrôler correctement les stimuli extérieurs.

Mais un enfant doté d'un système nerveux hypersensible est perturbé par tout nouveau signal visuel ou auditif. Il se précipite d'un jouet à l'autre. Si nous parlons près de lui, il est distrait par nos voix. Parfois, à deux ans, un enfant hypersensible a appris à surmonter la gêne que lui produisent nos voix. Par exemple, ses yeux peuvent se diriger automatiquement dans notre direction chaque fois que nous parlons. Mais il penche aussitôt la tête vers ses jouets, cherchant un apaisement à la nervosité qu'il a ressentie en nous entendant. Ainsi, bien qu'il soit à la merci des agressions auditives, il a appris à les maîtriser en apportant plus d'attention à son activité du moment. (C'est une adaptation difficile, mais efficace.) Il peut aussi surmonter son hypersensibilité en augmentant son activité motrice, qui lui permet à la fois de maîtriser et de défouler les effets de son hyperactivité. Ces signes indiquent souvent un trouble de l'attention qui demande à être suivi. Ce type d'enfant aura probablement besoin d'aide à l'entrée de l'école maternelle ou primaire. Surmonter les distractions provoquées par la présence d'un groupe d'autres enfants peut être très éprouvant pour lui.

Pour déceler les signes d'hypersensibilité, je tape dans mes mains de façon répétitive. Je vois alors si l'enfant est capable de se fermer aux stimuli auditifs répétés. Pour trouver s'il a des difficultés à organiser l'information, je lui donne un puzzle très simple ; s'il n'arrive pas à comprendre les relations spatiales, il ne s'y intéresse pas longtemps. Enfin, pour détecter ses difficultés éventuelles d'équilibre, j'observe s'il s'appuie d'une main pour pouvoir jouer de l'autre.

Toutes ces observations, je les effectue pendant que l'enfant joue et que j'écoute les parents me confier leurs préoccupations. Si je remarque un de ces problèmes, je fais un examen immédiat pour diagnostiquer un éventuel déficit neurologique, un défaut d'attention ou des difficultés d'assimilation. Si je découvre des raisons d'inquiétude, je prescris des examens plus approfondis. Je suis convaincu de la valeur d'une identification rapide de ces problèmes. Les parents très observateurs sont souvent les premiers à faire ces constatations. Beaucoup me disent qu'ils ont découvert depuis longtemps déjà que leur enfant avait plus de difficultés que les autres pour venir à bout d'occupations simples. Ils avaient observé que l'enfant : 1) avait un air sombre en essayant d'accomplir quelque chose ; 2) qu'il lui fallait deux fois plus longtemps que nécessaire pour arriver à bout de ce qu'il savait pourtant faire ; 3) qu'il abandonnait rapidement ses tentatives pour aller à des occupations plus familières, plus routinières ; 4) qu'il utilisait toutes sortes de manœuvres pour distraire l'attention d'un adulte qui lui proposait un puzzle lui paraissant impossible à entreprendre. Toutes ces observations rapportées par les parents me montrent que l'enfant fait des efforts courageux et intelligents pour surmonter ses difficultés à assimiler et à utiliser l'information. Si je confirme aux parents que j'ai fait les mêmes observations qu'eux, ils sont en général soulagés et nous pouvons discuter de la façon d'aider l'enfant.

En cas de difficultés légères, je suggère ce qui suit aux parents. Évitez de pousser l'enfant et soutenez-le davantage dans ses efforts. Tout d'abord, il faut que celui-ci sache que vous comprenez à quel point tout est difficile pour lui, et que vous savez qu'il est *capable* de réussir. Choisissez des moments où vous ne serez ni l'un ni l'autre sollicités par des distractions. Asseyez-vous dans un endroit calme pour résoudre ensemble un problème particulier. Parlez doucement et n'utilisez qu'une seule modalité à la fois — voix, mouvement ou regard. Sans le pousser trop, ce qui le bloquerait, montrez-lui comment accomplir une chose, étape par étape. Laissez-le essayer, échouer, essayer, échouer encore. Recommencez à lui montrer chaque étape, lentement. Dès qu'il en maîtrise une, encouragez-le, mais pas de façon trop enthousiaste. S'il parvient à réussir une petite chose à la fois, cela lui donnera suffisamment confiance pour en tenter une autre. Chaque succès va reconstituer son capital de compétence qui a déjà été fort entamé. Laissez-le se reposer un peu avant de continuer.

Avancer à pas mesurés est important pour ce type d'enfant. S'il trouve son rythme seul, il aura fait un grand progrès vers la maîtrise de son système nerveux si facilement surchargé. Le plus difficile pour les parents sera de ne pas le couver ni de le surprotéger. Ils doivent lui laisser éprouver une légère frustration, juste assez pour qu'il ait le sentiment, en réussissant quelque chose, que le succès est *le sien* et non le vôtre. Rester en retrait, le laisser essayer est primordial. Élever un tel enfant n'est pas de tout repos. Mais en lui donnant ce sentiment d'être capable de réussir, les parents l'auront formé pour l'avenir. Inutile de dire que je choisirais toujours les choses qu'il connaît le mieux pour commencer et pour finir (cf. chapitres 18, 26 et 34).

Prendre l'habitude du médecin

Dans le cabinet du médecin, un enfant de deux ans devrait pouvoir choisir s'il veut s'asseoir sur les genoux d'une des personnes présentes ou s'il préfère s'installer d'emblée sur la table d'examen. S'il me laisse aider à l'habiller, à le déshabiller, je peux être sûr qu'il me considère comme un ami de confiance. Je ne lui enlève pas sa couche, car j'ai découvert qu'il est important de lui laisser un vêtement pour préserver symboliquement son intimité. Avec un peu de chance, l'enfant aura apporté un ours ou une poupée, sales et dépenaillés, dont la tête encrassée et le corps loqueteux me montrent à quel point ils sont aimés. Sinon, il est possible de trouver l'équivalent dans mon cabinet. Je demande : « Puis-je être le médecin de Nounours (ou quelque autre nom) ? » Généralement, l'enfant a un immense sourire. « Le médecin de Nounours », dit-il parfois. Je prends cela pour un consentement et je demande : « Pourquoi est-ce que tu ne mettrais pas le stéthoscope sur son corps ? » Je le laisse utiliser le stéthoscope, puis l'otoscope. « Est-ce que tu peux tenir Nounours pour qu'il n'ait pas peur pendant que j'examine ses oreilles ? » Il tient l'ours serré contre lui, le tournant éventuellement pour me présenter une oreille, puis l'autre. Après cela, je n'ai aucune difficulté à examiner les oreilles de l'enfant. « Montre à Nounours comment tu ouvres la bouche — *en grand*. Nous n'aurons pas besoin d'utiliser un abaisse-langue si tu peux lui montrer comment l'ouvrir vraiment en grand. » Une fois que nous en sommes là, il me laisse généralement examiner le ventre de son ours, puis son propre ventre et ses parties génitales. « Nounours est formidable ! Et toi aussi. » L'enfant rayonne de fierté et, une fois libéré, il peut très bien se diriger comme en dansant vers la toise et le pèse-personne, pour que je le mesure et le pèse. Ce n'est pratiquement pas la peine de le récompenser ensuite, tellement il est heureux d'avoir dominé son stress. Si nous parvenons à établir une relation solide, bâtie sur le respect, c'est un important point fort pour nous, un bel accomplissement pour lui, et pour moi une véritable fenêtre ouverte sur le développement de l'enfant.

Le langage

Un enfant de deux ans utilise de vraies phrases avec des verbes et commence à ajouter des adjectifs et des adverbes. « Va au magasin. » « Jolie robe. » « Je veux ça. C'est beau. » Si vous lui demandez : « Va chercher un jouet dans l'autre pièce, apporte-le ici et pose-le sur cette chaise », il va montrer qu'il comprend parfaitement ces trois indications. L'âge de ces acquis est très variable. Pour le Dr Élisabeth Bates, de San Diego, la meilleure façon d'évaluer la compréhension d'un enfant qui ne parle pas est d'observer comment il utilise l'expression corporelle. S'il se fait clairement comprendre par ses gestes, s'il utilise son corps pour communiquer, cela signifie qu'il a déjà assimilé les codes de communication et qu'il va finir par se mettre à parler. Il n'est pas retardé intellectuellement. Le recours à l'expression corporelle s'observe parfois chez les enfants qui parlent déjà mais n'arrivent pas à dire exactement ce qu'ils veulent. Ils savent évoquer leurs désirs, les manifester par des gestes, d'une façon presque intelligible.

Mais si un parent veut que l'enfant exprime vraiment ses désirs avec des mots, il peut l'y pousser en disant : « Je pense savoir ce que tu veux, mais il faut me le dire. Essaie. Est-ce que c'est un camion... ou une maison... ou une poupée ? » Il y a des chances pour que l'enfant tente d'imiter le mot.

Le dialogue avec les parents est loin d'être la seule façon dont se développe le langage chez le petit enfant. Katherine Nelson, psychologue à la City University de

New York, a enregistré les discours d'un même enfant à partir de l'âge de vingt et un mois jusqu'à trois ans. Ces enregistrements incluent de longs monologues dits par la petite fille lorsqu'elle se trouvait seule dans son berceau. Le Dr Nelson et ses collègues, un groupe de grands spécialistes comprenant Jerome Bruner et Daniel Stern, ont alors analysé les bandes et publié les résultats de leur recherche dans un livre intitulé *Narratives from the Crib* (« Récits du berceau », cf. Bibliographie). Une des théories les plus intéressantes qui en découlent est que de tels monologues ne sont pas seulement un exercice ou un jeu, mais des tentatives pour donner un sens à l'expérience quotidienne. Il était évident que par ce biais cette toute petite fille recréait son univers. Ses expériences marquantes, comme ses journées à l'école (à trente-deux mois), étaient ainsi racontées et interprétées :

« Son papa et sa maman vont... rester tout le temps... mais mon papa et ma maman ne restent pas. Ils me racontent juste tout ça et ils vont vite travailler parce que je, parce que je, parce que je pleure pas. »

La petite fille a donné un sens à son expérience et elle s'est forgé un sentiment d'individualité.

Le langage peut être retardé pour de nombreuses raisons. Il faut savoir les choses suivantes :

1. Un déficit auditif peut exister et cette éventualité doit toujours être examinée.

2. Un enfant, même capable de comprendre et d'utiliser un langage corporel clair, peut refuser de parler — faisant preuve d'un négativisme évident. Les parents devraient se demander s'ils ne couvent pas trop leur enfant et lui facilitent tellement les choses qu'il n'a même pas besoin de parler pour obtenir ce qu'il veut.

3. Un troisième ou quatrième enfant a tendance à parler plus tard. Ses aînés font tout pour lui. Les parents devraient l'observer, voir s'il utilise le langage gestuel pour se faire comprendre de ses frères et sœurs.

4. Un foyer bilingue peut être cause de retard de langage important, pouvant aller jusqu'à un an. L'enfant doit se servir des sons de deux langues différentes pour faire un mot. Il le fera, mais plus tard. Je pense qu'attendre vaut la peine, car il finira par maîtriser les deux langues.

5. Un trouble auditif peut provoquer un retard. Cela doit être diagnostiqué par un spécialiste. Les parents demanderont un bilan au pédiatre en cas de difficultés persistantes.

Le bégaiement inquiète souvent. La plupart des enfants, vers deux-trois ans, bafouillent et bégaient lorsque les mots leur viennent à toute allure et qu'ils n'arrivent pas à contrôler leur débit. C'est comme tomber en avant en apprenant à marcher. Que l'on corrige l'enfant ou que l'on dise les mots pour lui ne fait qu'augmenter la tension. On devrait lui laisser du temps, ne pas le bousculer ni lui donner l'impression de le presser. Inconsciemment, nous les adultes, nous faisons tous pression sur l'enfant qui apprend à parler. Chaque fois qu'il dit quelque chose, nous le répétons correctement après lui. On pourrait dire que nous sommes programmés pour essayer d'amener l'enfant à un niveau de discours adulte. Toute pression excessive à ce moment précis peut transformer des difficultés passagères en problèmes chroniques. En laissant faire le temps, la plupart vont disparaître. Si l'enfant est vraiment en retard dans les domaines et de la compréhension et de l'expression, il faut faire un bilan complet. Un orthophoniste peut vous donner beaucoup d'informations sur les possibilités d'un enfant de deux ans.

La plupart des parents utilisent parfois un « langage bébé ». Est-ce que cela risque d'empêcher l'enfant d'apprendre à parler comme un adulte ? Je ne le pense pas. Tout le monde parle « bébé » pour parler à un bébé, ce qui signifie : « Je te parle à *toi*, et à personne d'autre. » À un certain moment, cela devra changer et cela signifiera : « Je suis fier de voir que tu grandis et que tu veux parler. » Bien évidemment, le langage adulte donne à l'enfant l'occasion de prendre l'adulte pour modèle.

Le sommeil

Les progrès de langage peuvent se répercuter sur les périodes de sommeil léger, lorsque l'enfant essaye de retrouver le calme. Pas vraiment éveillé, il se met à parler, en disant tous les mots qu'il vient d'apprendre. Il peut de lui-même se replonger dans le sommeil.

Les terreurs nocturnes peuvent faire leur apparition vers deux ans. Si c'est le cas, elles effrayent autant les parents que les enfants. Elles arrivent au cours du sommeil profond, et sont accompagnées de hurlements et d'agitation incontrôlés. Si l'on faisait un électroencéphalogramme à ce moment-là, cette crise se traduirait par de brefs accès d'ondes rapides. Devant des crises très importantes, les parents peuvent consulter un spécialiste du sommeil. Habituellement, leur calme présence, alors qu'ils sont venus pour éveiller légèrement l'enfant, suffit. Celui-ci s'en rend compte, il est réconforté et se rendort. Les terreurs nocturnes apparaissent généralement après une journée agitée ou stressée. Par exemple, il y a eu des visites ou les parents ont été sévères avec l'enfant peu avant de le coucher. Les terreurs nocturnes peuvent être une façon de se défouler d'un excès de tension durant la journée.

Les parents, libérés du souci de l'endormissement de l'enfant, vont bien s'amuser en l'entendant parler tout seul le soir. Lorsqu'il est au lit, après les rituels du coucher, il revit tout ce qu'il a fait au cours de la journée. Ces « récits du berceau », que nous avons mentionnés plus haut, s'adressent parfois à une poupée ou à une peluche. Les parents peuvent souvent retrouver des associations d'éléments appartenant aux expériences de la journée de l'enfant. Ces monologues peuvent durer une demi-heure ou trois quarts d'heure. Ensuite, l'enfant se plonge dans le sommeil. Tous les efforts faits par les parents pour apprendre à leur enfant à s'endormir sont récompensés maintenant. Cette autonomie rend possible une maîtrise de soi très appréciée. En revivant sa journée, en l'interprétant, l'enfant surmonte ce qui peut rester comme frustration ou tension.

L'alimentation

Lorsque je demande aux parents comment va le problème de l'alimentation, ils répondent : « C'est un rustre. Il faut voir comment il mange. » L'enfant fait tomber ses aliments de sa fourchette et il s'énerve. Il salit copieusement autour de lui ou lance son assiette par terre. S'il est déjà habitué à manger seul, il ne se laissera pas aider par ses parents. Que ceux-ci fassent un commentaire ou une suggestion et il va éclater. Le mieux est de l'ignorer. L'enfant désire tellement maîtriser l'usage de ses couverts que le moindre échec lui est insupportable. Il essaie désespérément de faire comme ses parents.

Lui laisser cette indépendance est très difficile. Mais c'est indispensable si on veut éviter de trop le presser. Plus les parents essayeront de lui « préparer quelque chose de spécial », et plus il risquera de s'insurger. Il a besoin d'établir clairement que c'est lui qui contrôle la situation. Le désir des parents de lui faire manger « quelque chose de spécial » le met en état d'alerte. Si on lui fait une suggestion pour l'aider — en lui disant par exemple que les petits pois sont plus faciles à manger à la cuiller qu'à la fourchette —, il explose : « Pas de petits pois ! » Les parents qui s'entêtent me parlent de problèmes d'alimentation. S'ils respectent les efforts de l'enfant pour manger comme un adulte, pour faire ses propres choix, s'ils admettent les saletés inévitables dans les débuts d'utilisation des couverts, les repas peuvent éventuellement devenir un plaisir. Patienter pour obtenir des bonnes manières à table est une nécessité. Même si l'apprentissage semble s'éterniser, il n'y en aura que pour un an environ. Mais, si les parents insistent trop pour faire manger l'enfant proprement, ils risquent de susciter des problèmes d'alimentation qui peuvent durer toute la vie.

L'apprentissage de la propreté

Comme nous l'avons dit, peut-être trop souvent déjà — mais répétons-le puisque le problème est toujours d'actualité lorsque l'enfant a deux ans —, seul lui-même est en mesure de décider à quel moment il sera capable d'être propre. Peu importe la pression, toujours présente, des grands-parents, des puéricultrices, des amis bien intentionnés. L'indifférence est de rigueur. Ce *devra* être sa réussite, et non la leur.

Il faut attendre que tous les signes que nous avons énumérés dans le chapitre précédent (langage, imitation, goût de l'ordre, affaiblissement du négativisme) apparaissent clairement avant de commencer l'apprentissage de la propreté. Ces signes se manifesteront probablement dans le courant de la troisième année. Lorsque nous avons une discussion, les parents et moi, au sujet de cet important point fort, les étapes que je recommande sont les suivantes :

LA PREMIÈRE. Posez un pot par terre, pour que l'enfant puisse l'emporter où il veut. Dites-lui qu'il lui appartient et laissez-le l'employer comme étant le sien. Le grand, c'est pour son père et vous. Le petit, c'est pour lui, pour apprendre.

LA DEUXIÈME. Au bout d'une semaine environ, faites-le s'asseoir sur son pot, *avec ses vêtements*, tandis que vous vous asseyez sur le siège des toilettes. Lisez-lui une histoire ou donnez-lui un biscuit, pour qu'il y reste un moment. C'est simplement pour amorcer l'habitude quotidienne. Si, à ce stade, vous lui enlevez ses vêtements, ça pourrait l'inquiéter.

LA TROISIÈME. La semaine suivante, demandez-lui si vous pouvez lui enlever sa couche pour l'asseoir sur son pot, une fois par jour. Vous vous asseyez sur le siège des toilettes, il s'assied sur son pot. Dites-lui de nouveau : « C'est ce que maman fait tous les jours. Papa aussi. Et grand-mère. Ta poupée (ton ours) peut le faire aussi. On va sur le pot lorsque l'on devient grand comme toi. »

LA QUATRIÈME. La semaine d'après, lorsqu'il a sali sa couche, emmenez-le à son pot, ôtez-lui sa couche, puis jetez ses selles dans les toilettes. Tout en lui disant quelque chose dans ce genre : « C'est là que tu iras faire tes besoins plus tard. C'est ce que font maman et papa tous les jours. » En lui répétant : « Voilà ton pot. Le mien, c'est celui-ci. » Ne tirez pas la chasse d'eau au moment où il regarde. Les parents me disent que leur enfant est fasciné en voyant tout partir avec l'eau. Peut-être, mais il se demande aussi où tout est parti... Et cette interrogation peut persister pendant des années. Chaque enfant pense que ses selles sont une partie de lui-même. Ne vous en débarrassez donc pas avant qu'il s'en soit désintéressé et qu'il s'en soit éloigné.

LA CINQUIÈME. L'étape suivante dépend entièrement de l'enfant. De toute façon, si à n'importe quel moment il fait preuve de résistance, oubliez l'apprentissage quelque temps. Vous ne faites que lui montrer chaque étape, pour qu'il puisse l'adopter, comme si elle venait de lui.

S'il s'est intéressé aux étapes précédentes, vous pouvez lui proposer d'enlever ses vêtements et le laisser aller et venir le derrière à l'air. S'il est prêt à essayer par lui-même, mettez-lui son pot dans sa chambre ou dans le jardin. Il peut s'y installer tout seul s'il en a envie. Je vous suggère de lui rappeler à chaque heure d'essayer. S'il est vraiment prêt, il sera capable de coopérer une fois sur le pot. S'il a un quelconque résultat, laissez-le l'admirer. Vous pouvez le féliciter, sans exagérer. Un excès de compliments risque de le priver de la joie d'avoir réussi tout seul.

LA SIXIÈME. S'il est vraiment prêt, vous pouvez lui enlever sa couche pendant des périodes de plus en plus longues. S'il se salit, remettez-la-lui immédiatement. Mais n'en faites pas une histoire. Dites simplement : « On essaiera encore. Rien ne presse. Un jour, tu feras comme maman, papa et grand-mère. » Vous dépendez de son désir d'imiter et de s'identifier aux personnes qui ont de l'importance à ses yeux.

Chaque étape doit se dérouler selon son propre rythme. S'il s'inquiète, s'il manifeste de la résistance, n'insistez pas, oubliez tout. Certains enfants sont tellement désireux d'arriver à un résultat qu'ils se mettent à faire des colères à propos du pot. Ils sautillent sur place en disant : « Je veux y aller. » La souffrance que l'on voit sur leur visage et dans leur comportement montre bien leur résistance à toute coopération. Une fois sur le pot, ils se retiennent. Si vous insistez à ce moment, vous augmentez la tension. Leur système nerveux est déjà surchargé. Comme pour toute colère, si vous y participez, vous la renforcez et la prolongez. Dans un domaine tel que celui-ci, où l'autonomie constitue un élément essentiel, l'enfant doit résoudre lui-même son conflit interne et prendre sa décision tout seul. Comme pour la colère, vous ne pouvez que prolongez les problèmes, et non les atténuer. C'est sa décision. Il doit la prendre lui-même, quoi qu'il lui en coûte, avant de pouvoir en faire une réussite personnelle. Proposez-lui de remettre des couches, plus spécialement pour la sieste et la nuit. Et essayez de ne plus penser à la propreté pendant un certain temps. Il sait désormais ce que vous attendez de lui, mais il doit pouvoir attendre, lui, d'être prêt pour le faire.

Les mères me disent souvent : « Il se retient. Il reste debout devant son pot en hurlant comme s'il avait mal. » Je lui dis : « Essaie, c'est tout. Tu sais ce que tu dois faire. Si tu vas sur ton pot, tu n'auras plus du tout mal. » C'est faux. La douleur est dans sa tête ; c'est la douleur de l'indécision qui le met à la torture. Et l'intervention de sa mère ne fait qu'alimenter cette indécision. Elle doit faire marche arrière et lui remettre sa couche. Si elle dit : « Il réagit comme si se retrouver dans une couche était une forme de punition », elle pourrait bien avoir donné trop d'importance à l'apprentissage de la propreté. Elle ne peut que faire marche arrière et laisser l'enfant lui faire savoir quand il voudra essayer à nouveau. Elle peut lui dire : « Les couches sont vraiment là pour t'aider à faire tes besoins quand tu le veux. » Si l'un ou l'autre parent demande : « Alors, il finira vraiment par aller à l'école avec des couches ? », cette question montre à elle seule combien ils se sont crispés sur ce « dressage ». Ils devront revoir leur attitude, afin d'en changer et de laisser l'enfant décider. La plupart d'entre nous avons été rendus propres trop tôt et de façon coercitive, c'est pourquoi il nous est si difficile de ne pas faire la même chose en face de nos enfants.

Lorsqu'un enfant retient ses selles, il manifeste une résistance à une pression — interne ou externe. Pour des raisons parfois sans aucun rapport avec ses parents, il peut avoir compris l'enjeu et vouloir devenir propre avant d'être prêt. Le danger de se retenir est d'aboutir bientôt à la constipation. Les vieux mythes sur les risques d'empoisonnement par la constipation sont sans fondement. Les enfants peuvent très bien n'avoir qu'une selle par semaine et être par ailleurs en excellente santé. Le gros intestin va s'adapter en se dilatant. Dès qu'il recommence à mieux fonctionner, il s'adapte de nouveau et retrouve une dimension normale. Donc, le mieux est de laisser l'enfant se débrouiller tout seul avec sa résistance.

Le vrai problème, si l'enfant se retient, est que les selles risquent de devenir importantes et très dures. Elles endommagent le sphincter et l'anus au moment où elles sont éliminées. Une fissure anale fait très mal. Et, chaque fois que l'enfant a envie d'aller à la selle, il se souvient qu'il a déjà souffert à cause de cette fissure. Le sphincter se contracte pour retenir la selle. S'ensuit un cercle vicieux : l'enfant se retient pour des raisons psychologiques ; de plus, au niveau du sphincter s'installe un réflexe de blocage. Il peut en résulter un cycle de constipation, de fissures anales chroniques et même une affection appelée « mégacôlon ».

Si les parents constatent que ce phénomène se développe, ils *doivent absolument* supprimer toute pression. Là encore, ils devront remettre des couches à l'enfant, au moins pendant la sieste et la nuit, pour pouvoir lui dire : « Tu verras que ça ne te fera pas mal. » Et lui passer un peu de vaseline sur l'anus pour éviter que la fissure ne s'aggrave. Demandez au médecin de l'enfant un laxatif qui amollisse les selles. Il sera peut-être nécessaire de l'utiliser un certain temps, jusqu'à ce que l'enfant *et* son sphincter aient oublié les douleurs provoquées par les selles. Il faut que les selles soient redevenues molles pour arrêter tout à fait le traitement, sinon la blessure anale durerait. Les parents peuvent envisager de dire : « Toutes ces petites histoires avec le pot ont fini par te poser des problèmes et te faire mal. Maintenant, nous allons voir ce qu'il faut faire pour que tu n'aies plus mal. Ce sera à toi de décider d'aller sur le pot, pas à nous. »

LA SEPTIÈME. Pour apprendre à uriner debout dans les toilettes, le petit garçon doit commencer par s'asseoir. Un garçon qui apprend tout de suite à uriner debout ne veut plus s'asseoir du tout. C'est tellement amusant d'arroser le dossier des toilettes, ou le mur, de faire du bruit, de manipuler son pénis. Attendez que l'enfant ait appris à maîtriser l'emploi du pot ; alors seulement son père pourra le prendre avec lui et lui montrer ce qu'il faut faire.

Certains pères craignent d'être embarrassés. S'ils comprennent que leur petit garçon va être ravi de partager cette expérience avec eux, ils oublieront leur gêne. Si l'enfant ne veut plus s'asseoir après avoir appris à quel point c'est amusant d'être debout et d'arroser, le père peut aussi lui servir de modèle. Cela se fait très naturellement.

Les pères doivent être prêts à ce que leur fils veuille comparer la taille de leurs pénis. Il voudra peut-être même toucher. Le père peut se contenter de dire : « Le mien est plus grand que le tien, tout simplement parce que je suis plus grand que toi — mes pieds, mes mains, tout de moi est plus grand. Un jour, tu seras plus grand que moi de partout. » Quand l'enfant pose des questions sur les poils pubiens, le père peut ajouter : « Un jour, tu auras des poils sur la figure, sur le corps et autour de ton pénis, tout à fait comme moi. » Cela encourage l'enfant à poser des questions.

LA HUITIÈME. L'apprentissage de la propreté la nuit ne doit pas commencer avant que l'enfant ne soit propre pendant sa sieste, ni avant qu'il ne manifeste son désir de rester sec la nuit. Attendez qu'il soit vraiment prêt : qu'il soit capable de rester sec pendant au moins quatre à six heures le jour. Pour que l'entreprise en vaille la peine, l'enfant devra être tout à fait décidé à coopérer. À moins qu'il ne vous demande de l'aider ou qu'il le fasse spontanément, je n'envisagerais pas de le rendre propre la nuit avant qu'il ait au moins trois ans. La plupart des enfants ne sont pas prêts avant quatre ou cinq ans. Les filles sont souvent plus précoces que les garçons. On ne sait pas vraiment pourquoi.

L'enfant doit être capable de se réveiller et de se lever au moins une ou deux fois par nuit. Savoir simplement se retenir et se contrôler pendant la journée ne suffit pas. Quand l'enfant est suffisamment mûr, il recevra un signal pendant son sommeil qui lui permettra de se réveiller pour vider sa vessie. Cela ne servirait à rien de le porter jusqu'aux toilettes au milieu de la nuit. Lorsque vous lui avez montré les étapes, vous avez accompli votre part du travail. Ensuite, n'intervenez plus. Les enfants ne sont pas tous prêts au même moment, il peut y avoir des écarts d'un an ou plus entre eux. Nous sommes dans une société beaucoup trop intransigeante sur le rôle des parents dans ce domaine.

Si vous avez plus d'un enfant, vous n'aurez peut-être à vous occuper que du premier. Les plus jeunes apprennent par l'intermédiaire des aînés. Vous devez cependant veiller à ce que l'aîné ne soit pas trop exigeant avec les autres... Voir à quel point un cadet peut apprendre de ses aînés est surprenant — et constater que cela se passe apparemment sans trop de douleur, encore plus.

La sexualité

L'apprentissage de la propreté va augmenter l'intérêt des enfants des deux sexes pour leurs parties génitales. L'exploration et la masturbation, tout comme d'autres points forts du développement, sont une chose tout à fait normale à cet âge. Les petits garçons jouent avec leur pénis. Les petites filles découvrent leur vagin et y introduisent même des objets — tout cela fait partie d'une exploration normale. Les parents demandent : « Jusqu'où peut-on les laisser aller ? » Si l'enfant se

retire pour se masturber alors qu'il y a tant d'autres
choses passionnantes à faire, s'il se masturbe pour vous
provoquer, ou pour provoquer les autres quand il se
trouve en public, on peut en déduire qu'une tension
existe dans sa vie. Si un enfant se masturbe en public,
dites-lui que c'est normal de faire des investigations et
de jouer avec son propre corps. Mais que c'est une activité plutôt privée et que vous préféreriez donc qu'il la
réserve à un endroit privé. Les autres gens n'aiment pas
particulièrement le regarder à ces moments-là. Ensuite,
s'il récidive fréquemment, cherchez les causes. L'enfant
qui suce trop son pouce, qui se balance ou se tape la
tête trop souvent, celui qui se masturbe exagérément
montrent la même tension. Tous ces comportements
sont normaux et sains s'ils surviennent le soir ou s'ils
servent de défoulement après des moments particulièrement intenses, mais, s'ils persistent ou se reproduisent trop, les parents doivent lâcher du lest dans un
domaine, que ce soit le comportement à table, les bonnes manières, l'apprentissage de la propreté, etc. Dès
que l'enfant aura grandi, il trouvera d'autres moyens,
plus acceptables, de relâcher sa tension.

Les parents ne doivent pas s'inquiéter si une petite
fille essaie d'introduire des objets dans son vagin, il y a
peu de risques qu'elle se blesse ou rompe son hymen.
S'ils sont choqués par cette exploration, qu'ils apprennent à se détendre. Si elle se livre avec beaucoup d'insistance à la masturbation, il faut en chercher la cause, mais
toutes les petites filles essaient de « trouver leur zizi » et
veulent savoir pourquoi elles ont un vagin. Parfois, les
petits garçons arrivent à avoir une érection en se mastur-
bant. Je dis aux parents : « Gardez votre calme. Si votre
fils vous pose une question à ce sujet, répondez-lui. Évitez les explications trop longues ou trop compliquées.
L'enfant se demanderait alors pourquoi cette partie de
son anatomie vous perturbe tant. »

Nous craignons tous de renforcer l'intérêt que les enfants de cet âge éprouvent pour la sexualité. J'ai à mon cabinet une poupée trouée dans le dos. Je voulais la jeter, parce qu'elle ne correspond pas du tout à ce que les enfants s'attendent à voir. Mais j'ai découvert que je peux l'utiliser pour faire de la pédagogie. Lorsque je vois un enfant la regarder d'un air interrogateur, je peux lui dire : « Tu te demandes ce qu'elle a là, n'est-ce pas ? Toi et moi, nous savons que nous avons des trous à d'autres endroits — à notre nombril, à notre pénis ou notre vagin, et dans nos fesses. Elle n'est pas comme nous, n'est-ce pas ? » Les enfants me regardent avec reconnaissance, dès l'âge de dix-huit mois. Ils savent déjà où se trouvent leur anus et leur vagin. Ce que souhaitent les enfants c'est qu'on accepte leur curiosité et que l'on réponde aux questions à propos de leur nombril ou de leurs parties génitales, les endroits les plus ignorés de leur corps.

Négativisme et agression

Les enfants de deux ans continuent à avoir de violentes sautes d'humeur. Tout d'un coup, ils deviennent furieux et incontrôlables. Si les parents veulent leur venir en aide, l'enfant peut mordre, ou donner des coups de pied, ou se taper la tête.

Ces crises peuvent s'accompagner d'arrêts respiratoires, appelés spasmes du sanglot, qui font mourir de peur les parents. Ils se demandent si l'enfant va recommencer ou non à respirer. Va-t-il bleuir, son cerveau va-t-il en souffrir ? C'est peu probable. Dès qu'il aura arrêté de respirer, il va se détendre ; s'il perd connaissance, il se remettra à respirer et la circulation se rétablira immédiatement. Ces spasmes sont très impressionnants, mais sans gravité pour l'enfant. En revanche, ils ont tellement d'effet sur les parents que ceux-ci hésitent ensuite à manifester leur autorité. Dommage, car l'enfant en a autant besoin qu'avant, et peut-être même lui aurait-il fallu déjà plus de fermeté et aussi plus de réconfort, de câlins. La réaction la plus efficace est de le prendre dans les bras et de l'emporter dans sa chambre où il sera en sécurité. Les parents le laisseront alors en lui disant : « Lorsque tu auras terminé, je reviendrai. Je n'aime pas que tu fasse ce genre de choses, et je ne peux pas t'aider. » Après, ils le réconforteront en disant : « Un jour, tu apprendras à te contrôler. »

Un enfant très agressif dans un groupe, prenant sans cesse les affaires des autres, les frappant dès qu'ils tentent de se défendre, peut très bien ne pas savoir comment s'arrêter. Les autres parents ne vont ni l'aimer ni lui faire confiance. Situation difficile pour lui, car il sent bien le malaise. Si les parents peuvent parler à cet enfant avant qu'il ne se joigne au groupe et lui rappeler que les autres enfants n'aiment pas être bousculés, ils peuvent lui dire aussi que, s'il commence à se comporter de cette façon, ils seront obligés de partir avec lui (et, bien sûr, il sera important qu'ils le fassent pour de bon). Au moment du départ, ils peuvent lui dire qu'il doit avoir un but devant lui — apprendre à se contrôler. Ils pourront lui trouver un compagnon de jeu aussi agressif que lui. Ils apprendront l'un l'autre ce que représente un acte agressif. Et ils pourront découvrir ensemble comment se contrôler.

Si un enfant a du mal à partager, je suggère de provoquer une discussion avec lui avant la visite d'un autre enfant. Les parents peuvent décider avec son accord quels sont les jouets qu'il veut partager et ranger les autres. Apprendre à partager est un travail difficile de l'enfance. Si l'enfant sent que l'on attend cela de lui, il va apprendre. C'est l'âge où il faut commencer.

Anticipons un peu

PARTICIPATION À CE QUI CONCERNE LA VIE DE LA MAISON. Quand un enfant peut-il apprendre à participer aux travaux de la maison ? Deux ans, ce n'est pas trop tôt. Dans les familles où les parents travaillent et où il y a beaucoup à faire, les enfants que l'on fait participer en tirent un véritable avantage. Ils se sentent utiles et compétents, et leur estime d'eux-mêmes en est grandement renforcée.

Au début, naturellement, il faut faire un effort *supplémentaire* pour apprendre à l'enfant à aider. Les parents doivent prendre du temps pour lui montrer comment mettre la table, comment rincer un plat en plastique, comment éplucher la laitue — ou toute autre chose que vous pensez qu'il peut faire. Ensuite, vous pouvez le féliciter d'avoir contribué au travail familial. Chaque moment passé de cette façon est un investissement pour l'avenir. Les garçons et les filles qui apprennent à aider seront mieux préparés pour un monde où les deux parents travaillent. Ils seront prêts à partager les tâches ménagères et ne s'attendront pas à être servis.

LA TÉLÉVISION. Les petits enfants sont épuisés par la télévision. C'est un média exigeant — qui requiert une intense attention visuelle et auditive. Regardez un petit enfant à la fin d'un programme qu'il a suivi attentivement. Il peut pleurnicher, perdre tout contrôle de lui-même. La plupart d'entre nous connaissent cette sensation à la sortie du cinéma après une séance de l'après-midi, les nerfs à vif, déconnectés du monde environnant.

Heureusement, la plupart des enfants de cet âge ne restent pas assis longtemps devant le poste. Ils sont trop passionnés par leurs propres activités. S'ils avaient envie de regarder les programmes continuellement, je m'en inquiéterais. Aucun enfant de cet âge ne devrait regarder la télévision plus de trente minutes de suite et même dans ce cas, lorsque c'est fini, il faut s'occuper de lui et le réconforter. Si les parents utilisent la télévision comme mode de garde, ils doivent savoir que les programmes agressent tous les sens de leur enfant, et que c'est payer cher le service rendu.

En revanche, la télévision peut avoir un rôle pédagogique. De même que les enfants peuvent y puiser des comportements d'agression et de violence, de même ils peuvent tirer d'excellents exemples de certains personnages familiers.

UN NOUVEAU BÉBÉ. « Quel est le moment idéal pour avoir un autre bébé ? » me demandent les mères. « Idéal pour qui ? » réponds-je en général. « Eh bien ! je voudrais que mon enfant ait envie de ce bébé — qu'il le considère comme le sien. » C'est vraiment prendre ses désirs pour la réalité. Aucun premier enfant ne désire jamais l'intrusion d'un autre. Les parents doivent donc décider eux-mêmes à quel moment ils se sentent capables de s'occuper d'un deuxième enfant. Souvent, ils s'inquiètent de briser l'attachement si étroit qui les unit à leur premier enfant ; lorsque j'entends cela, je suis content de voir chez ces parents l'attachement si bien ancré. S'ils se sentent capables d'avoir un second enfant, le premier s'en sentira capable lui aussi. Même si ce n'est pas facile, à long terme, le petit frère ou la petite sœur sera pour lui un véritable cadeau. Il y aura, bien sûr, le problème du partage. Un enfant unique peut apprendre à partager ou peut ne pas le faire, alors que l'arrivée d'un cadet rend la chose obligatoire.

Un aîné peut s'identifier à ses parents et les aider à prendre soin du bébé. Peut-être n'aimera-t-il pas ce nouveau bébé, mais il apprendra à l'accepter comme frère ou sœur, et il apprendra tellement d'autres choses en cours de route (cf. chapitre 36).

13

Trois ans

Lorsque l'enfant atteint trois ans, lui-même et ses parents ont toutes les chances de savourer une sorte de deuxième lune de miel. Le négativisme de l'enfant qui commence à marcher et les conflits qui résultent de cet apprentissage paraissent se résoudre miraculeusement. Entre deux ans et demi et trois ans, l'enfant devient tranquille et coopératif, à tel point que les parents ont peine à y croire. Ils ont l'impression de revivre la délicieuse histoire d'amour du milieu de la première année, lorsque tout était rose bonbon. Cette période de tranquillité survenant après le négativisme de la deuxième année s'étend jusqu'aux « prémices de l'adolescence », entre quatre et six ans. Entre quatre et six ans, les problèmes d'identification sexuelle et d'agressivité vont apporter quelques bouleversements mais trois ans est un âge béni qui permet de s'adapter paisiblement.

Si les difficultés passées persistent, c'est le bon moment d'y faire face et d'essayer de les résoudre. Nous avons, au Children's Hospital de Boston, un service consacré aux problèmes des trois premières années. Avec un enfant de trois ans, bien des parents se sentent capables d'affronter les problèmes qui ont surgi plus tôt. Parents et enfants ont effectué un apprentissage tellement rapide qu'ils n'ont pas encore eu le temps ou l'énergie, de faire face aux difficultés en cours.

Parmi les problèmes qui n'ont pas encore été résolus, il peut y avoir celui de l'autonomie des *nuits*. Apprendre à dormir pendant huit à douze heures, comme nous l'avons déjà dit dans les chapitres précédents, exige de l'enfant la capacité de passer par trois périodes de sommeil léger et d'éveil. S'il se réveille, il doit surmonter son angoisse de la séparation, ses craintes d'une nuit peuplée de « monstres » et de souvenirs des conflits de la journée. Aucune période de la vie de l'enfant n'est exempte de ces angoisses, même pas celle-ci, bien qu'en apparence elle puisse paraître tranquille.

L'autre problème, la nuit, ce sont ses véritables *frayeurs*. Un enfant de trois ans commence à prendre conscience des sentiments agressifs. Des craintes peuvent apparaître, accompagnées de poussées d'agressivité. Ces frayeurs prendront corps et seront rêvées la nuit. Tant que les schémas nocturnes ne sont pas bien installés, les rêves vont apparaître dans les cycles de sommeil léger. Ce sont habituellement des rêves d'agression et des peurs qui les accompagnent. Ils risquent de perturber le sommeil au cours des troisième et quatrième années. Si l'enfant vit dans un environnement stressé, s'il doit s'adapter à une nouvelle situation, cela se manifeste la nuit. Il devra progressivement apprendre à se réconforter lui-même, ce qui prendra un certain temps (cf. chapitre 37).

Chaque fois que les parents se rendent compte qu'eux-mêmes et l'enfant sont engagés dans un conflit, ils doivent faire une mise au point. L'enfant ne peut avoir une bonne image de lui-même s'il n'arrive pas à être indépendant. Les parents doivent respecter le besoin d'autonomie de l'enfant, sans que cela entraîne un conflit, à moins qu'ils ne soient pris au piège des « fantômes » de leur propre passé — les conflits non résolus de leur enfance. En d'autres termes, pour venir à bout des problèmes du présent chez leur enfant, les parents doivent d'abord résoudre ceux de leur propre enfance.

Les repas

À trois ans, pour manger, l'enfant est capable d'attendre l'heure des repas. Ceux-ci peuvent donc devenir un événement familial, partagé. L'enfant n'a pas besoin d'être nourri entre-temps ; inutile de lui donner n'importe quoi à grignoter. Il doit se réjouir à l'avance d'être en famille, de profiter de la conversation. Il est important d'organiser sa journée dans cette perspective. Tout le monde peut se lever plus tôt pour que le petit déjeuner soit (relativement) détendu, et prendre le dîner ensemble, même si l'enfant a besoin d'un petit en-cas en attendant. Les familles peuvent insister sur le fait que « chez nous, nous prenons des repas préparés par nous tous. Nous participons tous, et nous en sommes fiers ».

À un enfant qui chipote sur la nourriture, il n'est pas très compliqué de donner le minimum nécessaire : un demi-litre de lait, soixante grammes de protéines, des céréales ou du pain complet, des fruits et un comprimé de polyvitamines — ce dernier seulement si l'enfant mange vraiment très peu. Une fois de plus, les parents doivent se méfier des « fantômes » de leur propre enfance, ces souvenirs d'heures entières passées à table, d'une mère furieuse qui finissait par mettre de côté les restes pour qu'on mange plus tard. Un enfant refusant de manger leur rappellera le désespoir et les humiliations qu'ils ont pu ressentir. Ils n'éviteront la répétition de ces problèmes que s'ils en prennent conscience. Les parents peuvent aussi fixer, pour eux et pour leur enfant, des règles qui les aideront à changer les vieux schémas :

POUR L'ENFANT. Pas de grignotage entre les repas.

Pas de retour à table après en être sorti. L'enfant n'est pas obligé de rester, mais dès qu'il s'est levé, c'est terminé.

POUR LES PARENTS. Essayer de montrer l'exemple dans la façon de se tenir à table, mais sans harceler l'enfant.

Ne pas utiliser le dessert pour forcer l'enfant à manger. Ne pas parler de nourriture, ne pas supplier l'enfant

de manger. Ne pas préparer des plats spéciaux pour lui
— vous serez déçu s'il les refuse.

Si l'alimentation n'est pas devenue un terrain de conflit, l'enfant de trois ans va se mettre à imiter les personnes de son entourage. Il va manger ce qu'ils mangent. Il
va même copier certaines de leurs manières. Si les parents
parviennent à faire du repas un temps familial, un temps
de gaieté et de plaisir à la fois, ils n'auront aucun problème. Pour les parents qui travaillent, ce n'est pas facile,
à cause des horaires différents, des impératifs d'emploi
du temps, etc. Mais un ou deux repas ensemble deviennent encore plus importants dans une famille stressée.

Ces pressions sont autant de raisons pour encourager
la participation de tous. Les parents ne devraient pas tout
faire pour l'enfant. Mettre la table, préparer des plats
simples et nettoyer ensuite constituent un excellent
entraînement pour l'avenir de l'enfant. Même si la participation de l'enfant prend plus de temps, il ne faut ni
le supplier ni le cajoler mais les parents doivent lui faire
comprendre qu'ils comptent sur lui. Ils lui montreront
comment faire, l'encourageront, et lui feront bien entendre qu'il doit aider tous les jours. S'il le fait, l'enfant
mérite une récompense.

À la longue, tout ce temps, tous ces efforts seront
payants.

Étant donné que bien des amis de l'enfant mangent
des friandises et boivent des sodas, les parents hésitent
à les interdire de peur que leur enfant ne se sente pas
comme les autres. Ils peuvent expliquer que c'est la
façon de faire à la maison ; les amis n'ont pas les mêmes
habitudes. Les biscuits et autres friandises peuvent être
« négociés ». Si l'enfant va chez le voisin pour grignoter
n'importe quoi, les parents pourront avoir avec lui une
conversation franche comme ils l'auront avec d'autres
adultes si nécessaire, par exemple les grands-parents. Ils
leur expliqueront les efforts qu'ils font pour que leur
enfant ait des habitudes alimentaires raisonnables, régu-

lières. Ces adultes seraient donc gentils de coopérer. S'ils refusent, les parents sauront au moins sur qui compter — et sur qui ne pas compter. Toute personne qui garde l'enfant doit également connaître l'opinion des parents sur le sujet.

L'apprentissage de la propreté

À trois ans, un enfant peut avoir l'impression qu'il a toujours été propre, au moins pendant la journée. Tout accident, quel qu'il soit, lui sera très pénible. Mais à certains moments on peut comprendre qu'il y ait régression dans le domaine de la propreté : si la mère ou le père s'absentent, s'il y a un nouveau-né dans la famille. C'est aux parents à faire comprendre à l'enfant la cause de ces « accidents », sinon il risquerait de se sentir coupable. Si au contraire l'enfant comprend ce qui lui arrive, il y a de grandes chances que l'incident ne se reproduise pas. Les échecs à répétition arrivent lorsque la pression, pour cette éducation de la propreté, est trop forte, ou tout simplement lorsque l'enfant n'est pas prêt. Que les parents ne le laissent surtout pas se sentir inapte. Les couches pourront être utilisées, non comme une punition, mais pour lui éviter la crainte des accidents. Dès que l'enfant recommence à se contrôler, les parents peuvent lui rappeler combien il a progressé, lui faire comprendre que c'est sa réussite et qu'eux sont fiers de lui.

Lorsque l'enfant a conscience de pouvoir se contrôler, il est prêt à ôter les vêtements qu'il peut défaire lui-même. Mais il faut bien attendre qu'il soit prêt. S'il se mouille sans le vouloir, c'est qu'il n'est pas prêt, et il risque de souffrir de son échec. Il peut même renoncer et recommencer à se salir. Mon conseil est de rester toujours un peu en deçà des progrès de l'enfant. Prendre de l'avance sur lui sera ressenti comme une pression.

Une véritable compréhension du désir de l'enfant à suivre son propre rythme fait de l'apprentissage de la propreté un point fort, l'occasion d'éviter des problèmes tels que l'énurésie ou la constipation. L'enfant sait très bien faire comprendre à ses parents à quel moment il ne veut plus de couche la nuit. Il commence par rester sec pendant sa sieste et parvient à se contrôler pendant la première partie de la nuit. Dans la journée, il va montrer qu'il est capable de se retenir à des moments où ses parents savent pertinemment qu'il a besoin d'aller uriner. Les parents doivent attendre que l'enfant découvre l'intérêt qu'il y a à être sec la nuit.

Il arrive un moment où les enfants se rendent compte qu'ils veulent grandir. Ils veulent être comme tous ceux qui les entourent. La plupart prennent conscience de la propreté au cours de la quatrième année. À l'école, les enfants de trois ans exercent une certaine pression les uns sur les autres : « Tu as encore des couches la nuit ? Pas moi. Je suis propre. » L'autre rougit et dit : « Moi aussi », même si ce n'est pas le cas. La pression des amis s'exerce tôt. Ajouter une pression familiale n'arrangerait rien.

Quoi que je fasse pour rassurer les parents, ils continuent encore à avoir l'image de leur enfant gardant éternellement ses couches. Aucun parent n'est jamais certain que son enfant puisse réussir la prochaine étape. Dans un domaine aussi complexe que l'énurésie, les angoisses inexprimées des parents peuvent provoquer des conflits. Parce qu'ils prennent ces problèmes beaucoup trop à cœur. À cet âge encore, pour certains enfants, plus chez les garçons que chez les filles, il s'agit d'une immaturité dans le contrôle de la vessie. Les garçons ont des difficultés à apprendre à garder leur vessie pleine pendant une durée de huit heures la nuit, et ne sont pas propres avant six ou même huit ans, le temps d'avoir atteint la maturité nécessaire. Beaucoup dorment trop profondément pour pouvoir se réveiller. Ils ont des schémas de sommeil immatures ; il faut aussi en tenir compte. Si famille et amis font pression, ils augmentent la culpabilité de l'enfant et aggravent son conflit interne sur sa capacité à se retenir. Les parents doivent être rassurants pour que ces enfants ne se sentent pas dévalorisés. Certaines petites choses peuvent les aider, mais je n'en parle que s'ils me demandent eux-mêmes de l'aide : « Essaie de te retenir un tout petit peu plus longtemps chaque fois que tu as envie de faire pipi pendant la journée. » De cette façon, les enfants éduquent consciemment leur vessie. Mais même ce conseil peut être ressenti comme une pression et comme une réflexion dévalorisante. Il faut que l'enfant réussisse tout seul, sinon il ne pourra se défaire d'un sentiment d'échec.

Aux parents qui veulent aider leur fils, je suggère les mesures suivantes : si l'enfant en manifeste le désir, mettez un pot à côté de son lit. Même si sa chambre n'est qu'à un pas de la salle de bains, il y a tout de même à faire un effort pour sortir du lit et aller jusque-là. Un pot spécial peut symboliser votre désir de l'aider. Vous pourriez lui laisser la liberté d'y peindre avec de la peinture phosphorescente un motif de son choix. Proposez-lui de le réveiller avant de vous coucher. S'il accepte, s'il est prêt à le faire, il se réveillera spontanément à votre arrivée. Sinon, le sortir du lit pour qu'il vide sa vessie n'a aucun intérêt. L'important est qu'il apprenne à se réveiller de *lui-même* la nuit. Il sentira que sa vessie est pleine au moment où il sera en sommeil léger, et il se lèvera. C'est aussi ce qui l'éveillera, le matin. Mais, une fois encore, ne lui enlevez pas ses couches avant qu'il ne soit prêt à faire tout cela facilement. S'il échoue et mouille son lit plusieurs fois de suite, il risque de perdre sa motivation pour la propreté.

À un certain stade, le garçon y attache beaucoup d'importance, et c'est épouvantable pour lui d'échouer.

Un autre écueil sur le chemin de l'apprentissage de la propreté est de se retenir d'aller à la selle. Comme je l'ai mentionné dans les chapitres précédents, il est naturel que l'enfant ait des sentiments conflictuels à l'idée de laisser partir ses selles dans les toilettes. Pourquoi certains y arrivent-ils et d'autres non, je ne l'ai jamais vraiment compris. Mais il vaut mieux respecter les conflits inconscients. Les enfants commencent à redouter la douleur de la défécation. Puis le cycle s'installe rapidement : ils se retiennent, leurs selles deviennent grosses et dures, et la douleur augmente à chaque défécation. La crainte consciente de la souffrance redouble le désir inconscient de se retenir. Il faut briser ce cycle dès que l'on a pu l'identifier. Suivez les conseils du chapitre 12 : laxatifs doux, régime riche en fibres, et vaseline sur l'anus fissuré. Rassurez l'enfant, dites-lui que tout cela va éviter que ses selles ne le fassent souffrir. Le fait d'en parler permet de dépasser les craintes, qu'elles soient conscientes ou non. Lorsqu'une selle a été faite, laissez-la jusqu'à ce qu'il s'en soit désintéressé. Il peut arriver, là encore, que l'enfant préfère qu'on lui remette des couches pour plus de sécurité. Et là encore, comme indiqué au chapitre 12, proposez-lui de lui en mettre pour sa sieste et pour la nuit. À cet âge les garçons sont plus vulnérables à ce genre de problèmes que les filles, et nous n'en connaissons pas la raison (cf. chapitre 42).

Peurs et phobies

Le monde de l'enfant de trois ans s'élargit, amenant des peurs et des phobies. Il peut commencer à s'inquiéter d'entendre les sirènes des camions de pompiers ou les aboiements des chiens. Il éprouve des phobies à propos des endroits inconnus ou du cabinet du médecin. Il peut y avoir une vraie raison derrière ces craintes, et les parents doivent aider leur enfant à les exprimer. Mais qu'ils ne comptent pas balayer des peurs avec des paroles rassurantes. Elles peuvent masquer des problèmes importants.

Par exemple, un enfant peut être perturbé par tous les bébés du voisinage. Il refuse d'approcher la maison d'à côté parce que le voisin vient d'avoir un bébé. Sa propre petite sœur a déjà neuf mois et les parents ne comprennent pas pourquoi il est tout à coup tellement troublé. Ils pensaient qu'il s'était « adapté ». Mais un aîné ne s'adapte jamais tout à fait à un bébé. À chaque nouvelle étape du développement du bébé, la jalousie émerge à nouveau. Lorsque le bébé s'éveille, devenant de plus en plus mignon, l'aîné ressent une nouvelle poussée de jalousie. Par cette peur des bébés, l'enfant de trois ans essaie vraisemblablement d'exprimer ses propres sentiments agressifs.

Les parents peuvent parler à l'enfant des sentiments dont ils ont conscience. Ils peuvent le préparer à la peur qu'il va éprouver en entendant la sirène des pompiers ou l'aboiement des chiens, lui apprendre à ne pas garder ses sentiments pour lui, tout comme à manifester son agressivité d'une manière acceptable. Je propose le conseil suivant aux parents : que l'enfant apprenne, en vous imitant, votre propre façon de manifester votre agressivité. Emmenez-le lorsque vous courez ou que vous pratiquez un sport. Dites-lui comment contrôler sans risque les sentiments dangereux. Peut-être ne vous comprendra-t-il pas tout à fait, mais il sera réconforté d'avoir cette discussion avec vous. Et dès que l'agressivité l'envahira à nouveau, il aura tendance à l'exprimer par des mots, et à vous poser des questions.

Au cours de la période d'apparition des peurs et des phobies, il est plus important que jamais de limiter le temps de télévision. Vous devez rester présent pour les programmes qui risquent d'être effrayants. Une heure par jour, c'est largement suffisant. Vous devriez passer la première demi-heure à regarder l'émission avec l'enfant, et la deuxième à en parler avec lui.

Ces discussions n'ont d'ailleurs pas seulement pour objectif de le rassurer, mais sont aussi l'occasion de lui montrer à quel point l'opinion des parents est précieuse.

Imagination et imaginaire

On arrive à l'âge où l'imagination de l'enfant s'enflamme. Il observe les personnes de son entourage d'une façon nouvelle. Il les découvre, non seulement en les regardant, mais aussi en imaginant des scénarios entiers à leur propos. Il assimile ces nouvelles découvertes dans ses jeux imaginaires. Le jeu symbolique (dans lequel il utilise des jouets et des poupées pour représenter des événements et des interactions) est déjà apparu au cours de la deuxième année. À présent, l'enfant est capable d'utiliser son entourage comme des symboles. Il va inventer ses propres personnages imaginaires. Tout d'abord, les enfants de cet âge inventent des amis. L'ami imaginaire est capable d'opérer des miracles. Il peut faire toutes les choses défendues, peut vivre toutes les expériences agréables dont rêve l'enfant de trois ans. Je lui parle de son ami imaginaire comme s'il était réel. Les parents, qui se sont habitués à être tout pour leur enfant, peuvent se sentir un peu jaloux de ce compagnon bienaimé et s'inquiéter de son manque de réalité. Ils ne le doivent pas. Les aînés ont tous tendance à donner vie à un compagnon imaginaire. Ils en ont besoin. Ce n'est pas le cas du deuxième ou du troisième enfant : la présence de l'aîné l'en empêche. Pour le premier enfant, l'ami imaginaire présente de multiples avantages, il peut vivre toute sorte d'expériences à sa place.

Les adultes doivent respecter la nature si personnelle de ces inventions. C'est important. Dès qu'ils envahissent le domaine privé de l'enfant en lui posant des questions sur son ami, ils risquent d'ancrer l'imaginaire dans la réalité. Les amis imaginaires s'évaporent dès que les adultes s'en préoccupent. Après en avoir parlé, l'enfant peut ne plus jamais y faire allusion. Ou bien ils prennent une existence cachée, souterraine, ou bien ils perdent toute leur magie. Un jour, j'ai demandé à mon petit-fils à quoi ressemblait son « ami », et il m'a répondu d'une façon méprisante : « Mais, grand-père, il est *seulement* imaginaire. » Comme l'a dit Emerson : « Respectez l'enfant... Respectez son territoire. »

Au milieu de toute cette effervescence imaginative, deux nouveaux traits apparaissent : le sens de l'humour ainsi que la capacité à manifester de la compassion pour les autres. Si un bébé pleure, l'enfant veut aller le voir. Si un autre enfant se fait mal, il l'observe avec attention pour voir comment il va s'en sortir. Il peut même montrer qu'il compatit à sa douleur. Ces deux traits de caractère ont leur importance au moment où j'examine l'enfant de cet âge pour évaluer la souplesse de sa personnalité et pour voir s'il a une bonne image de lui-même.

D'où viennent ces nouveaux traits de caractère ? De toutes les observations que nous avons faites : de l'identification avec les parents et avec l'entourage, de l'examen attentif de leurs réactions dans des situations déterminées. Ils proviennent également de la prise de conscience de sentiments de plus en plus complexes : agressivité, désir de désobéissance. Mais la source la plus riche d'humour, d'empathie et de compassion est l'imagination même de l'enfant, et tout ce que les expériences fécondes de son esprit fantasque lui fournissent.

Relations avec les autres enfants

Au cours de la troisième et de la quatrième année, les expériences avec les enfants du même âge prennent une importance croissante. Ces expériences sont nécessaires. Non seulement l'enfant acquiert à travers elles des schémas de comportement, mais il peut expérimenter les siens propres en toute sécurité. Tous les enfants de trois ans se provoquent. Ils poussent les autres plus loin qu'ils n'osent se pousser eux-mêmes. Ils cherchent à s'exaspérer. Ils se font pleurer mutuellement. Mais ils sont impatients de se revoir. Ils s'embrassent, en se tenant férocement enlacés, bras et jambes. Ils s'enseignent mutuellement les façons inoffensives et les façons dangereuses d'expérimenter leurs nouveaux sentiments si complexes. Les amitiés sont importantes, la rivalité est un élément de l'amitié. Un enfant de trois ans traite un bon ami, tout à fait sûr, comme un rival, comme un bébé à materner, comme un parent ou tout autre partenaire imaginable. L'exploration sexuelle participe rapidement à ces expériences. La plupart des enfants de trois ans jouent au « docteur » ou à l'« infirmière », sous une forme ou une autre. Cela leur donne une sorte de sécurité dans leur façon de découvrir leur corps.

Expériences avec les autres, jeux exploratoires, toutes ces activités renforcent la découverte de soi. Je m'inquiète quand un enfant n'a aucune relation sûre à cet âge. Si les autres enfants ne l'aiment pas, il faut prendre les choses au sérieux. Les autres enfants sentent si un des leurs est perturbé et ils gardent leurs distances. Un enfant angoissé ou hargneux constitue une menace pour l'équilibre qu'ils ont atteint dans le domaine de leurs propres peurs et de leur agressivité. Lorsqu'un enfant est tenu à l'écart par ses pairs, il y a généralement une raison.

Parfois, les parents peuvent trouver l'occasion d'aider un enfant en difficulté en provoquant très tôt des expériences dans un groupe. Si un enfant n'a jamais fréquenté d'autres enfants de son âge, le mieux est de commencer par le mettre en présence d'un membre du groupe. Trouvez quelqu'un qui lui ressemble et faites de votre mieux pour les réunir. Emmenez-les ensemble pour une promenade. Laissez-les faire connaissance. Dès que l'enfant s'entend bien avec un membre du groupe, il commence à savoir comment se comporter, et l'autre enfant l'aidera à s'intégrer.

Si son problème vient de ce qu'il ne veut pas partager, expliquez-lui à l'avance que personne n'aime cela. Proposez-lui de mettre à l'écart un ou deux jouets favoris qu'il ne sera pas obligé de partager, et de laisser les autres à la disposition de ses camarades. S'il fait ne serait-ce qu'un tout petit progrès dans ce sens, reconnaissez-le, puisque apprendre à partager est une des grandes difficultés de la vie.

L'empathie commence au moment où l'enfant partage volontairement. Bien sûr, on n'a cessé de lui répéter : « Tu dois apprendre à partager. » Mais, tout à coup, il le fait sans y être poussé. « Tu veux un morceau de mon gâteau ? » Et il observe le visage de son ami pour voir si cette toute nouvelle générosité a porté ses fruits. Il sait à présent qu'il a besoin d'un ami et qu'il le veut. C'est la première manifestation d'un processus cognitif très important, appelé « altruisme ».

Anticipons un peu

Les parents d'un enfant de trois ans peuvent s'attendre à connaître une période de développement intense dans les trois années suivantes. Durant cette période, l'enfant apprend d'une manière tumultueuse, qui me fait penser à une avant-première de l'adolescence. L'attitude de l'enfant de quatre ou cinq ans face à la découverte de la sexualité et de l'agressivité paraît en effet assez proche de celle qu'il aura, adolescent, dans ces mêmes domaines. Certains parents s'en effrayent. « J'aurais préféré que vous ne m'ayez pas dit cela », me déclarent-ils. En fait, cette période est amusante à observer et à vivre, à condition de la considérer comme un grand bond en avant. C'est une ouverture merveilleuse sur toute une série de nouvelles expériences, si les parents ne se sentent pas visés personnellement par la résistance de leur enfant, ses provocations et son agitation.

À LA DÉCOUVERTE DE L'IDENTITÉ SEXUELLE. Comment un enfant aborde-t-il cette période ? Il doit apprendre à affronter des sentiments forts avec plus de fermeté, de maturité qu'avant, et à s'identifier avec chacun de ses parents. Il doit découvrir comment ils « fonctionnent » — en quoi il est comme eux, et en quoi il en diffère. Comment l'enfant va-t-il s'y prendre ? Il va passer d'un parent à l'autre. Au cours de cette période, il concentrera toute son affection sur l'un d'eux pendant un temps, comme s'il « l'absorbait », tout en ignorant l'autre. En observant attentivement un enfant de cet âge, on voit que sa façon de marcher, le débit de son langage, ses préférences alimentaires et bien d'autres traits caractéristiques subtils sont copiés sur un de ses parents.

Mais, bientôt, l'enfant change du tout au tout et fait comme si ce parent n'existait plus. L'autre parent devient le préféré. Il imite ce nouveau favori en tout, et le précédent n'a plus aucune crédibilité. La nouvelle « idole » sert de référence pour chaque mot, chaque geste. Pourquoi l'enfant éprouve-t-il le besoin de changer ainsi de modèle ? Je pense que c'est en quelque sorte par économie de moyens. Afin de pouvoir assimiler complètement le comportement de chacun de ses parents, il doit se concentrer. Imiter les deux à la fois ne pourrait que le distraire, et l'assimilation serait incomplète et plus coûteuse. Les épisodes d'attachement au parent du sexe opposé ont été qualifiés d'« œdipiens » par Freud. S'ils se manifestent plus tard, à l'adolescence, ils sont encore plus intenses et passionnés. Nous avons ici une première « répétition » qui prépare l'enfant — et ses parents — à mieux vivre et comprendre le travail d'identification sexuelle qui les attend dans l'avenir.

Inutile de dire que ces revirements peuvent être extrêmement douloureux pour le parent exclu. « Avant, elle guettait mon retour, va me dire un père avec tristesse. Elle était toute joyeuse quand j'arrivais, c'était tellement agréable. Maintenant, elle me tourne le dos. Si stupide que cela paraisse, je me sens rejeté. » Lorsque les parents comprennent ce qui se passe et s'ils ont assez de patience, ils se sentiront moins blessés. Ne renoncez pas, leur dis-je. Votre enfant vous reviendra. Ne lui donnez pas l'impression que vous aussi vous le rejetez. Ne prenez pas les choses trop à cœur. Dans un moment de calme, vous pouvez dire : « Je voudrais bien que nous trouvions un moment pour être tous les deux. » Lisez-lui des histoires le soir — en tête à tête — ou réservez une heure dans le week-end pour aller vous promener ensemble. Sans en espérer trop, vous contribuerez à cimenter votre relation et, en même temps, l'enfant poursuit sa tâche qui est de tout apprendre sur ses deux parents. Ce comportement va durer quelques mois, puis changer. Le parent qui deviendra alors le centre d'intérêt aidera l'autre en lui disant que lui aussi a éprouvé des sentiments d'exclusion.

La situation du favori est parfois aussi inconfortable. Si une petite fille devient mignonne, séduisante, son père peut se sentir mal à l'aise. Encore une fois, en considérant que c'est sa façon normale de tester son identification avec sa mère, l'expérience peut devenir amusante. Cette séduction peut s'exercer également sur d'autres hommes. Ainsi, tout à la fois, l'enfant avive et cache les sentiments très intenses qu'elle ressent pour son père. Ce sont les deux faces de la même pièce.

L'AGRESSIVITÉ. Au cours de cette période, le plus difficile est d'apprendre à manier la colère et l'agressivité. C'est en fait un processus à long terme, qui va revêtir de nombreuses formes. L'enfant apprend ce qui est acceptable et ce qui ne l'est pas en provoquant ses parents jusqu'à ce que ceux-ci réagissent. Il utilise aussi des schémas antérieurs de colère. Il peut devenir irascible et imprévisible ; ou au contraire « trop gentil, trop docile », ce qui m'inquiète davantage. Je préfère voir un enfant de cet âge provoquer ses parents, être coléreux et désagréable. C'est une façon d'exprimer ouvertement ses conflits et de progresser. Un enfant désireux de contenter tout le monde prend énormément sur lui, et devra se livrer à de plus grandes provocations par la suite (cf. chapitre 19).

QUELQUES HABITUDES. Certains comportements « symptomatiques », tels que le bégaiement, le mensonge, le vol, la masturbation, vont s'amplifier au cours de ces quelques années à venir. Je considère que ce sont des comportements exploratoires. Les enfants les découvrent, les expérimentent, puis passent à d'autres schémas d'exploration. Si les parents ont eu eux-mêmes un problème de cet ordre ils risquent de réagir avec excès vis-à-vis de leur enfant. Et ce faisant d'installer ces habitudes chez l'enfant. L'inquiétude peut les pousser à faire pression sur lui pour qu'il s'arrête ou, au contraire, à ignorer consciencieusement le symptôme. L'enfant sent la tension et réagit en renouvelant son comportement, ce qui peut le transformer en habitude.

Si vous avez l'impression que c'est le cas, voici mes conseils. Prenez le temps de parler à l'enfant. Dites-lui bien que vous n'aviez pas l'intention d'être aussi dur. Faites-lui comprendre qu'il n'est pas « méchant », et qu'il apprendra à se contrôler en grandissant. Assurez-vous qu'il sait que vous l'admirez, et que vous vous en remettez à lui pour régler le problème. Vous n'apporterez votre aide que s'il le demande. Sinon, restez en retrait, tout en le soutenant. Un enfant de trois ans a besoin d'entendre encore et encore que vous le respectez et que vous l'aimez comme il est (cf. chapitre 24).

LE DÉVELOPPEMENT COGNITIF. Nous sommes soumis à tant de pressions que beaucoup de parents d'enfants de trois ans, ou moins, se demandent quand il faut leur apprendre à lire et à écrire. Voici ma réponse : ne faites rien, à moins que votre enfant ne vous le demande. C'est très facile d'exagérer dans ce domaine. Pour moi, ce n'est pas tant l'âge que le désir d'apprendre de l'enfant qui est important. Rien n'est plus simple que de pousser un enfant docile. Mais c'est lui faire plus de mal que de bien. Nous savons cela depuis quelque temps déjà.

Dans les années 1960, on a connu un mouvement en faveur de l'apprentissage précoce, mené par un professeur de l'université de Yale, le Dr O.K. Moore. Il pensait que si les enfants apprenaient très tôt à lire et à écrire, ils seraient plus compétitifs à leur entrée à l'école. C'était exact. Pour plaire aux adultes de leur entourage, des enfants de trois ans parvenaient à lire et à écrire. Ils donnaient l'impression de ne pas savoir ce qu'ils lisaient, mais ils lisaient. Quand ils entraient en cours préparatoire, ils étaient en avance par rapport aux autres enfants et ils recevaient toute l'approbation dont ils avaient besoin de la part des adultes. Mais leurs camarades ne les aimaient pas vraiment, et beaucoup de ces enfants « précoces » n'avaient pas appris la façon de se comporter avec les enfants de leur âge. Ils étaient tournés vers les adultes.

Au cours des deux années scolaires suivantes, ils se mettaient à « flancher » complètement. Le processus d'apprentissage mécanique dont ils s'étaient servis auparavant ne s'appliquait pas à l'apprentissage plus complexe qu'on leur demandait. Ils paraissaient bloqués par des méthodes d'apprentissage archaïque et commençaient à perdre les premières places. Ils perdaient en même temps l'admiration des adultes, qui les avait poussés à travailler. Ces malheureux enfants étaient en pleine dégringolade. Ils n'avaient plus la vedette ; les autres enfants les ignoraient ; les adultes étaient déçus, les laissant tristes et solitaires. Cependant, et malgré des preuves apportées encore récemment sur ce que coûte aux enfants cet entraînement précoce, bien des parents sont toujours désireux d'assurer un « démarrage rapide ». Les livres et les programmes qui proposent des façons d'« enseigner la lecture à bébé » continuent à se multiplier. Gardez vos distances.

Un enfant n'apprend bien que s'il apprend pour lui-même et non pour les autres. Sa façon d'apprendre est le jeu grâce auquel il essaie différentes techniques, pour trouver ce qui *lui* convient. S'il ne réussit pas à faire quelque chose qui l'intéresse, il est frustré, ce qui le pousse d'ailleurs à découvrir une autre façon de réussir. Et, lorsqu'il y arrive enfin, il en retire un sentiment très agréable : « Je l'ai fait *tout seul* ! » Rien ne peut motiver davantage l'enfant pour ses apprentissages à venir. Les parents ambitieux doivent s'obliger à l'observer, à rester au second plan, à laisser leur enfant apprendre pour lui-même. C'est difficile, mais nécessaire. Leur fonction à eux est d'admirer, d'approuver, pas de pousser vers un but précis.

Il faut respecter la même conduite au moment de choisir une école maternelle. Le jeu est à cet âge le mode d'apprentissage le plus efficace ; c'est en jouant que les enfants découvrent les autres, qu'ils apprennent à se comporter avec les adultes, et à mieux se connaître en tant que personne sociale. Tout ce qu'un enfant de cet âge a à apprendre est considérable : 1) comportement en société ; 2) compréhension de l'agressivité ; 3) identification avec toutes les personnes de l'entourage. Ce sont des apprentissages émotionnels, et non cognitifs. Je conseille donc de choisir une école en fonction des personnes qui l'animent et qui s'occupent des enfants, non pour ses programmes. Si l'école pousse trop les enfants à accomplir des performances, il ne leur restera pas assez de temps pour apprendre à mieux se connaître eux-mêmes. Allez d'abord visiter l'école, observez ce qui s'y passe. Voyez vous-mêmes combien de temps on réserve aux jeux spontanés, à la découverte d'autrui. Se décou-

vrir soi-même, découvrir les autres est le meilleur enseignement que les parents doivent attendre des années
d'école maternelle. Je souhaite à tous les enfants de cet
âge d'éprouver vis-à-vis d'eux-mêmes cette sensation :
« Je suis important ! Tout le monde m'aime ! »

Deuxième Partie

LES DÉFIS DU DÉVELOPPEMENT

14

Les allergies

Prévenir les allergies est la façon la plus sûre de les traiter. Les soigner après qu'elles se sont déclarées est plus difficile. En tant que pédiatre, j'ai toujours cherché à faire le point avec les parents sur le potentiel allergique de l'enfant. Le danger de ces recherches est que les parents découvrent parfois un risque chez un enfant parfaitement sain. Sans faire de diagnostics hâtifs, il est bon de penser, tout de même, que cette prévention, ou un traitement éventuel, permet d'éviter que s'installe une situation où l'enfant se sent fragile et impuissant, et où l'allergie dégénère en un cercle vicieux de symptômes, de dépression et de manifestations psychosomatiques.

Allergies et angoisse

Il est très important d'éviter les crises effrayantes d'asthme ou d'eczéma pour le bien-être futur de l'enfant. Aujourd'hui, nous avons plusieurs façons d'aider ces patients et un effort énergique, dès le début, donne de très bons résultats. Une fois l'allergie installée, et si on ne trouve pas le traitement efficace, les enfants se sentent de plus en plus angoissés, impuissants, et les aspects psychosomatiques de la maladie commencent à se manifester.

Bien que des problèmes comme l'asthme puissent être amplifiés par l'angoisse, et devenir en partie psychosomatiques après quelques crises effrayantes, je tiens à préciser que je ne pense pas que l'asthme ou l'eczéma soient *provoqués* par des problèmes psychologiques chez l'enfant, ou par des difficultés sous-jacentes dans la famille. Il y a plus vraisemblablement une prédisposition génétique, renforcée par des allergènes de l'environnement. Ce n'est que lorsque la maladie se manifeste que le malade prend peur et s'implique dans son déclenchement.

Les enfants asthmatiques ont tendance à manifester leur angoisse à leurs parents et à « utiliser » le symptôme dans toutes sortes de situations de « chantage » — telles qu'opposition, fatigue, provocation — ou dans des moments qui ne servent qu'à attirer l'attention. Les parents ne peuvent que se laisser entraîner dans cette situation, car leur propre angoisse se développe. S'ils n'arrivent pas à contrôler les symptômes de l'enfant, leurs sentiments de culpabilité, de colère, et leur inquiétude vont provoquer des tensions dans la famille et dans leurs relations avec l'enfant. C'est ainsi que l'asthme devient aussi un problème psychosomatique pour toute la famille.

Chez les enfants allergiques, de simples infections peuvent durer anormalement et entraîner des complications. Un rhume, par exemple, peut s'installer pour deux ou trois semaines, recommencer avant même d'être terminé, la deuxième infection augmentant l'état de congestion qui persiste depuis la première. De la même façon, un simple mal de gorge peut se compliquer par un état congestif, et voir la durée de l'épisode infectieux prolongée d'une semaine. Les muqueuses enflent et font ronfler l'enfant ; les végétations sont congestionnées et bloquent les canaux de l'oreille interne et des sinus. Les infections de l'oreille interne qui en résultent peuvent nécessiter un traitement par antibiotiques pour réduire la congestion et la pression douloureuse exercée sur le tympan.

L'eczéma et l'asthme sont des manifestations graves de tendance allergique. Avec l'eczéma, les démangeaisons entraînent un besoin de se gratter qui aggrave le problème. Puis ce besoin peut devenir une réaction automatique à l'angoisse, ou même à l'ennui ou à la frustration, et se transformer rapidement en habitude chez les nourrissons et les jeunes enfants.

Une crise d'asthme qui rend la respiration sifflante, qui empêche de respirer, provoque rapidement de la peur chez l'enfant. L'angoisse intensifie les difficultés respiratoires. Il se sent alors impuissant, incapable de surmonter son mal ou sa peur. Il n'est pas étonnant que ces conditions allergiques deviennent « psychosomatiques » avant même qu'il y ait eu beaucoup de crises.

Il n'y a pas de raisons de laisser les choses en arriver à ce point. Si je sais qu'il y a une tendance aux allergies chez d'autres membres de la famille, j'attire l'attention des parents sur un fait rassurant : plus l'enfant est âgé au moment des premiers symptômes, moins les crises seront graves. L'enfant qui aurait eu le corps couvert d'eczéma pendant sa première année, ne subira, pendant sa deuxième année, qu'une éruption légère sur le pli du coude et derrière les genoux.

Il semble qu'il y ait un seuil de tolérance pour les stimuli allergiques, et que ce seuil s'élève avec l'âge. Il est généralement plus facilement franchi par la combinaison de plusieurs allergènes que par un seul. Bien qu'un enfant puisse être vraiment allergique à une seule chose — comme les poils de chat, le chocolat ou le poisson — et manifester des symptômes après une seule exposition, il est plus fréquent de constater des allergies progressives. Un peu comme on empile des cubes l'un sur l'autre. L'enfant peut très bien vivre au milieu de plusieurs allergènes faibles, auxquels il n'est que modérément sensible, sans aucun symptôme. Mais il suffit qu'il attrape une infection respiratoire, qu'il mange trop d'œufs, ou dorme sur un oreiller de plume, alors la pile des cubes peut s'écrouler et révéler un symptôme allergique.

Les mesures préventives

La prévention doit commencer tôt. J'insiste, auprès des mères qui appartiennent à des familles d'allergiques, pour qu'elles nourrissent leur enfant au sein. Je n'ai jamais vu aucun bébé allergique au lait de sa mère, et j'en ai soigné beaucoup qui étaient sensibles au lait de vache, réagissant par des nez congestionnés, des vomissements, des diarrhées et, pire que tout, un eczéma géant. En supprimant le lait de vache, en le remplaçant par un substitut à base de soja, ces symptômes diminuent de façon spectaculaire dans un premier temps, mais il faut parfois une semaine ou plus pour que l'enfant en soit complètement débarrassé. Je sais que l'on peut prévenir le risque d'eczéma chez les bébés, puisque, au cours des quinze dernières années, je n'ai eu qu'un seul cas d'eczéma géant pour plusieurs milliers d'enfants soignés.

La chose la plus importante, après l'allaitement maternel, pour les parents provenant de familles d'allergiques, est de s'assurer que leur enfant n'a pas de jouet allergénique, et que son objet favori, ours ou couche, est fabriqué avec des matières synthétiques. Des savons purs, doux, doivent être utilisés pour le bain et pour le lavage des vêtements. Des traces de détergents restent dans les vêtements et peuvent provoquer des éruptions cutanées chez les enfants sensibles. Certains produits de toilette pour bébés, huiles, talcs ou lotions, contiennent aussi des substances susceptibles de provoquer des éruptions. Si cela se produisait, l'huile minérale, l'amidon de maïs, seraient alors d'excellents produits de remplacement.

La cause la plus vraisemblable d'éruption cutanée, chez un enfant de moins de un an, est l'introduction d'un nouvel aliment auquel il est sensible. L'éruption apparaît habituellement au bout de quatre ou cinq jours. Pour reprendre notre métaphore de la pile de cubes, ce nouvel aliment peut représenter le cube de trop.

Afin d'éviter ce problème, je demande aux parents qu'ils attendent aussi longtemps que possible, environ cinq mois, pour commencer les aliments pour bébés, quels qu'ils soient. La plupart des allergies au lait débutent au cours de ces premiers mois, mais, parfois, ne se manifestent pas avant que d'autres allergènes ne s'y ajoutent, comme certains additifs ou certains épaississants dans les préparations industrielles. Je dis aux parents de prendre les mesures suivantes : lorsque vous commencez à donner des solides, ne donnez qu'un aliment nouveau à la fois, et attendez au moins une semaine ou dix jours avant d'en ajouter un autre. N'utilisez jamais de mélange à moins d'être sûr qu'il ne contienne pas plus d'un seul aliment nouveau pour le bébé. Donner des mélanges de céréales ou des plats composés, comme des puddings aux fruits, c'est chercher les ennuis. Lisez les étiquettes sur les boîtes de conserve, n'achetez que les plus simples ou, mieux, préparez les plats vous-mêmes. Inutile de recommencer tout le travail avant chaque repas. Vous pouvez congeler purées, compotes, etc., pour plusieurs jours, dans un bac à glaçons, et ne réchauffer qu'un cube à la fois.

Les œufs et le froment sont les allergènes les plus fréquents. Ils représentent moins de danger après six mois. Attendez pour les utiliser que votre enfant soit suffisamment âgé. C'est une nouvelle preuve que la tolérance du bébé se renforce avec l'âge. Je demande aux parents d'attendre neuf mois pour proposer à leur enfant du pain à la farine de froment, et deux semaines de plus pour tester les effets du jaune d'œuf, puis encore deux semaines avant d'ajouter le blanc. Si une éruption cutanée ou des symptômes gastro-intestinaux aigus se déclarent, ce procédé d'introduction progressive se révèle très utile. Vous pouvez immédiatement revenir au régime plus simple que vous pratiquiez avant que la manifestation allergique ne s'installe et ne cause des problèmes. Alors l'éruption disparaît, et vous avez évité à l'enfant beaucoup d'inconfort et d'anxiété. Heureusement les aliments ne gardent pas longtemps leur pouvoir allergique sur les enfants, et la plupart d'entre eux surmontent leurs légères tendances allergiques au cours de la deuxième année.

Comment apprendre à contrôler les allergies

Une fois que le symptôme allergique est clairement déclaré, il est plus difficile d'en venir à bout. Il faut alors éliminer non seulement la cause immédiate, mais aussi les déclencheurs secondaires. Si les parents veulent bien le faire et en sont capables, l'enfant pourra peut-être tolérer de temps en temps le stimulus le plus fort. Donc, avec un enfant qui attrape un coryza spasmodique à chaque refroidissement, un eczéma chaque fois qu'il mange du froment, ou de l'asthme à chaque contrariété, une prévention systématique est à prévoir pour éliminer *tous* les allergènes de son environnement, même s'il les supporte la plupart du temps.

Je conseillerais de commencer par nettoyer à fond le lit et la chambre de l'enfant, puisque c'est là qu'il passe la plus grande partie de la journée. C'est un gros travail : les plumes, les matelas de crin, le kapok, les couvertures de laine, les édredons, les animaux en peluche — à l'exception de ceux qui sont remplis de caoutchouc mousse ou de matériaux synthétiques —, les animaux domestiques, les poupées avec de vrais cheveux, les jouets en fourrure à poils longs qui peuvent devenir des nids à poussière, les plantes à fleurs, tout doit être éliminé de la chambre. Si les problèmes persistent, il sera nécessaire d'enlever les tapis et les rideaux (autres nids à poussière) et laver le sol une fois par semaine pour supprimer poussière et moisissures. Les filtres à air et les climatiseurs sont chers, mais ils protègent vraiment les enfants de la pollution atmosphérique et des allergènes véhiculés par l'air, cause de bien des infections.

Bien que tout ce travail paraisse écrasant et déprimant, il faut l'envisager si l'enfant commence à être pris dans un cercle vicieux de rhume des foins ou d'asthme. Après deux bronchites déclenchées à la suite d'infections respiratoires anodines, ou deux rhumes qui se sont terminés par une otite, je pousse les parents à prendre ces mesures. En plus, je propose d'administrer des anti-histaminiques ; l'enfant viendra plus facilement à bout de son rhume si ses voies respiratoires ne sont pas obstruées.

L'aspect le plus important d'une entreprise de prévention systématique comme celle-ci, est qu'elle donne aux parents, et aussi à l'enfant, l'impression qu'ils commencent à contrôler les symptômes allergiques. En évitant que les symptômes ne s'aggravent et que le problème ne devienne trop sérieux, les parents peuvent empêcher le développement de l'élément psychologique de la maladie.

J'ai découvert l'importance de ce sentiment de contrôle grâce à un petit garçon que nous appellerons Timothée. Tim était plein de vivacité, il aimait jouer au ballon, faire enrager ses amis et il avait l'habitude de plaisanter avec moi lorsqu'il venait me voir pour les visites de routine. Mais Tim souffrait d'asthme. Lorsque sa respiration devint sifflante, il changea du tout au tout : il prit un air inquiet, un air de défaite, et une expression hagarde. Son visage pâlit, et ses yeux se détournaient des miens lorsque je l'examinais.

Un jour où Tim était assis sur la table d'examen, le dos courbé, la respiration sifflante, en faisant des efforts plus spectaculaires qu'il ne semblait nécessaire pour trouver son souffle, je lui dis : « Tim, tu parais vraiment très inquiet. — Vous aussi vous seriez inquiet, me répondit-il, si personne ne savait quoi faire pour vous et que tout aille mal. » Par ces quelques mots, Tim m'en disait long ; il était effrayé, découragé, et se sentait impuissant à réagir. Je lui fis une piqûre d'adrénaline pour lui permettre de mieux respirer, en lui disant quel effet j'en attendais. Dès qu'il fut soulagé, je lui dis : « Tu vois, nous savons ce qui est efficace. Maintenant, nous devons trouver ce que toi et tes parents vous pouvez faire pour arrêter cette respiration sifflante avant d'avoir besoin de moi de nouveau. »

Nous avons alors parlé des médicaments que ses parents pouvaient lui donner, en insistant sur le fait que c'était à lui de déterminer si ces médicaments étaient efficaces. Je lui ai indiqué ensuite ce qu'il pouvait faire pour son bien-être personnel : nettoyer sa chambre, ne pas s'approcher des chats qui représentaient pour lui une sorte de poison, mettre en marche le purificateur d'air dès qu'il sentait lui-même qu'il en avait besoin, et ne pas hésiter à demander les médicaments adéquats à ses parents si sa respiration commençait à lui poser un problème. Au cours des contrôles suivants, lorsque les suggestions que j'avais faites commencèrent à produire leur effet, nous avons discuté de la manière dont il contrôlait *lui-même* ses difficultés respiratoires.

Un jour, Tim entra en trombe dans mon cabinet, souffrant d'un rhume, respirant avec quelques difficultés, mais d'humeur enjouée et taquine. « Docteur Brazelton, ne me faites pas cette piqûre. J'ai dans ma poche un certain médicament que je prendrai *après* que vous m'aurez examiné. Écoutez d'abord ma respiration, et après je vous montrerai comment je peux la guérir *moi-même* ! » Je l'examinai. Puis il but fièrement son médicament à grands traits et me demanda de pouvoir aller s'asseoir quelques minutes dans la salle d'attente. Je l'appelai au bout d'une demi-heure pour écouter sa respiration qui s'était libérée, et il leva sur moi des yeux radieux comme pour me dire : « On a trouvé, n'est-ce pas ? »

Tim guérit de son asthme au cours de son adolescence, comme beaucoup d'enfants dont les allergies sont suffisamment contrôlées. Il m'a beaucoup appris sur les effets psychologiques de la maladie chronique sur un enfant, surtout lorsque aucun des adultes de son entourage ne sait que faire ; nous avons aussi découvert ensemble comment, lorsqu'on le soutient, un enfant contrôle son état.

Je répète mes conseils aux parents pour la maîtrise des allergies :

1. Vous devez dominer votre propre panique pour ne pas la transmettre à l'enfant. C'est le premier pas, et peut-être le plus difficile.

2. Éliminez du lit du bébé les allergènes courants — comme la poussière, les moisissures, les graisses, les pollens, les poils d'animaux ou les fourrures, les jouets ou les animaux remplis de kapok ou de plume, les oreillers de plume, les couvertures en laine, les matelas en crin.

3. Si une infection respiratoire dure plus d'une semaine chez un petit enfant, ou si elle provoque une congestion inhabituelle ou une gêne respiratoire avec des sifflements, demandez au médecin s'il n'y aurait pas une cause allergique. Si oui, un traitement énergique à chaque infection des voies respiratoires peut éviter les complications.

4. Une crise d'asthme doit entraîner un nettoyage systématique et immédiat de l'environnement de l'enfant et l'utilisation de médicaments efficaces : on peut avoir besoin d'associer des antibiotiques pour l'infection, et un produit antiallergique pour les troubles respiratoires. Une fois que l'enfant va mieux, on peut lui rappeler que les médicaments l'ont soulagé. Lui assurer que « nous savons quoi faire » lui procurera le sentiment qu'il domine la situation, et l'aidera à surmonter la panique naturelle qui accompagne généralement le manque de souffle et les sifflements.

5. Consultez votre médecin au sujet d'un éventuel recours à l'adrénaline ou à l'aminophylline, si les médicaments que vous avez chez vous ne donnent aucun résultat. Il est plus facile de briser le cercle vicieux d'étouffements et de panique en administrant, dès le début, un traitement efficace.

6. Si aucun médicament, ni ceux que vous donnez, ni ceux que le médecin administre à son cabinet, ne soulage l'enfant, consultez un allergologue. Il pourra effectuer des tests pour identifier l'allergène, et proposer un traitement plus spécifique.

7. Soyez patient, et rappelez-vous que l'adolescence peut constituer un véritable tournant dans la maladie. Beaucoup d'enfants sont débarrassés de leurs allergies au moment où interviennent les changements de la puberté.

15

L'énurésie

L'énurésie est un problème contrariant. La question importante est : à qui appartient ce problème ? Au début, c'est celui des parents. Dès qu'ils apprennent que les enfants du même âge sont propres la nuit — en général vers trois ou quatre ans —, ils commencent à s'inquiéter que le leur ne le soit pas encore. Lorsque la pression de ses camarades commence, cela devient le problème de l'enfant. Dans un groupe d'enfants de trois et quatre ans, il règne un certain esprit de compétition : « Je ne porte plus du tout de couches. Et toi ? — Moi non plus. — Tu es propre la nuit ? — Oui. » Souvent les adultes entendent ce dialogue, sachant que l'enfant qui répond mouille toujours son lit. Il — c'est généralement un garçon — se sent coupable et souffre de la pression qu'il ressent de la part des autres. S'il arrive à l'âge de cinq ans sans être propre, les personnes concernées considèrent que l'enfant a un problème, du moins dans notre société.

La bonne volonté de l'enfant

À partir de quand les parents doivent-ils s'inquiéter ? Si l'apprentissage de la propreté a laissé l'initiative à l'enfant, la plupart du temps, celui-ci est devenu propre dans la journée vers l'âge de trois ans. Peut-on prévoir quand il réussira à l'être la nuit ? Nombreux sont les enfants qui ne sont pas « prêts » à rester secs, même lorsque nous pensons qu'ils le peuvent. Le Dr Ronald Mac-Keith, en Angleterre, a été l'un des premiers à faire remarquer qu'il y a chez beaucoup d'enfants une immaturité de contrôle de la vessie, et que c'est la raison pour laquelle ils ont des difficultés à se retenir la nuit. Chez d'autres enfants, les schémas de sommeil sont immatures. Leurs schémas de sommeil léger ne sont pas assez développés pour leur permettre de sortir du lit avant de se mouiller. Ces enfants-là ont besoin de développer leur propre rythme, lequel doit être respecté. Une pression de la part des parents, ou des autres enfants, ne peut qu'ajouter un sentiment de culpabilité et d'incapacité. Aux parents d'être patients et d'attendre. Ils doivent également aider l'enfant à comprendre la raison de son « manque de succès ». Sinon, celui-ci risque de se faire une mauvaise image de lui-même, celle d'un raté. Un jour, un petit garçon de six ans m'a regardé d'un air suppliant : « Est-ce que je vais y arriver un jour ? » Y « arriver » signifiait rester propre la nuit, et aussi faire plaisir à son entourage. Ses yeux exprimaient le désespoir et l'échec, à six ans !

Si les enfants continuent à se mouiller la nuit, une analyse d'urine est recommandée. Cela fait partie de tout
bon contrôle de routine, et devient particulièrement
important en cas de difficultés urinaires. Tout problème
de vessie ou de reins susceptible de jouer un rôle dans
l'incontinence urinaire, chez les garçons ou les filles,
sera ainsi détecté.

Les filles paraissent avoir plus de facilité à se contrôler
de jour : (en moyenne, elles sont propres plus de deux
mois et demi avant les garçons) et ce sont elles également qui se mouillent le moins la nuit. Les raisons sont
d'ordre anatomique, mais aussi, sans doute, d'ordre
social, liées à certains schémas de comportements subtils
en rapport avec le sexe et à certaines différences dans
l'idée que garçons et filles se font d'eux-mêmes et de
leurs capacités.

À l'âge de cinq ans, les garçons ont tendance à essayer
de cacher ce « défaut ». Le déni s'installe, et l'enfant
refuse d'exprimer ses sentiments d'échec ou de honte.
Lorsque je vois à mon cabinet un garçon qui n'est pas
propre la nuit, il est déjà sur la défensive. Il va croiser
les jambes quand j'essaie d'examiner son pénis. Il va
rougir et se livrer à une activité bruyante dès que nous
parlons de ses problèmes. Il se sent déjà vulnérable et
coupable. Les parents qui voient cette situation s'éterniser peuvent consulter leur médecin pour éliminer toute
raison d'ordre physiologique. Comprenant que chez
beaucoup d'enfants il s'agit d'une immaturité de contrôle, tout autant de la vessie que des schémas de sommeil, ils pourront commencer par rassurer leur enfant en
lui disant qu'il va bien, et ensuite faire de leur mieux
pour alléger toute pression. Peu d'examens, à part une
analyse d'urine, sont nécessaires. Les radios ne révèlent
que rarement une anomalie. Généralement, l'objectif est
d'aider l'enfant à acquérir plus de maturité dans ses schémas de sommeil.

L'aide que peuvent apporter les parents

Le plus important, c'est que la propreté de nuit devienne le but de l'enfant, non pas celui des parents, ni celui de la société. Le mieux est de trouver le moyen de ne plus être aussi pressé. Si ce n'est pas possible, il est bon alors de s'adresser à quelqu'un qui aide les parents à alléger la pression excessive pesant sur l'enfant, et à prendre eux-mêmes un certain recul. Le travail des parents est de faire attention aux sentiments de l'enfant et d'encourager ses propres efforts.

Si ces problèmes impliquent une image de soi dévaluée, et une immaturité psychologique, il faut en tenir compte. Si l'enfant est en butte à des pressions trop nombreuses de la part de son entourage — institutrices, autres enfants, famille — il faut alléger ces pressions autant que possible. Le père devrait se rapprocher de son fils. Une sortie hebdomadaire donnera l'occasion au fils de s'identifier à son père, au père de mieux comprendre l'image que l'enfant a de lui-même. Il ne s'agit pas, pour les parents, de se livrer à une enquête, mais de se montrer disponibles.

Dès que l'enfant est prêt, comme nous l'avons vu au chapitre 12, vous pouvez l'aider dans ce sens :

1. Demandez-lui de se retenir un peu plus longtemps pendant la journée, pour renforcer le contrôle de la vessie.

2. S'il le permet, vous pouvez le réveiller avant de vous coucher. Pour que cela marche, l'enfant doit prendre le contrôle des opérations : ne le portez pas jusqu'à son pot.

3. Le soutien des parents peut être symbolisé par une sortie spéciale destinée à l'acquisition d'un « pot pour la nuit », éventuellement recouvert d'une peinture phosphorescente. Ensuite, les parents peuvent réveiller l'enfant pour qu'il l'utilise. À condition

qu'ils le fassent d'une façon encourageante et non pas coercitive. Même si les toilettes sont tout près de sa chambre, ce symbole spécial peut avoir pour lui une grande signification.

4. On peut éventuellement aider l'enfant, à condition qu'il soit consentant, en lui donnant un réveil réglé pour sonner à 2 heures du matin. Sinon, ce n'est qu'un mode de pression sans nécessité qui aura un effet contraire.

5. Essayez de rassurer l'enfant, surtout sur sa masculinité, et de l'encourager en le félicitant de ses succès pendant la journée, vous lui donnerez plus de confiance pour la nuit, à condition de le faire de façon nuancée ; car, si vous exagérez, vous pouvez le rendre trop sûr de lui.

6. Si l'enfant veut parler, vous pouvez discuter avec lui de ses sentiments, des pressions qu'il ressent, et du fait que sa vessie a besoin de « grandir » et qu'un peu de temps peut passer avant qu'il sache se réveiller à temps. Si vous établissez un véritable dialogue, vous le rassurerez.

7. Vous pouvez contribuer à détruire le mythe de la date magique, correspondant à cinq ou six ans, où tous les enfants sont propres. Cette pression sociale se greffant sur les espoirs des parents représente un fardeau trop lourd pour un petit enfant.

8. Si l'enfant continue à se mouiller la nuit après sept ou huit ans, ou si c'est un handicap pour son adaptation — son image de soi, ses capacités de relation avec les autres enfants ou ses capacités à se voir comme un « mâle » qui réussit tout — c'est le moment de consulter un pédopsychiatre ou un psychologue, ou encore un pédiatre spécialisé dans ces problèmes. Cela donnera à l'enfant la force qui lui manque à ce moment important de son développement.

16

Les pleurs

Un enfant qui pleure peut rendre les adultes complètement fous. Pourtant, tous les enfants pleurent et, parfois, ils semblent avoir besoin de pleurer. Quand faut-il s'inquiéter, et quand peut-on laisser le bébé faire ?

Avant de chercher les causes de ces pleurs, il est important de comprendre que pleurer est un acte universel, adapté aux circonstances, et le mode de communication le plus efficace pour les bébés. Comme nous l'avons vu dans les chapitres 2, 3 et 4, le petit enfant a au moins six cris différents qui expriment : la douleur, la faim, la « colique », l'ennui, l'inconfort et le défoulement en fin de journée. Une jeune mère arrive en trois semaines à distinguer ces cris. Les études ont montré qu'au bout de trois jours, elle reconnaît le cri de son enfant parmi les autres dans la nursery de la clinique. Vous pouvez vous fier à votre instinct.

Le langage des pleurs

Les différents cris du nouveau-né sont assez distincts pour pouvoir servir de diagnostic. La qualité du cri est un véritable indicateur du fonctionnement du système nerveux central. Un bébé atteint d'une lésion cérébrale mineure ou majeure pousse un cri douloureux, aigu, qui démontre sa perturbation interne, et qui peut provoquer perturbation et énervement dans son entourage. Les enfants négligés ou maltraités crient de cette même façon douloureuse et sonore. Étant donné l'épidémie de drogue, cocaïne et crack qui fait rage de nos jours, aux États-Unis, nous sommes confrontés à un nombre toujours croissant de bébés aux cris aigus, perçants, incessants,

posant un véritable problème. Les parents, vrais ou adop-
tifs, supportent mal les hurlements de ces enfants. Le cri
du nouveau-né est donc un signal important pour la
famille et pour la société ; il reflète un état de bien-être.

L'évaluation des pleurs — rythme, timbre, temps de
latence (c'est-à-dire le délai nécessaire au déclenchement) — et la capacité du bébé à se calmer lui-même,
représentent une part importante de l'examen du nouveau-né. La qualité du cri et la capacité de l'enfant à se
calmer apportent deux indications importantes sur son
évolution future : une indication sur son tempérament et
sur le « travail » que doivent effectuer les parents pour
le réconforter. Un bébé tendu, agité, manifeste généralement un niveau d'activité élevé, un temps de latence
court pour les pleurs, et se libère par des cris aigus qui
sont souvent difficiles à calmer. Un bébé calme et sensible est plus lent à réagir, et il pleure d'une façon moins
aiguë, mais plus insistante. Il fait des tentatives répétées
pour se calmer, en suçant son pouce, en regardant autour
de lui, en changeant de position. S'il n'arrive pas à se
réconforter, ses gémissements se font encore plus insis-
tants et dérangeants. Ces particularités appartiennent au
tempérament, au style de chaque bébé. Ils paraissent
avoir une certaine stabilité dès le plus jeune âge, il est
possible d'en tirer des indications assez précises sur le
tempérament futur de l'enfant. (J'ai décrit ces différences individuelles en détail dans *Trois bébés dans leur
famille*[1]. Ces particularités ont d'autres effets encore :
elles façonnent l'image que les parents se font de
l'enfant, et influencent l'adaptation que ceux-ci doivent
entreprendre pour essayer de mieux le connaître.

Comprendre ce que demande leur bébé est un des premiers buts des parents. A-t-il faim ? Quelque chose le
gêne-t-il ? Faut-il le changer ? Est-il fatigué, s'ennuie-

---

1. Stock-Laurence Pernoud, 1985, *op. cit.*

t-il ? Et s'il souffrait vraiment ? Toutes ces questions, qui font monter l'adrénaline et déclenchent chez les jeunes parents une réaction d'alarme[1], les forcent à rechercher une solution. Chaque fois que leurs efforts sont couronnés de succès, ils sont encouragés. Quand ils n'obtiennent aucun résultat, les parents font généralement une tentative après l'autre, et souvent dans une tension et une angoisse grandissantes. Cependant, je crois que les parents apprennent davantage de leurs échecs que de leurs réussites. Un échec à trouver une solution immédiate peut pousser des jeunes parents à tout arrêter, à prendre du recul, à réfléchir à d'autres possibilités ; et ainsi, ils apprennent à observer leur bébé. Ce faisant, ils le connaissent de mieux en mieux.

Les pleurs agités ou prolongés

Les pleurs agités, excités que l'on constate chez 85 pour cent des bébés en fin de journée, sont souvent appelés « coliques » et attribués à des troubles gastro-intestinaux ou à un problème d'hyperactivité. Pour les jeunes parents, c'est une difficile expérience qui met à l'épreuve leurs capacités de maternage. Dans les chapitre 4 et 5, nous avons parlé de ce « point fort », au moment où parents et pédiatre se préparent à affronter cet épisode prévisible qui sévit entre trois et dix semaines. Quand le bébé a deux ou trois semaines, j'aide les parents à anticiper, et à considérer cette période d'agitation comme une sorte de défoulement, à comprendre que c'est un procédé réorganisateur du système nerveux central. En préparant les parents, j'espère leur montrer le point de vue de l'enfant. J'espère également prévenir l'angoisse

---

1. Réaction face à un danger immédiat, mobilisant toute la vigilance, augmentant la pression artérielle, accélérant la circulation sanguine et intensifiant l'oxygénation du cerveau.

et les réactions successives qui ne manqueront pas de se produire lorsque les parents sont surpris par ce comportement, et lorsqu'ils découvrent qu'ils n'ont aucune influence sur lui. Ils risquent alors de faire des efforts excessifs pour calmer leur enfant, au moment même où celui-ci a besoin qu'on le laisse un peu se défouler.

Quand cette période de pleurs démarre, les parents doivent savoir comment y réagir. Qu'ils commencent par se rassurer : le système émotionnel et physiologique du bébé va acquérir, peu à peu, une maturité suffisante pour que, vers douze semaines environ, ces crises n'aient plus de raison d'être. En attendant, la meilleure façon de réagir, c'est généralement de diminuer la stimulation.

Si les parents sont anxieux, perturbés par ces cris, ils risquent de les renforcer. En fin de journée, le bébé a les nerfs à vif, la mère fait des excès de zèle ; si elle l'accable de prévenances et de soins, cette avalanche de stimuli dépassera les capacités du bébé à les recevoir et à les utiliser. Le résultat, ce sont les « coliques ». Les graines de l'échec sont semées. Des manipulations incessantes peuvent même avoir pour résultat de contrarier les schémas d'autoréconfort du bébé.

Une fois passée la période d'agitation normale, les parents continuent parfois à se conduire d'une façon ou trop empressée ou trop passive. Les pleurs de l'enfant n'entraînent plus la réaction appropriée. Ou bien les parents se précipitent trop vite, et stimulent beaucoup trop leur enfant, ou bien ils ne réagissent pas. L'irascibilité ou la dépression des parents sont très contagieuses et se transmettent à un enfant, même petit. Il s'ensuit une recrudescence des pleurs, et une agitation encore plus difficile à interpréter. Une fois ce cycle installé, on obtient un enfant hypersensible, vite effrayé.

Si les pleurs de cette période s'intensifient, et qu'on ne puisse ni les arrêter ni les atténuer en réduisant la stimulation, si ces pleurs durent pendant plus de deux heures le soir, il faut rechercher d'autres causes. Peut-être l'enfant est-il hypersensible, facilement surchargé. Si c'est le cas, on peut obtenir des résultats en se comportant avec l'enfant de façon apaisante, et avec des gestes mesurés. Ne le bercez pas en le regardant et en lui parlant. Ne faites qu'une seule chose à la fois, et de façon modérée. Si les cris persistent, le bébé pourrait manifester une intolérance gastro-intestinale ou un trouble d'un autre type : système nerveux désorganisé, hypersensible, hyperréactif.

D'autres bébés pleurent en réaction à un environnement qui les ignore. Leur incapacité à se calmer peut trahir un problème parental, dépression ou perturbation. Les bébés qui souffrent de coliques graves ont souvent des parents déprimés qui ont besoin qu'on les aide à comprendre cet enfant actif, aux réactions intenses, et à satisfaire ses exigences. Le pédiatre peut évaluer la part du bébé dans le conflit et, si nécessaire, adresser les parents à un conseiller. Un nombre élevé de jeunes mères souffrent de dépression post-partum. Quand une dépression grave n'est pas traitée, elle peut entraîner des problèmes chez la mère et ou chez le bébé (par exemple, schémas autodestructeurs, conflits matrimoniaux, retard de développement de l'enfant). Ces problèmes peuvent être évités, car un traitement approprié vient à bout de ce genre de dépression. Mais il faut reconnaître que notre société ne sait pas prendre soin des jeunes parents comme il le faudrait.

Toutes les occasions sont susceptibles de déclencher des crises de pleurs inconsolables chez un enfant hypersensible : nouvelle expérience, changement, visage étranger. L'activité du bébé est incessante et désorganisée. Il manifeste souvent un évitement du regard, des mouvements ou des comportements répétitifs de type autistique, comme se taper ou tourner la tête, se tirer les cheveux, ou se tripoter le visage ou le corps. On ne peut le calmer par les moyens ordinaires de réconfort, voix douce, câlin pour contenir les sursauts, ou même emmaillotement, tétine ou nourriture. On dirait que l'enfant demande par ses cris une sorte de compréhension plus profonde.

Un tel enfant et ses parents ont besoin d'être examinés par un observateur qualifié, psychologue pour enfant ou pédopsychiatre, qui puisse déterminer la contribution de l'enfant au problème et aider les parents à comprendre cette contribution ainsi que la leur. Quelques jeunes parents, rares il est vrai, éprouvent une ambivalence instinctive et profondément ancrée à l'égard de leur bébé. Si on les aide à découvrir quelles raisons, issues de leur propre passé (leurs « fantômes »), ont provoqué ce sentiment, ils peuvent apprendre à établir de meilleures relations avec leur enfant. Ce genre de thérapie se développe dans le nouveau domaine de la « psychiatrie infantile ». Pour ma part, en tant que pédiatre, je préférerais éviter le mot « psychiatrie » qui implique un problème, mental chronique. Je considère qu'on peut parfaitement éliminer ces troubles si on les traite à un stade précoce.

Les pleurs font partie du développement

Les premières semaines passées, les pleurs continuent à refléter la condition interne du bébé, et doivent toujours être pris en considération par les parents, exactement de la même façon que pendant la période néonatale. Les cris de faim, de douleur, d'ennui, de fatigue, d'inconfort, tout comme le cri réclamant l'attention, tous ont des caractéristiques propres quand ils sont enregistrés sur un instrument appelé spectrographe. Le cri de douleur, par exemple, est tout à fait particulier : c'est un hurlement aigu, suivi d'une brève apnée (aucune respiration), puis de cris angoissés, répétés, puis d'un autre cri pénétrant et aigu. Chaque autre cri donne un graphique spécifique. Le cri de douleur continue quand on prend le bébé dans les bras. Pas les autres.

Au fur et à mesure que l'enfant grandit, les parents doivent apprendre quelle attention ces différents cris réclament et quand et comment l'enfant peut apprendre à se calmer tout seul. Je suis toujours content de voir un enfant entre six et neuf mois qui connaît des moyens de se réconforter pouce ou sucette, couche ou peluche, ou encore schéma de comportement spécial l'aidant à se calmer. Quand nous voyons, au Children's Hospital de Boston, un bébé agir ainsi, nous savons que c'est un enfant aimé, qui a su développer en lui des ressources et qui sait utiliser ces ressources en cas d'ennui ou de perturbation. Un enfant négligé n'apprend pas à tirer un réconfort de son environnement ou de lui-même. Il manifeste une sorte d'impuissance à travers ses cris. Il vous donne envie d'aller le voir et de le prendre dans les bras. Mais quand vous le faites, il se replie sur lui-même, il se renferme, et il oppose une telle résistance physique qu'il est presque impossible de le maintenir. Une intervention est indispensable pour permettre à ces bébés de développer leur potentiel émotionnel et relationnel.

Au cours des épisodes de régression associés aux poussées de développement — les points forts décrits dans la première partie — les pleurs participent à la désorganisation habituelle du comportement. Là aussi, les parents peuvent avoir des difficultés à comprendre. S'ils en font trop, ils risquent d'augmenter la durée et l'intensité des pleurs. Il y a un moment où il devient nécessaire de pousser le bébé à apprendre à se calmer tout seul. Le pouce ou la sucette peuvent être d'un grand secours en tant que procédé d'autoréconfort. Il faut « apprendre » cela à l'enfant au cours de la journée, quand il n'est pas perturbé. Alors on pourra lui proposer pouce ou sucette quand il en aura besoin. Faut-il vraiment encourager le recours à ce que certains qualifient de « béquilles » ? Je crois qu'on peut répondre « oui ». Nous vivons une époque stressante, et les bébés eux-mêmes ont besoin d'apprendre tôt la manière de surmonter les stress internes et externes.

Les pleurs qui, dans la deuxième année, et même dans la première, s'adressent aux parents, et qui n'ont d'autre raison que de réclamer leur attention, peuvent être considérés comme un signal de détresse. On a tendance à qualifier d'enfant « gâté » l'enfant angoissé, sans ressources propres, quand il pleure ainsi. Bien que ce cri exigeant soit destiné à obtenir une réponse des adultes, sa nature elle-même transmet le message : « Vous n'êtes pas capables de me satisfaire. » Un enfant gâté est celui qui n'a jamais appris ses limites, qui a vécu dans un environnement surprotecteur, surstimulant. À cause de leur propre ambivalence ou de leurs conflits personnels, certains parents essaient de tout faire pour ce type d'enfant. Souvent, ils se précipitent avant même que l'enfant puisse avoir envie de faire une chose par lui-même, avant qu'il ne ressente la frustration, qu'il n'effectue d'efforts répétés, et surtout avant qu'il puisse ressentir la joie la plus importante : « J'ai réussi *tout seul*. » Ce sentiment est essentiel pour qu'il ait une bonne image de lui et qu'il se sente compétent. Privé de cela, l'enfant est agité, capricieux, geignard et pleure souvent.

Il y a des moments où les parents risquent de trop s'occuper de leur enfant. Quand leur bébé a été malade, ou qu'il a eu des débuts difficiles dans la vie, ou encore quand les parents ont déjà perdu un enfant, et qu'ils considèrent celui-ci comme un miracle — un « Enfant Jésus » —, ils le couvent constamment. Jamais ils ne le laissent éprouver la moindre frustration ni surmonter par lui-même le moindre bobo ; jamais ils ne le laissent se relever tout seul et repartir après une chute. Cela aboutit à ce que nous appelons le « syndrome de l'enfant vulnérable ». Ces enfants sont malheureux, ils pleurent beaucoup, ils ont un air triste. Par leurs cris, ils réclament une attention constante, comme s'il leur fallait remplir le vide laissé par un manque d'image de soi. Ils testent et provoquent les adultes de leur entourage. La raison pour laquelle ils semblent « gâtés », c'est qu'ils recherchent avec obstination des limites et un sentiment de compétence.

Beaucoup de ces enfants ont besoin d'un ensemble de limites sécurisantes, qu'ils ne peuvent apprendre que par l'autorité de leurs parents. À partir de neuf mois, et surtout au cours de la deuxième année, la discipline va représenter une des tâches les plus importantes pour les parents. Comme nous le verrons au chapitre 19, cela implique un enseignement, et non des punitions. L'objectif c'est de donner au petit enfant la possibilité d'assimiler ses propres limites. Un enfant qui connaît ses limites se sent en sécurité. Un enfant « gâté », en cherchant ses limites, cherche aussi sa sécurité. Lorsqu'un enfant ne cesse de provoquer et de mettre à l'épreuve son entourage, ou bien quand il crie pour qu'on s'occupe de lui, ses parents doivent prendre son comportement au sérieux (cf. chapitre 19).

Lorsqu'un enfant continue à pleurer et à se comporter de façon provocatrice, sans faire aucun progrès visible, les parents doivent se poser une question : « Est-ce que j'arrive à communiquer avec lui ? N'y aurait-il pas un problème plus profond que je n'ai pas décelé ? » Il faut, si possible, rechercher ce problème et aider l'enfant à le comprendre (par exemple, la naissance d'un petit frère ou d'une petite sœur, l'absence d'un des parents, une nouvelle école, l'agressivité d'un ami). Vous pouvez demander à l'enfant de vous dire comment l'arrêter avant qu'il ne se mette hors de lui — avant les pleurs, les caprices, les scènes. S'il vous propose une solution, n'hésitez pas à l'utiliser. Reconnaissez-lui alors le mérite des progrès et félicitez-le d'avoir pris une responsabilité importante.

Avec le temps, l'enfant sait de mieux en mieux pourquoi il pleure, et les parents comprennent de mieux en mieux ce qu'ils doivent faire. Quand un enfant pleure sans raison, sans qu'on puisse le satisfaire, cela peut révéler un symptôme de tristesse générale : il faut consulter. Cependant, si ces pleurs précèdent un nouveau progrès ou une nouvelle adaptation, je les considère comme normaux et comme propres à aider à comprendre l'enfant.

17

La dépression

Chez un enfant la dépression peut être quelque chose de terrifiant pour les parents. Quand doivent-ils s'inquiéter ? Tous les enfants sont tristes de temps en temps, et passent par des périodes de dépression. Pendant ces moments, ils ont besoin de beaucoup plus de réconfort et d'amour. Si leurs sentiments proviennent des déceptions habituelles, des inévitables déceptions de l'enfance, la tristesse sera de courte durée. Les adultes doivent y réagir avec une grande sensibilité.

Comment identifier la dépression

Les pleurs sont une réaction saine à la tristesse ou au manque de quelque chose. J'aime qu'un enfant triste pleure. Un enfant plus sérieusement déprimé manifestera de tout autres symptômes :

• *Désintérêt*. L'enfant est comme coupé des autres, y compris parents, frères et sœurs, amis.

• *Apparence engourdie, comme ralentie*. Les yeux de l'enfant ne s'éclairent plus, son visage est inexpressif, ses mouvements rares.

• *Perte d'énergie*. L'enfant est tout particulièrement fatigué et inerte.

• *Sentiments de désespoir, de mépris de soi, d'une sorte de culpabilité*. L'enfant fait très peu d'efforts pour exprimer ces sentiments.

• *Changements de comportement pendant les repas, la toilette, pendant le sommeil*. Tous ces domaines peuvent être fortement perturbés.

• *Maux de tête ou de ventre*. Ceux-ci peuvent apparaître avant un événement nouveau, comme aller à l'école, à une fête ou dans tout lieu de divertissement.

• *Effet déprimant sur les autres*. Ceux qui entourent l'enfant se sentent tristes ; l'enfant ne veut laisser personne l'approcher.

• *Changements d'habitudes*. L'enfant est sale, ses vêtements ne sont pas assortis, ses cheveux ne sont pas coiffés.

Ces symptômes, sauf s'ils sont temporaires et qu'on puisse les considérer comme une réaction à une déception évidente ou à un événement déprimant, doivent alarmer.

Pour essayer de savoir s'il s'agit d'une dépression sérieuse, les parents peuvent se poser différentes questions. Tout d'abord, quand cette tristesse se manifeste-t-elle ? Si elle ne survient qu'à la suite de critiques ou d'événements désagréables, elle peut être normale. Mais si elle survient à des moments inappropriés, ou si elle est présente de façon constante, je m'inquiéterais. L'enfant peut vouloir dire par ce biais qu'il serait bon que l'on soit plus attentif à ses sentiments. Si la tristesse se mêle à certaines expériences dont on attend qu'elles soient joyeuses, les parents devraient aussi s'en inquiéter.

Et puis une bonne raison à cette tristesse ne pourrait-elle pas être, par exemple, la perte d'un chien ou d'un

jouet préféré, l'absence d'un parent, l'arrivée d'un nouveau bébé, le départ d'un ami d'école ? S'est-il produit
des événements — à l'école, chez des voisins, à la
maison — qui pourraient justifier ces sentiments de
tristesse ? Peut-être y a-t-il eu plusieurs événements qui
se sont ajoutés les uns aux autres ? S'ils peuvent être
identifiés, et si l'enfant est encouragé à s'exprimer, il ne
sera pas totalement déprimé, et rapidement se sentira
beaucoup mieux. Un enfant habituellement optimiste,
plein d'entrain, peut passer par des périodes de tristesse.
À moins que cela ne dure très longtemps, les parents peuvent s'attendre qu'il en guérisse.

Si, au contraire, la période de tristesse ou l'état de
crise est hors de proportion avec l'événement et conduit
à un véritable repli sur soi, les parents doivent alors prendre des dispositions. Une période de deux semaines semble être un laps de temps raisonnable pour observer. Un
enfant naturellement tranquille, timide, renfermé mais
qui le devient encore plus, a besoin d'être pris au sérieux.
Un enfant qui a du mal à apprendre, ou à fixer son attention a des raisons d'être triste et renfermé. Sa propre
image est déjà affectée. Tout nouveau signe de détresse
doit être sérieusement pris en considération.

Comment réagir à la tristesse et à la dépression

Tout en essayant d'évaluer les symptômes et de décider si une aide extérieure est nécessaire, les parents peuvent réagir par un comportement adapté :

1. Prenez l'enfant au sérieux. Se moquer de lui ne
donnera aucun résultat, sinon de dévaluer ses sentiments. Si vous parvenez à identifier la tristesse chez
votre enfant, vous serez également capable de l'aider à
la comprendre.

2. Encouragez les activités que l'enfant aime et qu'il réussit pleinement. Cependant, n'exercez aucune pression sur lui. Aidez-le à retrouver son estime de soi en remarquant ses petits triomphes, et en lui montrant que vous admirez sa compétence.

3. Faites bien comprendre à votre enfant que vous savez qu'il se sent triste.

4. Ne le poussez pas à vous dévoiler les causes profondes de sa tristesse si vous ne vous sentez pas capable de les surmonter. Si vous pensez qu'il y a des sentiments plus profonds, et si cela vous effraie, vous avez besoin de l'aide d'une personne extérieure.

5. Aidez l'enfant à sentir que l'on s'occupe de lui et qu'il est protégé. Dites-lui : « Je comprends ce que tu ressens, nous pouvons et nous allons t'aider. Nous sommes là et nous t'aimons. »

La tristesse et la dépression sont des appels à l'aide. Bien que des sentiments d'abandon, de solitude, d'incapacité, de colère inexprimée, de dépression soient normaux et qu'ils touchent tous les enfants, les parents doivent vraiment, j'insiste, découvrir si cela correspond à des états passagers que l'enfant peut surmonter, ou si ce sont des symptômes sérieux qui l'accablent profondément. Si ces symptômes persistent, s'ils s'ajoutent à une fragilité évidente chez l'enfant, ou s'ils surviennent après une adaptation difficile à quelque chose, il est alors nécessaire de consulter un thérapeute. L'enfant aussi bien que ses parents se sentiront soulagés de trouver quelqu'un capable de comprendre cette tristesse, et d'apporter une protection à l'angoisse et à la culpabilité qu'entraîne l'incapacité à réagir. Votre médecin peut vous adresser à un psychiatre ou un psychologue spécialisé dans les thérapies pour enfants. Il est possible aussi d'obtenir des adresses auprès des centres hospitaliers régionaux.

18

Les anomalies du développement

Si vous êtes inquiet au sujet d'un retard dans le développement de votre enfant, n'attendez pas. Faites-le tout d'abord examiner par un pédiatre et, si nécessaire, par un spécialiste du développement. Les parents sont à l'avant-garde de la santé et du bien-être de leurs enfants, ils doivent avoir confiance dans leurs observations et leur intuition. Si un aspect quelconque dans l'évolution de votre enfant — que ce soit moteur, cognitif, émotionnel ou comportemental — vous trouble, appelez votre médecin ou prenez rendez-vous avec lui. Si le pédiatre, ou un autre soignant, vous dit que tout va bien, mais que vous ayez l'impression que le problème persiste, demandez l'adresse d'un centre spécialisé.

Les chapitres précédents vous donnent une idée générale de ce que vous pouvez attendre de votre enfant à chaque âge. Il y a différentes « cartes » de développement utilisées pour évaluer les progrès d'un enfant. L'une des premières, dans le domaine du développement général, fut élaborée par Arnold Gesell, puis servit de point de départ à d'autres chercheurs, comme Nancy Bayley, qui inventa le test d'évaluation portant son nom, et qui concerne les cinq premières années de la vie. Dans le domaine cognitif, les travaux de Jean Piaget ont montré la voie, et beaucoup d'autres travaux, comme ceux de Jerome Bruner, Jerome Kagan et Howard Gardner, ont affiné notre compréhension du développement de la pensée de l'enfant. Il en est résulté une courbe du développement cognitif pour les premières années. La courbe du développement émotionnel est moins clairement définie, mais des psychanalystes comme Selma Fraiberg, Stanley Greenspan, et d'autres spécialistes du nouveau domaine de la psychiatrie infantile, ont tenté d'en définir les grandes lignes. À partir de ces travaux de recherche, de nombreux tests de dépistage et de diagnostic ont été mis au point pour évaluer le développement de l'enfant.

Nous savons maintenant comment un système nerveux immature peut se rééquilibrer de lui-même. Cela rend évidente la nécessité d'une aide médicale aussi tôt que possible. Les enfants peuvent se remettre de beaucoup de troubles du développement, qu'ils soient moteurs, cognitifs ou émotionnels. Plus tôt ceux-ci seront identifiés, plus tôt les moyens d'amélioration ou de compensation seront définis, et plus il y aura de résultats. Il est donc très important de consulter dès que vous êtes inquiet.

L'identification des anomalies du développement

Sans aide, les parents angoissés risquent d'aggraver le retard du comportement. Sans s'en rendre compte, ils peuvent en effet, ou surprotéger l'enfant, ou le pousser pour qu'il « rattrape ». Aucune de ces réactions ne donnera de résultat, mais toutes les deux auront pour effet de transmettre à l'enfant une mauvaise image de lui-même. S'il essaie de rattraper à tout prix et qu'il échoue, il se sentira une sorte de raté. Un sentiment fait de désespoir et d'impuissance s'ajoutera à ses problèmes profonds.

Voici quelques symptômes méritant un examen.

LES RETARDS GRAVES DE DÉVELOPPEMENT MOTEUR. Il faut s'inquiéter en cas d'hypo- ou d'hypertonie musculaire. Si le bébé ne se sert pas d'un membre, s'il n'arrive pas à lever la tête ou certaines parties de son corps, je m'inquiéterais. Est-ce que certains muscles paraissent très contractés ? Un enfant qui a des muscles contractés tout en étant capable de les relâcher de temps en temps n'a vraisemblablement pas de problèmes neurologiques.

Mais si ses muscles trop tendus gênent sa capacité d'apprendre de nouvelles choses ou d'essayer de les apprendre, il faut le faire examiner. Est-ce que sa main dépasse le but lorsqu'il essaie d'atteindre des objets ? Est-ce que son attitude manque d'assurance, est-ce que ses gestes sont saccadés s'il veut saisir un objet ou essaie de se mettre debout ? Cette brusquerie, ce manque d'assurance augmentent-ils dès que l'enfant est stressé ou fiévreux ? Tout cela pourrait révéler un déficit neurologique pouvant être surmonté dans des circonstances normales, mais ne pouvant plus l'être si un stress vient s'ajouter au fonctionnement du système nerveux. Un enfant dont les muscles fléchisseurs et extenseurs présentent un déséquilibre fonctionnel (dyskinésie), aura besoin d'aide dans l'apprentissage des tâches motrices. Parmi les problèmes qui peuvent provoquer des retards moteurs, et qui ne sont pas immédiatement diagnosticables, se trouvent la paralysie cérébrale légère, le syndrome de Tourette, les troubles de la motricité (cf. aussi le chapitre 27).

Si un pédiatre soupçonne l'existence d'un problème, il adressera les parents à un neurologue qui pourra recommander une thérapie. Les thérapies les plus efficaces tiennent compte du niveau de capacités de l'enfant ; elles chercheront à les développer en donnant à l'enfant l'envie de modifier son comportement. Ces techniques ne sont efficaces que dans la mesure où elles ne poussent pas l'enfant à faire des choses dont il n'est pas capable. Le processus serait compromis si l'enfant se sentait découragé ou mis en position d'échec. Pour cette raison, il est nécessaire d'envisager que des professionnels compétents prévoient, et encouragent, la collaboration des parents dans ces techniques d'intervention.

LES RETARDS DANS LE DÉVELOPPEMENT COGNITIF. Comme nous l'avons vu dans la première partie, le développement cognitif suit lui aussi un déroulement plutôt prévisible. Lorsque l'enfant manifeste le sens de la permanence de l'objet, le sens des effets de la gravité, on peut en déduire que ses capacités mentales progressent. S'il montre qu'il attend un certain type de réactions des personnes importantes de son entourage, il a découvert la prévisibilité. Dès l'âge de un mois, le bébé attend autre chose de son père que de sa mère : une interaction ludique avec son père, maternante avec sa mère. Et il le montre en ayant un comportement différent, et déjà très sophistiqué, envers chacun de ses parents : le père, il le regarde d'un air réjoui, la mère d'un air sévère, signifiant : « Alors, on se met au travail ! » Vers cinq mois, vous constaterez qu'il est à la recherche de nouvelles sensations, qu'il s'agisse de personnes ou d'endroits. Au cours des mois suivants, l'imitation, la mémoire, le sens de causalité commencent à apparaître.

Si ces manifestations tardent à apparaître chez un enfant, il s'agit peut-être d'un retard de compréhension, dû lui-même à une interférence dans l'assimilation des informations, comme certaines difficultés d'apprentissage, ou toute autre forme de désorganisation du système nerveux. Il peut aussi y avoir à l'origine une expérience mal adaptée avec des jouets ou des personnes. Dans un environnement chaleureux, en l'absence de prématurité ou d'autres conditions pathologiques, on ne peut guère admettre plus de deux mois de retard dans ces domaines.

Il est important de savoir qu'une déficience ou un retard moteur ne sont pas obligatoirement accompagnés d'un retard cognitif. Ainsi, même un bébé sans membres, ni aucune expérience motrice, étant donc incapable d'agir sur son environnement, pourrait tout de même acquérir un sens de la permanence de l'objet et de la causalité. J'examinais un jour une petite fille de huit mois qui avait des bras très frêles et des moignons en guise de jambes, et je remarquais qu'elle regardait par terre dès que l'on faisait tomber un jouet. Lorsque j'ai utilisé un jouet mécanique pour tester son sens de la causalité, elle l'a suivi du regard, fascinée. Sa tête se tournait pour bien observer le déplacement du jouet sur la table. Dès qu'il s'est arrêté, elle a levé les yeux vers moi avec une sorte de plainte comme pour dire : « Fais-le marcher. » Puis elle a tendu la tête et le cou en avant, en me regardant dans les yeux. Sa mère a dit : « C'est ainsi qu'elle nous demande de faire marcher un jouet. » Elle avait découvert la causalité uniquement par l'observation visuelle.

Contrairement à cette petite fille, un bébé du même âge se trouvant à l'hôpital pour un problème de dépérissement, dû à un environnement déficient, n'a été capable de réagir à aucun de ces tests. Il n'avait aucune expérience des objets, ne savait même pas qu'on pouvait les « faire marcher ». Grâce à l'attention et aux soins qu'il a reçus dans cet hôpital, il a commencé à s'intéresser aux jouets aussi bien qu'aux personnes. Moins de dix jours après, il était réceptif à l'enseignement. Il a découvert en une journée la permanence de l'objet. Quelques jours plus tard, il comprenait le principe du jouet mécanique. Il m'a regardé d'abord pour savoir s'il pouvait me faire confiance. Puis il m'a tendu le jouet pour « le faire marcher ».

Les causes de retard cognitif sont trop nombreuses pour qu'on les décrive ici. Elles comprennent la trisomie 21 et autres formes de retard mental, les troubles de l'attention (cf. chapitre 26), le syndrome d'alcoolisme fœtal, et différents troubles de l'apprentissage comme le dysfonctionnement cérébral mineur. Si parents et pédiatre reconnaissent qu'il y a un retard, ou si l'inquiétude des parents persiste, il est important de consulter au plus vite un neurologue, un psychiatre ou un psychologue pour enfants, selon la nature du problème.

Les déficiences sensorielles qui n'ont pas été diagnostiquées à la naissance, comme les problèmes visuels ou auditifs, peuvent aussi, bien entendu, retarder le développement cognitif. Un traitement précoce aidera l'enfant. Les tests simples de vision et d'audition seront effectués au cabinet du pédiatre, mais les problèmes plus complexes ne peuvent être diagnostiqués que par un ophtalmologiste ou un oto-rhino-laryngologiste (cf. chapitre 39).

RETARDS DANS LE DÉVELOPPEMENT ÉMOTIONNEL ET SOCIAL. Différentes conditions sont susceptibles d'entraver le développement émotionnel du bébé et ses capacités de relations avec les autres. La prématurité, le stress prénatal, rendent un nouveau-né particulièrement vulnérable. L'hypersensibilité aux expériences auditives, visuelles, tactiles, kinesthésiques et orales peuvent interférer dans le développement de l'attachement. Un tel bébé peut détourner le regard si un de ses parents essaie de communiquer avec lui. Il frissonne ou se raidit dès qu'on le câline. S'il est pris dans les bras, il peut résister ou se laisser glisser comme un sac de son. Lorsqu'un enfant recrache ses aliments, les repousse ou a des difficultés à avaler, la personne qui s'en occupe se sent rejetée. L'impression d'échouer, les sentiments de colère peuvent décourager toute volonté de maternage et de jeu chez l'adulte responsable. Tout cela ne fait que s'ajouter aux difficultés du bébé.

Certains de ces problèmes peuvent n'être que transitoires si les parents en comprennent la raison, et s'ils font preuve de patience. Les médicaments administrés à la mère au cours de l'accouchement, une insuffisance d'oxygène, les privations éventuelles au cours de la vie intra-utérine, tout cela risque d'entraîner chez le nouveau-né des difficultés à réagir, comme nous l'avons vu dans le chapitre 2. Les bébés victimes de telles agressions sont souvent inertes, indifférents au moment des repas. Ils tètent faiblement, s'étouffent, ont tendance à recracher. Si jamais ils manifestent une réaction aux signaux venus de l'entourage, c'est d'une manière atténuée. Ils n'arrivent pas à porter la main à la bouche. Si on les redresse pour les asseoir, leur tête reste en arrière. Aucune réaction susceptible de satisfaire des parents inquiets, désireux de bien faire, ne peut être obtenue. Si personne ne leur explique les raisons de ce comportement, les parents vont s'effrayer, craindre une déficience permanente. Il est important que le médecin ou la puéricultrice les rassurent en leur disant qu'avec un peu de temps, la plupart de ces bébés vont progresser. Cela se fera au fur et à mesure que leur alimentation évoluera elle aussi, que l'effet des médicaments disparaîtra et que leur système nerveux récupérera un nouvel équilibre. Si les choses n'évoluent pas de cette façon, un neurologue doit être consulté. Si le diagnostic exclut un handicap neurologique, il est alors possible de faire aider l'enfant par un spécialiste en pédiatrie comportementale, ou par un pédopsychiatre.

En examinant un enfant ayant eu un départ difficile, nous recherchons les signes prouvant que son système nerveux est intact. Au cours des premiers mois, les aptitudes à communiquer doivent continuer à se développer. Dans les premières semaines, les bébés apprennent à prêter attention aux signaux sociaux et à prolonger cette attention. Les sourires, et autres expressions du visage, les vocalises, les mouvements du corps en direction de la personne qui s'occupe de lui ne sont pas uniquement des indicateurs de la capacité du bébé à réagir correctement, ils sont également nécessaires pour alimenter l'interaction parent-enfant. Un enfant de cet âge ne devenant pas attentif au son de la voix maternelle, ne manifestant pas une excitation corporelle à l'apparition de son père, devrait être examiné. Un regard qui se détourne, un froncement des sourcils, un refus volontaire des signaux venant de l'entourage peuvent être dus à un système nerveux hypersensible. Ils peuvent être également dus à un environnement ou trop stimulant ou qui ne répond pas bien aux demandes du bébé. Ces situations conduisent toutes deux à un échec de la communication.

Si un bébé paraît indifférent et aux jouets et aux personnes familières, s'il ne manifeste aucune émotion, il y a de sérieuses raisons de s'inquiéter. Si, en plus il commence à développer des habitudes répétitives — se taper la tête, laisser son regard flotter vers le haut, se balancer le corps, tortiller ses cheveux, se mettre les mains sur le visage ou sur les oreilles —, un examen s'impose (cf. chapitre 24). Un enfant qui ne sourit pas, qui ne communique pas, qui réagit aux signaux sociaux avec un comportement répétitif, incompréhensible, et avec un regard vide, terne, peut manifester des signes de lésion neurologique, ou un trouble du développement, l'autisme, dont on verra la description plus loin.

S'il y a réellement un problème, ces symptômes, loin de régresser, vont s'aggraver au cours des mois suivants. Un enfant déprimé ou renfermé aura le corps inerte, l'expression vide. Il n'essaiera pas de toucher le visage de ses parents pour l'explorer. Lorsque vous vous penchez sur lui dans l'attente d'un sourire ou d'une vocalisation, il se détourne avec un regard attristé. Il résiste si vous essayez de le prendre ou le bercer. Il peut même refuser de manger et se mettre à perdre du poids. Si cette situation persiste, un état connu sous le nom de « syndrome de dépérissement » peut en résulter. On le constate chez les bébés atteints de problèmes neurologiques ou psychologiques, mais aussi chez les bébés négligés. Le Dr George Engel, à Rochester, dans l'État de New York, a montré que les bébés nourris dans un environnement peu agréable, sans interaction, ne digèrent pas bien. Mais ceux qui sont tenus dans les bras, auxquels on parle, avec lesquels on joue au cours du repas, sécrètent les sucs digestifs nécessaires à l'assimilation des substances nutritives. À partir de cela, nous avons donc découvert que les réactions des personnes qui entourent le bébé sont à prendre en considération tout autant que la nourriture. Ces réactions doivent être adaptées à l'enfant et à sa capacité de les utiliser.

Une évaluation très précise du comportement du bébé et quelques entretiens pleins de tact avec les parents sont nécessaires pour pouvoir déterminer tout problème de développement qui pourrait entraîner un retard émotionnel. Au cours de ces rencontres, il est possible de montrer aux parents comment adapter leurs réactions aux possibilités de leur enfant.

Chez l'enfant de huit à seize mois, un retard de l'intérêt manifesté aux jouets et aux personnes est vraiment une raison d'inquiétude. Si un enfant reste apathique, sans réaction lorsqu'un jouet lui est présenté, ou s'il fait preuve d'une attitude répétitive, incohérente devant ce jouet, s'il n'a que peu de réaction lorsqu'il le perd, son développement affectif (émotionnel) peut être anormal. À cet âge, les signes de dépression et de repli sur soi — avec ou sans comportement moteur incohérent, répétitif, une non-différenciation entre parents et étrangers, et une absence de résistance ou de négativisme — indiquent des problèmes émotionnels pour lesquels les parents doivent chercher de l'aide.

Les signes que nous venons de décrire — inertie émotionnelle, mouvements répétitifs, manque d'intérêt pour les personnes — peuvent être des symptômes d'*autisme*. L'enfant autiste évite tout contact physique, éprouve des difficultés à s'attacher, souffre d'un retard du langage et manifeste des réactions désordonnées aux stimuli sensoriels. Certaines images, certains sons peuvent le mettre en transe, alors que d'autres passent complètement inaperçus.

Le diagnostic d'autisme n'est pas facile à établir, et les causes de cette maladie ne sont pas encore connues.

Un handicap sensoriel, comme la surdité, doit être recherché. Un pédiatre formé aux troubles du développement doit voir l'enfant le premier. Ensuite psychiatres, neurologues, oto-rhino-laryngologistes et orthophonistes peuvent tous être nécessaires, autant pour le diagnostic que pour le traitement.

LES PROBLÈMES ULTÉRIEURS DE DÉVELOPPEMENT À SUR-VEILLER. Les enfants qui se développent normalement dans les domaines moteur, cognitif et émotionnel au cours des premiers mois, peuvent néanmoins passer ensuite par des perturbations émotionnelles. Pendant la deuxième et la troisième année, je m'inquiéterais si un enfant était « trop gentil ». Celui qui ne développe pas un négativisme ou des colères prévisibles peut refouler son désir d'autonomie. Un enfant qui reste seul, qui se fait tout petit en présence d'autres enfants, exprime une tendance à l'isolement, à la passivité qu'il ne faut pas négliger. Si ses camarades l'évitent, c'est très significatif. Un enfant, souffrant de problèmes émotionnels sous-jacents, peut rester assis sur une chaise, devant le téléviseur, en suçant son pouce, en s'amusant avec ses cheveux, son nez ou son visage. Il peut refuser d'affronter toute situation un peu difficile, comme la visite de grands-parents, d'étrangers, ou d'autres enfants. Il peut afficher un tonus musculaire insuffisant, avoir le teint triste, et ne pas avoir d'appétit. Un enfant perturbé a un caractère passif, il ne réagit pas, il est indifférent à tous les plaisirs de son monde.

Tout à fait à l'opposé, il y a de jeunes enfants qui, à l'âge où ils commencent à marcher, manifestent des émotions extrêmes et des réactions hors de proportion avec la situation. Ils peuvent à juste titre inquiéter leurs parents, par exemple s'ils passent sans transition du rire aux larmes, puis à l'indifférence ; s'ils traitent jouets et gens pratiquement de la même façon ; ils ont besoin d'aide. Un enfant de ce type s'excite en un rien de temps, et ne réagit pas aux attitudes douces et affectueuses qui lui sont proposées. Il paraît ne plus être en contact avec son entourage. Il a des rires nerveux qui se transforment en fous rires ; ses pleurs et ses cris peuvent très vite conduire à des colères, alternant avec des périodes de comportement dépressif sans rapport avec les stimuli qui les ont déclenchées.

Si l'enfant paraît bloqué dans ce genre de comportement, les parents risquent de s'en effrayer et de ne pas savoir vers qui se tourner. S'ils demandent l'avis d'amis ou d'un professionnel ayant des connaissances psychologiques sommaires, ils peuvent s'entendre répondre : « Ne vous inquiétez pas. Cela lui passera avec l'âge. » Si ces symptômes persistent, qu'ils se fient à leur propre jugement et consultent un pédopsychiatre. Avec une évaluation correcte, les problèmes émotionnels enfouis pourront être compris, et une thérapie pourra être mise en route avant que les choses ne s'aggravent.

19

La discipline

Après l'affection, le sens de la discipline est ce que les parents peuvent offrir de plus important à un enfant. Pourtant, c'est un sujet qui soulève bien des questions difficiles. À quel âge la discipline devrait-elle commencer ? Quand devient-on « trop sévère » ? À quel genre de punition peut-on légitimement recourir ? Ce sont les questions que j'ai le plus entendues dans ma pratique. Bien que la plupart des parents se rendent compte que fixer des limites est indispensable, le faire d'une façon efficace, constante, est une réalité assez ardue pour eux. Nous voulons tous que nos enfants soient « bien élevés », mais nous craignons soit d'en faire des êtres sans caractère, soit de les accabler par un nombre excessif d'interdits.

Au cours des dix dernières années, j'ai l'impression que les parents sont devenus encore plus ambivalents quant aux problèmes de limites et d'autorité. Après leur journée de travail, ils ont horreur de passer le peu de temps dont ils disposent à la maison à faire de la discipline. Les enfants, quant à eux, attendent jusqu'au soir pour donner libre cours à leur comportement agressif dans un environnement sécurisant et plein d'amour. Leur besoin de trouver des limites est encore plus important lorsque leurs parents ont été absents toute la journée.

Certains parents hésitent devant une certaine sévérité parce qu'ils se rappellent avoir subi dans leur enfance une autorité trop sévère. Ils ne veulent pas répéter des souvenirs douloureux. S'ils ont été maltraités, ils redoutent de perdre leur contrôle, comme leurs propres parents. Ces parents-là doivent vraiment affronter consciemment leurs « fantômes », avec l'aide d'un spécialiste, afin de pouvoir répondre au besoin de discipline de leur enfant.

Comment instaurer l'autodiscipline

Discipline signifie « enseignement », et non « punition ». Ce que vous faites à propos de n'importe quel incident n'est pas aussi important que ce que vous apprenez à l'enfant à chaque occasion. La punition peut être une partie de la discipline, mais elle devrait suivre immédiatement l'écart de conduite, être brève et respecter les sentiments de l'enfant. Dès que la punition a eu lieu (par exemple la suppression d'une sortie ou d'une récompense), les parents devraient s'asseoir avec l'enfant puni et lui dire : « Je t'aime, mais je ne peux pas te laisser faire une chose pareille. Un jour tu sauras toi-même comment t'en empêcher et moi je n'aurai plus besoin de le faire. »

Les enfants sentent qu'ils ont besoin de discipline, ils iront très loin pour obliger leurs parents à leur fixer des limites. Vers la fin de la deuxième année, l'enfant manifestera ce besoin par des provocations évidentes. Que ce soit en touchant les boutons du téléviseur, en jetant de la nourriture par terre, ou bien en se mettant à mordre. Il commencera à explorer ce qui est permis et ce qui ne l'est pas, tout en se procurant des sensations fortes, faites d'excitation et de peur. Une fois qu'il sait marcher, il a toujours à sa disposition la possibilité de transgresser les limites de la sécurité.

Sans discipline, les enfants de cet âge se mettent à avoir des comportements d'enfants « gâtés ». Ils deviennent anxieux, font tous leurs efforts pour pousser leurs parents à fixer des limites qu'ils savent ne pas pouvoir trouver eux-mêmes. En observant ces enfants, j'ai découvert combien il était important de fixer des limites avec fermeté et compréhension. Une autorité cohérente, réservée aux situations qui le méritent, ne constitue pas une menace pour la personnalité de l'enfant. Tout au contraire, elle participe à son travail d'apprentissage sur lui-même.

L'autodiscipline, objectif de toute discipline, passe par trois étapes : 1) L'expérimentation des limites par l'exploration ; 2) La provocation, pour obtenir des autres une définition claire de ce qui est permis et de ce qui ne l'est pas ; 3) L'assimilation de ces restrictions inconnues jusqu'alors. Par exemple, lorsqu'un de nos enfants a su ramper, il a tout de suite eu envie d'aller vers le poêle. Dès qu'il se précipitait dans cette direction, nous réagissions d'une manière très énergique qui lui convenait tout à fait. Prévoyant notre réaction, il regardait autour de lui pour s'assurer que nous l'observions avant de s'avancer pour toucher le poêle. Si nous ne lui prêtions pas attention, ou bien il s'en allait, ou bien il faisait du bruit pour se faire remarquer. Jusqu'à ce que nous lui disions la phrase attendue : « Ne touche pas », il était très surexcité. Si nous avions la moindre hésitation, il tendait la main pour obtenir une réaction. Si nous réagissions violemment, ce qui arrivait en cas de fatigue après une journée difficile, il éclatait en sanglots. Mais, tout en pleurant, ses yeux nous observaient, et il nous semblait discerner une sorte de soulagement dans son regard. Au bout de quelques mois, alors qu'il ne rampait plus, mais commençait difficilement à marcher, il se dirigeait au pas de charge vers le même poêle, s'arrêtait, se disait tout haut « non » à lui-même, et puis partait en titubant vers d'autres aventures excitantes. Il avait assimilé les limites que nous lui avions apprises. En revanche, nous pouvions constater que, lorsque nous manquions d'assurance, il en manquait aussi. Lorsque nous étions déterminés pour toutes les choses sérieuses comme ce poêle brûlant, il s'en rendait compte et de lui-même acceptait nos limites.

Mais la plupart des problèmes ne sont pas aussi simples que celui-ci. La plupart du temps, les enfants se livrent à des provocations dans des domaines qui n'ont pas vraiment d'importance pour leurs parents. Ceux-ci sont alors pris au piège de l'indécision : est-ce que cette fois cela en vaut la peine ? Si nous ignorons cette chose-là, est-ce qu'il en cherchera une autre ? Est-ce qu'il faut être ferme maintenant pour qu'il m'écoute quand ce sera vraiment important ? Étant donné que l'enfant sent toute indécision, il a tendance à répéter son comportement, ou même à l'intensifier. Vous pouvez très bien passer la journée à dire non à un enfant de cet âge, il passera la sienne à vous provoquer.

Comme je le dis aux parents, si vous réservez votre autorité pour les problèmes importants — pour les choses qui comptent vraiment —, vous pourrez vous imposer avec assurance et fermeté ; l'enfant le sentira et vous obéira. La discipline fonctionne bien lorsque vous pensez vraiment ce que vous dites, et lorsque l'enfant comprend qu'il est important pour lui de respecter votre décision. Et qu'il s'expose lui-même, ou qu'il expose les autres au danger ou à la douleur, son désir personnel de limites rejoint le vôtre.

La discipline et les étapes du développement

À chaque étape du développement, certains comportements de l'enfant semblent excessivement agressifs ou incontrôlés, mais, en fait, ils sont normaux. Si dans cette phase exploratoire vous réagissez trop violemment, vous risquez de finir par les renforcer. À certains âges, les enfants mordent, pincent, mentent, disent des grossièretés, tout comme, à d'autres, ils fumeront, feront des expériences sexuelles, rentreront trop tard. Ces « coups de sonde » commencent souvent sans aucune mauvaise intention. Si l'entourage réagit avec véhémence, l'enfant se demande pourquoi. Il recommence, comme s'il avait besoin de savoir pourquoi il avait provoqué une telle réaction. Et tout en répétant son comportement, il ressent une angoisse de plus en plus forte sur laquelle peuvent se greffer des motivations inconscientes. Ce comportement, anodin au début, devient impulsif et chargé d'excitation. Bientôt, l'enfant ne se contrôle plus. Ses agissements provoquent une telle colère autour de lui que le cycle répétitif s'installe. Enfant et parents sont incapables de sortir de l'ornière. Lorsque ce processus se met en marche, les parents doivent comprendre qu'il s'agit pour l'enfant d'exprimer son anxiété à propos d'un processus qu'il n'arrive pas vraiment à maîtriser et qui le met dans une situation de vulnérabilité qui, par la force des choses, le pousse à réagir.

Il est possible d'éviter la situation ou de la désamorcer en réagissant utilement au moment même où apparaît le comportement exploratoire. Voici des exemples d'« inconduites » normales, et les façons permettant de fixer des limites sans renforcer le problème.

QUATRE, CINQ MOIS. Les enfants de cet âge mordent couramment le sein, car leurs dents viennent de sortir, et ils doivent les essayer. La mère peut faire comprendre qu'elle n'aime pas cela en retirant le bébé du sein. Chaque fois qu'il vous mord, éloignez-le avec fermeté, mais sans manifester de contrariété exagérée. À la place, laissez-le vous mordre le doigt.

HUIT, DIX MOIS. Votre bébé va vous tirer les cheveux, vous griffer l'œil, ou vous enfoncer le doigt dans la joue, sans aucune intention de vous faire mal. Il est fasciné par les cheveux, les yeux, les visages. Vous réagissez, et cela l'excite davantage. Faites comprendre à l'enfant calmement, mais fermement, qu'il vous fait mal. Que vous aimez l'exploration, mais pas dans ces conditions. S'il continue, tenez-lui fermement les mains jusqu'à ce qu'il apprenne à s'arrêter tout seul. Chaque fois, dites : « Je n'aime pas cela et je te tiendrai les mains jusqu'à ce que tu apprennes à ne pas tirer, griffer ou appuyer trop fort. » Il comprendra peu à peu. Si nécessaire, posez-le par terre jusqu'à ce qu'il se calme, et puis reprenez-le pour un moment de tendresse, et pour lui expliquer ce que vous voulez.

DOUZE, QUATORZE MOIS. En vous mordant, en pinçant votre visage ou votre épaule, l'enfant peut expérimenter la sensation de son acte, votre réaction, et la façon de l'obtenir. Agissez comme précédemment. Posez-le par terre, dites-lui que vous le reprendrez pour le câliner, mais pas pour être mordu.

SEIZE, VINGT-QUATRE MOIS. À présent l'enfant peut s'essayer sur les autres enfants à mordre, tirer les cheveux et griffer. Il tente de faire connaissance avec eux, d'attirer leur attention. Il réagit de façon excessive au stress dû au fait qu'il ne connaît pas l'autre enfant, qu'il a très envie de le connaître, et qu'il ne sait pas comment s'y prendre. Ce sont des comportements courants dans les situations nouvelles ou difficiles. Si vous, ou l'autre parent, réagissez violemment, ce qui n'est que trop facile — la plupart des mères sont horrifiées —, vous allez effrayer les deux enfants. Celui qui est mordu a besoin d'être consolé, bien sûr, mais il doit aussi comprendre que ce n'était qu'une tentative de l'autre enfant pour faire connaissance. Celui qui a mordu est celui qui a le plus besoin de réconfort, car il est effrayé de son acte, ainsi que de la réaction de l'enfant mordu. Prenez-le dans les bras pour le réconforter et lui expliquer que cela fait mal, que l'autre n'a pas apprécié. Calmez-le jusqu'à ce qu'il retrouve le contrôle de lui-même, puis essayez de lui indiquer d'autres façons d'aborder autrui. Il aura besoin de plus d'expérience avec les autres enfants. Il est également important qu'il sache que vous le tirerez de ce genre de situation tant qu'il ne saura pas se contrôler. Mais moins les adultes s'en mêlent, mieux ce sera. Si les choses continuent, trouvez alors un autre enfant de son âge et de sa taille qui morde ou tire les cheveux. Mettez-les en présence, ils vont probablement se mordre ou se griffer. L'autre va vouloir se venger, tous deux seront stupéfaits de découvrir que cela fait mal, et chacun réfléchira avant de recommencer.

DIX-HUIT, TRENTE MOIS. C'est le début du comportement violemment négatif et des colères. Au cours des deuxième et troisième années, l'enfant a une poussée normale et essentielle d'indépendance. Il essaie de se séparer de vous pour apprendre à décider par lui-même. Souvent il est pris au piège de son indécision pour des sujets qui n'ont aucune importance, *si ce n'est pour lui*.

Il n'est pas possible d'éviter les colères, n'essayez pas. *Ne vous couchez pas par terre* pour faire comme lui. *Ne lui versez pas d'eau froide* sur le visage, n'essayez pas de l'arrêter brutalement. Plus vous intervenez, plus la colère durera. Le plus simple est de vous assurer qu'il ne risque pas de se blesser, puis de sortir de la pièce. Après votre départ, la colère ou la violence se calmera rapidement. Au bout d'un moment revenez, prenez l'enfant affectueusement dans vos bras, asseyez-vous avec lui dans un fauteuil pour l'apaiser. Dès qu'il sera de nouveau capable de vous écouter, essayez de lui faire comprendre que vous savez combien c'est difficile d'avoir deux ou trois ans, et de ne pas pouvoir se décider. Rassurez-le, bientôt il saura ce qu'*il* veut ; en attendant, c'est bien normal de perdre tout contrôle.

TROIS, SIX ANS. Certains enfants de cet âge lancent ou brisent des objets dans une crise de rage. En fin de journée, ou à un moment où il est épuisé, l'enfant peut être hors de lui. La joie d'avoir accompli un acte aussi agressif se mêle à l'angoisse qu'il ressent en se rendant compte de ce qu'il a fait.

Tout d'abord, dites-lui qu'il ne doit pas agir ainsi — que vous ne le laisserez pas faire si vous pouvez intervenir à temps. Tenez-le bien contre vous pour qu'il se calme et reprenne son contrôle. Gardez-le sur vos genoux jusqu'à ce qu'il soit capable de vous écouter. Ensuite, dites-lui pourquoi, selon vous, il a ressenti le besoin d'agir ainsi et pourquoi il ne doit pas faire une chose pareille. Dites-lui aussi que vous savez combien il regrette son comportement destructeur et déchaîné. Mais qu'il se rassure, à l'avenir vous essayerez de l'aider avant qu'il ne perde tout contrôle. Demandez-lui de vous indiquer ce qui peut l'arrêter. Si ces suggestions donnent des résultats, il est important de lui en attribuer le mérite. Cela l'aidera à réapprendre à se contrôler.

Comment trouver la bonne discipline

Avant d'exercer leur autorité, les parents attentifs se posent la question : « Est-ce qu'en étant trop strict ou trop répressif, je risque d'en faire un enfant sans caractère ? » Des parents aimant leur enfant ne veulent pas qu'il soit passif. Si vous demandez à une mère ou à un père s'ils veulent d'un enfant agressif ou non, la majorité va répondre : « Pas trop agressif, mais je veux quand même qu'il puisse se défendre. » De toute évidence, il y a un lien entre agression et punition. Il convient donc, en effet, de ne pas piétiner les pulsions agressives de l'enfant ni ses réflexes de défense, mais de l'aider à les exprimer par un comportement acceptable.

Aux parents voulant savoir s'ils sont trop sévères, je suggère d'observer les faits suivants, qui, s'ils existent, les aideront à réduire leur autorité et à la réserver aux problèmes importants :

— Un enfant trop sage, trop tranquille, qui n'ose pas exprimer des sentiments négatifs ;
— Un enfant trop sensible aux critiques, même modérées ;
— Un enfant qui ne provoque pas son entourage comme il le devrait à son âge ;
— Un enfant dépourvu de tout sens de l'humour et de joie de vivre ;
— Un enfant qui est irritable ou anxieux la plupart du temps ;
— Un enfant qui, à cause de fortes pressions exercées sur lui dans d'autres domaines — alimentation, sommeil, propreté —, peut régresser, et se comporter comme un bébé ou un enfant beaucoup plus jeune.

Lorsque l'on me demande des conseils précis pour une discipline positive, voici ce que je réponds :

• *Respectez le niveau de développement de l'enfant*, en particulier toutes les formes d'apprentissage qu'il explore à chaque étape.
• *Faites en sorte que le mode de discipline corresponde au niveau de développement.* S'il s'agit d'un bébé ou d'un enfant qui commence à marcher, essayez d'abord de détourner son attention vers une autre activité. Si vous n'y parvenez pas — ce qui sera souvent le

cas —, éloignez-le de la tentation. Pour un enfant de plus de deux ans, tout acte d'autorité doit comprendre une explication sur les raisons l'ayant « poussé à agir » ; essayez de comprendre ce qui a déclenché le comportement agressif, et donnez à l'enfant une chance de le comprendre.

• *La discipline doit convenir à l'enfant.* Utilisez les connaissances que vous avez sur la sensibilité et le tempérament de votre enfant. Un enfant sensible risque d'être très choqué par une punition qui pourrait être appropriée, par contre, à un enfant actif et énergique.

• *Lorsque votre enfant se trouve avec d'autres enfants, essayez de ne pas le couver.* Si vous intervenez sans cesse, vous transformez un simple échange entre enfants en un échange compliqué, dans lequel la moitié du comportement de votre enfant vous est adressé.

• *Montrez à votre enfant comment se comporter.* Aidez-le à apprendre à se contrôler en lui fournissant des exemples. Souvent, la manière dont vous l'aidez à résoudre un conflit est beaucoup plus instructive que bien des discours. Une approche directe, ferme mais affectueuse, peut constituer le meilleur exemple de comportement.

• *Après avoir fait preuve d'autorité, expliquez-lui ce que signifie la discipline.* Sur le moment, votre tension ne fait que s'ajouter à la sienne. Mais une fois la crise terminée, si vous ou lui pouvez parvenir à comprendre ce qui s'est passé, vous verrez son visage s'éclairer. Vous lui avez fait faire un bond en avant dans sa compréhension de lui-même, et de son agressivité.

• *Décidez d'une « pause », mais pas pour longtemps.* Ensuite, prenez-le dans vos bras et expliquez-lui pourquoi c'était nécessaire d'agir ainsi.

• *Demandez conseil à l'enfant sur ce qui pourrait l'aider une autre fois.* Et essayez. Si la tentative réussit, faites-le-lui remarquer.

• *Les châtiments corporels présentent de très réels inconvénients.* Rappelez-vous ce que signifie pour l'enfant de vous voir perdre votre sang-froid et d'agir d'une façon physiquement agressive : c'est que vous croyez dans le pouvoir et l'agression physique.

• *Méfiez-vous des directives floues.* Quand vous dites « ne tape pas » ou « ne fais pas cela », si vous n'êtes pas vraiment sûr de vous, vous risquez encore d'aggraver le manque de contrôle de l'enfant.

• *Chaque fois que votre autorité est mise en échec, arrêtez-vous et réfléchissez.* Peut-être réagissez-vous de façon trop fréquente et inefficace ? Est-ce que l'enfant se conduit mal pour vous dire qu'il est angoissé, dépassé, ou qu'il a besoin de plus d'affection ?

• *Témoignez votre affection dès que tout est terminé.* C'est difficile à faire, mais doit être fait. Tout en le berçant dans vos bras, dites-lui que vous êtes désolé qu'il ait tant de difficultés à apprendre à se contrôler. Il doit savoir que vous l'aimez, et que vous le respectez à travers sa lutte pour mieux se connaître. Répétez-lui : « Je t'aime, mais je ne peux pas te laisser agir de cette façon. Dès que tu sauras t'arrêter tout seul, je n'aurai plus à te punir. »

N'oubliez pas de complimenter l'enfant lorsqu'il ne vous provoque pas. « Tu fais vraiment des efforts pour te maîtriser, n'est-ce pas ? Je suis si fier de toi. »

20

Le divorce

Dans un divorce, personne ne gagne. Les enfants vont forcément souffrir. Les enquêtes longitudinales de Judith Wallerstein montrent que les enfants de parents divorcés continuent à espérer la reconstitution de la famille, même au bout de quatorze ou quinze ans. La famille d'origine peut avoir été stressée et stressante, l'enfant rêve toujours d'avoir ses deux parents à nouveau pour lui. Lorsque les parents se trouvent dans une impasse, ils devraient penser aux effets d'un divorce sur les enfants, et à la façon dont ils vont devoir se comporter. Souvent, des parents me demandent : « Est-ce qu'il ne vaut pas mieux pour l'enfant que nous nous séparions plutôt que de rester ensemble en nous disputant ? » Ne connaissant pas tous les aspects de la situation, je ne suis pas en mesure de répondre. Un thérapeute familial objectif peut apporter de l'aide s'il est consulté avant la rupture. Les familles séparées sont quelque chose de difficile à vivre pour les enfants. Une famille recomposée ne l'est pas moins, que ce soit pour les enfants ou pour les adultes. Ceux qui se trouvent amenés à briser une famille ont des obligations considérables envers les enfants concernés, et ont le devoir de les protéger le plus possible.

La responsabilité des parents

L'erreur la plus grave et la plus lourde de conséquences pour les enfants est de vouloir les placer au centre des querelles des parents — de les utiliser comme un ballon de football. Il n'est que trop facile de se servir des enfants pour décharger sa jalousie et sa colère. On les blesse à coup sûr. Ce manque de sensibilité de la part des parents risque de compromettre les capacités de ces enfants à nouer de solides relations à l'âge adulte. En traitant un enfant de cette façon, on augmente les risques de transmettre le divorce d'une génération à l'autre. Un enfant mêlé aux querelles de ses parents s'attend, en grandissant, à devenir un adulte colérique, bagarreur, instable. C'est le rôle de tout parent en instance de divorce de lutter pour éviter cette répétition.

Les enfants vont continuer à espérer retrouver la « famille d'avant ». Ils se sentent abandonnés par le parent qui est parti et craignent de l'être par celui avec qui ils vivent. « Si un des deux m'a quitté, pourquoi l'autre ne le ferait-il pas ? » La plus courte des séparations prend une proportion exagérée dans l'esprit de l'enfant. Chaque fois que le parent présent part, il se demande : « Est-ce qu'il (elle) s'en va pour toujours ? Pourquoi me quitte-t-on ? Est-ce que je suis méchant et que personne ne veut de moi ? » Avant chaque séparation, le parent présent doit préparer l'enfant aussi bien que possible. Au retour, il (elle) doit dire : « Tu m'as manqué. Est-ce que je t'ai manqué ? Rappelle-toi, je t'avais dit que je reviendrais à telle heure, et je suis là. Tu t'inquiètes, n'est-ce pas ? » Préparez-vous alors à entendre l'enfant se plaindre d'être abandonné. Chaque fois qu'il a l'occasion d'exprimer ces sentiments, l'adulte peut alors expliquer à l'enfant que les relations ne finissent pas toujours par un abandon.

De son côté le parent absent a une responsabilité parallèle. Les visites doivent s'effectuer selon un processus bien défini, et se faire à l'heure. Même une attente de quinze minutes est une éternité pour un petit enfant. La visite du parent absent devient un symbole et une compensation pour sa crainte la plus grande : l'abandon. Si vous êtes le parent absent, si vous avez prévu une visite et que vous ayez du retard, téléphonez à l'enfant. Lorsque vous arrivez, dites-lui combien vous êtes désolé. Parlez-lui avant de vous adresser à votre ex-conjoint.

L'enfant a peur que le parent absent ne soit parti parce qu'il ne l'aime pas, parce que lui est méchant. Un enfant se sent responsable de tout. Peu importe le nombre de fois où vous lui répéterez qu'une séparation, ou un divorce, n'est pas sa faute, il continuera à se le reprocher. Des années plus tard, les enfants osent exprimer verbalement leurs craintes : « Je sais que, si j'avais été plus gentil, ils ne se seraient jamais séparés. » « S'ils ont divorcé à ce moment-là, c'est ma faute. Je suis parti pour mes études et je les ai laissés. » « Ils ont décidé de divorcer lorsqu'ils m'ont surpris en train de fumer. » Les petits enfants ont moins de facilité pour s'exprimer, mais ils se sentent tout aussi responsables. Les parents doivent être prêts tous les deux à répéter encore et encore : « Nous t'aimons et nous n'avons jamais eu envie de te quitter. Nous, adultes, nous n'arrivions plus à vivre ensemble, mais nous voulons tous les deux être avec toi. Et rien de ce que tu pourras faire ne nous fera jamais changer sur ce point. »

Un parent doit se rappeler que toute animosité manifestée envers son ex-conjoint en présence de l'enfant va le terroriser. L'enfant va se sentir personnellement visé. « Si papa et maman peuvent "se bagarrer", c'est qu'ils peuvent aussi me détester. Je dois être un enfant parfait, sinon c'est ce qui m'arrivera. » Chaque fois qu'il fait une erreur, un écart de conduite, il a peur qu'on ne veuille plus de lui. Les parents peuvent le rassurer en lui disant qu'il n'a pas besoin d'essayer d'être parfait. L'enfant risque de régresser sous l'effet du traumatisme du divorce. Très souvent il régresse dans le domaine de son dernier progrès. S'il est propre depuis peu, il va recommencer à se mouiller. S'il parlait bien, il peut se mettre à bégayer. Son comportement peut devenir ou trop facile ou trop provocateur. Un parent attentif saura l'admettre, il en parlera avec l'enfant pour que lui aussi puisse comprendre que c'est normal et acceptable.

Comment aider l'enfant à s'adapter

Après une séparation douloureuse, les problèmes de sommeil risquent de réapparaître. L'enfant peut avoir envie de dormir dans le lit du parent avec qui il vit. Le parent solitaire a peut-être également « besoin » de l'enfant. Si vous êtes dans cette situation, ne prenez pas l'enfant avec vous pour la nuit. La distance qui sépare deux personnes seules est une sorte de protection qui a sa raison d'être. L'enfant a besoin d'apprécier et de développer son indépendance. Le parent seul doit venir à bout de ses propres problèmes. Si un enfant remplit le vide affectif d'un adulte qui se sent seul et abandonné, il risque de ne pas pouvoir développer sa propre identité. Les relations avec un parent du sexe opposé peuvent aussi devenir trop intenses sans la présence protectrice du troisième membre du triangle. L'enfant qui vit avec un seul de ses parents a tendance à éprouver plus de difficultés à satisfaire son besoin d'identification avec chaque parent. Il peut se sentir menacé par une relation trop intime, alors qu'il ne l'aurait pas été si ses deux parents avaient été présents.

Pendant le temps d'un divorce, on peut s'attendre non seulement à des problèmes de comportement, mais aussi à des troubles physiques, autre moyen qu'a l'enfant pour exprimer ses tensions internes. Rhumes, otites et autres maladies ont tendance à apparaître à ces moments-là, ce qui représente un stress supplémentaire pour une famille déjà éprouvée. Tout cela finira par se rétablir dès que la famille aura trouvé un nouvel équilibre.

Au moment du divorce, la famille élargie prend une importance accrue pour l'enfant. Frères et sœurs peuvent se protéger les uns les autres devant la peur de la séparation, et leurs liens se resserrent. Bien que certaines rivalités aient tendance à se manifester, elles peuvent être considérées comme faisant partie d'une entraide nécessaire. Si on les prend trop au sérieux, on risque d'en faire une preuve supplémentaire de la fragilité des liens familiaux. Les parents doivent rester en dehors de ces rivalités et laisser les enfants les surmonter. Il n'est que trop facile de forcer l'aîné à prendre le rôle du parent absent. Mais ce serait trop lui demander. Il voudra être à la hauteur et devra faire de gros efforts sur lui-même. Il peut bien essayer de jouer un rôle protecteur pour les plus jeunes, mais ce n'est pas juste. Lui aussi a besoin de temps pour guérir et se remettre. Lui aussi peut avoir besoin de régresser, de se faire materner.

Les grands-parents, tantes, oncles et cousins deviennent des soutiens importants pendant et après le divorce. Non seulement ils peuvent aider l'enfant à comprendre les causes de la séparation, mais ils représentent à ses yeux les personnes fiables, affectueuses et permanentes dont il a tant besoin. Ils le protègent contre la peur inévitable d'être abandonné. Les grands-parents et la famille du parent qui est parti gardent de l'importance. La famille de celui avec qui les enfants vivent doit surmonter ses sentiments vis-à-vis de la « belle-famille », car l'enfant a besoin des deux, et c'est une chose qu'il faut respecter.

Pendant un divorce, les grands-parents ont tendance à « gâter » les enfants. Parfois, ils abandonnent toute discipline. Le parent qui a la garde des enfants risque de se sentir menacé par cette absence de règles. L'enfant va utiliser la situation à son profit : « Grand-mère me donne ce que je veux. Tu es vraiment mesquine, tu ne comprends pas ce que je dois supporter. » Pour les parents qui sont dans cette situation, je vais exposer certains problèmes courants et proposer les conseils suivants. Étant donné que vous vous sentez plutôt malheureux et vulnérable vous-même, cette critique vous atteint de plein fouet et vous exaspère. Si cette grand-mère est votre belle-mère, vous êtes encore plus furieux de ce sabotage des règlements familiaux. Si vous le pouvez, abordez le sujet avec vos beaux-parents. Demandez-leur de vous soutenir dans vos efforts, de comprendre que l'enfant a besoin de règles fermes et d'autorité. La discipline a encore plus sa raison d'être, et elle est encore plus difficile à établir lorsqu'une famille se dissout. Le manque d'autorité laisse l'enfant à la dérive, il doit trouver ses propres limites au moment même où il a l'impression que sa maison est sens dessus dessous. Une autorité pleine de respect (« Je suis désolée, mais on continue à faire ainsi chez nous ») devient sécurisante.

Soyez prudents avant d'inviter de nouvelles personnes du sexe opposé. Attendez d'être tout à fait sûr que l'enfant peut compter sur la stabilité de la relation. Un enfant de parents divorcés nouera trop facilement de nouvelles relations avec des adultes du même sexe que le parent absent. Il est profondément déçu lorsque cela ne marche pas. Si vous avez effectivement une relation durable, faites bien comprendre à votre enfant qu'un (ou une) amie, ou un beau-père, ne sont pas des parents, mais avoir les deux est formidable. Parlez avec l'enfant de sa peur de vous voir mourir ou partir. Dites-lui que, *quoi qu'il se passe*, vous ne le quitterez pas.

Trouvez des livres parlant de familles divorcées, ou faites rencontrer l'enfant à des familles « comme la vôtre ». Actuellement, les enfants du divorce ne constituent plus une petite minorité, c'est tout de même une aide pour eux de connaître d'autres enfants qui sont en train de s'adapter à la même situation.

Pour finir, essayez de ne pas surprotéger l'enfant. Laissez-le se charger lui-même de sa propre adaptation et, de temps en temps, dites-lui qu'il s'en sort très bien. Lorsqu'un enfant parvient à surmonter le stress et le changement, cela renforce son image de lui-même. Votre amour, votre respect et votre autorité peuvent se manifester sans pour autant que vous couviez l'enfant.

La garde conjointe

Les juges des divorces n'ont souvent pas assez de temps, ou d'informations, pour décider quel est le parent le plus qualifié pour assurer la garde de l'enfant. Pour se montrer équitables, il leur arrive de partager la semaine de l'enfant. J'ai vu ce genre de situation trop souvent. Il est très difficile pour un enfant, quel que soit son âge, de passer d'un foyer à l'autre deux fois par semaine. Il est privé de tout territoire permanent lui appartenant en propre. Je me rappelle une petite fille de quatre ans qui passait la moitié de la semaine avec chacun de ses parents. Elle restait debout à la porte de sa chambre, montant la garde comme un chien l'aurait fait. Elle et moi étions amis, nous avions de l'affection l'un pour l'autre. Elle avait confiance en moi. Je savais donc qu'elle était tout à fait sérieuse quand elle me disait : « Tu ne dois pas entrer. Personne ne doit entrer. C'est *ma* chambre. » Je me suis rendu compte que le territoire représentait une véritable récompense, quelque chose de très important pour cette petite fille qui devait se partager entre deux foyers. Les parents qui envisagent une garde conjointe devraient prévoir de faire, eux, les allées et venues, et de laisser les enfants dans leur propre territoire stable.

Si cet arrangement vous paraît trop difficile à organiser, faites en sorte au moins que la chambre de l'enfant dans chaque maison ne soit jamais changée sans sa permission. S'il doit la partager, assurez-vous qu'à l'intérieur il y ait bien son propre territoire. Un panneau sur la porte, « chambre de Johnny », peut avoir son importance. Si l'enfant passe d'un endroit à l'autre, il peut emporter ses jouets préférés. Vous et votre ex-conjoint devrez probablement faire attention qu'il ne les oublie pas avant de partir.

Autant que possible, adoptez les mêmes règles et les mêmes habitudes dans les deux foyers. Comme deux parents ne peuvent traiter un enfant exactement de la même façon, s'attendre à faire les mêmes choses chez l'un et chez l'autre sera rassurant pour lui. Gardez les frères et sœurs ensemble quels que soient vos projets. Ils ont besoin les uns des autres. Mais passer un moment seul avec son père ou sa mère, de temps à autre, est aussi important pour chacun. Tous les horaires et les programmes doivent être réguliers et très clairement définis. Un calendrier marqué en rouge et en vert, cela correspond aux journées dans chacune des maisons, peut aider l'enfant à faire le plan de sa semaine.

Réservez les discussions et les disputes avec votre ex-conjoint pour les moments où l'enfant n'est pas là. Chaque fois qu'un enfant quitte un foyer pour l'autre est un déchirement pour lui. Acceptez des régressions temporaires après chaque changement. Parlez-en avec l'enfant, mais ne renoncez pas aux règles et à l'autorité.

Essayez de ne pas empêcher l'enfant de s'identifier avec l'autre parent, quels que soient vos ressentiments à son égard. Vous endommageriez l'image que l'enfant se fait de lui-même. Il a besoin de son autre parent. Si le parent absent est vraiment peu disponible, ou si l'on ne peut pas compter sur lui, vous devrez peut-être faire un portrait de lui, un portrait plus favorable que nature pour le bien de l'enfant : « Il aimerait pouvoir venir te voir plus souvent. » « Elle est loin, mais elle t'aime. » C'est très difficile à faire, mais cela en vaut la peine pour l'avenir de l'enfant.

Les belles-familles

Il n'est pas facile de mélanger des familles. Aucun beau-père, aucune belle-mère ne devraient s'attendre à être aisément acceptés par les enfants de son conjoint ni à obtenir d'eux une quelconque reconnaissance. Il y a beaucoup plus de risques que ceux-ci considèrent le nouveau venu comme un envahisseur qui leur enlève leur père ou leur mère. Plus l'enfant est en manque d'affection, plus il éprouvera de ressentiment envers le nouveau parent. L'histoire de Cendrillon et de sa méchante marâtre est fondée sur de longues expériences. Mais on peut alléger ces conflits et en venir à bout. Certaines crises vont probablement affecter la discipline, le sommeil, l'alimentation et presque tous les domaines du développement. Le nouveau venu sera bien avisé de rester en dehors de tout cela, et de laisser le véritable parent décider quand et comment agir.

Lorsqu'on en arrive aux explications, les beaux-enfants déclarent sans ambages qu'ils n'ont ni l'obligation ni l'intention d'obéir à leur nouveau beau-père ou nouvelle belle-mère. Parents et beaux-parents doivent prévoir un terrain d'entente avant toute confrontation. À un moment ou à un autre, les beaux-parents finissent toujours par trouver que leur conjoint, le parent naturel, ne les soutient pas. Si les beaux-parents ont le sentiment que les parents naturels surprotègent leurs propres enfants, leur autorité n'en sera que plus difficile à exercer. Toutes ces raisons expliquent que les couples remarquent souvent qu'ils s'entendent mieux dans les rares moments qu'ils passent sans enfant. Ce temps à eux seuls est très important.

Mark Rosen, dans son livre, *Stepfathering* (« Comment être beau-père ») donne d'excellents conseils, que j'ai repris et adaptés en partie :

1. Le tempérament inné, qui produit des différences individuelles même chez les jeunes bébés (comme nous l'avons vu dans la première partie), explique que les différences entre les beaux-enfants et les enfants biologiques ne viennent pas toutes du fait que ces enfants n'ont pas les mêmes parents.

2. Chaque adulte a une manière différente de réagir à chaque enfant. Les différences entre beaux-enfants et enfants biologiques n'expliquent qu'en partie cette différence.

3. Le comportement des beaux-enfants continue à évoluer, surtout après votre mariage lorsqu'ils se sentent plus en sécurité.

4. Les sentiments qui existent entre vous et votre conjoint vont influencer directement votre relation avec vos

beaux-enfants. Si votre partenaire ne vous soutient pas, s'il conteste votre rôle dans la vie de ses enfants, il réduit nettement vos chances d'avoir une bonne relation avec eux.

5. L'autre parent biologique sera toujours présent dans la vie d'une famille recomposée. Plus les relations entre ex-époux sont courtoises, et moins l'enfant ressent de stress.

6. Attendez-vous que les moments de transition — comme un séjour chez l'autre parent — soient difficiles. Parlez-en ouvertement avant et après. Les autres changements, comme la naissance d'un nouveau bébé, demanderont encore plus de préparation et de patience.

Les enfants qui se sont sentis aimés et soutenus pendant le divorce, et qui ont été encouragés à s'adapter par eux-mêmes à une famille recomposée, peuvent en tirer des forces particulières. Les familles divorcées n'ont pas le monopole du stress et des crises. Tous les enfants ont besoin de développer le sentiment de sécurité, la souplesse et l'indépendance nécessaires dans un monde de perpétuels changements.

21

Le chantage affectif

« Tu ne m'aimes pas ! Si tu m'aimais, tu me laisserais regarder la télévision le soir. Toutes les autres mères, tous les autres pères le permettent. Eux, ils aiment leurs enfants et toi, tu ne m'aimes pas. »

Cette tentative flagrante de chantage va bientôt sembler familière aux parents. Elle est en général accompagnée d'une expression misérable. Le manque de finesse d'une telle requête montre que l'enfant sait qu'il n'a aucune chance. Mais ces paroles vont tout de même porter un coup, et beaucoup de parents vont réagir avec colère.

Le chantage affectif, ou manipulation par les émotions, est généralement considéré comme une tentative pour contrôler une autre personne par des moyens astucieux, trompeurs ou déloyaux. Mais, dans la relation parent-enfant, c'est tout à fait normal et, à moins que les parents ne réagissent avec excès, ce n'est pas déloyal. Les enfants testent leurs capacités. Ils essaient de manipuler leurs parents pour en découvrir les limites.

À propos de cette manipulation, de ce chantage affectif, les parents devraient tout d'abord se rappeler qu'eux aussi manipulent leurs enfants « pour leur bien ». Souvent ils essaient d'influencer leur comportement, avec des récompenses, des compliments, des promesses, des menaces. Les enfants apprennent très tôt à calquer leur comportement sur celui de leurs parents. Même un tout petit enfant découvre rapidement qu'apporter son livre préféré à ses parents a plus de chances de les distraire de leur conversation que de simplement réclamer leur attention. Prendre l'air triste, se nicher dans le canapé tout près d'un de ses parents est également efficace. Personne ne songerait à attribuer une motivation calculatrice ou trop rusée à ces agissements.

Lorsque les courses au supermarché sont compromises par des colères que l'on calme au moyen de promesses de « récompense » si l'enfant veut bien rester sage « juste pour quinze minutes », qui manipule qui ? Est-ce que l'un ou l'autre espère gagner ? J'en doute. Je considère cela comme une sorte de langage entre l'enfant et ses parents. Et cela rend la visite au supermarché beaucoup plus excitante qu'elle ne l'aurait été autrement. S'il y a toujours menace d'une colère, et si le parent expérimente constamment de nouvelles récompenses, la corvée du ravitaillement devient très vivante. Et au cours de cette expérience chacun explore les limites de l'autre.

Comment commence le chantage affectif

À partir de quel âge peut-on parler de manipulation, de chantage, chez un bébé ? Au cours des recherches en crèche que nous avons décrites au chapitre 6, nous avons observé des bébés de quatre mois, et remarqué que ces bébés ne s'intéressaient jamais beaucoup aux puéricultrices ni aux jeux. Ils souriaient et gazouillaient poliment à la puéricultrice, mais ne gigotaient que rarement lorsque celle-ci leur parlait. Nous nous sommes rendu compte qu'ils réservaient leur énergie émotionnelle. Et lorsque sa mère (ou dans certains cas son père) venait le prendre à la fin de sa journée de travail, le bébé regardait avidement son parent pendant quelques secondes, puis se mettait immédiatement à pleurer. Il sanglotait convulsivement jusqu'à ce que sa mère le prenne. Une fois dans ses bras, il se tortillait comme s'il se sentait très mal à l'aise, et détournait la tête si elle essayait de l'embrasser. Chaque mère disait la même chose : « Il est furieux que je l'aie laissé toute la journée. » Les puéricultrices les plus sensibles et les plus astucieuses font remarquer aux mères que le bébé a conservé en lui, toute la journée, ses sentiments les plus forts. Et maintenant qu'il se sent en sécurité et aimé, il ose se défouler... Au cours de notre étude, une mère s'est exclamée : « Vous voulez dire qu'il me manipule avec ses cris ! Mais il n'a que quatre mois. Comment sait-il que cela me touche autant ? » Puis elle a baissé les yeux vers son bébé, a passé la main sous son menton, en lui disant avec amour : « Quel vilain petit garçon tu es ! Tu es content de me voir ! »

Ce n'est là qu'un exemple parmi d'autres de l'importance que revêt pour l'enfant le fait de ressentir son pouvoir sur les autres. Lorsque ces bébés se mettent à pleurer dans les bras de leurs parents, ils ressentent bien les fortes émotions qu'ils provoquent. Bébés et jeunes enfants ont besoin d'explorer les limites de leur pouvoir. « Est-ce que je peux me permettre cela ou non ? Jusqu'à quel point puis-je aller ? Regardez comme elle devient rouge si je dis que je ne veux pas me laver les mains. Est-ce que papa va se fâcher *chaque fois* qu'il trouve mes chaussures dans l'entrée à son retour ? Jusqu'où puis-je aller ? » Provocation et manipulation sont des façons de tester la force et l'importance de réactions possibles des parents. S'il n'y en a pas, c'est inutile de recommencer. Souvent, par de telles manœuvres, un enfant manipulateur parvient à retenir l'attention d'un « parent trop débordé ». Le comportement sera renforcé si la mère est surmenée et qu'elle se précipite à la cuisine en rentrant de sa journée de travail. Un enfant qui a passé sa journée à la crèche ou à l'école maternelle a envie de raconter mille choses passionnantes, et va essayer de le faire par tous les moyens.

Les enfants utilisent aussi le chantage pour pousser leurs parents à se disputer. C'est leur façon de découvrir qui commande et où trouver l'indulgence. « Maman a dit que je pouvais. Et maintenant tu dis non. Pourquoi est-elle si gentille et toi si méchant ? » Si cela déclenche une discussion entre les parents, et si celui des deux qui est le plus sévère est contesté, l'enfant a appris quelque chose. Il a découvert que ses parents auraient plutôt tendance à se disputer qu'à se soutenir l'un l'autre. Il se rend compte qu'il peut souvent obtenir ce qu'il veut en déclenchant un conflit. Cela lui procure un dangereux sentiment de pouvoir, grisant, mais effrayant, qui fait de lui un enfant inquiet, angoissé.

Le chantage, la manipulation, affecte presque tous les moments de la journée d'un enfant. Durant les repas, il va jeter de la nourriture au sol, pour voir si un de ses parents va la ramasser. Un enfant plus âgé peut déclarer :

« Je ne veux pas manger ce steak, mais si tu me donnes une saucisse, je la mangerai. » Le parent dira : « Tu n'auras pas de dessert si tu ne finis pas ton assiette. » Au moment du coucher, le verre d'eau ou le « il faut que je retourne aux toilettes » légendaires ne sont pas très subtils, mais ils remplissent bien leur rôle qui est celui de retarder l'heure de se coucher. Les parents font la même chose lorsqu'ils disent : « Je te laisse regarder la télévision encore une demi-heure si tu promets d'aller te coucher tout de suite après. »

Que représentent toutes ces manœuvres ? Une lutte de pouvoir, une exploration nécessaire de la part de l'enfant et de ses parents pour découvrir les limites de leur habileté à se tester réciproquement. Lorsque je demande aux parents pourquoi ils ne mettent pas fin aux éternels drames du coucher, certains reconnaissent qu'ils détestent se séparer de l'enfant pour la nuit. « Si je l'envoie au lit trop tôt, il se sentira mal-aimé, abandonné. » Je ne suis pas convaincu qu'un enfant se sente mal-aimé ou abandonné parce qu'il y a des règles bien précises pour le coucher, mais je comprends que le conflit soit une manière d'adoucir le moment de la séparation et pour l'enfant et pour les parents. Inconsciemment, chacun repousse cette séparation dans l'appréhension de celles, beaucoup plus sérieuses, du futur. Il y a si longtemps semble-t-il que mes propres enfants ne m'ont plus réclamé : « Encore un verre d'eau... » Cela me manque, même maintenant.

« Tu es toujours plus gentille avec lui qu'avec moi. Tu le laisses tout faire, et tu me grondes toujours. » Ces comparaisons désobligeantes entre enfants sont une forme courante de manipulation. Que provoquent-elles ? Étant donné que le parent accusé n'est jamais tout à fait sûr de sa conduite passée, elles ont un léger accent de vérité. Nous savons bien que nous ne traitons pas toujours nos enfants de la même manière. Une accusation d'injustice trouve donc facilement un écho. En s'adressant à un parent qui se sent plus ou moins coupable, l'enfant augmente ses chances de parvenir à ses fins. Et s'il est avisé, il les gardera intactes pour d'autres occasions importantes.

Comment réagir au chantage

Est-ce que vous, les parents, devriez vous laisser ainsi manipuler ? Cela dépend des circonstances et de l'importance de l'événement. Il n'y a pas de raison pour que vous n'entriez pas dans le jeu de l'enfant, et que vous ne partagiez pas sa fierté lorsqu'il se réjouit de l'habileté de sa manœuvre. La capacité de manipuler avec finesse et justesse est un atout pour l'avenir de tout enfant. Cependant, mettez les choses au point : tout d'abord, vous n'êtes pas obligé de traiter chaque enfant, ou chaque situation, de la même façon. Les efforts faits pour vous manipuler vous contrarient un peu ; en même temps, vous admirez l'habileté de l'enfant et vous désirez le lui faire savoir. Cela n'empêche que vous pouvez décider de ne pas le laisser faire ce qu'il veut, tout en voyant les choses sous son angle à lui. De cette façon, vous lui exposez les avantages et les inconvénients de sa tentative, et vous lui prouvez votre respect.

Comme nous l'avons dit, un compliment peut être considéré comme un moyen d'« enseignement ». Lorsqu'un enfant essaie de nouer ses lacets de chaussures, tous les parents encouragent ses efforts : « C'est formidable, Susie. Maintenant, laisse-moi te montrer comment faire un nœud ! » Ce faisant, vous essayez de soutenir son envie de vouloir vous imiter. Si cela « fonctionne » bien, c'est une part importante de son apprentissage. Mais il est facile d'oublier que la meilleure motivation est le plaisir que ressent l'enfant à maîtriser une tâche. Un excès de compliments, une trop constante attention peuvent priver l'enfant de ses propres triomphes. Les récompenses, en particulier, sont souvent dévalorisantes puisqu'elles signifient aussi que l'enfant peut ne pas être capable de faire le bon choix. Elles signifient qu'il ne peut être que récompensé, et non raisonné.

La mère (ou le père) au supermarché, dont nous avons parlé au début de ce chapitre, aurait pu préparer son enfant pour ce long et difficile parcours, et retenir son intérêt en lui donnant l'occasion de participer. Plutôt que d'attendre qu'il se déchaîne, elle aurait pu s'asseoir avec lui à la cafétéria, pour « prendre le thé », rapidement, récompense pour son aide et pour avoir été si patient. La manipulation peut être nuancée et respectueuse, tout comme elle peut être maladroite et dévalorisante.

Pour encourager la coopération de votre enfant, et réduire ses tentatives de chantage, voici quelques suggestions :

1. Avant que le problème ne surgisse, discutez des possibilités de le résoudre. Présentez ouvertement les choix, et parlez de la façon dont vous aimeriez que l'enfant se conduise. Choisissez des moments où l'enfant est en état de discuter et non lorsqu'il est en plein conflit.

2. Respectez sa capacité à choisir selon vos propositions. Orientez-le vers les façons de se maîtriser correspondant à son âge, et rappelez-lui le choix qu'il a fait.

3. Rappelez-vous que la provocation est la façon dont l'enfant teste ses propres limites.

4. Évaluez votre tolérance à l'égard des écarts de conduite de l'enfant. Peut-être certains agissements provoquent-ils chez vous des réactions exagérées.

5. Participez à ce que vous désirez le voir faire. Non seulement vous lui procurez un modèle, mais vous pouvez ainsi mieux communiquer tous les deux.

6. Admettez que l'escalade de la manipulation et de la pression proviennent d'une escalade de la méfiance ; proposez d'autres solutions.

7. Si vous voulez vraiment faire faire quelque chose à un enfant, ne lui demandez jamais : « Veux-tu... ? » Dites plutôt : « Maintenant, c'est le moment de... »

8. Félicitez-le une fois qu'il a bien coopéré.

Lorsque nous, en tant que parents, recourons au chantage affectif, nous risquons d'ébranler la confiance de l'enfant, de l'empêcher de se sentir à la hauteur d'une situation. Lorsque les parents expriment directement, honnêtement, ce qu'ils attendent d'un enfant, celui-ci acquiert la certitude qu'on lui fait confiance et qu'on le considère comme capable de réussir. Une communication honnête est le système le plus efficace que puissent établir des parents. L'enfant peut faire son propre choix et réaliser alors tout le plaisir d'une réussite dont il est le seul responsable. En même temps, les parents lui apportent une solution de remplacement à la manipulation, au chantage

22

Les peurs

Tous les enfants passent par des périodes de peurs. Les peurs sont normales et elles aident à résoudre des problèmes de développement. Elles attirent aussi l'attention des parents sur certaines difficultés, leur permettant de soutenir l'enfant au moment où il en a besoin.

Les peurs universelles

La peur de tomber est inhérente à tous les nouveau-
nés et se manifeste par un mouvement d'embrassement
complexe appelé le réflexe de Moro, que j'ai décrit au
chapitre 2. Lorsqu'on déshabille le bébé, quand on le fait
sursauter, ou quand on le lâche soudainement, ses bras
se tendent de chaque côté et puis se rejoignent comme
pour attraper quelque chose ou quelqu'un. Ce réflexe sert
au petit singe pour s'accrocher à sa mère qui le transporte
partout avec elle. Le cri d'effroi qui accompagne ce
réflexe attire l'attention des parents. Ainsi, dès sa naissance, le bébé est programmé pour rechercher de l'aide,
grâce à sa peur instinctive de tomber, ou d'être privé de
soins.

Étant donné que la plus grande partie de l'enfance est
envahie de périodes de peurs, les parents doivent les
comprendre. Sinon, ils peuvent aussi se laisser prendre
par elles, ce qui ne ferait qu'en augmenter l'effet chez
l'enfant. Les peurs surviennent à des moments prévisibles de l'enfance. La peur provoque une montée d'adrénaline, et une sorte de compréhension rapide de la façon
de contrôler cette émotion. Mais pour l'enfant, comprendre n'est possible que s'il n'est pas submergé par sa réaction. Les parents ne peuvent pas supprimer les peurs d'un
enfant, mais ils peuvent par contre aider à les prendre
plus à la légère, et à en faire une source d'apprentissage
moins insupportable et plus formatrice.

Tout cela est difficile, en partie parce que les peurs
de l'enfant peuvent faire resurgir des peurs restées
enfouies chez ses parents. Tous reconnaissent l'aspect
effrayant des sorcières, des fantômes et des monstres.
Lorsque leur enfant s'éveille pour la première fois en
hurlant, en faisant part de son récit — « Il y a un monstre dans sa chambre » —, les parents se rappellent leur
propre effroi à l'égard des monstres. Ils ont tendance à
exagérer le réconfort qu'ils lui apportent. L'enfant sent

leur angoisse, qui s'ajoute à la sienne. Les nuits suivantes, le « monstre » prend une forme de plus en plus réaliste. Comme l'enfant fait une description plus vivante, il met en action l'imagination de ses parents et leur communique peu à peu sa frayeur. Par l'exagération de leur réaction, les parents donnent une sorte de crédibilité à la peur, de telle façon que bientôt l'enfant risque de ne plus pouvoir la surmonter par lui-même. Si les parents se rendent compte qu'ils réagissent avec excès, et s'ils comprennent que les peurs font partie de ce que l'enfant doit apprendre, ils seront plus à même de l'aider.

Les peurs surgissent inévitablement dans les périodes d'acquisitions nouvelles et rapides. L'indépendance toute neuve de l'enfant, les progrès de toutes ses capacités perturbent son équilibre. Les peurs vont provoquer l'énergie nécessaire à l'adaptation. En affrontant sa peur, l'enfant apprend à se maîtriser et à gérer ses nouveaux progrès. Ensuite, il peut même sentir qu'il a atteint une étape importante de son développement. Les enfants disent : « Avant j'avais peur de cela. Maintenant plus. » Lorsqu'un enfant s'est contenu après avoir reçu une injection douloureuse dans mon cabinet, je lui dis toujours : « Regarde ce qui t'est arrivé ! Je t'ai fait mal et tu as crié. Mais tu t'es repris et ne pleures plus. Tu es devenu un grand ! » Il me regarde avec une véritable fierté d'avoir pu réussir cela et répond : « Je n'ai même plus peur des piqûres ! » Il est possible qu'il sifflote dans le noir jusqu'à la prochaine fois, mais en attendant, il se sent fier de lui... Nous le sommes aussi — ses parents et moi — et il mérite que nous le lui disions.

Récemment, le psychologue Jerome Kagan et quelques autres chercheurs ont montré que la timidité et la réserve face aux nouvelles situations étaient probablement innées. En ce cas, des parents sensibles et timides peuvent avoir des enfants sensibles et timides. S'ils remarquent ces tendances chez leurs enfants, ils peuvent éviter de les amplifier en y ajoutant leurs propres angoisses. En apportant un appui à leur enfant, et en lui montrant comment eux-mêmes ont dû faire face à des situations nouvelles et souvent effrayantes, ils peuvent l'aider à renforcer ses ressources intérieures.

La peur des inconnus

Dans la petite enfance, la peur des visages inconnus est l'une des manifestations les plus clairement identifiables de la peur. La capacité de distinguer les différences entre des étrangers et les parents est observable dans le comportement du bébé dès quatre à six semaines, comme je l'ai dit dans les chapitres précédents. Nous avons filmé des petits bébés de un à six mois et leurs réactions face à des adultes qui jouent avec eux. Même à un mois, il est possible de voir des différences d'attitude et de comportement face à leur mère, à leur père ou à des inconnus. Ils connaissent déjà le visage, la voix, les attitudes de leurs parents, et le manifestent clairement au moyen de réactions différentes. L'angoisse de l'étranger qu'ils expriment à cinq mois, à huit mois, et de nouveau à un an, ne représente pas pour les bébés une prise de conscience soudaine de la différence entre les inconnus et leurs parents, mais plutôt une conscience accrue des agissements des autres et de leur propre capacité à y réagir. Comme nous l'avons vu au chapitre 6, un bébé de cinq mois doit garder sa mère dans son champ de vision pour ne pas se mettre à hurler dans le cabinet du médecin. À cet âge-là, il observe et écoute les gens, examine les objets qui l'entourent avec un intérêt accru. Les grands-parents ou les baby-sitters, quelle que soit leur adoration pour un enfant de cet âge, seraient bien avisés de ne pas se précipiter pour le prendre dans les bras, ou le regarder dans les yeux, sans une première période de

« familiarisation ». Une mère ou un père avertis restent bien en vue dans toute situation nouvelle.

La prise de conscience des étrangers franchit une nouvelle étape vers huit mois. Cette fois-ci, c'est plus dévastateur. Le bébé va « s'effondrer » de façon imprévisible, dans les endroits inconnus, ou même lorsqu'un passant inconnu le regarde en face. Même s'il se trouve en sécurité dans les bras de sa mère, il ressent ce regard comme une intrusion. Il devient plus conscient des endroits et des gens nouveaux. On ne peut pas le laisser avec des étrangers s'il n'a pas eu l'occasion de faire leur connaissance à sa façon. Au début, il faut qu'un de ses parents reste à ses côtés jusqu'à ce que l'enfant soit prêt à se prendre en charge. Après qu'une période de un mois environ est terminée, l'enfant continue à être sensible aux expériences nouvelles, mais il a appris à y faire face. Les enfants qui se trouvent déjà dans une crèche, ou qui sont gardés par une nourrice, ont appris à se comporter face à certains étrangers, ou dans certaines situations nouvelles. Mais il se peut qu'à un certain stade de leur développement, ils soient de plus en plus perturbés par le départ de leurs parents. Étant donné leur nouveau niveau de conscience, ils commencent à avoir besoin d'une préparation spéciale, et de beaucoup de réconfort, lorsqu'ils sont laissés aux mains d'autres personnes.

À douze mois, la même conscience de l'importance des personnes « familières » et de l'espace personnel surgit à nouveau. Pendant toute la deuxième année, alors qu'il découvre un monde nouveau, qui va sans cesse en s'élargissant, grâce à son apprentissage de la marche, l'enfant éprouvera des sentiments mêlés de satisfaction et de peur vis-à-vis de son indépendance naissante. Au moment où en courant il apprend à s'éloigner de ses parents, parallèlement sa dépendance va augmenter. Dans mon bureau, il s'accroche à ses parents dès qu'il remarque dans quel endroit étrange et effrayant il se trouve. Lorsque je m'approche pour l'examiner, il doit être sur les genoux d'un de ses parents. Je regarde devant moi, jamais vers son visage. Je pose mon stéthoscope sur la poupée favorite, sur l'ours, puis sur la poitrine du parent. Le processus peut prendre un certain temps, mais l'avantage est que l'enfant se met à avoir confiance en moi durant cette deuxième année, et que cette confiance lui restera toute la vie. Les adultes qui respectent le besoin qu'ont les enfants de cet âge d'avoir peur devant les nouvelles expériences marquantes, les aident en même temps à surmonter ces craintes, et à apprendre à affronter celles qui viendront par la suite.

Au cours de la deuxième et de la troisième année, les enfants doivent apprendre à se comporter dans des groupes. Bien sûr, ils auront peur au moment où ils entreront dans un nouveau cercle d'enfants bruyants. Aux parents d'enfants de deux à trois ans, je suggère de procéder selon les étapes suivantes. D'abord, attendez-vous qu'un enfant de cet âge s'accroche à votre jupe ou à votre pantalon. Préparez-le, dites-lui exactement ce qui l'attend, décrivez-lui la situation et les enfants. Dites-lui franchement si oui ou non vous avez l'intention de rester avec lui. Dites-lui combien de temps il peut « s'accrocher » à vous, et comment vous allez l'aider à s'accoutumer à cette nouvelle situation.

Si vous l'emmenez jouer avec d'autres enfants de son âge, laissez-le s'accrocher à vous jusqu'à ce qu'il réussisse à avoir un contact avec l'un d'eux. Alors, si l'autre paraît l'accepter, votre enfant va s'avancer lentement. Essayez de ne pas partir avant de l'avoir amené à jouer avec au moins un enfant. Dès que c'est fait, sortez aussi vite que possible et laissez-le se débrouiller. S'il se bagarre, ne prenez pas parti, laissez les deux enfants s'en sortir tout seuls. Votre enfant en apprendra plus sur lui-même s'il doit se débrouiller que si vous êtes continuellement là pour le conseiller ou le protéger. Les enfants de cet âge sont prêts à s'apprendre les uns les autres comment se comporter. Les petits groupes du même âge aident l'enfant à surmonter des situations difficiles, pas à pas. Un groupe de jeu régulier, constitué de deux ou trois enfants, est une excellente façon de vaincre la timidité et la crainte des autres. Si un enfant est dépassé par trop d'enfants agressifs à cet âge, il risque de rester craintif et timide.

Différents types de peur chez le jeune enfant

Entre trois et six ans, il y aura certainement encore des peurs. Au fur et à mesure que l'enfant découvre sa propre agressivité, il va craindre les situations et les personnes porteuses d'agressivité. Comme il découvre ses sentiments naissants d'indépendance, il a besoin de ressentir des peurs pour parvenir à les maîtriser. Par ses conflits, cette période est comparable à l'adolescence.

• *Peur des chiens et autres animaux capables de mordre*. L'enfant apprend à présent à maîtriser ses propres instincts, et en particulier celui de mordre sous l'emprise du stress. Au cours de cet apprentissage, il peut être effrayé par tout ce qui risque de le mordre. Chaque chose nouvelle et inhabituelle peut lui faire craindre d'être mordu. Comme un chien ou un animal inconnu peut mordre, un enfant nouveau ou une personne inhabituelle peut le faire aussi. Une petite fille de deux ans, qui se trouvait un jour dans l'autobus avec sa mère, aperçut des religieuses vêtues de longs vêtements noirs. Elle n'avait jamais vu de religieuses auparavant. Elle regarda sa mère d'un air interrogateur et demanda : « Mord bébé ? »

• *Peur des bruits forts*. Les sirènes, les pompiers ou les ambulances, les claquements brusques de portes provoquent des réactions de frayeur chez les enfants. Ils se souviennent peut-être de leurs propres pertes de contrôle, et se sentent impliqués d'une certaine façon par la répétition de ces bruits. Pour la même raison, la violence à la télévision, même chez des enfants plus âgés, augmente le niveau de leur propre agressivité. Ils sont effrayés par l'agressivité des autres.

• *Peur du noir — monstres, sorcières, fantômes.* Ces frayeurs se produisent toujours la nuit. Des prédateurs imaginaires prennent des formes effrayantes dans l'obscurité. Tout cela arrive au moment où l'enfant progresse rapidement vers l'indépendance. Il prend conscience de sa dépendance envers ses parents, et il en ressent un conflit intérieur.

• *Peur du vide.* La peur de sauter du haut d'un meuble, ou de tomber par la fenêtre (fantasme de Peter Pan) peut surgir à cet âge et demeurer. Les adultes eux-mêmes restent effrayés par les hauteurs et l'impression qu'ils pourraient se jeter dans le vide. Ces craintes surviennent lorsqu'un enfant prend davantage conscience du danger de tomber d'une hauteur et se rend compte qu'il est suffisamment indépendant pour devoir se protéger lui-même.

• *Peur de la mort d'un parent.* Ces craintes se traduisent par la phobie de l'école, et la crainte de quitter la maison pour aller à des fêtes ou des visites. Elles sont dues en partie à la timidité, et à la peur naturelle de ne pas être à la hauteur. Elles sont également liées à ce que l'on nomme le complexe d'Œdipe. Tout en étant inconsciemment profondément attaché à chacun de ses parents, l'enfant est effrayé par son désir de se débarrasser de l'un d'eux. Vers cinq ans environ, l'enfant peut aussi craindre sa propre mort, parfois parce qu'il a peur d'être puni pour avoir eu de « méchantes pensées ». Bien que ces sentiments soient trop profondément enfouis pour qu'il en ait conscience, les parents doivent savoir, eux, que ces sentiments sont normaux, cela peut les aider. Ils éviteront de réagir trop fort à ces brusques frayeurs devant la mort — celle de l'enfant ou celle des parents. C'est le moment où l'on doit affirmer à l'enfant que ses parents le protègent, qu'ils ne le laisseront jamais courir le moindre danger et qu'ils seront toujours là.

Si la mort frappe une personne de la famille, ou un animal très aimé, les parents devraient respecter les sentiments et la peur qui vont s'exprimer. C'est l'occasion de parler de la façon dont eux surmontent leurs propres craintes dans ce domaine (cf. chapitre 36).

• *Peur des étrangers et peur d'être maltraité.* Cette peur rejoint les préoccupations des parents étant donné que, de nos jours, il s'agit autant de protéger l'enfant d'une angoisse inutile que de lui éviter d'être maltraité. On ne doit pas laisser un petit enfant dans une situation où il devra choisir lui-même à qui faire confiance. C'est le devoir des parents de le protéger de leur mieux.

Lorsque les parents commencent à apprendre à un enfant de cinq ou six ans à se méfier des étrangers, ils risquent très vite d'en faire trop. Je m'inquiète pour cette génération d'enfants qui n'oseront jamais nouer de relations avec des personnes nouvelles, si nous réussissons, au-delà de nos intentions, à leur inculquer la peur des inconnus. Avant tout, des enfants aussi jeunes ne doivent pas être placés en situation de risque. Si l'on conseille à l'enfant de ne laisser aucun étranger le toucher, il faut bien prendre garde de ne pas le rendre trop sensible à ce corps que l'on protège. Il est tout à fait nécessaire de le mettre en garde contre les inconnus qui pourraient avoir un comportement gênant à son égard, à l'école ou sur les terrains de jeux, mais à condition de rétablir l'équilibre en lui donnant le sentiment qu'il y a des gens qu'il peut aimer de tout son cœur, et en qui il peut avoir toute confiance. La meilleure façon de protéger l'enfant est de lui faire savoir qu'il peut communiquer *toutes* ses craintes, *tous* ses soucis immédiatement à ses parents, sachant que ceux-ci l'écouteront et réagiront.

• *Peur des enfants agressifs.* Quand l'enfant grandit, ses relations avec ses camarades prennent une importance et une complexité croissantes. Il a besoin d'apprendre à se conduire avec les autres dès la deuxième année si on ne veut pas qu'il devienne un enfant solitaire, mis à l'écart, au cours de sa scolarité ultérieure. Comme nous l'avons dit plus tôt, je suggère plusieurs attitudes aux parents. Essayez de lui apprendre à s'intégrer dans un groupe par l'intermédiaire d'un ou deux enfants. S'il est timide, laissez-lui prendre son temps. Trouvez-lui un enfant qui lui ressemble et aidez-les à devenir amis. Faites en sorte que votre enfant puisse acquérir un talent particulier. S'il se perfectionne dans un sport, dans la musique, dans n'importe quel autre domaine, les autres enfants le respecteront. S'il revient à la maison abattu par des moqueries, rappelez-lui que chacun a besoin d'apprendre à supporter que l'on se moque de lui. « Les enfants essaient toujours de se moquer de leurs amis. » Affirmez-lui que, s'il parvient à bien prendre les plaisanteries, il n'en sera pas longtemps la cible.

• *La peur de l'échec.* Tous les enfants ont peur d'échouer. C'est quelque chose que nous ressentons tous naturellement. Cela peut nous pousser au succès et à la perfection, mais peut aussi être destructeur. Si un enfant paraît submergé par sa peur de l'échec, peut-être est-ce le signe qu'il n'a pas assez confiance en lui. Dites-lui que vous l'appréciez tel qu'il est. Félicitez-le pour ses petites réussites et ne le poussez pas toujours à faire mieux. Il faut sans doute moins le pousser et plus souvent le complimenter quand il a réussi quelque chose. Il a peut-être besoin d'occasions d'accomplir des tâches faciles. Je vous conseille de le mettre en présence d'enfants calmes, de son niveau, avec qui il puisse se mesurer, de lui faire faire des expériences qu'il puisse facilement maîtriser. Encouragez ses aptitudes particulières, les talents qui lui permettront de se démarquer dans le groupe, à condition de ne pas lui faire subir de pression supplémentaire. S'il se rend compte qu'il peut réussir, qu'il a de la valeur pour ses parents, il reprendra confiance en lui, lentement, petit à petit.

• *Peur de la guerre et des catastrophes nucléaires.* Les enfants sentent le désarroi de leurs parents face à l'escalade militaire dans nos pays. Les médias leur ont fait découvrir l'agression militaire et la destruction qui en résulte. Les petits enfants n'ont aucun sens de la relativité. La peur de la destruction qui se trouve en chacun de nous se greffe sur les craintes qu'éprouvent les enfants face à une agression personnelle, ainsi que sur leur hantise d'être punis pour éprouver des sentiments agressifs envers les autres. Ils s'inquiètent et, si les adultes de leur entourage s'inquiètent aussi, leurs fantasmes se trouvent alors hors contrôle. En tant qu'adultes, nous devons donner aux petits enfants le sentiment que l'agression au niveau mondial est contenue dans certaines limites. En tant que parents, il faut leur transmettre un sentiment d'espoir en notre société, aussi bien qu'un sens profond des responsabilités envers les autres, deux choses capables de faire progressivement obstacle à la violence qui nous entoure.

Quelques façons d'aider un enfant à surmonter ses peurs

Les conseils suivants s'adressent non seulement aux parents, mais aussi à tous les adultes qui s'occupent d'enfants et qui désirent les aider à surmonter leurs peurs.

Tout d'abord, écoutez soigneusement l'enfant vous raconter ses craintes, et respectez ce qu'il vous dit. Aidez-le à comprendre qu'il est naturel d'être effrayé et de s'inquiéter. Alors seulement, rassurez-le en lui expliquant que ce qui lui paraît effrayant, insurmontable, peut être contrôlé, et qu'en grandissant il apprendra à vaincre sa peur. Vous pouvez, bien sûr, regarder sous le lit ou dans le placard avec l'enfant, pour vérifier qu'il n'y a pas de monstre ou de sorcière, mais sans y accorder trop d'importance. Faites-lui comprendre que vous savez tous les deux qu'il n'y a rien ni personne, mais précisez que tous les enfants ont peur des monstres.

Soutenez les efforts de votre enfant pour trouver les façons de surmonter ses peurs. Laissez-le régresser. Laissez-le être dépendant, s'accrocher à son jouet favori, et être à nouveau un bébé dans de telles occasions. Il ne voudra pas le rester longtemps. Au moment même où vous le tiendrez dans vos bras, vous sentirez qu'il essaie de se dégager. Alors vous pourrez le féliciter de sa bravoure, et de se comporter comme un « grand ».

Aidez l'enfant à comprendre les raisons qui se cachent derrière les peurs, tel le fait d'essayer d'apprendre à partir de situations nouvelles et effrayantes. Parlez de la façon dont il essaie de prendre des risques de s'éloigner de vous, de s'en sortir tout seul, et combien tout cela peut être effrayant. Employez ses propres termes. Ne soyez pas trop intellectuel ni trop simpliste, cela n'aiderait en rien.

Rassurez l'enfant en lui répétant que tous les enfants de son âge ont peur. Suggérez-lui de demander à ses amis comment ils font pour se dominer. Parlez de vos peurs lorsque vous aviez son âge, racontez comment vous en êtes venu à bout. « Je me sentais toujours tout drôle avant d'aller à une fête. Maintenant, encore, je reste près de la porte jusqu'à ce que j'aperçoive quelqu'un que je connais, alors seulement je vais lui parler. Toi aussi tu apprendras à faire comme moi. Je sais exactement ce que tu ressens. »

Entre-temps, et ceci s'adresse spécialement aux parents, prenez chaque semaine l'enfant pour qu'il fasse quelque chose avec vous. Cela facilitera la communication entre vous et, mieux encore, lui donnera des occasions de s'identifier à vous. S'il est en train de découvrir l'agressivité, il peut en même temps apprendre comment manifester ce comportement sans excès, comme vous. Vous n'avez même pas besoin de discuter avec lui de ces façons de faire ; il est capable de les voir par lui-même.

Lorsque l'enfant a enfin surmonté ses craintes, dites-lui que vous vous en rendez compte. Parler de son succès ne va pas seulement le retirer du royaume de la peur pour l'envoyer vers le royaume de la réussite, mais cela va aussi constituer une référence pour lui et pour vous. Vous pourrez en reparler lorsque de nouvelles peurs surgiront.

Si les terreurs ou l'appréhension en général commencent à envahir tout le comportement de l'enfant, ou si elles persistent pendant une longue période (six mois), ou encore si elles empêchent l'enfant de se faire des amis, je vous conseille de consulter un spécialiste. Ces peurs peuvent être la façon qu'a votre enfant de vous appeler à l'aide. Interrogez votre médecin. Vous pourriez aussi consulter dans une clinique spécialisée un psychologue pour enfant ou un pédopsychiatre.

23

L'alimentation et ses problèmes

Dès le tout premier moment où la mère serre son nouveau-né contre son sein, elle sait instinctivement que les messages d'amour qui accompagnent le repas sont aussi importants que la nourriture elle-même pour le bien-être du bébé. Elle a raison. Sans ces messages, la nourriture ne suffit pas à stimuler le développement affectif ni même physique.

Nos habitudes alimentaires

Comme nous l'avons mentionné dans le chapitre 5, il existe un syndrome qu'on appelle « syndrome de dépérissement » ; les bébés atteints sont ratatinés, rachitiques et ont le même poids à huit mois qu'à la naissance. Ils peuvent avoir été suffisamment nourris, mais ils ont manqué de communication affective. Lorsqu'ils arrivent à l'hôpital, leur visage est désespérément inerte, leurs yeux sont ternes, ils évitent de regarder les personnes qui les soignent, sont incapables de communiquer. Ils refusent tout contact humain, comme si c'était douloureux pour eux. À cause de ce manque de maternage, la nourriture qu'ils avalent passe à travers leurs intestins sans être digérée. Dès qu'une personne affectueuse réussit à montrer à ces enfants qu'ils peuvent voir un visage chaleureux, qu'ils peuvent se laisser bercer, embrasser, qu'ils peuvent écouter des chansons fredonnées pour eux, au moment des repas, ils cessent de s'arc-bouter et de détourner les yeux. Ils commencent alors à prendre du poids et à se développer normalement. Et ils deviennent des bébés heureux et confiants. Ces enfants sont des cas extrêmes, mais ils prouvent bien que des messages d'amour doivent accompagner un repas pour que celui-ci réponde à leurs besoins. Si la nourriture est d'une importance évidente pour la survie, la qualité de la vie future du bébé dépend aussi du maternage apporté par les parents au cours des repas.

Tous aimeraient que leur bébé ait plaisir à manger, mais peut-être ont-ils eux-mêmes leurs propres blocages dans ce domaine. Les expériences alimentaires se sont imprimées en nous depuis l'enfance. Nous avons tous vécu des situations qui influencent notre comportement à des moments aussi importants que les repas. Nos réactions ne sont pas consciemment remises en question, elles sont fondées sur de vieux schémas : « Tu ne bougeras pas de table avant d'avoir mangé tes légumes. Tu ne grandiras pas si tu ne bois pas ton lait. » Ces énoncés peuvent avoir eu une part de vérité il y a cinquante ans ; aujourd'hui, elles n'ont plus aucune valeur. Avec un apport vitaminique approprié, nul légume n'est vital pour la santé de l'enfant. Les épinards qui rendaient Popeye si fort ne sont qu'un mythe, le plus poussiéreux de tous ceux qui ont franchi le temps. Beaucoup d'autres dominent encore notre comportement. Nous nous créons des problèmes inutiles, uniquement parce que nous avons une haute idée de notre responsabilité. Bien sûr, nous avons tendance à en faire plus qu'il n'en faut dans le domaine de l'alimentation de nos enfants. Nous continuons à croire que le travail d'une « bonne mère » est de faire manger son bébé.

Dès qu'ils se heurtent au moindre problème d'alimentation chez leur enfant, les parents se trouvent face à face avec leurs propres « fantômes ». Ils doivent bien admettre que cela fait partie du désir d'être un bon parent. S'ils parviennent à se remémorer leurs propres expériences, ils éviteront de les répéter. Forcer un enfant à manger est la façon la plus sûre de créer un problème. Si l'on veut que le repas soit un plaisir pour l'enfant, il faut *lui* en laisser le contrôle — au sujet des choix, des refus, du droit de s'arrêter lorsqu'il le souhaite.

De par sa véritable nature, l'alimentation est un domaine dans lequel les parents et le bébé peuvent résoudre les perpétuels conflits entre dépendance (être nourri) et indépendance (se nourrir). Aucun autre domaine du développement n'est aussi sensible à ces oppositions. L'indépendance doit gagner. La manière dont les repas se déroulent peut même déterminer la façon dont un enfant, en grandissant, pourra développer l'image qu'il a de lui-même, image d'une personne compétente, épanouie. Pouvoir s'exprimer au moment des repas est aussi important pour son développement que le nombre de calories qu'il absorbe. Mais cela est difficile à réaliser par un parent aimant. Il faut essayer de faire de chaque repas une expérience profondément satisfaisante, afin que, lorsqu'il sera plus âgé, l'enfant puisse apprendre que se nourrir soi-même produit le même plaisir.

La question de l'allaitement peut être vue sous cet éclairage. L'allaitement constitue en principe une expérience chaleureuse, intime, pour la mère et le bébé. Étant donné que le lait maternel est également parfaitement adapté pour le bébé — sur le plan nutritif, digestif, allergénique, et comme protection naturelle contre les infections — chaque mère doit l'envisager comme étant le meilleur choix. Cependant, si, pour une raison ou une autre, l'allaitement ne convient pas à la mère ou bien s'il se transforme en une expérience déplaisante pour le bébé ou elle-même, ces réactions doivent être prises très au sérieux. En effet, les sentiments de la mère se transmettent à l'enfant. Un bébé à qui l'on donne le biberon avec amour en le tenant étroitement (ne jamais l'installer pour qu'il boive seul son biberon) se portera tout à fait bien, comme indiqué dans les chapitres de la première partie.

Au début, le bébé doit fixer lui-même l'horaire. Au moment où vous, ses parents, essayez de le comprendre, il vaut mieux suivre ses exigences, et apprendre *peu à peu* quel cri signifie qu'il a faim, et lequel veut dire qu'il est fatigué ou qu'il s'ennuie. Au début et à la fin d'une crise, il est toujours préférable de recommencer à nourrir à la demande. Cependant, dès que vous ressentez bien ce dont le bébé a besoin, il est possible de le pousser à adopter un horaire plus rigoureux. Chaque membre de la famille sera soulagé de pouvoir compter sur des heures fixes pour les repas, le sommeil et le jeu. Vers six semaines, un bébé né à terme doit commencer à se régler, et les repas devraient être donnés environ toutes les quatre heures. Vers douze semaines, il devrait se contenter de cinq repas par jour, à horaires fixes. Vers vingt semaines, la plupart des bébés n'ont besoin que de quatre repas, à 7 heures, midi, 17 heures et 22 heures ; vers six, sept mois, repas (avec des aliments solides) à 7 heures, midi,

17 heures et du lait à 19 heures, et puis en route pour la nuit.

D'un point de vue nutritionnel, les bébés n'ont pas véritablement besoin d'aliments solides avant six mois. En fait, ils n'apprennent pas à les mâcher avant trois mois. Avant cet âge, ils les absorbent tels quels en les tétant. Cependant, vers quatre ou cinq mois, beaucoup de bébés ont besoin d'aliments solides pour parvenir à faire leur nuit ou à attendre un peu plus longtemps entre les repas le jour. Si votre bébé est parvenu à attendre quatre heures entre deux repas, à faire des nuits de huit heures, et qu'ensuite il revient à des intervalles plus courts, je vous conseille d'introduire de la nourriture solide. Le lait seul ne va plus suffire à satisfaire ses besoins.

Vers huit mois, comme nous l'avons vu au chapitre 7 en détail, le bébé sera prêt à utiliser un instrument nouveau et passionnant, la pince formée par le pouce et l'index. Si vous lui donnez deux ou trois morceaux d'un aliment bien tendre en l'asseyant — pour qu'il les prenne avec les doigts, se barbouille bien avec eux, les écrase et finalement les mette à la bouche —, vous verrez qu'il sera absolument ravi. Il peut essayer de mâcher ces quelques morceaux une heure entière, tellement il est heureux de prendre en main son alimentation... Il vous laissera même lui mettre des cuillerées de nourriture écrasée dans la bouche pendant qu'il est absorbé par sa nouvelle performance. En fait, si vous ne le laissez pas commencer à se nourrir tout seul vers la fin de la première année, vous risquez de créer un problème au cours de la deuxième. À un an, il secouera la tête, la bouche serrée, en vous lançant de la nourriture — pour vous dire très nettement : « Je veux devenir indépendant en me nourrissant tout seul. »

À un an, le bébé doit donc pouvoir se débrouiller seul avec des aliments coupés en petits morceaux. Des aliments tendres qu'il peut mâcher avec ses gencives pourront être avalés facilement. Mais s'ils sont en trop gros morceaux ou trop durs, il risque de s'étouffer, donc assurez-vous de leur bonne consistance. C'est l'âge auquel le bébé va commencer à refuser certains aliments — un mois les légumes, le mois suivant la viande, puis les œufs. De nouveau, il vous démontre qu'il a besoin de dominer la situation, de pouvoir décider ce qu'il désire manger. Si vous le laissez *choisir* et *refuser* pendant la deuxième année, vous avez toutes les chances d'éviter les problèmes d'alimentation. Mais cela signifie bien que *ce n'est pas vous qui commandez*. C'est lui qui se nourrit. Il ne va pas pouvoir se servir d'une fourchette ou d'une cuillère avant seize mois, il doit donc être libre de choisir parmi des aliments courants en morceaux. Donnez-lui ce que vous mangez, sauf ce qui est trop dur. S'il n'en veut pas et qu'il insiste pour avoir autre chose, dites-lui simplement : « Tu en auras au prochain repas », et ne le forcez pas à manger ce dont il ne veut pas.

Les repas du jeune enfant sont pleins de refus, d'opposition, de provocations, tout cela pour essayer de trouver ses limites. Dans le domaine alimentaire, bien sûr, il voudra toujours ce que vous n'avez pas préparé. Ne vous laissez pas atteindre — c'est le jeu qui compte, et non ce qu'il y a dans l'assiette. Si vous voulez absolument vous tourmenter, entrez dans son jeu. Mais ce sera plus facile si vous fixez des limites strictes à l'avance. Vous pouvez dire : « Voici ce que nous avons à manger. Si tu veux du beurre de cacahuète, je t'en donnerai au prochain repas. » Il n'en voudra pas si vous lui en donnez, de toute façon...

Les parents supportent plus facilement ces repas fantaisistes s'ils se rendent compte que les besoins nutritionnels d'un enfant de cet âge sont très simples à satisfaire. Comme je l'ai indiqué au chapitre 9, il n'y a que quatre impératifs :

1. Un demi-litre de lait ou l'équivalent (cent vingt grammes de fromage, ou un demi-litre de yaourt, de crème glacée, etc.).

2. Soixante grammes de viande ou un œuf. S'il les refuse, vous pouvez battre un œuf dans son lait. Ou bien lui donner un comprimé de fer pour couvrir ses besoins.

3. Trente grammes de jus d'orange ou un morceau de fruit frais — pour la vitamine C.

4. Des comprimés de multivitamines qui remplaceront tout ce que les légumes lui auraient apporté pendant cette période d'opposition.

Beaucoup de bébés n'aiment pas les légumes pendant leur deuxième année. Votre mère ou votre belle-mère peut insinuer que vous êtes une mauvaise mère si votre enfant n'a pas un « régime équilibré » avec des légumes verts. J'ai vu peu d'enfants d'un an qui les acceptaient — et j'en ai vu des centaines qui les refusaient et qui se sont bien développés en dépit d'une absence totale de légumes dans leur alimentation pendant un an environ. Peut-être qu'une génération d'enfants que l'on n'a pas forcés à manger de légumes va finir par en demander à tous les repas !

Vers quatre ou cinq ans, si vous n'avez pas fait du moment des repas un moment de bataille systématique, l'enfant va commencer à essayer de nouveaux aliments, et à accepter le fameux « régime bien équilibré ». Mais sur le plan nutritionnel ce n'est toujours pas important — les quatre apports de base que j'ai mentionnés ci-dessus suffiront à ses besoins pendant sa petite enfance.

Quant à la bonne tenue à table, oubliez-la jusqu'à la troisième ou à la quatrième année. Il apprendra en vous prenant pour modèle. Il n'apprendra rien si vous lui dites sans cesse : « Fais ceci. Fais cela. » Cependant, je ne le laisserais pas jeter ou gâcher n'importe quelle quantité de nourriture sans lui imposer des limites strictes. S'il est particulièrement négatif, je ne lui donnerais que deux morceaux à la fois. S'il se met à les écraser sur la table ou à les lancer autour de lui, interrompez le repas. Sortez l'enfant de table. Mais ne lui donnez pas de petit en-cas entre les repas si vous voulez qu'il apprenne tout ce qui concerne les limites... Les en-cas, les goûters sont pour les enfants de quatre ou cinq ans qui ont bien maîtrisé les trois repas par jour.

Les parents fiers de leurs talents de cuisiniers — et ceux qui n'ont pas eu d'enfant avant la trentaine — ont souvent plus de difficultés à supporter que leurs petits plats soient refusés. Si vous pensez que cela puisse vous vexer et que vous risquiez de réagir avec trop de passion, il vaudrait mieux désamorcer la situation. Si l'enfant ne manque pas des quelques apports indispensables énumérés ci-dessus, dites-lui qu'il devra attendre le prochain repas. Expliquez-lui clairement qu'il peut toujours refuser ce que vous lui proposez, mais qu'il ne peut pas choisir ce qu'il veut à la place. Et rappelez-lui que vous savez aussi bien que lui à quel petit jeu il joue.

Alimentation et indépendance

Certains jeunes enfants semblent avoir tendance à « faire la bombe », littéralement — ils se gavent de beurre de cacahuète ou d'autre chose, pendant deux semaines, par exemple. Ces excès ne vont pas faire de mal à un enfant bien nourri. Mais ils peuvent trahir d'autres problèmes : opposition, identification avec des amis, désir de voir s'il peut manipuler sa famille pendant les repas. Tout cela est courant. Laissez-le avoir sa façon d'être personnelle et, si possible, aidez-le à comprendre *pourquoi* il agit ainsi. Et puis attendez qu'il soit fatigué de cet aliment. Ne vous hâtez pas de lui trouver un produit de remplacement. Si vous le faites, il trouvera autre chose à exiger de vous.

Excès, chipotages, refus de certains aliments, et d'autres changements alimentaires sont des phases tout à fait normales dans le développement d'un enfant. Il a besoin d'affirmer son indépendance vis-à-vis de son alimentation. Il a besoin de trouver son identité dans la famille, de faire ses propres choix, et de tester les limites de votre tolérance. Les repas seront beaucoup plus agréables si vous parvenez à comprendre et à respecter cela. Mais si vous ne pouvez pas, et si (comme beaucoup d'entre nous) vous faites partie des parents qui abandonnent ou qui au contraire s'énervent devant un enfant qui ne mange pas, vous pouvez vous attendre à des étincelles aux repas. Vos encouragements intelligents, vos savoureuses alternatives, vos chantages, vos compromis, pourront faire en sorte que les repas soient absorbés pendant quelque temps. L'inconvénient est que tout cela ne vous assure pas de résultat à long terme, et que vous aurez d'inévitables problèmes d'alimentation. Se nourrir tout seul est une activité précieuse et passionnante pour un enfant, et doit être un domaine où il puisse exercer son autonomie. Sinon, les repas deviennent à nouveau l'enjeu d'une bataille que l'enfant finit *toujours par gagner* — d'une façon ou d'une autre.

Cela dit, si votre enfant s'oppose même aux exigences indispensables que j'ai soulignées pendant une période de plusieurs mois, ce sera peut-être le moment de chercher à vous faire aider. S'il ne grossit pas et si son poids tombe au-dessous de la moyenne, il est temps de chercher un conseil extérieur. Votre médecin peut vous indiquer où trouver l'aide appropriée, auprès d'un pédopsychiatre ou d'un psychologue. Comme tout trouble d'origine physique affecte l'appétit, le médecin commencera par examiner l'enfant. S'il n'y a aucun problème médical, un thérapeute pourra comprendre ce qui se passe chez l'enfant et vous aidera tous les deux à surmonter votre propre part du problème. Ne vous désespérez pas mais n'attendez pas trop longtemps.

24

À propos de quelques habitudes

En grandissant, les enfants explorent une grande variété de comportements. Ils expérimentent des actes répétitifs, comme se taper sur la tête, sucer leur pouce, se balancer, pour relâcher leur tension ou se réconforter. Si ces habitudes ne sont pas fixées, soit par une attention excessive des parents, soit parce que l'enfant a un besoin particulier d'autoréconfort, l'enfant les abandonnera et en essaiera d'autres. Ainsi, chaque enfant explore-t-il toute une gamme d'habitudes. La fixation ne survient généralement que lorsque trop d'importance est donnée à un comportement particulier.

L'importance des manœuvres de réconfort, comme sucer son pouce ou se « raccrocher » à une poupée, si aimée, à une couche irremplaçable, a été démontrée dans la première partie de cet ouvrage. Elles offrent à l'enfant des sortes de soupapes de sécurité dans un monde stressant, et ne doivent pas être considérées comme des problèmes. D'autres habitudes peuvent commencer sous forme d'une exploration normale, et se transformer en problème sous l'influence de parents trop stricts ou à l'occasion de stress. Dans ces habitudes sont inclus la masturbation, les tics et le fait de se ronger les ongles.

LA MASTURBATION. Tous les bébés commencent à explorer leur corps dès la deuxième année lorsqu'on leur retire leurs couches. Le petit garçon peut provoquer une érection en se touchant. Il a l'air surpris, puis content de lui, attentif à cette nouvelle sensation. La petite fille introduit ses doigts dans son vagin, les yeux brillants, en se balançant, découvrant elle aussi que cette partie du corps provoque des sensations particulières. Étant donné que cette partie de son corps a été recouverte par les couches pendant les deux premières années, le jeune enfant est captivé par ce qu'il ressent. Il se cache parfois dans un coin pour poursuivre son exploration. Lorsqu'il comprend que ses parents le désapprouvent, son désir d'en découvrir plus au sujet de ces expériences passionnantes augmente.

Même lorsque les parents tolèrent ce comportement en privé, ils craignent que cela devienne une habitude envahissante et que l'enfant n'y recoure en public. Étant donné que ce geste tout à fait normal a souvent été enveloppé de mystère et de réprobation au cours de l'enfance des parents, ils ont du mal à ne pas se faire de souci.

Je me souviens du visage solennel de certains parents venus me consulter, visiblement très inquiets. Leur petite fille de quinze mois avait l'habitude de se coucher sur le sol en se trémoussant et en se stimulant avec ses doigts ou un coussin. Son regard flou, la rougeur qui envahissait son visage effrayaient ses parents. Ils pensaient qu'elle souffrait d'une sorte d'épilepsie. En observant ces « crises », je me rendis compte que c'était en fait une masturbation tout à fait normale.

Cette petite fille vivait dans un foyer plein d'excitation et d'activité, comportant trois enfants plus âgés et six adultes. Tous passaient leur temps à jouer avec elle, à la taquiner, à la pousser à réagir. Pour retrouver son équilibre, elle se retirait dans son propre monde, utilisant une activité masturbatoire comme technique de repli. Je leur dis que tout cela était normal, mais qu'ils seraient avisés de réduire l'excitation qui régnait autour de leur fille et de faire en sorte qu'elle se repose deux fois par jour, seule dans sa chambre. « Mais est-ce qu'elle ne va pas en profiter pour se masturber ? » demandèrent les parents. Je leur répondis que c'était possible, mais qu'elle avait besoin qu'on la laisse se calmer d'une façon ou d'une autre, et qu'on l'éloigne de toute cette agitation. Les parents se demandaient aussi, bien sûr, ce qu'il fallait faire si l'enfant commençait à se trémousser de cette façon en public. Je leur suggérai de voir ce comportement comme le signe d'un besoin d'échapper à une trop forte stimulation. Il fallait alors l'emmener dans un endroit calme et lui prodiguer de l'affection. Les parents suivirent mes recommandations et l'habitude disparut en une semaine.

Lorsque les parents s'inquiètent de voir leur enfant se masturber, mon premier conseil est de ne pas mettre en relief ce comportement. Ne manifestez pas votre désapprobation, n'essayez pas de l'interdire. Si c'est fréquent, cherchez des raisons sous-jacentes. Est-ce que l'enfant est très tendu ? Est-ce qu'il est trop stimulé ? A-t-il d'autres manières de se réconforter ?

Si un enfant est tendu, réconfortez-le en le tenant tranquillement, en le berçant, en l'apaisant. S'il se masturbe en public, emmenez-le hors d'une atmosphère certainement trop énervante. Placez-le dans sa chambre ou dans un autre endroit calme. Ne vous inquiétez pas de ce qu'il fait dans sa chambre ; dites-lui que la masturbation en privé est très normale.

Essayez de voir si d'autres personnes ne prêteraient pas trop d'attention à cette habitude. Il se peut que d'autres enfants ou des adultes, à la maison, aient des réactions excessives, et disent à l'enfant que c'est mal. Au lieu de l'aider, ces réactions fixent la masturbation en tant que schéma de comportement.

Si la masturbation devient exagérée et pousse l'enfant à fuir des activités intéressantes, je m'en inquiéterais alors, surtout si elle se transforme en une habitude très fréquente. Est-ce un recours systématique pour surmonter les stress et le surmenage ? Peut-être faudrait-il voir cela alors comme une forme d'hypersensibilité ou une forme d'autisme. Avez-vous fait une analyse d'urine ? La petite fille n'a-t-elle pas une vaginite ? On trouve parfois, chez les garçons comme chez les filles, une cause physique à une masturbation excessive.

L'HABITUDE DE SE RONGER LES ONGLES. Tous les enfants passent par des périodes où ils se rongent les ongles. Ils sont assis devant le téléviseur, ou dans leur lit pour la sieste ou pour la nuit, et s'attaquent furieusement à leurs ongles. Les parents qui les observent sentent monter leur adrénaline. Ils ne peuvent s'empêcher de retirer le doigt de la bouche de l'enfant. Ou bien ils disent : « Tu ne te fais pas mal ? » L'enfant hoche silencieusement la tête et continue à rechercher un bout d'ongle disponible. Ils essayent alors vaillamment, mais n'y arrivent pas, de se retenir de faire le commentaire suivant : « Tu te rappelles comme ton doigt a saigné la dernière fois ? » L'enfant continue à hocher la tête en silence. Maintenant il se balance doucement, les yeux dans le vague. Les parents se sentent exclus, jaloux même. Ils peuvent essayer encore — en vain — de ne pas faire de commentaire. Finalement, dans un dernier effort pour arrêter l'enfant et retrouver le contact, l'un d'entre eux va laisser échapper : « Maintenant, tu arrêtes. »

Les yeux de l'enfant reprennent leur éclat. Il s'arrête, regarde ses parents comme pour dire : « Est-ce qu'il y a un problème ? » Automatiquement, le doigt mouillé se dirige à nouveau vers la bouche. Cette fois, l'enfant fait des efforts pour se retenir. Il abaisse sa main à contrecœur, s'assied dessus. Lorsque sa mère quitte la pièce, il est soulagé. Il se remet à la recherche d'un coin d'ongle.

Par leurs réprimandes, les parents ont renforcé son comportement, le faisant passer d'un geste de régulation inconscient (utilisé pour se réconforter, se calmer, se dominer) à un acte conscient que l'enfant va maintenant utiliser pour se révolter contre l'intrusion inopportune de ses parents.

La plupart des habitudes se prennent de cette façon. Nous avons presque tous vécu la même forme d'intrusion de la part de nos propres parents. Lorsque nous constatons un tel comportement de repli chez un enfant,

il est bien difficile de ne pas pouvoir intervenir pour rétablir le contact. Les parents tout comme l'entourage de
l'enfant voient dans ce comportement le signe d'un
« manque ». Ils ont tendance à penser que seul un enfant
solitaire, privé d'affection, se livre à ce genre d'activité.
Ce n'est pas vrai. Sucer son pouce, ronger ses ongles, se
balancer, etc., sont des schémas de réconfort très personnels, nécessaires à la plupart des enfants et à beaucoup
d'adultes à certains moments. Au cours des étapes prévisibles du développement infantile, ces habitudes ont
tendance à apparaître. Elles ne s'ancreront dans le comportement que si l'entourage les désapprouve et essaie
d'intervenir.

LES TICS. Un tic est une contraction soudaine d'une
partie du corps — visage, cou, épaules — qui se produit
inconsciemment et de façon répétitive. Les tics apparaissent souvent chez l'enfant lorsqu'il se concentre ou se
trouve sous tension. La plupart du temps, l'enfant n'est
pas conscient du tic. Si, vous, ses parents, attirez son
attention là-dessus, le schéma se développe. Et vous
vous inquiétez. Souvent les parents associent ces contractions brusques à l'épilepsie. Leur réaction provoque
l'angoisse de l'enfant, ce qui exacerbe le problème. Si
les tics sont ignorés, ils disparaissent au bout d'un certain
temps. Ils se produisent souvent dans la quatrième année
ou la cinquième année, et diminuent vers six ou sept ans.
Ils peuvent revenir lorsque l'enfant passe par une période
d'angoisse, comme l'adaptation à une nouvelle école ou
à la naissance d'un bébé. Étant donné qu'ils se produisent à des moments où les parents se sentent eux aussi
stressés, ces derniers ont encore plus tendance à les renforcer d'une façon ou d'une autre — en attirant l'attention de l'enfant sur eux, ou en manifestant ouvertement
leur inquiétude.

À moins que les tics ne soient associés à d'autres
symptômes inhabituels, il faut les ignorer. S'ils persis-

tent, recherchez une tension cachée et essayez d'y remédier. Si l'enfant passe par une période d'adaptation, assurez-vous qu'il ne manque ni de soutien ni d'affection. Mais laissez-le s'occuper de son stress et en tirer des enseignements.

25

L'hospitalisation

Bien que la perspective d'une hospitalisation soit aussi effrayante pour les parents que pour l'enfant, une telle expérience peut également avoir des côtés positifs. Grâce au climat affectif et aux soins maternants qu'offrent la plupart des hôpitaux pour enfants, un enfant peut gagner en estime de soi et en maturité, en y apprenant à surmonter son angoisse et ses peurs. Au Children's Hospital de Boston, nous avons tout mis en œuvre pour aider les enfants à acquérir une certaine maîtrise de soi à partir de leur expérience dans nos services. Les études que nous avons effectuées ont montré que nos efforts avaient porté des fruits. Le fait d'être loin de la maison, d'être malade ou blessé, d'être soigné par des adultes qui ne sont pas les parents, sera toujours traumatisant pour l'enfant ; le rôle des parents consiste alors à le soutenir de façon à l'aider à surmonter cette expérience et à en tirer profit.

Préparer un enfant pour un séjour à l'hôpital

Je propose aux parents les conseils suivants, tirés de mon expérience et de mes observations.

Tout d'abord, préparez-vous vous-mêmes. Avant de pouvoir aider votre enfant, vous devez surmonter votre propre angoisse de la séparation et de la situation à venir. Demandez à votre médecin, ou demandez au personnel hospitalier, quels examens, quels traitements devra subir l'enfant. Arrangez-vous pour rester près de lui dans les moments critiques — le jour de son entrée, le jour de l'opération, ou au moment de toute intervention médicale douloureuse. Prévoyez de passer au moins la première nuit avec lui, ou de rester jusqu'à ce qu'il se soit un peu habitué aux lieux. Même si cela signifie que vous devez vous battre contre les règlements, je vous conseille d'insister. Aucun hôpital ne devrait accepter un enfant sans la présence d'un parent pour la période d'adaptation, tout comme pour les moments qui pourraient être douloureux ou angoissants. La présence d'un parent est essentielle si un enfant doit affronter à la fois la séparation de sa famille et la souffrance. Préparez l'enfant de votre mieux à l'avance. Et puis répétez-lui ce que vous lui avez déjà dit au fur et à mesure que les événements se déroulent.

Nous savons par expérience que le meilleur moyen de préparer un enfant est d'être aussi franc et précis que possible dans la description de ce qui l'attend. Selon l'âge de l'enfant, vous pouvez dire : « Tu seras dans un service avec d'autres enfants malades, ils auront des bandages et des tubes placés dans les veines de leurs bras. Tu auras peut-être peur, mais je serai avec toi. Après ton opération, tu auras toi aussi des tubes dans le bras ; ce sera la seule manière pour les infirmières et les médecins de te nourrir parce que tu n'auras envie ni de boire ni de manger. On te piquera avec de petites aiguilles — dans le doigt ou le bras. Elles font un peu mal, mais pas longtemps. Tu peux demander au médecin ou à l'infirmière de te montrer ce qu'ils font avec le sang qu'ils doivent te prendre. C'est de cette façon qu'ils trouveront pourquoi tu es malade et comment te soigner.

Ce n'est pas agréable d'être piqué dans le doigt. Je te tiendrai l'autre main si on me le permet, et si toi tu me serres tellement fort que cela me fait mal à *moi*, tu souffriras peut-être moins. Montre-moi si tu peux me serrer assez fort. Et crie quand tu veux crier ! C'est normal de crier ! »

Si une anesthésie est nécessaire, demandez à l'anesthésiste quelle méthode il va utiliser. Parlez à l'enfant du masque, de l'éventuelle odeur d'éther ou de la piqûre, et dites-lui que vous essaierez de rester avec lui au moment où on l'endormira. De nouveau, battez-vous pour pouvoir le faire. Assurez à l'enfant que vous serez là au moment où il se réveillera et que vous resterez pour l'aider tant qu'il se sentira mal, un jour ou deux après l'opération. Savoir que vous serez près de lui et que vous le protégerez du mieux que vous pourrez est essentiel pour qu'il puisse se sentir en sécurité. Aujourd'hui, la plupart des hôpitaux pour enfants emploient des puéricultrices et des psychologues de l'enfant, qui connaissent bien les réactions des enfants à la douleur et à l'atmosphère de l'hôpital. Demandez-leur de vous aider.

Pour prévenir les problèmes, actuellement beaucoup de services proposent une visite des lieux aux parents et aux enfants qui viennent s'inscrire. C'est une très bonne idée. Ces visites font passer l'enfant par les services d'admission, le mènent à l'étage où il séjournera et lui montrent, sous l'œil rassurant des parents, la salle d'opération, la salle de soins, son lit, et pour finir la salle de jeux. Enfant et parents ont donc un aperçu de ce qui se passera lorsqu'ils entreront dans le service. Au cours des études que j'ai mentionnées plus haut, et qui concernaient des enfants ayant subi une intervention chirurgicale, nous avons découvert que la guérison est nettement meilleure et plus rapide pour les enfants qui ont été avertis de ce qui les attendait. Les symptômes que nous avions l'habitude de constater lorsque l'enfant était de retour chez lui — énurésie, peurs, terreurs nocturnes, régressions — sont de courte durée s'il a été bien préparé à l'hospitalisation. Ces mêmes études nous ont montré que les enfants étaient beaucoup plus réceptifs aux explications et à la préparation *si* les parents étaient avec eux. Un enfant a besoin de savoir que ses parents comprennent et approuvent ce qui va lui arriver. Alors seulement il peut admettre que les techniques médicales ne sont pas aussi dangereuses qu'elles le semblent.

Que faire pour aider les enfants qui ne peuvent pas être préparés à l'avance ? Plus de la moitié des hospitalisations sont des urgences. Notre Children's Museum de Boston a créé une sorte d'exposition qui montre aux enfants ce qui se passe dans un hôpital. Ils y trouvent des blouses de médecins et d'infirmières, une salle d'opération tout installée, un lit d'hôpital dont on peut abaisser et relever le sommier, et même un laboratoire avec un microscope pour examiner le sang qui est prélevé à l'admission. Nous pensons que cela constitue une préparation intéressante pour les enfants qui peuvent, un jour ou l'autre, être admis en urgence. Je recommande aux parents d'emmener leurs enfants voir une telle exposition lorsqu'ils sont en bonne santé.

Bien entendu, personne ne peut prévoir les événements qui peuvent survenir après une urgence. C'est un moment où l'enfant a le plus grand besoin d'un de ses parents. Si vous êtes présents, vous pouvez lui expliquer chaque technique au fur et à mesure qu'elle intervient et le soutenir au cours de son déroulement.

Un organisme national, l'« Association for the Care of Children's Heath », peut donner des informations et signaler des livrets de préparation destinés aux enfants. Et il peut aussi appuyer les parents dans leurs revendications pour rester aux côtés de leur enfant, s'ils ont besoin d'aide.

À l'hôpital

Le parent qui se trouve près de l'enfant peut lui expliquer la nécessité des médicaments, des piqûres, des intraveineuses ou des sondes, lui dire en quoi tout cela consiste, si c'est douloureux, et si oui pour combien de temps. Montrez bien la raison d'être de chaque étape, et expliquez ce qui va l'aider à guérir. Lorsque tout est fini, et qu'il a réussi à bien supporter, félicitez-le. Dites-lui que c'était vraiment pénible à surmonter, mais qu'il a gagné !

Les parents doivent aussi tenir compte des craintes de mutilation qui agitent l'enfant chaque fois qu'il est malade, et en parler avec lui. Il faut également comprendre que la durée d'une maladie paraît interminable à un enfant. Après quelques jours de maladie, il ne se souvient plus de s'être jamais senti autrement. Il a l'impression que cet état est permanent. Le sentiment d'impuissance qui accompagne la maladie est à la fois accablant et alarmant. L'enfant ne peut s'empêcher de penser que c'est une punition pour quelque chose qu'il a fait. En admettant qu'un de ses parents lui dise : « Si seulement tu avais mis tes bottes », il ne l'entend que trop bien. Cette déclaration confirme ce qu'il croit déjà — que les enfants malades sont vraiment de vilains enfants.

Ce sentiment de responsabilité et d'incapacité à maîtriser la situation renforce chez l'enfant la crainte sous-jacente qu'il ne guérira jamais. Une sorte de résignation peureuse peut s'installer et empêcher l'enfant de combattre son mal et de se remettre. Il peut refuser de prendre ses médicaments, il peut se conduire d'une façon négative, butée, qui mérite une sanction. Une sorte de soulagement peut apparaître si on le punit et l'empêcher de lutter contre la maladie. Si vous constatez que cet état se développe, vous devez prendre le temps d'en parler avec votre enfant. Dites-lui qu'il n'est pas responsable de sa maladie. Faites-le parler de ce qu'il ressent. Insistez sur le fait que vous et son médecin savez comment le soigner, et que son état va s'améliorer. Dès qu'il commence à coopérer, rappelez-lui qu'il s'aide lui-même. Et, lorsque sa condition s'améliore, aidez l'enfant à comprendre que vous et lui avez su quoi faire, et que maintenant il va bien mieux. Et surtout, laissez l'enfant ressentir un sentiment de victoire dès que la maladie ou l'hospitalisation appartient au passé. Lui donner l'assurance d'avoir maîtrisé la maladie peut aider fortement l'enfant à surmonter des difficultés futures.

Ainsi que je l'ai mentionné, la plupart des services hospitaliers pour enfants ont une salle de jeux, placée sous la responsabilité d'un spécialiste qui a reçu une formation sur le développement de l'enfant, et sur les techniques de jeu thérapeutiques. Demandez-lui quel jeu aiderait votre enfant à comprendre et à exprimer ses sentiments. Ces salles de jeux ont généralement des poupées avec des bandages, des plâtres, et même des intraveineuses. Là, l'enfant peut se sentir en sécurité, et rencontrer d'autres enfants qui passent par les mêmes épreuves. Ils apprennent à mieux se connaître, à mieux connaître leur maladie et peuvent avoir l'impression de la surmonter eux-mêmes.

Chaque fois que possible, faites comprendre à l'enfant qu'il peut avoir un certain degré de contrôle sur son univers et sur sa destinée. Même un enfant enveloppé de bandages, immobilisé dans le plâtre, peut souffler sur un mobile. Laissez-le se livrer à n'importe quelle activité dont il sera capable, que ce soit peindre avec les mains ou renverser une série de cubes. S'il arrive à dominer quelque chose, il n'est plus complètement à la merci du monde douloureux de la maladie.

Comme nous l'avons dit plus haut, restez au moins près de lui pendant la première nuit. Même si vous devez la passer tout entière sur une chaise, cela en vaut la peine pour l'enfant. Dans la journée, un autre membre de la famille peut vous remplacer afin que vous puissiez rentrer dormir chez vous, mais au moins vous aurez soutenu l'enfant pendant cette première nuit angoissante. S'il est hospitalisé pour une longue durée, vous devrez alors vous organiser. Prévoyez de le quitter à certains moments. Une coupure dans la journée sera une aubaine pour vous, et poussera l'enfant à apprendre à compter sur les infirmières, les médecins et le responsable des jeux. Et il se sentira plus sécurisé si vous-mêmes avez confiance en eux.

Lorsque vous partez, préparez l'enfant à votre départ. Ne mentez jamais, n'essayez jamais de vous esquiver. Il doit pouvoir vous faire confiance. Dites-lui à quel moment vous reviendrez, et essayez d'être à l'heure. Avant de partir, aidez-le à se mettre en rapport avec une infirmière ou un animateur de la salle de jeux. Aidez-le à bien connaître son médecin et ses infirmières, et à bien comprendre que ce sont des personnes qui s'intéressent à lui. Ainsi, en votre absence, il saura que ces suppléants parentaux ont votre approbation. À votre retour, rappelez-lui votre promesse. La peur d'être abandonné augmente chez un enfant qui est loin de chez lui, dans un endroit tellement étrange et plutôt menaçant. Chaque fois que vous reviendrez comme prévu, il se sentira plus en sécurité.

Autant que possible, encouragez les autres membres de la famille à lui rendre visite. Beaucoup d'hôpitaux autorisent les visites des frères et sœurs. Rien ne réjouit plus un enfant malade que de les voir arriver.

Lorsque votre enfant rentre à la maison

Après que l'enfant est rentré à la maison, vous devez vous attendre à une réaction. La plupart des enfants régressent à un stade de développement antérieur. Habituellement, ils abandonnent leurs dernières acquisitions. Par exemple, un jeune enfant qui est propre depuis des mois peut recommencer à mouiller son pantalon ou son lit. Ou alors un enfant de quatre ans qui a terminé sa période de terreurs et de cauchemars va recommencer à voir des monstres dans sa chambre la nuit. Il va se réveiller plusieurs fois en hurlant. Ces réactions sont normales et saines. Non seulement vous devrez vous attendre à les voir surgir, mais vous devrez aider votre enfant à comprendre qu'elles sont parfaitement normales après un séjour à l'hôpital. L'aider à comprendre ses réactions est comme lui ouvrir une porte d'une meilleure compréhension de lui-même. Après cela, ses régressions ne lui causeront plus une telle culpabilité.

Enfin, encouragez l'enfant à parler ou à représenter par le jeu ses réactions aux douloureuses expériences et à la séparation de la maison, cela a un effet thérapeutique. Vous pourriez installer un petit hôpital miniature où sa poupée ou son ours revivraient les mêmes expériences que lui. Cela lui permettrait d'exprimer ses peurs et son angoisse dans la sécurité de son foyer. La terreur, la douleur, la crainte que tout ne recommence peuvent ainsi être dites au grand jour. Vous pourrez le rassurer et il pourra se rassurer lui-même sur le fait qu'il a tout surmonté avec succès. Il aura alors acquis un sentiment de maîtrise à partir de ce qui aurait pu au contraire être une expérience traumatisante.

26

L'hypersensibilité et l'hyperactivité

Bien que tous les enfants puissent sembler « hyperactifs » à leurs parents de temps à autre (et tout spécialement après les repas !), l'hyperactivité n'est pas simple débordement d'énergie. Un véritable hyperactif n'a que de brèves périodes d'attention et il est poussé par une activité frénétique, une impulsivité incontrôlable et une grande instabilité émotionnelle. Ces problèmes interfèrent dans la vie de l'enfant à la maison, à l'école et dans ses relations avec les autres, adultes ou enfants.

Comment identifier hyperactivité et hypersensibilité

Les enfants hyperactifs sont plus souvent des garçons. Peu de filles le sont vraiment. L'hyperactivité est probablement due à un système nerveux trop « à vif », hypersensible, qui se trouve à la merci de n'importe quel stimulus. L'enfant n'est pas capable de se fermer aux stimuli sans importance, et ne peut donc se concentrer sur ceux qui sont plus utiles, plus compréhensibles. De toute évidence, le problème est d'origine cérébrale, et il met en cause les neurotransmetteurs. Chaque signal qui arrive est transmis sans avoir été filtré. Les décharges du système nerveux provoquent une activité incontrôlable. Le cerveau est incapable de se protéger, à aucun niveau. En termes plus simples, ce problème neurologique peut se produire si l'une ou plusieurs zones cérébrales sont lésées, éventuellement par une intoxication prénatale provoquée par les drogues ou des poisons comme le plomb, ou une intoxication survenue à la naissance, dont nous ne connaissons pas toujours les raisons. Les soins employés peuvent entraîner la formation de zones hypersensibles autour des lésions. Cette hypersensibilité s'étend alors au système nerveux tout entier.

L'hyperactivité, qui n'est pas souvent diagnostiquée avant l'entrée à l'école maternelle ou à l'école primaire, doit être distinguée de l'hypersensibilité chez les enfants qui ont souffert de malnutrition au cours de leur vie intra-utérine. Ceux-ci peuvent en effet se remettre progressivement, à condition de recevoir les soins appropriés. Les bébés ayant subi un stress, quel qu'il soit, dans l'utérus, manifestent une hypersensibilité extrême. De tels petits enfants si facilement surmenés, si longs, si maigres à la naissance, sont appelés « hypotrophiques ». Le placenta qui les a nourris a une taille et un fonctionnement insuffisants, pour des raisons qui nous échappent souvent complètement.

Au Children's Hospital de Boston, nous avons étudié beaucoup d'enfants hypotrophiques. Bien que la malnutrition, les accidents, l'alcool, le tabac, les drogues et les infections puissent perturber la fonction placentaire et présenter des effets similaires, les mères observées n'avaient souffert d'aucune de ces agressions. Les bébés n'avaient pas stocké suffisamment de graisse avant la naissance. Leur peau était sèche et desquamée, leurs cheveux clairsemés, leur visage fatigué, et ils avaient un air vieux et inquiet. Chaque stimulus les faisait sursauter. Leur capacité à se fermer aux stimuli répétitifs était nettement réduite (cf. analyse de l'habituation au chapitre 2.) Ils ne parvenaient pas à dormir profondément ni à prêter une attention prolongée aux stimuli intéressants, parce qu'ils étaient trop facilement distraits dans chaque état de conscience. Ils passaient sans transition de l'état alerte, ou du sommeil, à un état de pleurs où on ne pouvait plus les atteindre, comme si leurs pleurs étaient pour eux la seule façon de contrôler leur environnement. Ce changement rapide d'état ne laissait pas à leurs parents le temps de communiquer par le toucher, la voix ou les stimuli visuels. Et cela provoquait par conséquent une certaine angoisse chez ces parents, qui réagissaient en redoublant d'efforts. Le résultat était que cette condition d'hypersensibilité, d'hyperactivité persistait tout au long de la petite enfance.

Dans notre étude, nous avons cherché comment interrompre ce cercle vicieux d'hyperactivité et d'efforts très angoissés de la part des parents. Quand nous manipulons ces bébés avec beaucoup de douceur, nous arrivons à les aider à s'organiser. Nous avons découvert que nous devions réduire la stimulation pour les atteindre. Si nous jouions avec eux, ou si nous les nourrissions dans une pièce sombre et calme, ils devenaient réceptifs, paisibles. Dans un environnement bruyant, trop distrayant pour eux, ils détournaient le regard et refusaient nos sollicitations. Si nous les approchions au cours d'un repas, ils recrachaient leur lait. Ils étaient extrêmement agités entre trois et douze semaines. Hors d'atteinte, pleurant pendant de longs moments, ils paraissaient utiliser les pleurs comme un système de défense contre la surstimulation.

Dès que ces épisodes de pleurs étaient terminés, ces bébés restaient extrêmement sensibles et vulnérables à la distraction.

À cinq mois, et à nouveau à neuf mois, ils demeuraient à la merci de chaque stimulus visuel et de chaque son. Et pour défouler toute cette agitation interne provenant d'un excès de stimulation, l'activité commençait alors à remplacer les pleurs.

Aider les enfants hypersensibles et hyperactifs

À chacun de ces âges et des âges à venir, une compréhension de l'hypersensibilité sous-jacente aide les parents et les personnes s'occupant d'enfants hyperactifs. En n'employant qu'un seul stimulus à la fois, et très doucement, en s'arrêtant au moindre froncement de sourcil de l'enfant, ou si sa réaction est trop vive, progressivement vous arriverez à le calmer et à communiquer avec lui. Vous pouvez prendre le bébé hypersensible dans vos bras jusqu'à ce qu'il se détende. Alors seulement vous pouvez le regarder en face. Il se raidit de nouveau, mais finit par se détendre. On peut alors chantonner doucement. De nouveau il se raidit avant de se détendre. Et puis, enfin, vous pouvez le bercer tout en chantant et en le regardant. Il a « appris » à s'organiser

pour recevoir plusieurs stimuli en même temps. Dans nos
études, nous expliquons le processus aux parents. À
cause de leur inquiétude, ils ont tendance à exagérer à
chaque tentative faite pour communiquer avec ces bébés
sensibles. Il en résulte un sentiment d'échec et chez eux
et chez le bébé. Dès que nous avons démontré la nécessité de ne présenter qu'un stimulus à la fois, les parents
parviennent alors à modifier leur manière d'aborder
l'enfant. Ils comprennent que les repas et autres interactions importantes, comme le change, le jeu, les câlins et
le coucher, ne se passent jamais mieux que dans une
atmosphère protégée, calme, sans distractions. Manipuler le bébé avec précautions, en ralentissant le rythme de
chacune de ses activités, lui donne la possibilité
d'apprendre à utiliser son système nerveux si fragile.

La difficulté pour les parents est de dominer leur
inquiétude naturelle. Celle-ci est amplifiée par la culpabilité qu'ils ressentent devant le « pourquoi » de ce qui
a sensibilisé l'enfant. Nous n'avons généralement
aucune réponse à ce sujet. Mais nous savons qu'avec le
temps beaucoup de ces bébés hypersensibles apprendront de mieux en mieux à se comporter *à condition* que
leur environnement soit protecteur. L'objectif ultime est
d'avoir un enfant qui espère et désire réussir, en dépit de
ses difficultés.

Lorsque la cause de l'hypersensibilité et de l'hyperactivité est organique — c'est-à-dire qu'elle correspond à
une anomalie cérébrale d'origine physique —, le traitement va durer de nombreuses années. Comme nous
l'avons dit plus haut, la véritable hyperactivité n'est parfois pas diagnostiquée avant l'entrée à l'école. Un parent
ou un pédiatre attentifs découvriront cependant les
signes et les symptômes beaucoup plus tôt. L'enfant (un
garçon le plus souvent) sera à la merci de chaque stimulus, quel qu'il soit. À mon cabinet, si je frappe dans mes
mains au moment où cet enfant est occupé à frapper des
mains, ses sursauts peuvent diminuer, mais ils ne cessent

pas. Un enfant normal éliminerait ce bruit de son champ de conscience au bout de la troisième ou quatrième fois. Un enfant angoissé ne le fera qu'à la cinquième ou sixième fois. Parfois il sursaute aux cinq ou six premiers bruits, puis il trouve des moyens de réduire l'impact de mes claquements de mains. Il peut se mettre à chanter. Il peut tourner le dos. Il peut s'activer de diverses autres façons pour tenter d'échapper à ces bruits répétitifs. Après que j'ai arrêté, il devient toujours bruyant et actif, comme s'il essayait de se défouler d'une accumulation de surcharge nerveuse.

L'hyperactivité est généralement accompagnée d'une sorte d'étourderie. L'enfant trébuche facilement, ou il se cogne dans les meubles. Il semble ne pas se rendre compte de ses gestes maladroits ou de ses échecs. Il a pris l'habitude de rater. Une preuve de cet état d'esprit est la tentative que peut faire un enfant pour dissimuler une chose ratée ou pour essayer de détourner l'attention d'un observateur. Il fait tout ce qu'il peut pour vous orienter vers autre chose, pour vous divertir par une autre occupation. S'il échoue, il n'est pas capable de s'arrêter et il dérive vers une sorte d'instabilité émotionnelle. Pleurer, rire, courir autour de la pièce sont autant de tentatives pour venir à bout de sa propre impulsivité. Il ne peut pas se contrôler.

L'hyperactivité est souvent associée à des problèmes d'attention. Comme l'enfant ne peut pas se protéger des stimuli sans importance, sa capacité d'attention est brève. Il commence une activité puis l'arrête, et devient très agité. Si les problèmes d'attention sont graves et paraissent impliquer un déficit des mécanismes de filtrage du cerveau, on est en présence de ce que l'on appelle un trouble de l'attention, comme nous l'avons vu au chapitre 12. Bien que l'hyperactivité accompagne fréquemment ce trouble, certains enfants peuvent cependant en souffrir sans être hyperactifs.

Les professionnels ayant une expérience de ces problèmes sont les seuls à pouvoir établir un diagnostic précis. Si les parents remarquent que leur enfant est facilement distrait, vulnérable aux stimuli, s'il est instable émotionnellement et incapable de se maîtriser, si son activité désordonnée paraît causée par un système nerveux surchargé, je recommande un examen précoce.

Une évaluation pluridisciplinaire, faite par un pédiatre, un psychologue ou autres spécialistes, sera nécessaire. Un examen qui donne simplement une « étiquette » ne suffit pas. L'objectif est de découvrir tout autant les forces de l'enfant que ses faiblesses, et de trouver un traitement qui tienne compte des unes et des autres.

Ce traitement peut commencer par une information familiale ; l'entourage de l'enfant doit savoir ce qui peut favoriser son développement. Puis il sera bon de proposer une éducation adaptée, une psychothérapie ou, dans certains cas, des médicaments appropriés. Toute médication doit être prescrite par un médecin et aussi surveillée par lui. Si cela doit se faire, l'enfant doit participer à la décision. Expliquez-lui que le médicament va l'aider à atteindre le but vers lequel il fait tant d'efforts : le contrôle de son activité et la capacité de faire attention. S'il y a effectivement un résultat, le mérite lui en reviendra en partie.

En plus de procurer à l'enfant un environnement calme, sans trop de stimulation, le rôle des parents sera aussi de récompenser chaque petit progrès. Même le comportement le plus simple, comme rester assis tranquille pendant un repas court, ou aller jusqu'au bout d'une tâche facile, doit faire l'objet de compliments. Les parents ont vraiment à faire savoir à l'enfant combien ils sont fiers lorsqu'il réussit à surmonter ses difficultés. Étant donné que l'éducation d'un enfant hypersensible ou hyperactif est un long travail éprouvant, chacun doit faire en sorte d'avoir du temps pour se détendre et reprendre des forces. Les parents qui croient en la force de leur enfant, et qui coopèrent dans les programmes de traitement avec optimisme plutôt qu'avec angoisse, lui transmettront leur état d'esprit et contribueront largement à faire progresser sa maîtrise de soi.

La complication la plus grave de ce trouble risque de se produire lorsque l'enfant prend conscience de son incapacité à contrôler ce trouble. Il grandit en s'attendant constamment à échouer, et ce sentiment pèse sur tous ses efforts pour apprendre et pour obéir. Ce sentiment d'échec, la triste image de soi qui en découle, peuvent être plus graves que le trouble lui-même. En effet, lorsque le cerveau de cet enfant sera parvenu à maturité, il pourra alors sans doute surmonter son hyperactivité ; mais si, au fond de lui, il s'attend à échouer, il aura déjà appris des schémas qui le pousseront à l'échec.

Je suggère aux parents de ces enfants de faire, à trois et quatre ans, une sorte de bilan, en notant sur un tableau : 1) comment l'enfant se conduit lorsqu'il s'excite ; 2) comment il se conduit lorsqu'il arrive au point culminant de son excitation ; et 3) s'il arrive à se calmer, à retrouver son attention. En lui donnant son jouet favori ou en l'orientant vers un comportement qui le rassure, les parents arrivent-ils à l'aider à éviter les crises, en lui apprenant à les prévenir ? Peuvent-ils rappeler à l'enfant, qui s'excite, de recourir à son pouce, de prendre son jouet ou de se balancer sur un siège ? Si l'enfant arrive à éviter la crise, peut-être s'en rendra-t-il compte lui-même et arrivera-t-il à se calmer. Lorsqu'il atteint cette sorte de maîtrise, l'enfant mérite qu'on lui explique comment il est arrivé de lui-même à se dominer. Si vers cinq ou six ans il parvient à établir un schéma de comportement qui l'aide ainsi à se calmer, il pourra probablement s'adapter à l'école et aux périodes d'attention prolongées qu'elle requiert. C'est pour lui un combat long et difficile. Il a besoin d'énormément d'encouragements et de patience. Mais il a aussi besoin de se considérer comme un gagnant !

27

La maladie[1]

Les enfants tombent malades très rapidement — presque toujours le soir, après la fermeture du cabinet du médecin. Ils jouent, sont en pleine énergie, le moment d'après, ils deviennent capricieux et désorientés. Tout à coup, ils titubent ou se couchent. Leurs yeux sont brillants et leur teint change, pour devenir rouge brique ou blanc crayeux. Leur rythme respiratoire est deux fois plus rapide et ils paraissent manquer d'air. Les plus petits geignent sans que l'on puisse du tout les consoler, ou ne pleurent pas du tout. Ils ne peuvent pas vous dire ce qui ne va pas. De toute évidence, ils se sentent très mal. Leur façon de « s'effondrer » est d'autant plus spectaculaire que, tant qu'ils jouent, ils résistent pour ne pas s'arrêter. Mais lorsqu'ils n'en peuvent plus, ils sont vraiment pitoyables. Même les parents les plus expérimentés ressentiront une poussée d'inquiétude.

Reconnaître les urgences et y répondre

Que devez-vous faire ? Je rappelle toujours aux parents qu'en fait il y a peu d'urgences, c'est-à-dire de cas où l'on ne puisse se donner le temps d'observer l'enfant pour savoir si son état est grave ou non. Mais il y a trois exceptions importantes qui sont : la perte de conscience, l'étouffement et les convulsions. Pour ces cas, je vous recommande les mesures suivantes.

---

1. Ce chapitre n'est pas un guide pour soigner les enfants mais, en harmonie avec le sujet du livre, il présente des conseils simples pour atténuer l'angoisse des parents et des enfants malades. Dans tous les cas, vous devez consulter votre propre médecin.

Si l'enfant est inconscient alors qu'il n'a pas été blessé, emmenez-le immédiatement dans l'établissement de soins le plus proche. S'il y a risque ou signe de lésion cervicale ou de commotion cérébrale, ne le bougez pas. Appelez immédiatement le secours médical d'urgence.

Si un jeune enfant s'étouffe, tenez-le la tête en bas et donnez-lui une tape sur le dos pour qu'il recrache ce qui obstrue ses voies respiratoires. Je déconseille la manœuvre de Heimlich sur les enfants car il est trop facile de les blesser.

Sauf pour les convulsions (voir plus loin dans ce chapitre), les soins de première urgence dépassent l'objectif de ce livre.

Tous les parents doivent effectuer d'avance les préparatifs suivants :

1. Inscrire sur tous les appareils téléphoniques du domicile les numéros du médecin, des urgences de l'hôpital, et du centre antipoison le plus proche.

2. Indiquer ces numéros à toutes les personnes susceptibles de garder l'enfant.

3. Acheter un guide sérieux, comme celui de la Croix-Rouge, et lire les conseils donnés pour faire face aux urgences.

Ces préparatifs permettent aux parents de mieux garder leur calme et d'être plus efficaces en cas d'urgence. L'angoisse sera grande, et c'est normal. Elle fait monter le taux d'adrénaline qui aide à faire face.

LA TEMPÉRATURE. La température n'est pas une maladie, mais le signe d'efforts effectués par le corps pour combattre une infection. Les enfants jusqu'à trois ans ont tendance à faire de fortes températures parce que les mécanismes régulateurs du corps sont encore immatures. La température est une réaction saine du système immunitaire contre l'infection, à la fois virale et bactérienne. Dans 95 pour cent des cas, il n'est pas nécessaire d'avoir recours aux antibiotiques, ni à tout autre traitement médical. Le mieux que vous ayez à faire est de donner à votre enfant l'occasion de renforcer son système immunitaire en combattant par lui-même la plupart des maladies. Si un enfant fiévreux m'est amené trop rapidement, je ne peux pas toujours déterminer l'origine de son infection, et je ne sais pas s'il peut la surmonter seul ou s'il a besoin d'aide. Sauf s'il est vraiment trop mal, je préfère voir l'enfant après qu'il a livré sa propre bataille pendant au moins vingt-quatre heures. Là, je peux établir un diagnostic sûr et décider si un traitement est nécessaire.

LA PRISE DE LA TEMPÉRATURE. Jusqu'à ce qu'un enfant ait cinq ou six ans, et tant qu'il n'est pas capable de coopérer, les thermomètres oraux sont trop dangereux. On trouve en pharmacie des bandeaux que l'on applique sur la peau, mais ce système n'est pas toujours fiable. Si vous pouvez, tenez l'enfant tout contre vous, les bras serrés contre la poitrine, et mettez-lui le thermomètre sous l'aisselle, pendant deux ou trois minutes. C'est parfois difficile avec un enfant qui ne sait pas se tenir tranquille. Si vous prenez sa température rectale, allongez-le, le ventre à plat sur vos genoux. Insérez le bout du thermomètre au maximum en le tenant fermement avec votre pouce et votre index. Le reste de votre main est posé sur les fesses de l'enfant, de sorte que, s'il gigote, votre main et les doigts tenant le thermomètre bougeront en même temps. De cette façon, vous ne perdrez pas le thermomètre, vous ne risquerez pas de le casser ni de faire mal à l'enfant.

Prendre la température d'un petit enfant n'est pas toujours facile ! Et ce n'est pas toujours nécessaire. Ne vous fiez pas aux degrés pour déterminer la gravité d'une fièvre. Ce n'est pas le facteur essentiel. Un enfant avec une forte température qui paraît alerte, qui réagit, est beaucoup moins inquiétant qu'un enfant à la température plus modérée, mais qui reste inerte, sans réaction. En d'autres termes, la façon dont l'enfant réagit est le symptôme le plus important.

Lorsque la température grimpe brusquement, la plupart des enfants subissent un changement spectaculaire. Ils frissonnent, car leurs systèmes s'efforcent d'élever la chaleur du corps ; ils semblent au début somnolents et absents. Si votre enfant est dans ce cas, vérifiez trois choses.

1. A-t-il le cou raide ? Pouvez-vous lui faire baisser la tête en avant vers sa poitrine ? Un enfant atteint de méningite ne peut se plier en avant, alors qu'un enfant souffrant de la grippe sera capable de baisser la tête, même s'il n'apprécie pas d'être manipulé ainsi. Un cou vraiment raide requiert la consultation d'un médecin.

2. Y a-t-il une obstruction dans les voies respiratoires ? Tous les enfants qui ont de la fièvre respirent plus vite que la normale, mais si, chaque fois qu'il inspire, vous entendez un sifflement ou un crachement, l'enfant a besoin d'une aide médicale.

3. Est-ce qu'il tire ses oreilles comme s'il souffrait ? Les infections des oreilles accompagnées de fortes fièvres nécessitent un traitement médical, l'enfant doit être ausculté au plus vite.

Si votre enfant fiévreux manifeste l'un de ces symptômes, appelez votre médecin. Sinon, pour commencer, vous pouvez vous permettre d'essayer à la maison vos propres remèdes. Voyez ensuite si son état s'améliore de lui-même dans les vingt-quatre heures qui suivent.

La première chose à faire, avec un enfant malade, est de le prendre dans vos bras, de le réconforter, et lui assurer que vous allez l'aider à guérir. La maladie est une occasion où parents et enfants ont besoin les uns des autres, et les enfants se rappelleront tout le restant de leur vie la façon dont leurs parents les ont soignés lorsqu'ils étaient malades. Les parents qui travaillent vont devoir trouver une solution pour pouvoir rester à la maison avec leur enfant.

LA DÉSHYDRATATION. Le souci numéro un chez un enfant fiévreux est la déshydratation. Il faut faire boire l'enfant le plus rapidement possible. C'est la déshydratation qui donne à l'enfant fiévreux cet aspect si impressionnant. Il faut lutter sans relâche pour aider l'enfant à combattre l'infection qui est derrière la fièvre. Chez les bébés, la déshydratation peut même être fatale. Si l'enfant a des nausées, s'il vomit, il faut agir très vite. Il faudra le faire boire par petites gorgées, car son système digestif est perturbé.

Voici comment procéder : on ne lui donnera à boire ni lait ni eau pure, mais un liquide sucré : thé très léger et sucré, limonade, ou un mélange d'eau sucrée et légèrement salée dans les proportions suivantes : un demi-litre d'eau, plus une cuiller à soupe de sucre, plus une demi-cuiller à café de sel. Donner à boire à la cuiller, ou à la timbale suivant l'âge. Une cuiller à café toutes les cinq minutes pendant la première heure. Au cours de la deuxième heure, on donnera une cuiller à soupe de liquide toutes les cinq minutes, enfin trois centilitres régulièrement au cours des deux heures suivantes ; c'est ce qui permettra de venir à bout et de problèmes digestifs et de la déshydratation. En cas de fièvre, votre objectif sera de faire prendre à l'enfant un litre de liquide par jour.

Si l'enfant continue à se sentir mal, du paracétamol et non de l'aspirine (cette substance ayant été mise en cause, dans certains cas rares, notamment dans le syndrome de Reye) peut être donné selon un dosage indiqué sur la notice ou préconisé par votre médecin. Si l'enfant semble toujours malade après vingt-quatre heures, quelle que soit sa température, il est temps d'appeler votre médecin. Si vous avez pu faire baisser la fièvre par des médicaments ou par un bain tiède, l'enfant se sentira mieux. Si ce n'est pas le cas, son comportement vous montre qu'il a besoin des soins d'un médecin.

LES CONVULSIONS. Chez un petit enfant, une fièvre élevée (plus de quarante degrés) peut parfois causer des convulsions. Elles sont plus fréquentes chez les enfants de moins de trois ans, ou chez les enfants un peu plus âgés qui y sont sensibles. Les crises sont impressionnantes. L'enfant se raidit, son corps s'arc-boute en arrière, et il semble ne plus respirer ; puis, en même temps qu'il reprend son souffle, ses membres sont pris de secousses spasmodiques et répétées. Il aura perdu conscience pendant la crise. Placez-le sur le côté, ou la tête plus bas que le corps, afin de libérer ses voies respiratoires. Contrairement aux « histoires de bonnes femmes », l'enfant ne risque pas d'avaler sa langue.

Dans un cas de convulsions hyperthermiques, à la différence des autres urgences mentionnées jusque-là, les parents peuvent et doivent absolument, pour faire baisser rapidement la température de l'enfant, le placer doucement dans un bain d'eau tiède. Si les choses s'améliorent tandis qu'il est dans la baignoire, vous pouvez attendre avant d'appeler le médecin. Sinon, demandez à un voisin d'appeler une ambulance ou les pompiers, et téléphonez à votre médecin pour lui dire de prévenir l'hôpital pour vous. Selon toute vraisemblance, la crise sera terminée avant que vous y arriviez, mais si c'est une première crise il est capital de faire examiner l'enfant.

Parfois, le fait de se précipiter à l'hôpital avant de faire tomber la fièvre peut prolonger la durée de la crise. Dès que l'enfant a repris conscience et vivacité, donnez-lui à boire et faites-lui prendre du paracétamol. N'oubliez pas de lire la notice et de suivre ses indications.

Si votre enfant a de la température et qu'il a déjà eu des convulsions, je vous recommande de commencer par lui donner du paracétamol toutes les quatre heures pour empêcher une brusque montée de température qui risquerait d'entraîner une nouvelle crise. De toute façon, il faut que vous parliez avec votre médecin des façons de prévenir et de soigner les crises. Beaucoup administrent des doses régulières de phénobarbital aux enfants qui ont tendance aux convulsions. Par ailleurs, un enfant qui a eu une forte fièvre sans convulsions risque moins d'en avoir à la prochaine forte fièvre.

L'ENFANT REFUSE DE BOIRE. Ce problème, je l'ai connu personnellement lorsque ma fille avait deux ans. Je savais qu'elle se déshydratait, car elle n'avait pas uriné depuis dix-huit heures ; elle avait les lèvres sèches et les yeux hagards. Si elle continuait à refuser de boire, nous serions obligés de la faire hospitaliser pour qu'elle soit réhydratée.

J'avais dit aux parents de mes patients que, s'ils étaient vraiment décidés, leur enfant le sentirait et co-opérerait, mais je n'avais pas encore affronté personnellement un enfant de deux ans. Je savais que, si je n'arrivais pas à faire prendre des liquides à ma fille à la maison, à l'hôpital quelqu'un s'en chargerait. Je l'avertis donc que, si elle refusait de boire sa citronnade chaude, et non gazeuse, je lui boucherais le nez pour la lui faire couler dans la gorge. De nouveau, elle refusa ; je la mis donc sur mes genoux et l'obligeai à boire avec un enton-noir. Elle vomit et me regarda droit dans les yeux. Je lui pinçai le nez et versai du liquide une deuxième fois. De nouveau, elle se mit à recracher, je lui dis avec fermeté que j'allais recommencer. Elle finit par accepter de boire, bientôt elle fut réhydratée et retrouva sa bonne mine. Elle n'a jamais semblé m'en vouloir de mon com-portement brutal. Mais j'en ai longtemps gardé des remords, même si j'ai réussi à lui éviter une hospitalisa-tion.

Les rhumes

Le rhume banal dure généralement deux semaines chez les bébés et les très jeunes enfants, une semaine chèz les plus grands. Ce sont des moments éprouvants pour les familles, surtout quand les petits enfants commencent à fréquenter la crèche ou l'école maternelle, où ils risquent d'attraper un plus grand nombre de maladies. Pour que l'enfant se sente mieux, encouragez-le à beaucoup boire, donnez-lui du paracétamol toutes les quatre heures, ainsi qu'un produit pour dégager son nez. Beaucoup d'enfants peuvent se passer de manger, ce qui les pousse à boire davantage — c'est ce que j'essaierais de faire. Des gouttes nasales facilitent la respiration de l'enfant en liquéfiant les sécrétions qui peuvent ainsi s'évacuer. Je suis contre l'aspiration nasale si elle n'est pas absolument nécessaire, car le procédé est agressif et provoque autant d'irritation que de soulagement.

Vous réduirez la congestion nasale en élevant la tête de l'enfant avec des oreillers, afin qu'elle soit un peu plus haute que ses pieds. Faites-lui des instillations nasales de sérum physiologique (que vous pouvez faire vous-mêmes en diluant une demi-cuillerée de sel dans un quart de litre d'eau bouillie) ou vaporisez avant les repas dans ses narines un spray dilué pour moitié dans de l'eau, afin que l'enfant parvienne à boire et à manger malgré l'encombrement de son nez. Mais, comme nous l'avons vu déjà, si un enfant est enrhumé, manger n'est pas une priorité ; boire est vraiment le besoin le plus évident.

Il peut être nécessaire d'administrer la solution nasale diluée toutes les quatre heures au cours de la nuit, afin d'aider l'enfant à respirer. Si le rhume ne s'améliore pas visiblement au bout de deux ou trois jours de ce traitement à la maison, consultez votre médecin. Le rhume banal a un rôle positif : il aide l'enfant à se constituer des défenses immunitaires. Mais c'est une faible consolation si chaque épisode entraîne des complications — et cela arrive le plus souvent.

La laryngite

C'est une affection particulièrement impressionnante pour les parents et les enfants. Elle est provoquée par la congestion et l'obstruction des voies respiratoires ; elle est souvent une complication du rhume. L'enfant ne peut pas faire entrer l'air dans ses poumons sans une toux rauque, que l'on a comparée à l'aboiement d'un petit chien. Lorsqu'il essaie de parler, sa voix est très rauque. Comme il n'arrive pas à respirer normalement, l'enfant prend peur. La peur accentue le spasme laryngé et rend la respiration encore plus difficile.

Lorsque les parents s'affolent, le problème s'aggrave. Si vous vous êtes trouvés confrontés à une laryngite sans aucune préparation, vous vous en souviendrez comme ayant été une de vos plus grandes frayeurs. Savoir que faire évite de grandes angoisses. Les gestes suivants aideront la majorité des enfants.

1. Placez une chaise dans la salle de bains, un rocking-chair si possible.

2. Faites couler l'eau chaude le plus fort possible pour remplir rapidement la pièce de vapeur.

3. Asseyez-vous en prenant l'enfant sur vos genoux, bercez-le et chantez pour le calmer.

4. Donnez-lui une sucette en sucre, ce qui adoucira sa gorge et l'aidera à se détendre.

Au bout d'une heure, l'état de l'enfant devrait s'être amélioré. Sinon, appelez votre médecin.

Si vous devez emmener l'enfant à l'hôpital dans cet état, essayez qu'il reste aussi calme que possible. Son angoisse va s'intensifier lorsque des étrangers le manipuleront dans cet endroit inconnu, restez près de lui. S'il est mis sous tente à oxygène, entrez-y avec lui — ce sera beaucoup moins effrayant de cette façon.

Si l'état de l'enfant s'améliore, à la maison installez une « tente » autour du lit ou du berceau de l'enfant. Accrochez un drap aux montants du lit ou du berceau, en laissant deux côtés dégagés pour que l'air puisse pénétrer. Avec un inhalateur, par exemple, faites circuler de la vapeur chaude à l'intérieur de cette « tente ». Soulevez l'enfant sur des oreillers, et asseyez-vous près de lui pour le réconforter ; il faut éviter les pleurs qui risquent de causer un nouveau spasme laryngé. Restez avec votre enfant toute la nuit. Si de cette manière vous parvenez à lui faire passer une bonne nuit, le lendemain matin, son état sera spectaculairement amélioré. Il peut empirer à nouveau les nuits suivantes, mais sans atteindre la même gravité ni provoquer la même angoisse. La plupart des laryngites (95 pour cent) peuvent être soignées à la maison, sans médicament, mais si l'état de l'enfant empire, et si la fièvre apparaît, il faut voir un médecin.

La diarrhée

Le plus grand risque pour un enfant atteint de diarrhée est bien sûr la déshydratation. Quatre selles liquides en une journée ne vont pas le déshydrater, mais s'il y en a plus de six, ou s'il n'urine plus, l'enfant est en cours de déshydratation. Poussez-le à boire (cf. ce qui a été dit plus haut), mais ne lui donnez ni lait ni aliments solides. Son système digestif a besoin de repos, ne lui proposez donc que des aliments qui puissent être facilement digérés : bouillon, thé sucré, citronnade ou jus de fruits dilués, comme le jus de pomme — les meilleurs.

Un enfant qui vient de devenir propre peut avoir à nouveau besoin de couches. Proposez-lui simplement de lui en remettre, sans en faire un drame.

La présence de mucus ou de sang dans les selles est un signal d'alarme. Si vous en constatez, ou si la diarrhée dure depuis plus de vingt-quatre heures, appelez votre médecin.

Douleurs dans les oreilles

La plupart d'entre nous se rappellent avoir souffert de leurs oreilles pendant leur enfance. C'est extrêmement courant. Les très jeunes enfants ne peuvent pas vous dire ce qui ne va pas, mais ils touchent leurs oreilles et pleurent. La cause la plus fréquente, lorsque les douleurs ne sont pas accompagnées de température, est la présence d'eau dans l'oreille bloquée par un bouchon de cire. Voici ce que vous pouvez faire dans ce cas pour soulager l'enfant — à condition, je le répète, qu'il n'y ait pas de fièvre : mettez quatre ou cinq gouttes d'eau oxygénée dans chaque oreille, quatre ou cinq fois par jour, pour diluer la cire et permettre au liquide de s'évacuer. S'il y a une amélioration mais que le problème persiste, mettez quelques gouttes d'alcool à 90 degrés tiède, cela peut suffire. Il existe des antibiotiques pour les cas les plus graves, mais ils doivent être prescrits par un médecin. N'introduisez jamais quoi que ce soit dans l'oreille. Appelez votre médecin si la douleur persiste.

La deuxième cause de douleur la plus fréquente arrive lorsque l'oreille est bloquée par la congestion de la gorge. C'est une douleur qui accompagne un rhume ou une congestion nasale. La gorge est enflée, ce qui bloque l'ouverture du canal interne de l'oreille. Si l'on peut décongestionner la gorge, la pression diminuera. Deux manœuvres aideront :

1. L'administration d'un antihistaminique ou d'un décongestionnant pour réduire le gonflement des muqueuses de la gorge.

2. Une solution nasale, administrée de façon à atteindre l'ouverture interne de l'oreille pour la désobstruer. Placez l'enfant sur le dos, versez les gouttes nasales (diluées pour moitié dans de l'eau) dans chaque narine, puis tournez rapidement la tête du côté de l'oreille bouchée. Gardez l'enfant immobile pendant quelques minu-

tes, jusqu'à ce que le produit décongestionnant ait fait son effet. Répétez toutes les trois ou quatre heures.

Si la douleur persiste plus de douze heures, c'est peut-être une otite et l'enfant doit être vu par un médecin.

Lorsque les infections de l'oreille deviennent chroniques, il faut consulter un oto-rhino-laryngologiste. Les traitements prescrits peuvent comprendre des antibiotiques et, dans les cas les plus graves, il faudra songer à l'ablation des végétations. Certains aérateurs (yoyos) sont placés parfois dans les tympans, méthode qui donne de bons résultats.

Les hémorragies nasales

Les saignements de nez eux aussi sont impressionnants. En plus, ils paraissent toujours deux fois plus graves qu'ils ne le sont en réalité. Tout d'abord, essayez d'arrêter l'écoulement vous-même en pinçant doucement le nez pour comprimer les vaisseaux internes. Posez un glaçon sur l'aile du nez et à la base du cou. Faites allonger l'enfant sur le dos. Pliez quelques feuilles de papier hygiénique, faites-en un carré d'environ un centimètre et appliquez-le fermement sur la lèvre supérieure, de façon qu'il appuie sur la cloison nasale. Une fois le saignement arrêté, dites à votre enfant de ne pas essayer de se moucher trop tôt, ce qui aurait pour résultat de provoquer une nouvelle hémorragie. Si le saignement dure pendant plus d'une heure, il faudra peut-être l'intervention d'un spécialiste.

Pour prévenir les saignements à répétition, appliquez de la vaseline matin et soir à l'intérieur du nez, le long de la cloison nasale. C'est efficace si l'air, intérieur ou extérieur, est chaud et sec, ou si votre enfant souffre d'un rhume ou d'une allergie. En cas de saignements plus fréquents, consultez votre médecin.

Quand consulter le médecin

De nos jours, les parents sont souvent bien informés à propos des soins médicaux, et ils sont aussi conscients des risques d'hypermédicalisation des maladies, des effets secondaires des médicaments et des problèmes entraînés par les examens ou analyses qui n'étaient, en fait, pas nécessaires. D'ailleurs, aux États-Unis, la prescription d'examens inutiles a augmenté en proportion des procès intentés aux médecins pour faute professionnelle.

Lorsque vous vous demandez s'il faut emmener votre enfant chez le médecin ou à l'hôpital, vous avez des inquiétudes en tête. Si vous utilisez votre jugement pour essayer quelques soins à domicile plutôt que de vous précipiter à la consultation ou à l'hôpital, vous éviterez à l'enfant un surcroît d'angoisse, et vous le sécuriserez en lui montrant que vous, ses parents, vous savez quoi faire.

En cas d'urgence, ou si la santé de l'enfant subit une altération inexplicable, bien sûr, ces réflexions ne sont plus valables, et vous devez faire appel immédiatement au médecin. Dans les maladies infantiles les plus courantes, il y a parfois d'excellentes raisons pour avoir recours aux soins d'un professionnel. Par exemple, pour le traitement de toute infection persistante, pour la prévention des complications après que l'enfant a combattu l'infection suffisamment longtemps, pour la prévention des rechutes, et enfin pour le confort de l'enfant lorsque rien de ce que vous avez essayé ne parvient à le soulager.

Le médecin sait à quel moment l'état de l'enfant nécessite un traitement ou des examens complémentaires. Il prendra la situation en main et pourra vous donner une opinion objective. Enfin, son autorité même vous soulagera, vous et l'enfant, du sentiment d'être responsables de la maladie. Un petit enfant a l'impression que c'est sa faute s'il est malade, parce qu'il a été « méchant » et qu'il mérite ce qui lui arrive. Parfois, il est difficile pour un parent, porte-parole de l'autorité, de lui enlever cette idée. Les parents, eux aussi, éprouvent des sentiments de culpabilité tout à fait normaux lorsque leur enfant tombe malade. Les calmes explications du médecin peuvent exorciser la culpabilité et procurer à la famille un grand réconfort, aussi bien qu'une solution médicale.

28

Les amis imaginaires

Presque tous les enfants de trois et quatre ans se créent des amis imaginaires. Je suis toujours ravi lorsqu'ils le font, ce sont les signes d'une imagination qui se développe, comme je l'ai mentionné plus haut. Le besoin d'intimité qu'ils révèlent nous rappelle que l'enfant ne souhaite pas qu'on fasse intrusion dans son univers.

L'importance des amis imaginaires

Au début, cette incursion dans l'imaginaire est trop fragile pour que l'enfant puisse la partager avec ses parents. Les mots particuliers et les amis que l'enfant invente sont très précieux et doivent être respectés par les adultes qui l'entourent. Malheureusement, les aînés ont généralement vent de ces personnages imaginaires. Lorsque c'est le cas, ils s'en moquent et détruisent la liberté d'exploration du domaine imaginaire que cela représente. Un premier enfant peut profiter tout à son aise des possibilités nouvelles de son imagination en plein développement. Un deuxième ou un troisième enfant n'est jamais laissé seul, et risque d'être maintenu dans les limites de la réalité par ses aînés.

Les parents n'aiment pas non plus les amis imaginaires. Pourquoi ? Je pense qu'en fait la plupart d'entre eux se sentent exclus et sont un peu jaloux. Laisser leur enfant se détacher d'eux est une des choses les plus difficiles pour les pères et les mères. Plus l'enfant protège son langage et ses amis secrets, plus les parents ont l'impression d'être rejetés, plus ils peuvent se sentir jaloux. En outre, l'exploration créatrice d'un enfant de quatre ans est tellement nouvelle que cela effraie les nouveaux parents. Ils ont tendance à se demander si l'enfant « fait » vraiment la différence entre la réalité et sa propre fiction. Ne risque-t-il pas de se perdre dans l'irréel ? Ou d'utiliser un « mauvais » ami pour se tirer des difficultés par le mensonge ? Ou de préférer ses inventions et de repousser ses compagnons de jeu ? Ce sont des motifs d'inquiétude courants chez les parents d'enfants de cet âge.

Les amis imaginaires doivent être bien accueillis, comme je l'ai suggéré au chapitre 13. D'un point de vue cognitif, l'imagination représente, à cet âge, un signe très important de pensée complexe. L'enfant essaie d'échapper à la pensée concrète qui la plupart du temps domine son monde. Alors que l'imagination apparaît au cours de la troisième année, l'enfant n'est pas encore tout à fait capable de faire la différence entre ce qui est et ce qu'il désire. La capacité de construire un monde imaginaire, d'inventer des personnages imaginaires, de donner la vie à une poupée particulièrement aimée, démontre que l'enfant développe rapidement la faculté de tester les limites de son monde. Cela devient une façon d'expulser les démons qui le guettent — haine, envie, mensonge, égoïsme, malpropreté. Tout cela peut à présent être attribué à quelqu'un d'autre — un ami imaginaire. Ou alors l'enfant peut affirmer qu'il est lui-même cet ami imaginaire, pour tenter de cacher ses mauvaises actions. Nous pouvons voir là les premiers efforts de l'enfant pour se conformer à ce qu'on attend de lui, pour discerner le bien du mal. Cette recherche n'est qu'un début, et bien fragile. L'enfant veut l'effectuer de façon indépendante. Il doit pouvoir s'engager dans ces explorations en dehors de ses parents. Leur intrusion réduit ses possibilités de découvrir le monde à sa façon.

D'un point de vue émotionnel, les amis imaginaires ont une fonction très importante. Ils procurent à l'enfant une façon sans danger de découvrir qui il veut être. Il peut dominer ces amis, les contrôler, il peut se comporter bien ou mal grâce à eux. Par leur intermédiaire, il peut s'identifier avec les enfants qui lui font peur, « devenir » un autre enfant en toute sécurité. Il peut aussi s'identifier sans risque avec chacun de ses parents sous l'apparence rassurante de ces amis imaginaires. Il peut jouer à être féminin ou masculin, expérimenter tous les côtés de sa personnalité. C'est une des façons dont un enfant de quatre à cinq ans découvre son identité.

Le souci que l'on peut se faire devant un enfant qui se réfugie dans la solitude est justifié ; un enfant devrait apprendre à fréquenter des enfants de son âge. Néanmoins, il a également besoin de temps pour lui. Si un enfant n'est pas capable de renoncer à ses amis imaginaires pour jouer avec de vrais amis, je serais également inquiet. S'il évite de participer activement à l'école ou aux jeux, les amis imaginaires pourraient représenter le symptôme d'un désir d'isolement excessif. Au contraire, tant que l'enfant est capable de quitter son monde personnel pour jouer avec les autres, vous pouvez être tranquille.

Quel est l'effet de la télévision sur cet important processus ? Il n'y a aucun doute, la télévision réduit le temps que l'enfant pourrait consacrer à l'exploration de son imaginaire. Si on lui permet de regarder trop d'émissions pendant la journée, il ne disposera plus du temps ou de l'énergie nécessaires pour partir à la découverte du monde à sa manière. La télévision met l'enfant dans un état de passivité hébétée. Bruno Bettelheim a fait remarquer que les histoires racontées aux enfants, dans la journée ou au coucher, stimulent l'exploration personnelle de l'agressivité, la recherche de l'identité, ce dont les enfants ont besoin à cet âge. La télévision, sauf si elle est regardée à petites doses, a l'effet opposé : elle impose un monde artificiel de violence, de bien et de mal, un monde hors de portée, et elle paralyse l'imaginaire de l'enfant en inhibant ses capacités à créer ses propres aventures.

L'attitude à adopter vis-à-vis des amis imaginaires

Que penser d'un enfant qui utilise un ami imaginaire pour « mentir » à sa place et se tirer d'une mauvaise situation ? C'est extrêmement courant à ces âges. Les parents peuvent se demander si l'enfant connaît bien la différence entre le désir et la réalité, car mentir de façon si évidente à cet âge représente bien une façon de prendre ses désirs pour la réalité... Sans accuser l'enfant, on peut lui faire prendre conscience de son désir de se créer sa propre évasion. En acceptant la version de l'enfant, mais en ramenant celle-ci simultanément à la réalité, le parent l'aide mieux à discerner ses propres limites au sein du monde réel. Le message que l'enfant a besoin de recevoir est : « Tu n'as pas besoin de mentir. Je peux t'aimer même si je n'aime pas ce que tu as fait. » C'est aussi une façon de permettre à l'enfant d'explorer en toute sécurité un monde irréel, parce qu'il comprend que ses parents le ramèneront à la réalité.

Est-ce que les parents devraient participer activement aux histoires imaginées par leur enfant ? Vaut-il mieux mettre la table pour les amis imaginaires ou nier leur existence ? Je suivrais les instructions de l'enfant. Beaucoup d'entre eux demandent à leurs parents de rester en dehors de leur monde imaginaire. Si les parents ne tournent pas un enfant en ridicule et montrent un certain respect pour ses amis, cet enfant pourra très bien avoir envie qu'ils invitent son ami à leur table. Alors, je le ferais. Jouer le jeu de l'enfant ne l'empêchera pas de pouvoir faire la différence entre amis imaginaires et réels. Et les amis imaginaires peuvent être une sorte d'expérience anticipée de ses amitiés futures.

Si les parents ont l'impression de devoir couper court à ces jeux imaginaires parce que leur enfant s'y investit excessivement ou qu'il isole trop des autres, je vous conseillerais de procéder de la manière suivante :

1. Abordez le problème avec lui, en lui disant bien que vous souhaiteriez qu'il ait davantage de compagnons de jeu. Laissez-le savoir que vous appréciez ses amis imaginaires et ses merveilleuses histoires, mais que vous aimeriez le voir aussi avec de « vrais » amis. Ses vrais amis auront eux aussi des amis imaginaires, et sans doute pourront-ils les partager avec lui.

2. Arrangez des rencontres régulières régulières avec un ou deux compagnons de jeux de même niveau — ni trop agités ni trop agressifs. Ne forcez pas votre enfant, donnez-lui des occasions régulières de faire la connaissance de ces enfants. Aidez-le à comprendre sa timidité, à connaître les raisons pour lesquelles il ne parvient pas à s'intégrer rapidement dans un groupe. Beaucoup d'enfants de cet âge, qui n'ont pas l'expérience des autres, ont besoin d'être soutenus au moment où ils apprennent à fréquenter des groupes. Si vous les poussez trop, ils se sentent incapables, et culpabilisés de ne pas vous faire plaisir. Quand votre enfant finit par s'intégrer, dites-lui que vous reconnaissez qu'il a eu beaucoup de mal et que vous êtes fier de lui.

3. Lorsqu'il se cache derrière ses amis imaginaires, ne grondez pas votre enfant. Vous risquez de le pousser à les utiliser pour échapper encore plus activement à la réa-

lité. Expliquez que vous comprenez pourquoi il a besoin de ses amis, que vous les aimez, lui et ses amis imaginaires, mais que vous voulez qu'il se sente assez sûr de lui pour jouer avec d'autres enfants. Et que vous l'aiderez.

En bref, la vie d'un enfant est enrichie par les amis imaginaires. Ils sont le signe d'un développement émotionnel et cognitif sain entre trois et six ans. Les parents ne doivent pas s'inquiéter, à moins que l'enfant ne reste isolé. Il faut qu'ils se réconcilient avec leur sentiment d'exclusion du monde de leur enfant. S'ils parviennent à comprendre quel important processus de développement ces extraordinaires amis favorisent, ils seront plus à même de surmonter leur jalousie naturelle.

29

Pertes et chagrins

La perte d'un être et le chagrin qui l'accompagne peuvent constituer une importante expérience pour un enfant. Cela peut également représenter pour toute la famille l'occasion de partager les sentiments, les croyances, et de se constituer les défenses qui sont nécessaires pour surmonter le chagrin.

Lorsque la navette spatiale Challenger a explosé en 1986, les médias m'ont demandé de donner des conseils aux parents pour les aider à protéger leurs enfants de l'angoisse provoquée par cette tragédie. La mort de l'enseignante et mère de famille qui accompagnait les astronautes représentait une perte personnelle pour tous les enfants qui avaient regardé le lancement à la télévision. Comme beaucoup d'autres adultes, j'étais persuadé que tous les enfants américains s'identifiaient avec les enfants de cette femme, avec ses élèves qui, eux aussi, avaient vu la fusée exploser.

« Pourquoi est-ce que cette maman s'est perdue ? Où est-elle, maintenant ? »

« Pourquoi a-t-elle quitté ses enfants ? Ils étaient méchants ? »

« Pourquoi est-ce que notre président a laissé cette maman se tuer ? »

Sous ces questions, se trouvaient les peurs universelles qui animent les enfants devant la mort. « Est-ce que ma maman va me quitter ? Si elle me quitte, est-ce que ce sera parce que je suis méchant ? Si je me mets en colère contre papa, est-ce qu'il va partir aussi ? » Les enfants qui avaient regardé l'émission se demandaient si leurs parents allaient mourir de la même façon. Ils se demandaient si eux aussi n'allaient pas mourir ainsi, et pourquoi un représentant de l'autorité, comme une mère, un père ou un président, avait permis qu'une chose pareille arrive. Où était parti le corps ? Et qu'est-ce que la mort ? Des cauchemars sur la mort peuvent être déclenchés par de tels événements.

Ce soir-là, je conseillai vivement à chaque famille de se réunir pour partager leurs sentiments sur cette tragédie. Les enfants avaient besoin d'entendre que leurs parents ne les quitteraient pas. Ils avaient besoin d'entendre, de leur bouche, que la mort n'était pas causée par les enfants, qu'elle n'était pas la conséquence de leurs mauvaises actions ni de leurs mauvaises pensées. Il était nécessaire que les familles prennent part au chagrin des enfants qui avaient perdu leur mère et leur professeur. Nous ne pouvions ni ne devions essayer de protéger nos enfants d'une identification profonde, humaine, avec ceux qui souffraient de cette très grande perte, ou de ressentir eux-mêmes du chagrin. Le chagrin est une part essentielle, inévitable, de la vie. Souffrir de l'absence de quelqu'un, qu'elle soit temporaire ou définitive, est pour l'enfant une importante ouverture sur les autres, une façon de se préoccuper d'eux.

Nous n'avons, dans notre pays, que de rares occasions de partager ce genre de chagrin avec nos enfants. Dans de tels moments, nous pouvons exposer les croyances qui nous permettent d'affronter les pertes et la mort. Nous avons l'occasion de parler de nos propres sentiments face à la mort, de nos convictions religieuses, de nos croyances en une vie après la mort, et des souvenirs qui gardent les autres en vie après la mort. Lorsqu'un membre proche de la famille meurt, les parents sont parfois tellement accablés par leur propre chagrin qu'ils ne peuvent pas affronter la souffrance de leurs enfants. Une tragédie nationale comme l'explosion de Challenger ou la mort d'une personne du voisinage constituent une préparation aux tragédies qui peuvent survenir dans notre propre foyer.

Une perte dans la famille

Lorsque quelqu'un de la famille meurt, il est important que les parents partagent leurs sentiments avec leurs enfants. Essayer de les protéger de la souffrance que les parents pensent éprouver, de leur sentiment de perte ou de dépression qui en résulte, est souvent désastreux. Les enfants savent très bien si un parent est confronté à une crise ou à une dépression. Tenter de cacher l'événement ou les sentiments qui en sont la cause, revient à un abandon pour l'enfant. Les parents me disent souvent « Est-ce qu'il n'est pas trop jeune pour découvrir la mort ? » Je leur assure que, pour l'enfant, il vaut mieux découvrir la mort à travers le chagrin qu'expriment ses parents plutôt que de se trouver devant des parents qui se taisent sans donner aucune explication. Le sens de la mort chez les enfants est plus primitif que chez les adultes. Ils ont tendance à l'assimiler à la sensation de solitude ou d'abandon. Si les parents refusent de partager l'expérience qu'ils traversent, l'enfant voit se confirmer ses pires craintes : « Grand-mère est morte, et maintenant maman est tellement triste qu'elle va peut-être mourir aussi. »

Lorsque les parents arrivent à parler de leur chagrin, à exposer leurs idées sur la mort, la mémoire, le sens de la souffrance, l'enfant a l'occasion d'aborder en toute sécurité les questions qui nous tourmentent tous. Il peut partager avec ses parents les émotions intenses que sont la tristesse et le chagrin. Quant aux parents, ils se rendent compte comme c'est merveilleux d'avoir un enfant — l'enfant dans une famille en deuil permet au reste de la famille de croire en l'avenir. Lorsqu'il fait sourire sa mère au milieu de ses larmes, il peut ressentir un sentiment rare d'importance, puisqu'il a été capable de la faire changer d'humeur, même si ce n'est que brièvement. Je suis constamment frappé de voir qu'un petit enfant peut vraiment essayer de consoler ses parents en deuil et en pleine souffrance.

Je me rappelle qu'un jour, au cours d'une visite dans notre hôpital, j'ai rencontré une jeune mère qui m'a appris la mort de son nouveau-né et s'est mise à sangloter silencieusement. Son enfant de deux ans jouait tranquillement dans un coin de la pièce. Dès qu'il vit les larmes de sa mère, il se précipita sur ses genoux. En grimpant, il tendit une main malhabile pour lui toucher les joues et essuyer ses larmes. Sa mère baissa le regard vers lui, sourit, et le serra dans ses bras. Il avait rappelé à sa mère qu'il était là pour faire un contrepoids à son chagrin.

Les explications sur la mort peuvent être adaptées à l'âge de l'enfant. Je vous conseille de ne pas en dire plus qu'il ne peut comprendre. Et de ne pas le faire dans des termes trop effrayants. Vous devez le préparer aux conversations qu'il peut surprendre. Vous pouvez dire, par exemple : « Grand-père était devenu tellement vieux qu'il ne pouvait plus faire toutes les choses qu'il avait envie de faire. Lorsque qu'on devient vieux, on est très fatigué. Maintenant, il peut se reposer. » L'enfant demandera : « Mais pourquoi est-ce qu'il nous a quittés ? Il n'aurait pas pu se reposer chez nous ? Il me manque et je voudrais jouer à tout ce que je jouais avec lui. » Vous pouvez répondre avec honnêteté : « Personne d'entre nous ne sait pourquoi quelqu'un que l'on aime doit mourir et nous quitter. Le corps renonce... c'est tout. Nous nous sentons tous affreusement tristes et seuls. Nous nous demandons tous où il est allé, s'il est plus heureux et s'il se sent mieux maintenant. Nous voulons qu'il soit bien, qu'il soit en paix, mais, comme toi, nous ne supportons pas qu'il nous ait quittés. Ce que je veux absolument faire, c'est me rappeler tout ce que je peux de lui. J'aimerais que nous parlions de toutes les choses dont nous pouvons nous souvenir et, de cette façon, nous pourrons le garder avec nous. Est-ce que tu te souviens de certaines choses que tu pourrais me raconter maintenant ? »

En parlant de la mort à l'enfant, le parent peut être attentif aux signes de la peur que la perte peut avoir suscitée en lui. La pensée magique fait partie de l'univers mental des enfants de trois, quatre, cinq ou six ans. À ces âges-là, l'enfant a besoin qu'on le rassure en lui répétant qu'une mauvaise action n'entraîne pas de représailles, et que de mauvaises pensées ne font pas mourir les gens.

Tôt ou tard, l'enfant va se poser des questions sur sa propre mort. « Quand vais-je mourir ? Qu'est-ce que ça fait de mourir ? Où est-ce que j'irai ? Est-ce que je serai tout seul ? » Autant d'occasions pour des parents attentifs de répondre ce qu'on peut répondre afin d'alléger certaines peurs, et de partager leurs propres sentiments sur la mort et les pertes. Si vous avez des croyances religieuses sur la mort et la vie après la mort, c'est le moment d'en parler. Si vous trouvez du réconfort dans la nature, dans les mythes, le souvenir, essayez de le transmettre à vos enfants. Les enfants adorent les histoires du passé. Dites-leur comment c'était lorsque vous étiez enfant, que vos parents étaient jeunes et s'occupaient de vous. Rendez vivante votre existence d'enfant pour eux. Ils comprendront le message, et leur chagrin en sera soulagé.

La mort d'un animal familier

La mort d'un animal est à prendre aussi au sérieux que la mort d'une personne. Ne mentez jamais à votre enfant. Vous perdriez sa confiance. Dites-lui ce que vous pouvez à propos de la vie et de la mort des animaux. Encouragez l'enfant à exprimer son chagrin et sa colère d'avoir perdu un ami très aimé. Accordez-lui une période de deuil avant d'introduire un nouvel animal dans la famille. Il est important pour l'enfant de prendre conscience de la perte et de ressentir l'affection qui disparaît avec l'animal. À nouveau, attendez-vous à ce qu'il se sente personnellement responsable de cette disparition, et dites-lui si c'était un accident ou une mort naturelle.

La mort d'un autre enfant

Lorsqu'un enfant est malade ou mourant, les enfants amis se trouvent confrontés à de profondes peurs. Ils s'identifient avec l'enfant malade ou mourant. « Est-ce que ça va être mon tour après ? Est-ce que la même chose va m'arriver ? Pourquoi est-ce que ses parents le laissent mourir ? Parce qu'il était méchant, parce qu'il le méritait ? Je voudrais bien n'avoir jamais été méchant avec lui. C'est peut-être moi qui l'ai tué ? »

Bien que beaucoup de ces questions puissent paraître irrationnelles et sans fondement réel, tout adulte qui a perdu un être cher sait que les peurs qu'elles recouvrent sont universelles. Lorsque quelqu'un est très malade, qu'il souffre, nous nous sentons tous responsables. Nous avons tous l'impression de mériter un châtiment pour nos erreurs ou nos insuffisances. En expliquant la réalité de la maladie ou de la mort de l'autre enfant, les parents peuvent aussi montrer qu'ils ont les mêmes sentiments. Essayer de nier, de cacher la réalité de la maladie, ou le chagrin et les peurs des adultes serait une grave erreur.

Les écoles ont un rôle important à jouer dans ce domaine et peuvent aider les enfants à surmonter leurs peurs de la maladie et de la mort. Un de mes patients m'a raconté comment une école de quartier avait affronté le cas d'un enfant de six ans atteint d'une tumeur inopérable au cerveau. Cet enfant souffrait de fréquents maux de tête et manquait souvent la classe pour cette raison. Un jour où il avait repris les cours, il avait eu une convulsion dans la salle de classe, sous les yeux de ses camarades. Après cela, il avait été trop mal pour pouvoir retourner à l'école. L'institutrice se rendit compte que sa classe avait été très affectée par le spectacle de la convulsion et par l'inévitable aggravation de l'état de l'enfant. Elle leur parla donc de la maladie du petit garçon en essayant de l'expliquer du mieux qu'elle pouvait. Mais le sentiment de cette perte avait complètement envahi la classe et avait même rendu certains enfants craintifs. L'institutrice convoqua les parents pour leur parler du petit malade, elle insista beaucoup pour qu'ils partagent avec leurs enfants le grand chagrin qui les bouleversait. Elle les avertit des sentiments qu'ils allaient vraisemblablement éprouver : culpabilité, identification avec l'enfant mourant et impression de responsabilité devant sa maladie.

Tout en parlant avec les parents, l'institutrice se rendit compte que les enfants avaient besoin d'une occasion de dire au revoir. Elle rassembla son courage et alla voir les parents du petit malade pour leur demander la permission de faire une visite avec la classe. Les parents furent touchés ; ils savaient ce que cela signifierait pour leur fils. Ils choisirent un jour où le malade se sentait mieux. Ses camarades de classe vinrent tous le voir. Chacun avait préparé un petit cadeau particulier. Chacun s'assit à côté de lui, le toucha, lui fit comprendre combien il tenait à lui. Après leur départ, l'enfant était épuisé, mais, en même temps, vivifié. Par la suite, son état se dégrada rapidement, mais il parlait constamment à ses parents de « mes amis ». À l'école, les enfants de sa classe avaient désormais l'impression de pouvoir parler de lui et de pouvoir se le rappeler comme « un des leurs ». Ils avaient dit au revoir et participé un peu à sa maladie.

Au Children's Hospital de Boston, nous avons institué les visites familiales. Tous les membres de la famille peuvent venir voir un enfant malade. Les parents, bien sûr, sont invités à rester autant qu'ils le peuvent (cf. chapitre 25). Lorsque, au début, nous avons demandé au personnel hospitalier de permettre les visites des frères et sœurs, il s'y est opposé. Il a soulevé le problème des infections que les autres enfants pourraient amener dans les services. Il a objecté que l'activité d'enfants normaux, bruyants, pourrait perturber l'enfant malade. Nous lui avons demandé d'autoriser ces visites à l'essai.

Il y avait alors un enfant de deux ans, que nous appellerons Willie, atteint d'un cancer, mourant. Les rayons X et la chimiothérapie lui avaient fait perdre tous ses cheveux. Il était affreusement maigre — en fait il ne lui restait plus que la peau et les os. Mais il conservait un sourire charmant, vainqueur. C'était le patient préféré de tous, médecins et infirmières. Ses parents étaient merveilleusement attentionnés avec lui et, un jour, ils demandèrent s'ils pouvaient amener les deux frères aînés de Willie, âgés de quatre et six ans. Ils craignaient, comme nous, que Willie ne rentre plus jamais à la maison, et ils nous dirent à quel point leurs deux aînés étaient malheureux. Nous avons alors décidé d'utiliser cette occasion comme un test.

Willie était assis dans un parc au milieu de la salle des infirmières au moment où ses parents arrivèrent. Son visage marqué s'éclaira un peu lorsque sa mère vint lui caresser son crâne chauve. Le père toucha la main que le petit garçon lui tendit. Nous pouvions voir que le père était presque effrayé de le prendre dans ses bras, tellement cet enfant paraissait fragile et faible. Sa mère lui dit : « Willie, nous avons une surprise pour toi ! » Son regard s'illumina et il dressa la tête comme pour demander ce que c'était. À ce moment, les deux frères aînés sortirent de l'ascenseur et se précipitèrent sur ce pauvre petit squelette d'enfant. Lorsque Willie les aperçut, des larmes commencèrent à couler le long de ses joues, il se mit debout en se tenant aux barreaux du parc et se pencha en avant, les bras tendus en direction de ses frères. Il ne cessait de répéter : « Oh ! Oh ! Oh ! » comme s'il n'arrivait pas à croire qu'ils étaient réellement là. Le frère de quatre ans tendit les mains vers Willie et lui frotta le visage et la tête. Il touchait et touchait encore son petit frère. À chaque geste, Willie rampait et se tortillait comme s'il ne pouvait avoir assez de ce contact. Il regardait son frère d'un air d'adoration, comme s'il ne l'avait pas vu depuis bien trop longtemps. Le frère le plus âgé prit une chaise et la porta à côté du parc pour s'asseoir près de Willie. Il demanda à ses parents s'il pouvait le prendre dans ses bras. À ce moment-là, nous avions tous les larmes aux yeux devant ce spectacle. L'infirmière en chef fit un signe de la tête aux parents. Le père prit doucement l'enfant pour le poser sur les genoux de son frère. L'enfant de six ans se mit à bercer Willie en chantonnant, comme si c'était un bébé. Willie se blottit contre lui. Il tendit ses trop délicates petites mains et toucha le visage de son frère. Il explora ses yeux, ses cheveux, sa bouche. Enfin, épuisé, il posa sa tête contre l'épaule de son frère.

Depuis cette expérience, nous autorisons des visites sans restriction aux frères et sœurs. Chacun de nous avait pu constater ce que ses frères représentaient pour Willie et ce que lui représentait pour eux. Nous avions pu voir à quel point il était important pour tout enfant mourant et pour les autres enfants de la famille de pouvoir se réunir et se dire au revoir.

Nous avons un beau programme intitulé : « Le bon chagrin ». Ce programme est destiné non seulement à aider les parents et les enfants à affronter et à partager leur chagrin, mais il s'adresse également au chagrin du personnel hospitalier et scolaire, à tous ceux qui doivent faire face à la perte d'un enfant ou d'un parent. Ce programme encourage le fait de partager et d'exprimer des sentiments de façon ouverte — à l'hôpital, à la maison et dans les écoles.

30

Mensonges, vols et tricheries

Dans toutes les périodes d'apprentissage rapide, l'imagination de l'enfant remplit une fonction vitale. Par le biais de son imaginaire, il explore les idées qui sont chez lui en cours de développement. Dans l'imaginaire, il est en sécurité. Il n'a pas besoin de passer à l'acte, puisqu'il peut vivre dans le rêve. L'imagination et le recours à la pensée magique aident l'enfant à découvrir son nouvel univers sans risquer de passer par-dessus bord. Il peut se transformer en un loup fort et effrayant la nuit, dans ses rêves. Il peut rugir comme une voiture de pompiers. Il peut se familiariser avec les sorcières et les voleurs. Une imagination active donne l'occasion d'être un monstre, un animal agressif, un parent adoré — tout cela dans un rêve ou un moment d'imagination capricieuse. Le processus cognitif de la fonction symbolique — prendre un jouet, animal, camion ou poupée pour quelque chose d'autre — se développe au cours de la quatrième et de la cinquième année.

Le jeu et l'imagination sont nécessaires à l'apprentissage des limites et à la prise de conscience de soi en tant que personne. Les objectifs de cette période agitée sont la différenciation sexuelle et le contrôle des pulsions agressives. Un des domaines que doit explorer l'enfant pour y parvenir est celui de la signification du mensonge, du vol et de la tricherie. Ces comportements sont normaux à l'âge de quatre et cinq ans, et donnent aux parents l'occasion d'apprendre à l'enfant la responsabilité face aux autres. C'est d'ailleurs un enseignement qui s'adressera à nous tous, toute la vie.

La principale difficulté pour les parents, à l'apparition de ces comportements, est de dominer leurs propres réactions fondées sur leurs souvenirs. Au cours de leur enfance, ils ont pu être surpris à commettre de tels actes, avoir été couverts de honte et punis. Ils se souviennent alors probablement de sermons sur les enfants « qui ont de graves problèmes ». Ces craintes toujours présentes, douloureuses, provoquent chez eux des réactions horrifiées devant les premiers indices de mensonge, de tricherie ou de vol. S'ils peuvent repenser à leur propre passé, ils auront plus de facilités à se mettre à la place de leur enfant.

Les mensonges

Tous les enfants de quatre ans mentent. À cet âge, une imagination active est un signe de bonne santé émotionnelle — même si elle mène à des contre-vérités. Et c'est ce qui va se passer.

Prenons un enfant — nous l'appellerons Alex —, qui observe tous les soirs son père devant un nouvel ordinateur. Complètement absorbé, le père sourit, fronce les sourcils et éclate même bruyamment de rire lorsque son ordinateur lui donne des résultats non prévus. Un matin, alors que son père vient de quitter la maison pour aller travailler, Alex s'introduit en cachette dans le bureau pour inspecter l'ordinateur. En imitant son père, il se met à jouer avec les touches du clavier. Tout à coup, l'ordinateur se met à ronfler, à émettre des sonneries et il continue à bourdonner jusqu'au retour des parents le soir. Effrayé par ces bruits qu'il ne peut arrêter, Alex se cache. Son père, furieux de trouver son ordinateur dans cet état, arrive en trombe à la table du dîner et accuse tour à tour chacun des membres de la famille. Lorsqu'il interroge Alex, celui-ci, terrorisé, laisse échapper que la baby-sitter est entrée dans le bureau et qu'elle a touché l'ordinateur. Alex veut tellement croire en son histoire qu'il commence à y ajouter des détails pour la rendre plus crédible. À ce moment-là, arrive la jeune fille, qui se justifie, et le père d'Alex est effondré devant l'imbroglio de mensonges élaboré par son fils. Il le punit sévèrement. Mais Alex a tellement désiré prendre ses désirs pour la réalité qu'il croit sincèrement que son histoire est vraie. Il se sent trahi et trouve la colère de son père injuste. Le résultat est qu'il y a peu de chances qu'il ait appris quoi que ce soit de positif de cette expérience. Il a menti pour se protéger des accusations de son père, et s'est lancé dans une explication fantaisiste pour lui plaire et pour effacer les dégâts commis dans le but de s'identifier à l'attachement manifeste de son père pour son ordinateur. Plus la fureur de son père a augmenté, plus Alex s'est retranché dans ses inventions.

Les parents d'enfants de quatre et cinq ans doivent s'attendre à de tels mensonges. Au moment où la pensée magique émerge, les parents devraient savourer, si possible, les résultats de haute fantaisie qui lui font suite.

Réagir trop violemment risque de transformer tout cela en schémas définitifs.

Que faire lorsqu'un enfant ment ? Tout d'abord, essayez de comprendre les circonstances qui ont entraîné le mensonge. Faites confiance aux bonnes intentions de l'enfant, et essayez de comprendre ses raisons — ses fantasmes, son désir de transformer la réalité. Aidez-le à les comprendre lui aussi.

Ensuite, ne poussez pas l'enfant dans ses retranchements, ne réagissez pas trop violemment. La conscience émerge tout juste à cet âge, la culpabilité vient *après* l'acte, en réponse à la désapprobation. L'objectif à long terme est d'aider l'enfant à « incorporer » une conscience — comme le disait Selma Fraiberg, « à faire passer le policier de l'extérieur à l'intérieur ». Des exigences trop rigides, des punitions trop sévères peuvent aboutir à l'un de ces trois résultats : 1) une conscience trop intransigeante ; 2) une révolte farouche qui fait paraître l'enfant amoral ; 3) un recours invétéré, répétitif, au mensonge.

Si vous avez exagéré dans vos critiques ou vos punitions, ou si vous vous êtes trompé dans vos accusations, admettez-le devant l'enfant. Profitez de l'occasion pour lui dire combien vous êtes inquiet de le voir mentir. Mais assurez-lui que vous comprenez ses motivations. Rappelez-vous que l'amour que l'enfant a pour ses parents est plus grand que l'amour qu'il a pour lui-même. Il n'est que trop facile de détruire son sens de sa propre compétence.

Vous saurez que vous progressez lorsque vous et votre enfant pourrez parler de chaque épisode de mensonge et lorsque vous pourrez l'aider à comprendre les raisons qui l'avaient poussé à cet acte. Dès que l'enfant parvient à reconnaître la vérité, vous pouvez être certain d'être sur la bonne voie. Plus tard, l'enfant commencera à respecter les sentiments et les droits des autres.

Si, au contraire, les mensonges se reproduisent encore et encore, s'ils deviennent de plus en plus insidieux et de moins compréhensibles, de moins en moins liés à la réalité, c'est peut-être que vous êtes trop exigeant avec l'enfant. Les autres signes qui indiquent qu'un enfant ne se sent pas libre de laisser évoluer son monde imaginaire à son propre rythme sont l'autopunition et le repli sur soi, une indisponibilité progressive, des manifestations d'angoisse généralisées et de dévalorisation personnelle, l'augmentation des peurs et des terreurs nocturnes. Devant une telle situation, vous devez abandonner les châtiments sévères et considérer vos propres réactions. Examinez aussi les circonstances qui entourent les actes de l'enfant ainsi que les pressions qu'il subit. Laissez de côté tout ce qui n'est pas important. Reconnaissez devant l'enfant que vous avez réagi avec trop de dureté. Parfois, il est plus facile d'utiliser des poupées ou des histoires que l'on raconte pour aborder les problèmes par le jeu.

Si vous êtes vraiment inquiet de la situation, demandez l'avis d'un professionnel. Rappelez-vous que le mensonge chronique n'est qu'un symptôme d'une angoisse ou d'une appréhension sous-jacentes. Il faut le prendre en considération et ne pas chercher à s'en débarrasser.

Les vols

Les petits enfants se mettent à voler pour deux raisons au moins. La première est que, à trois ou quatre ans, un enfant a l'impression que tout lui « appartient », sauf si on lui dit le contraire. Donc, s'il voit un jouet dans un magasin ou si le caddy de sa mère arrive près d'un paquet de biscuits au supermarché, c'est à lui — tant qu'il n'a pas appris que tout cela appartient à d'autres. L'apprendre prend du temps. Comme pour le mensonge, un châtiment traumatisant n'aura d'autre effet que rendre ce comportement clandestin. Expliquer gentiment qu'il faut respecter le bien des autres et fixer des limites nettes est plus efficace.

Une autre raison de voler, plus subtile, est le désir de s'identifier avec les autres. Au moment de l'école maternelle, le désir d'être comme les parents, les aînés ou les camarades d'école s'intensifie et l'enfant peut prendre des objets leur appartenant. Son raisonnement est très concret, il a l'impression que, s'il possède un objet appartenant à une autre personne, il s'identifie à elle. L'enfant n'a pas encore de conscience morale. Les sentiments de culpabilité émergent plus tard, à partir de la déception que manifeste l'entourage.

Le vol se manifeste vers quatre et cinq ans chez la plupart des enfants. C'est un comportement d'exploration et d'acquisition plus que le signe d'un tempérament mauvais. Si vous réagissez très fort, vous risquez de provoquer peur et récidives. Naturellement, c'est affolant pour les parents de voir un petit enfant voler quelque chose à quelqu'un d'autre, et particulièrement s'il montre bien qu'il comprend ce qu'il a fait en mentant à ce propos. Mais, si vous admettez que le vol est universel chez les jeunes enfants, si vous en saisissez les motivations, vous pourrez éviter de réagir avec excès et d'ancrer définitivement ce comportement. L'objectif des parents, pour les vols comme pour les mensonges, est d'utiliser chaque manifestation pour en tirer un enseignement. Si vous aidez l'enfant à comprendre pourquoi il prend ce qui appartient aux autres sans l'écraser par la culpabilité, celui-ci reste disponible pour vous entendre lorsque vous lui parlez des droits d'autrui. Apprendre à respecter les possessions et le territoire des autres est un objectif à long terme. Si vous agissez avec doigté, chaque petit épisode de vol peut vous permettre de progresser dans cette direction.

PRÉVENIR LE VOL. Tout d'abord, ne faites pas de scène, ne criez pas. Vous n'aboutirez qu'à effrayer votre enfant. Essayez de ne pas lui mettre d'étiquette de voleur en lui parlant et de ne pas revenir continuellement sur l'incident par la suite. Il est plus sage de ne pas confronter l'enfant à ce qu'il fait en lui demandant de façon précise s'il a volé ; vous risquez de le pousser à mentir. Faites-lui simplement comprendre que vous savez d'où provient l'objet, en lui demandant de vous le donner si nécessaire et en disant : « Je suis désolé que tu aies pris quelque chose qui n'est pas à toi. »

Puis aidez l'enfant à rendre l'objet à son propriétaire et à s'excuser, même si cela signifie qu'il vous faut retourner au supermarché ou à l'épicerie et subir l'embarras d'avoir à rendre un article ou à le payer. Faites-vous rembourser par l'enfant en lui demandant d'exécuter des petites corvées ménagères. Et agissez de la même façon chaque fois.

La prévention du vol implique de votre part une grande patience pour donner un enseignement d'une façon calme. Montrez à l'enfant comment demander ce qu'il désire. Établissez des règles simples sur le partage avec les autres, comme : « Tu ne prends pas un jouet à un enfant sans le lui demander et sans lui proposer un des tiens. » Expliquez ce que signifie emprunter et rendre un jouet. « Tu dois demander si tu peux jouer avec. Si on te dit non, c'est non. Si on te dit oui, tu dois dire que tu le rendras. » « Si nous sommes dans un magasin et si tu veux des biscuits, demande-moi si tu peux les avoir. Si je te dis oui, attends que j'aie payé pour les prendre. » De cette façon, vous apprenez à l'enfant à respecter le bien d'autrui, vous lui montrez comment demander, et vous l'aidez à savoir attendre sa récompense.

Il est également important d'expliquer pourquoi ces règles sont nécessaires — « pour protéger les jouets des autres de la même façon que tu veux protéger les tiens ». Quand un enfant vole, commencez par décréter une

« pause », un moment où il sera seul, comme mesure disciplinaire, mais, très vite, allez le retrouver pour parler avec lui. Votre objectif n'est pas de le punir, mais de lui apprendre que certaines choses appartiennent aux autres, et qu'il doit surmonter son envie de tout posséder. Essayez de comprendre pourquoi il a agi ainsi, et aidez-le à le comprendre lui aussi. Aidez-le à voir votre point de vue : vous ne pouvez pas lui permettre de s'emparer du bien d'autrui. Expliquez-lui clairement que vous essayez de comprendre ses motivations. Demandez-lui ensuite comment il prévoit de surmonter ce problème et laissez-lui une part de la responsabilité des limites. Enfin, le plus important, lorsqu'il réussit à se dominer, est d'être sûr qu'il comprend bien que vous êtes fier de lui.

Si les vols continuent, recherchez d'éventuelles causes cachées. L'enfant est peut-être culpabilisé, effrayé, et réagit selon une sorte de pulsion répétitive. Se sent-il tellement peu sûr de lui qu'il a besoin de ce qui appartient aux autres pour avoir l'impression d'être une personne complète ? Est-ce que les autres ont déjà un comportement réprobateur à son égard, est-ce qu'ils le considèrent comme un voleur ? Si ces actes se reproduisent, l'enfant vous demande peut-être à sa façon une thérapie. N'attendez pas qu'il se sente complètement dévalorisé et que l'étiquette de voleur lui colle à la peau. Ayez recours à une aide extérieure — une consultation auprès de votre médecin ou du psychiatre pour enfants d'un établissement hospitalier.

Les tricheries

Pour pouvoir comprendre que les autres n'aiment pas un enfant qui triche, un enfant doit avoir assez de maturité pour connaître les règles, dans les jeux comme à l'école. Il doit avoir dépassé le comportement d'opposition des trois ans. Vers cinq ou six ans, l'enfant est capable d'apprendre le concept de « marchandage ouvert », par opposition à la tricherie dissimulée. La maturité favorisant un mode de pensée plus logique permet ce progrès à un moment où l'égocentrisme de l'enfant de trois ans s'efface au profit d'une prise de conscience des autres. Une conscience sociale est en cours d'élaboration.

Il revient aux parents de développer cette prise de conscience. Des punitions mal adaptées ou trop fortes arrêteraient ce processus. Il est plus facile de venir à bout des tricheries en abordant le sujet avec franchise et douceur. Les parents peuvent expliquer les conséquences de ces agissements sans poser de jugement moral :

« Ce n'est pas juste de lui faire ça, et elle t'en voudra. »

« Est-ce que tu voudrais qu'elle triche avec toi ? »

« Ce qui est juste pour toi est juste pour tout le monde. »

« Si tu gagnes en trichant, elle ne voudra plus jouer avec toi, ou alors elle apprendra à tricher aussi. C'est ce que tu veux ? »

« Est-ce que tu cherches à contrarier ta maîtresse — ou moi ? Je suis complètement déçu, parce que je te connais bien. »

« Est-ce que tu peux me dire comment t'aider à venir à bout de ce problème ? As-tu des idées à ce propos ? »

Une façon très efficace d'apprendre à un enfant le respect des autres est le jeu de rôles. Cela vous donne aussi l'occasion de montrer à l'enfant comment « marchander » de manière acceptable. Laissez-le vous montrer, dans une situation imaginée et qu'il jouera à votre intention, comment il aimerait qu'on lui apprenne à devenir responsable de lui-même.

La conscience sociale de l'enfant se modèle sur la vôtre et sur celle du reste de la famille. Ne manquez pas

de lui donner l'occasion de comprendre vos valeurs
sociales — dans des termes qui lui soient accessibles.

31

Les bonnes manières

Dans la plupart des cultures, apprendre les bonnes
manières, le savoir-vivre à un enfant représente une part
importante du début de l'éducation. La façon respectueuse de s'incliner du petit Japonais, le salut cordial du
petit Africain, la révérence d'une petite fille d'Europe,
sont des marques d'égard et d'acceptation de l'autre.

Le savoir-vivre, l'éducation représentent nos valeurs,
notre manière d'être face à la société. Nous en avons
besoin toute notre vie pour entrer dans un groupe et nous
y intégrer. L'éducation que nous révélons reflète nos
structures sociales, elle est la charpente de toute position
dans la société. Elle montre notre respect des autres, elle
est essentielle pour se faire accepter d'eux.

Très tôt, les bonnes manières prennent de l'importance. Des enfants de deux ans, voulant monter au tobog-
gan, font la queue en respectant le tour des autres. Si un
enfant agressif s'introduit au milieu d'eux, le groupe va
décider collectivement de permettre l'intrusion ou
d'exclure le nouvel arrivant. À l'âge de deux ans,
l'enfant doit déjà montrer à ses camarades qu'il respecte
les règles du jeu. Les règles, comme les manières, défi-
nissent le comportement que les autres attendent de nous.
Un enfant trop agressif ou trop replié sur lui-même pour
suivre les règles est considéré comme indésirable par les
autres.

Nous ne pouvons pas échapper aux règles et au savoir-vivre, mais nous pouvons décider de l'importance des unes et de l'autre. Nos enfants se modèleront sur nos propres choix.

L'apprentissage des bonnes manières

Les enfants commencent à en apprendre les règles dès la petite enfance, bien que la plupart des parents n'aient même pas conscience qu'ils les leur enseignent. Par exemple, lorsqu'un bébé mord le sein de sa mère, celle-ci réagit à la fois de douleur et de surprise devant l'agressivité de son enfant de cinq mois. Elle s'écarte, retire l'enfant du sein, et le réprimande : « Non, tu ne dois pas faire ça ! » Elle vient d'enseigner au bébé les règles de l'allaitement ; en les apprenant, le bébé apprend déjà à respecter l'autre.

Les parents ne prennent conscience de leur rôle de « professeurs » de bonnes manières que lorsque leur enfant se met à les provoquer, c'est-à-dire dans sa deuxième année. L'un des premiers terrains d'affrontement en ce domaine est le moment du repas, comme je l'ai mentionné dans les chapitres précédents. Tout en apprenant les règles, l'enfant de deux ans veut expérimenter toutes les possibilités qui lui sont offertes. Il doit renverser sa nourriture de son plateau, verser le contenu de son verre, s'écraser des aliments dans les cheveux, refuser un plat après l'autre, en faisant l'expérience de chaque règle possible, à la recherche de ses limites.

Au cours de la deuxième année, l'exploration des limites et de l'autonomie est plus importante pour le développement de l'enfant que l'apprentissage des bonnes manières que nous exigerons de lui plus tard. Vers quatre et cinq ans, alors qu'il a maîtrisé les techniques de base concernant les repas, il va commencer à s'identifier aux adultes de son entourage et copier les gestes qu'il voit faire par ses parents et ses aînés. De sa propre initiative, il va utiliser une serviette pour s'essuyer la bouche, se servir d'une fourchette et d'une cuiller, demander s'il peut sortir de table. À cet âge, les enfants ont une forte envie d'imiter leur entourage. Mais si on lui dicte sa conduite, « fais ceci », « ne fais pas cela », un enfant de quatre ans plein de vitalité va se rebeller. Il a découvert comment faire les choses tout seul, et cette indépendance nouvelle est devenue trop importante et trop passionnante pour qu'il puisse se soumettre à des directives. C'est pourquoi votre meilleure chance de lui apprendre un comportement acceptable est tout simplement d'en faire vous-mêmes la démonstration à votre enfant. Si vous avez un enfant de trois ou quatre ans, je vous engage vivement à montrer l'exemple et à ne pas faire trop de commentaires sur les progrès de votre enfant dans le domaine de la politesse.

Les règles sociales

Dès que l'enfant a commencé à apprendre les règles de base sur la façon de se tenir à table, au moment du bain et au moment de se coucher, on peut lui proposer quelques règles de comportement en société.

Une visite chez les grands-parents constitue une excellente occasion d'apprendre. Préparez votre enfant en lui racontant brièvement ce qui va se passer au cours de la visite, et ce que l'on attend de lui. En même temps, faites-lui répéter le comportement souhaité. Par exemple : « Grand-mère et grand-père seront contents de te voir. Est-ce que tu es prêt à courir dans leurs bras et à te laisser embrasser par eux ? Ou bien auras-tu envie de t'enfuir et de te cacher ? Beaucoup d'enfants de ton âge sont timides, mais tes grands-parents attendent depuis si longtemps de te voir qu'ils ne pourront pas s'empêcher de te prendre dans leurs bras et de t'embrasser. »

Si d'autres personnes doivent se trouver là, préparez votre enfant à les saluer aussi. « Tu te rappelles M. Green, le voisin de grand-père et de grand-mère ? Eh bien ! il sera là lui aussi, et il tendra la main pour que tu la serres, comme ça. C'est ce qu'on appelle une poignée de main. Papa va serrer la main de M. Green, tu verras donc comment font les adultes. Peut-être que tu pourras le faire toi aussi. »

Si votre enfant fait ces gestes bien élevés, ne manquez pas de lui exprimer votre satisfaction, mais n'exagérez pas les compliments. Et s'il se révèle incapable de répondre à vos attentes, ne le grondez pas. Dites-lui simplement que vous désirez qu'il prenne ces habitudes et que vous espérez que la prochaine fois il sera capable de faire « ce que tous les autres font ». Si vous le poussez trop, ou si vous lui faites trop de compliments, vous risquez de lui donner l'idée que les bonnes manières sont un comportement négociable. Au contraire, tout ce qui concerne le savoir-vivre, aussi bien que les habitudes du repas et du coucher, devrait s'inscrire dans un schéma bien établi, plutôt que de devenir un objet de négociations.

Quand l'heure est venue de dire au revoir, rappelez à votre enfant ce que vous attendez de lui. « Tu peux remercier grand-mère et grand-père pour le si bon dîner et les embrasser. Ils m'ont dit qu'ils avaient remarqué que tu étais devenu un grand ! »

Si l'un ou l'autre des grands-parents souffre d'un handicap, s'il se sert d'une canne ou de béquilles, c'est l'occasion de sensibiliser votre enfant aux problèmes d'autrui. Vous pourriez lui dire : « Grand-père doit utiliser des béquilles parce que ses jambes lui font mal, mais il est un peu gêné de le faire. Parfois, même les adultes sont gênés de ne pas être comme les autres. Alors, le mieux à faire est d'être gentils et serviables. Mais il ne faut pas trop lui parler de ces béquilles. Tu peux lui demander comment il se sent, et essayer de voir quand il a besoin d'aide. Par exemple, si les béquilles tombent, tu peux les ramasser et les lui donner. »

C'est à quatre, cinq ans que l'enfant est le plus conscient des différences. Le plus souvent, ou il est embarrassé, ou il en fait trop. Par exemple, s'il aperçoit un aveugle dans la rue, il peut s'exclamer à voix haute : « Regarde, maman, il a une canne ! » Toutes les situations de ce genre sont l'occasion de lui apprendre à manifester de la considération pour les autres. « Oui, pouvez-vous dire, il se sert d'une canne parce qu'il ne peut pas voir, la canne l'aide à sentir le trottoir ou les murs auxquels il pourrait se heurter. Ferme les yeux, tu te rendras compte combien ce serait difficile de te déplacer tout seul si tu ne voyais pas. C'est extraordinaire que cette personne y parvienne, tu ne penses pas ? » L'enfant est en fait très soulagé que vous l'aidiez à comprendre et à surmonter ce qu'il ressent. Lorsque vous adaptez votre comportement à chaque situation nouvelle, vous contribuez à réduire son anxiété.

Transmettre le goût des bonnes manières et du savoir-vivre

La bonne éducation rend la vie plus facile et plus agréable. Si vous arrivez à expliquer cela, au lieu de la présenter comme une corvée, vous obtiendrez de meilleurs résultats. Par exemple, si vous dites « excusez-moi », au supermarché, lorsque vous bousculez quelqu'un involontairement, votre enfant apprendra à imiter votre comportement. La plupart des gens vont réagir par un sourire à ces marques de politesse. Les enfants sont capables de comprendre que le savoir-vivre non seulement rend les relations plus aisées, mais aide à affronter les situations inhabituelles et stressantes. Le savoir-vivre n'offre pas seulement un canevas pour les réactions suscitées par les situations quotidiennes, mais il aide aussi les enfants à se comporter face à l'imprévisible. Un enfant qui se sent à l'aise dans les situations courantes aura plus de facilité à affronter l'inconnu. Lorsque votre enfant se montre à la hauteur des circonstances, ne manquez pas de le reconnaître. En disant quelque chose comme : « Tout le monde t'a admiré d'avoir aidé ce petit garçon lorsqu'il est tombé et s'est ouvert le genou », vous aiderez votre enfant à se sentir content de lui-même.

Lorsqu'un enfant apprend les bonnes manières, la politesse sans pression de la part de ses parents, il est fier de la nouvelle technique qu'il a acquise. Son éducation n'est plus une contrainte artificielle imposée par les adultes, mais un élan spontané. Il la maîtrise, elle est sienne. Et, plus que tout, il se sent sécurisé, car il sait que son savoir-vivre — ainsi que l'aide qu'il lui apporte pour gagner l'estime et l'affection des autres — sera toujours à sa disposition.

La grossièreté

La grossièreté est souvent une réaction délibérée à une trop forte pression dans l'enseignement des bonnes manières. L'enfant sait ce qu'il devrait faire, mais, comme il subit plus de pressions qu'il ne peut en supporter, il réagit avec un comportement et un langage qui vont lui valoir, à coup sûr, une réaction de la part de son entourage.

Si votre enfant en est là, vous pouvez dire : « Bien sûr, je suis déçu. Toi et moi, nous savons que tu peux faire mieux. Tu penses peut-être que j'attends trop de toi. C'est vrai. Mais je veux que les autres te respectent et t'aiment. Je sais que tu es un enfant formidable et je veux que les autres le sachent aussi. Je suis désolé que tu réagisses ainsi, et j'espère que la prochaine fois tu seras plus gentil. » À la première manifestation d'opposition, vous devriez relâcher la pression. L'enfant peut ne pas être capable de comprendre votre message, et ce petit discours peut être gardé pour un autre moment.

Si un enfant est régulièrement grossier, je m'en inquiéterais.

À l'âge de quatre ou cinq ans, il n'y a aucune raison de manifester une insensibilité permanente aux autres. Un tel comportement révèle un conflit intérieur et, s'il persiste, vous devriez avoir recours à une aide psychologique. La grossièreté exclut l'enfant du monde et augmente ses angoisses.

Les gros mots

Les enfants de quatre et cinq ans passent par une période où ils utilisent les mots les plus horribles qu'ils connaissent. Leur habileté à employer le mot le mieux choisi pour offenser un adulte ou un aîné est aussi étrange qu'inquiétante. Il est très excitant pour eux d'observer la réaction qu'ils provoquent. Un public sous la main est ce qu'il peut y avoir de mieux. La conversation cesse. Les parents se regardent l'un l'autre, horrifiés. Ils n'osent pas diriger leur regard vers les grands-parents mortifiés ou les autres adultes de l'entourage qui ricanent. L'enfant sait qu'il a fait sensation. Il se répète jusqu'à ce que quelqu'un ait suffisamment repris ses esprits pour le réprimander. Après quelques bons moments de ce genre, les mots grossiers font partie intégrante de son vocabulaire. Il aura tendance à les tester à chaque occasion.

Jurer ou rechercher les mots « sales » sont des signes d'opposition et de provocation, tout à fait normaux et inévitables chez les enfants de quatre à six ans. Cela ne persistera que si les parents ou d'autres adultes réagissent trop fortement. La meilleure réaction est de ne pas avoir de réaction. Assurez-vous la coopération des autres afin

que personne ne réagisse à ce comportement provocateur. À une autre occasion, vous pouvez parler à l'enfant,
lui dire que vous n'aimez pas cela, et les autres non plus.
Vous comprenez son besoin d'essayer son nouveau
vocabulaire, mais certains mots ne doivent être dits
qu'en privé. Donnez-lui la permission de les utiliser à la
maison. Si vous ne leur prêtez pas une attention excessive, ces expériences devraient cesser.

Si elles se poursuivent, vous devrez peut-être trouver
un moyen pour rappeler votre enfant à l'ordre. Vous pouvez lui en parler avant d'aller quelque part. Décidez avec
lui de ce que vous ferez et de ce qu'il fera si la chose se
produit, et tenez-vous-en à cette décision. Dites-lui que
vous essaierez de l'aider à se dominer. S'il y parvient,
félicitez-le.

Les garçons semblent plus portés sur les mots grossiers
que les filles. Peut-être attendons-nous des filles une
meilleure tenue en société et encourageons-nous inconsciemment les « mauvais » comportements chez les garçons. Ils ont tendance à utiliser des jurons et des mots
grossiers dans le cadre d'un comportement « macho » à
cinq et six ans, et plus tard.

Les parents se demandent avec inquiétude si ce langage va persister — et faire partie de la personnalité de
l'enfant. Oui, si l'enfant en retire une grande satisfaction
personnelle. Mais cela peut aussi être un symptôme
d'insécurité et de malaise chez l'enfant. S'il utilise ces
mots d'une façon inutilement provocatrice, et dans des
endroits inappropriés, j'y verrais un appel à l'aide. Faites
examiner votre enfant pour voir s'il ne souffre pas d'une
dépression latente ou d'un grand manque de sûreté de
lui-même.

Comme nous l'avons dit au début de ce chapitre, les
bonnes manières reflètent les conventions qui sous-ten-
dent notre comportement social ; elles donnent un libre
accès aux gens extérieurs à la famille. Un enfant se
aux sentiments d'autrui, et qui a de « bonnes

trouvera sur son chemin plus de sourires et de nouveaux amis, que de méfiance et de visages fermés lorsqu'il partira à la découverte du monde.

32

La prématurité

La naissance d'un bébé prématuré est un choc. Le travail de la grossesse pour préparer l'accouchement et l'arrivée du bébé est coupé court. Tout comme ses parents, le bébé prématuré doit faire face à une adaptation importante.

Les angoisses des parents

La mère se pose obligatoirement des questions sur sa responsabilité. « Pourquoi n'ai-je pas été capable de porter mon bébé jusqu'à terme ? Y avait-il en moi, ou en lui, un manque important ? Est-ce que j'ai été trop active ? Ai-je fait des erreurs de régime ? Mais qu'est-ce que j'ai fait à ce bébé ? » Forcément, la souffrance s'installe, la mère se fait des reproches, se sent impuissante et même en colère — contre elle-même, mais aussi contre le monde tout entier. Elle a tendance à projeter cette colère contre son mari et ceux qui soignent son bébé. « Pourquoi ne font-ils pas plus pour lui ? » Ces mots dissimulent mal son propre sentiment d'incapacité.

À partir du moment où ils savent que l'enfant va survivre, les parents se demandent tous les deux s'il sera « normal ». Les inévitables comparaisons avec les bébés nés à terme commencent — et peuvent durer toute la vie.

Tous les parents passés par le traumatisme que représente la naissance d'un bébé fragile vont automatiquement le considérer comme un enfant vulnérable au cours des années à venir. Le risque est grand de surprotéger cet enfant et de créer un « syndrome de l'enfant vulnérable ». Ils ont besoin d'être aidés à bien voir les capacités de développement de l'enfant et à ne pas voir que « ce qu'il aurait pu être ». Pour cela, il faut du temps. Lorsque les parents parviennent à concentrer leur attention sur le bébé qu'ils ont, au lieu de penser à celui qu'ils auraient pu avoir, ils peuvent consacrer toute leur énergie à renforcer son potentiel de croissance et de développement.

Si, au contraire, les parents ne cessent de faire des comparaisons avec les bébés de leurs amis, fatalement ils trouveront des insuffisances dans certains domaines. Ils voudront aider leur enfant à les surmonter et surveilleront ses faits et gestes de peur qu'il échoue. Avant même que l'enfant ressente l'envie d'essayer une chose nouvelle, avant même qu'il subisse un premier échec, dont il tirera un surcroît d'énergie pour recommencer, avant que la frustration ne le pousse au succès, ils se précipitent pour l'aider. Chaque victoire sera la leur, et non la sienne. Sa propre image deviendra progressivement celle d'un ex-prématuré incapable et sans défense, un enfant réellement vulnérable.

L'environnement hautement technologique, effrayant, des services de soins intensifs en néonatologie contribue à renforcer l'idée que les parents se font sur la fragilité de leur bébé. Les parents ne commencent à surmonter leur angoisse que lorsqu'ils constatent les forces de leur enfant. Au fil des ans, ceux d'entre nous qui travaillent dans ces services se sont battus pour que les parents participent, et pour que l'environnement des enfants soit moins pénible, qu'il y ait moins de bruit, moins de forte lumière. Les parents concernés peuvent prendre part aux soins du prématuré très tôt. Lorsque les enfants sont très petits, en mauvaise forme, le meilleur moyen de défense est obligatoirement le déni. Dès que l'enfant se rétablit, ce besoin de déni diminue. Quand l'infirmière ou le pédiatre prend le temps de faire participer les parents aux examens, ceux-ci peuvent voir que le bébé s'organise et qu'il manifeste au cours de la période néonatale des comportements semblables à ceux des enfants nés à terme (cf. chapitre 2).

Rétablissement et croissance

Dans l'atmosphère plus tranquille des services modernes de soins intensifs en néonatologie, où les éclairages sont moins forts et les stimuli atténués, le fragile système nerveux du prématuré peut s'organiser plus rapidement et plus efficacement. Le bébé peut apprendre progressivement à se fermer et à s'ouvrir au monde qui l'entoure. Un prématuré qui n'est pas surchargé de stimuli passe par les six états de conscience observés chez tous les nouveau-nés. Il apprend lentement à faire attention aux stimuli positifs, tout en se remettant du choc de sa naissance avant terme.

Tous les enfants stressés ont tendance à être hypersensibles (cf. chapitres 2 et 26). Plus le stimulus l'attire (voix et visage humains, par exemple), plus l'enfant réagit exagérément. Comme nous l'avons dit plus haut, si l'on veut communiquer à un tel enfant une information utilisable pour se découvrir et découvrir le monde, chaque stimulus doit être atténué en intensité, en rythme et en durée. Un bébé prématuré ou stressé ne peut s'épanouir et réagir qu'à une modalité à la fois — que ce soit une sensation tactile, visuelle ou auditive, ou que ce soit le fait d'être pris dans les bras — et à condition que cette modalité soit adaptée très attentivement aux réactions du bébé. S'il se met à respirer vite et fort, si la couleur de sa peau change, il dit vraiment : « J'en ai assez. »

Le sommeil profond peut représenter un système de défense chez les prématurés. L'agitation et les pleurs peuvent être une façon de se fermer au monde extérieur, bien que cela représente pour le bébé une grande dépense d'énergie. L'état alerte est essentiel à l'apprentissage, mais il peut aussi être trop difficile à supporter par l'enfant. Les personnes qui s'occupent de lui doivent respecter ce seuil de tolérance bas. Dans leur interaction avec lui, elles doivent être attentives aux moindres signes d'épuisement.

Le comportement moteur du bébé peut également être un signal d'épuisement ; ses mouvements deviennent alors mous ou saccadés, ils changent de qualité ou d'intensité. Ces changements font partie du langage utilisé par le prématuré pour communiquer.

Dès que l'enfant récupère, il lui sera de plus en plus possible d'accepter que ses parents le touchent, lui parlent ou le regardent dans les yeux. Lorsqu'il arrive à accepter tous ces stimuli en même temps, il montre qu'il a déjà bien récupéré.

Les parents sont encouragés à venir tous les jours, à participer aux soins du bébé en le nourrissant, en le changeant, en le caressant. Peu à peu, ils surmontent leur peur, bien naturelle, de s'en occuper. En voyant les signes de guérison, ils se rendent mieux compte de ses forces et de ses capacités à progresser. De petits détails, comme les minuscules bonnets tricotés utilisés dans certains services, l'inscription du nom, les photographies accrochées sur les côtés de l'incubateur, les jouets apportés par les parents, contribuent à personnaliser ce tout petit être humain et aident les parents à le considérer comme un véritable enfant.

Nous avons appris beaucoup de choses au cours des dernières années. Même les enfants présentant des anomalies peuvent bénéficier des nouvelles techniques d'intervention précoce. Nous avons des preuves de plus en plus nombreuses que le système nerveux du prématuré est résistant. Les voies de transmission du système nerveux chez les bébés immatures sont ce que nous appelons « redondantes », en grande abondance. En d'autres termes, même si certaines zones ont été endommagées, d'autres peuvent être entraînées à prendre le relais, à condition qu'un traitement soit entrepris assez tôt. Bien sûr, nous ne pouvons pas aider un bébé à régénérer des cellules nerveuses abîmées. Mais, de même qu'un bébé aveugle apprend à utiliser son toucher et son ouïe avec une sensibilité accrue, de même il existe aujourd'hui les moyens pour aider un nouveau-né à compenser un handicap neurologique. Ces techniques doivent être commencées le plus tôt possible. Pour cette raison, tous les prématurés devraient faire l'objet d'un bilan avant leur départ de l'hôpital. On pourrait ainsi savoir s'ils ont besoin ou non d'un traitement précoce. Les parents ont le droit de savoir comment communiquer avec un enfant prématuré, et comment l'aider à se développer à partir de ses propres forces. Un bébé à risque peut, en grandissant, apprendre ou à échouer ou à réussir. Si nous commençons tôt, nous pouvons faire en sorte qu'il réussisse du mieux possible.

Le prématuré a tendance à se développer à un rythme plus lent, parce qu'il a du mal à organiser son système nerveux tellement fragile. Si les parents s'attendent à ce retard, leur angoisse sera moins grande. On peut estimer l'âge prévisible de développement en déduisant de son âge réel le nombre des mois de prématurité ainsi que les semaines ou mois passés en soins intensifs. On a eu la preuve, grâce aux examens électro-encéphalographiques, que, lorsqu'un enfant est gravement malade ou qu'il se trouve sous assistance d'appareils de soins intensifs — comme un appareil respiratoire — son cerveau arrête de se développer. Toute son énergie est utilisée pour sa guérison physique. Dès qu'il va bien, son cerveau commence à progresser et à « rattraper » le temps perdu. Si les parents sont avertis du délai à prévoir dans le développement de leur enfant, ils éviteront peut-être l'angoisse de se demander quand il finira par rejoindre ceux de son âge. Ils pourront mieux l'aider au stade où il en est de son développement, puis mesurer ses progrès véritables.

Alors que la majorité des prématurés acquièrent en grandissant les capacités normales, il faut bien constater que la probabilité de difficultés d'apprentissage, de troubles de l'attention ou d'hyper-activité est plus grande chez eux que chez les enfants nés à terme. Il faut être attentif à l'apparition de ces troubles. Les parents qui suspectent quelque chose devraient prendre l'avis d'une personne qualifiée. Si on leur explique les difficultés devant lesquelles se trouve le bébé, ils pourront l'aider à surmonter le défi qui se présente à lui. Comme nous l'avons dit, les enfants peuvent apprendre à compenser leurs retards. L'identification précoce de ces difficultés permet à l'enfant de progresser en direction de son propre potentiel, et évite que ne s'installent des schémas de frustration (cf. chapitres 18 et 26).

33

Le moment d'entrer à l'école

Plusieurs questions doivent être prises en considération lorsqu'on envisage de mettre un enfant à l'école maternelle. Est-ce le bon établissement ? L'enfant est-il prêt ? Est-il capable d'être séparé de la maison ? D'apprendre à ce niveau ? De s'entendre avec d'autres enfants ? Certains comportements vont-ils poser un problème ?

Toutes ces questions se posent avant l'entrée à l'école maternelle et se reposeront au moment du cours préparatoire. Bien que l'adaptation à l'école maternelle et aux classes suivantes soit déterminante pour l'aptitude de l'enfant à affronter les difficultés ultérieures, les mêmes problèmes ont tendance à apparaître à chaque transition.

Si vous avez le choix entre plusieurs écoles, visitez-les toutes. Recherchez un équilibre entre les apprentissages cognitif et social. Si l'on accorde trop d'importance aux acquisitions cognitives, c'est peut-être que le besoin de l'enfant de se développer en tant qu'être social n'est pas pris en compte. L'organisation matérielle, l'adaptation à chaque enfant des rythmes d'activités, d'enseignement et de repos, donnent une idée de la philosophie de chaque école. Observez les enfants très actifs ou ceux qui sont très calmes pour voir comment on les aide à s'intégrer. Et, surtout, voyez si l'institutrice est patiente, chaleureuse, si elle encourage l'individualité de chacun. Sera-t-elle capable d'aimer votre enfant ? Votre propre réaction devant l'institutrice sera la façon la plus efficace de le prévoir. Sa personnalité peut être plus importante que ses capacités d'enseignante pour communiquer à votre enfant une bonne image de lui-même à ce moment critique de transition. Je proposerais aux parents de prendre davantage en considération l'état de développement émotionnel de leur enfant que son potentiel cognitif. Un enfant intelligent apprendra toujours s'il se sent « bien dans sa peau ».

Être prêt

De nos jours, les parents sont souvent persuadés que leur enfant doit se préparer tôt à la compétition et gagner dès le début. Rares sont ceux qui savent s'empêcher d'enseigner eux-mêmes à leur enfant les techniques dont il aura besoin à l'école — lecture, écriture et arithmétique. Si l'on pousse trop tôt l'enfant à travailler, on le prive injustement, à mon avis, de la possibilité d'explorer son univers par lui-même, de jouer et d'apprendre par l'expérimentation. L'échec, suivi de frustration ou d'ennui, peut aider l'enfant dans son désir d'apprendre au moment où l'occasion se présente. L'âge auquel un enfant commence à acquérir des connaissances scolaires n'est pas le point principal. Trop de talents « précoces » s'éteignent complètement par la suite. Le plus important est le désir d'apprendre, et la façon dont l'enfant conçoit ce désir. Il doit ressentir qu'il contrôle lui-même son apprentissage.

L'école exige beaucoup d'un enfant : il doit être capable de concentration et d'attention. Il doit posséder l'énergie physique, la patience de rester assis pendant de longues périodes, et la capacité de s'adapter aux rythmes d'activité et de repos que pratique cette école. Il doit être capable de comprendre, de mémoriser, de suivre des directives comportant deux ou trois propositions associées, d'exécuter les tâches demandées ; il faut qu'il sache être responsable de ses effets personnels et de ses vêtements.

Les capacités motrices fines, comme le découpage, le dessin et l'écriture, exigent une maturité neurologique et émotionnelle considérable. Il serait faux de penser que tous les enfants sont prêts au même âge. Certains « tardifs » ont besoin d'être reconnus tels qu'ils sont et leur rythme de développement doit être respecté. La façon dont l'enfant se sent accepté à ce moment-là peut déterminer l'image qu'il se fera de lui-même dans le futur. Accorder à l'enfant qui en a besoin une année supplémentaire pour mûrir est plus judicieux que tout faire pour qu'il arrive à l'école primaire le jour de ses six ans. L'objectif est de donner à l'enfant le désir d'apprendre. Trop d'enfants sont poussés, parce que leur intelligence le permet, sans que l'on porte suffisamment d'attention à leur maturité.

L'entrée à l'école maternelle, à l'école primaire ou dans tout jardin d'enfants, peut être retardée pour les raisons suivantes :

• Schémas familiaux de développement lent, enfants qui se révèlent tardivement ;

• Prématurité ou problèmes physiques au début de la vie ;

• Retard dans le développement physique, petite taille ;

• Immaturité dans le développement moteur, maladresse, faibles capacités motrices (difficultés à attraper ou à envoyer une balle, à dessiner ou à découper) ;

• Tendance à la distraction, périodes d'attention brèves ;

• Difficultés de coordination main droite/main gauche, ou main/œil — l'enfant a du mal à reproduire un cercle ou un carré ;

• Retard dans le développement social, difficultés à attendre son tour, à partager ou à jouer. Si l'enfant est évité par ses camarades, c'est un problème à prendre au sérieux.

Chacune de ces raisons suffit pour envisager de laisser l'enfant mûrir encore un an avant qu'il n'entre à l'école primaire, ou de le laisser un an de plus à l'école maternelle. Cependant, si un de ces retards ou une de ces difficultés continuait à se mettre en travers des progrès de l'enfant, prévoyez un examen sérieux — neurologique et psychologique — pour identifier le problème de base. Bien qu'il y ait des chances pour que l'enfant arrive à surmonter ses difficultés, il est important de comprendre les raisons de son retard, et de connaître ses atouts. Il existe de nombreux programmes destinés aux enfants atteints de troubles de l'attention, de retards moteurs et de difficultés d'apprentissage (cf. chapitre 18). Trouvez celui qui convient aux difficultés de votre enfant, assurez-vous qu'il est intéressant et non pas fait pour le pousser à « grandir », à « être gentil » ou à « faire attention ».

Ces programmes peuvent avoir un aspect punitif, ils n'arriveront pas à entraîner l'enfant efficacement vers la réussite. Trouvez un programme qui aide l'enfant à avoir confiance en lui, et qui vous aide vous-mêmes à mieux comprendre votre enfant.

Comment préparer l'enfant

Que les parents soient prêts à se séparer de l'enfant est presque aussi important pour son adaptation à l'école que le fait pour l'enfant d'être prêt lui-même. Tous les parents s'inquiètent : « Que vont-ils penser de lui ? Est-ce qu'ils vont remarquer combien il est intelligent et merveilleux, ou est-ce qu'ils ne s'intéresseront qu'à ses difficultés ? L'institutrice sera-t-elle douce et encourageante, ou bien va-t-elle écraser la personnalité de mon enfant ? » Toutes ces inquiétudes révèlent l'angoisse naturelle des parents au moment de la séparation et de l'inévitable compétition entre parents et enseignants. Les parents voient l'entrée à l'école (ou, éventuellement plus tôt, à la crèche) comme le début de la fin de leur intimité avec leur enfant. « Bientôt, il sera adolescent ! Et, sans qu'on s'en aperçoive, il aura quitté la maison. » Les parents doivent surmonter leurs propres problèmes face à la séparation avant d'aider l'enfant à affronter les siens.

Préparer un enfant à la séparation et aux exigences de l'école maternelle rendra les choses tout à fait différentes. Racontez-lui tout ce que vous savez sur ce qui va arriver. Emmenez-le à l'école pour qu'il rencontre son institutrice et qu'il voie sa classe. Faites en sorte qu'il connaisse à l'avance un ou deux autres enfants. Si nécessaire, gagnez leurs bonnes grâces avant la rentrée en les emmenant tous au musée ou au jardin zoologique (cf. chapitre 45). Peut-être vous arrangerez-vous avec une autre mère pour conduire vos enfants ensemble le premier jour. Permettez à votre enfant de choisir un objet particulier, provenant de la maison, qu'il gardera avec lui. Lorsque vous arriverez à l'école, présentez-le à sa maîtresse, à quelques autres enfants, montrez-lui où mettre ses affaires et où se trouve l'aire de jeux. Montrez que vous avez confiance dans l'institutrice en disant par exemple : « Je vois que vous avez prévu une journée très intéressante. Nous sommes ravis que Georgia puisse entrer dans votre classe. »

Annoncez à votre enfant que vous allez partir. C'est très important. Embrassez-le et ne traînez pas. Dites-lui quand vous reviendrez, et *soyez à l'heure* ! Une fois que vous lui avez dit au revoir, partez sans vous retourner. Après coup, vous pourrez féliciter votre enfant pour la façon dont il s'est comporté. Il a accompli un grand pas ! Écoutez le récit de sa journée. Même s'il existe un système de ramassage scolaire, essayez d'accompagner vous-mêmes votre enfant à l'école les premiers jours, jusqu'à ce qu'il se sente à la hauteur.

Beaucoup d'enfants donnent l'impression de bien s'adapter au début, puis ils manifestent des signes de régression à la maison. Des difficultés, qui semblaient maîtrisées depuis longtemps, peuvent resurgir dans certains domaines : sommeil, repas. Des colères violentes peuvent éclater. Pour moi, ces régressions sont une preuve de l'énergie que l'enfant doit déployer pour s'adapter. Lorsqu'un enfant se trouve face à une nouvelle situation, il a tendance à régresser temporairement, comme s'il rassemblait son énergie pour les choses les plus importantes. En régressant, il peut revenir à un stade de développement antérieur, obtenir le soutien dont il a besoin de la part de ses parents et se réorganiser. La régression effraie souvent les parents, mais ils n'ont pas à s'inquiéter, sauf, bien sûr, si elle dure trop longtemps. L'apprentissage qui a lieu au cours de cette période de réorganisation vaut bien le retour de quelques vieux symptômes. L'enfant vient de surmonter ses terreurs nocturnes, il va recommencer à voir des monstres. Il vient d'arrêter de se ronger les ongles, il risque de s'y remettre. Le rôle des parents consiste à l'aider à comprendre les raisons de ces symptômes, et les effets que produisent sur lui-même ses efforts pour répondre aux exigences scolaires. Lorsque les choses s'améliorent, dites-lui combien vous êtes fier de lui.

Certains enfants se plaignent le matin d'avoir mal au ventre ou à la tête, au moment de partir pour l'école (cf. chapitre 40). Ils supplient, pour obtenir la permission de rester à la maison. Si ces problèmes persistent ou si les épisodes de régression se multiplient, c'est que l'enfant ressent peut-être une trop grande pression. La première chose à faire est d'aller parler à l'institutrice. Essayez de savoir s'il y a des tensions en classe que vous pourriez atténuer. Est-ce que l'enfant s'entend bien avec ses camarades ? Est-ce qu'il apprend ? Montre-t-il, par certains signes, qu'il ne se sent pas à la hauteur ?

Ne vous braquez pas contre l'institutrice. Même si votre enfant se plaint qu'elle est trop sévère, qu'« elle est méchante avec moi », vous n'arrangerez rien en acquiesçant. Dites-lui que vous et l'institutrice trouverez bien ensemble le moyen de lui rendre la vie plus facile en classe.

Parlez à l'enfant des difficultés qu'il rencontre. Expliquez-lui que vous comprenez ce qui se passe et que vous allez essayer de l'aider. Dites-lui que rester à la maison ne servirait à rien et que vous attendez de lui qu'il continue d'aller à l'école. Affirmez-lui que tous les enfants traversent des périodes semblables au moment d'entrer dans une nouvelle école qui peut leur faire peur. Cela ne signifie pas que l'enfant est méchant ou paresseux, mais qu'il affronte une vie nouvelle et exigeante et qu'il doit abandonner la sécurité du foyer. Si vous pensez qu'il a peur de quitter la maison, essayez de comprendre pourquoi. Demandez-lui : « Est-ce que tu as peur qu'il ne m'arrive quelque chose ? Il ne m'arrivera rien, parce que je ne le veux pas. » « Tu te demandes si je vais jouer

avec ton petit frère (ou ta petite sœur) et t'oublier ? Je
ne le pourrais jamais. Je suis tellement fière de ma
grande fille. Je pense à toi tout le temps, mais je *veux*
que tu deviennes vraiment grande et que tu apprennes à
quitter la maison. Ton frère devra aussi le faire plus tard,
et tu pourras l'aider. »

Les difficultés de l'enfant à partir tous les matins pourraient être liées à son état physique : il serait bon de vous
assurer qu'il n'est ni anémié ni affaibli. Beaucoup
d'enfants, à cet âge, se réveillent en état d'hypoglycémie.
Cette baisse de sucre peut provoquer des maux de tête
ou de ventre. L'angoisse a pour effet d'aggraver l'hypoglycémie. Je recommande aux parents de poser un verre
de boisson gazeuse sucrée ou de jus d'orange sur la table
de nuit de l'enfant. Il doit le boire dès son réveil, avant
même de sortir du lit. S'il se sent mieux, il mangera de
meilleur appétit au petit déjeuner et sera ainsi mieux
armé pour supporter le stress de la séparation et de
l'école.

La période d'adaptation à la vie scolaire peut être agitée. Les parents craignent que, si leur enfant se tient mal
en classe, l'institutrice n'en déduise qu'il est difficile. Ils
risquent de le harceler à la maison pour « faire bien attention et être sage à l'école ». Cela ne donnera aucun résultat. Rappelez-vous plutôt que chaque enfant s'adapte à
son propre rythme. Essayez de faire de votre maison une
oasis accueillante, chaleureuse et sécurisante. Laissez
l'enfant se défouler pour se débarrasser de toute la pression scolaire. Ne le poussez pas à réussir dans tous les
domaines à la fois, laissez-le respirer. Encouragez-le
dans son estime de soi : c'est à la maison qu'il en trouvera les bases.

L'entrée à l'école maternelle est pour l'enfant la première et la plus importante occasion de s'adapter au
monde extérieur. Il va être capable d'apprendre à participer à un groupe, à déchiffrer les signaux sociaux, à se
conformer aux attentes et aux règles des adultes, à décou-

vrir les mœurs des enfants de son âge, à trouver sa propre façon de se faire des amis et de les garder. La révélation des talents et les succès scolaires viendront en leur temps. Ce que l'enfant apprend sur la façon de se comporter dans un groupe, de faire face à de nouvelles situations, lui servira pour toujours (cf. aussi chapitre 35).

34

L'estime de soi

La joie de maîtriser une chose précise se voit chez les jeunes bébés lorsqu'ils roulent sur eux-mêmes, qu'ils saisissent un biscuit ou empilent des cubes. Ces expériences finiront par créer chez l'enfant l'estime de soi. Si un parent encourage un bébé qui vient d'apprendre tout seul à faire quelque chose, il agit sur la future image que l'enfant aura de lui, la renforce. Lorsque l'enfant triomphe après de nombreux efforts, ses yeux s'éclairent. L'attente, l'espérance des parents et leurs expériences passées influenceront leur attitude à l'égard de leur enfant, c'est-à-dire leur capacité à le laisser expérimenter son environnement, à souffrir de frustration, et enfin à réussir par lui-même. Sans cette combinaison de liberté et d'encouragement, l'enfant risque d'adopter une attitude de complaisance passive ou d'échec.

Favoriser le développement d'une image de soi positive

Comment pouvez-vous, en tant que parents, procurer à la fois liberté et soutien au bébé ? Que pouvez-vous

faire pour favoriser la constitution d'une image de soi
positive chez votre enfant ? Se montrer chaleureux, plein
d'amour constitue l'indispensable première étape. Mais
vous devez transmettre des façons de penser aussi bien
que des manières de résoudre les problèmes. Tout cela
est généralement capté par le bébé au moment où il
s'identifie à ses parents. En plus de l'identification, il y
a l'image que l'enfant se fait de lui-même. Prenez, par
exemple, un bébé qui s'amuse avec un jeu de patience.
Installez-vous en retrait et observez-le essayant de placer
les pièces, les tournant dans un sens puis dans l'autre.
Soudain, il jette tout, frustré, en colère. Lorsqu'il les
reprend pour un autre essai, il les met à la bouche et
regarde le puzzle comme un adversaire. Puis il tente sa
chance. Il place le morceau sur la table. Il le tourne et il
y réussit ! Il regarde autour de lui d'un air triomphant.
Là, à vous de jouer. Dites doucement : « Tu y es arrivé
— tout seul ! » Ainsi, vous renforcerez chez lui la prise
de conscience de sa propre réussite. Si vous étiez inter-
venu plus tôt — pour lui montrer ce qu'il devait faire,
pour encourager ses efforts —, vous auriez réduit son
triomphe de moitié. Il a persisté *de sa propre initiative*,
et il a réussi *tout seul*. C'est très difficile pour les parents
de rester en retrait, de laisser à l'enfant le temps
d'échouer avant de réussir. Mais c'est en triomphant des
difficultés que l'enfant apprécie véritablement sa réussite. La frustration constitue une puissante motivation
d'apprentissage — sur soi-même — tant qu'elle ne submerge pas l'enfant.

Comment les parents peuvent-ils trouver le juste
milieu entre ce qui peut être une frustration stimulante
et un échec insurmontable ? Il faut observer l'enfant, voir
s'il fait preuve de curiosité, de persévérance, s'il manifeste qu'il a la capacité de résoudre un problème, ou si,
au contraire, il paraît vaincu et passif. Un excès d'encouragements tout comme un excès de pression détruisent
la motivation venue de l'enfant lui-même.

Équilibrer compliments et critiques

La pression exercée sur des petits enfants pour qu'ils apprennent à lire, écrire, accomplir des tâches qui ne sont pas adaptées à leur âge et à leur stade de développement est un danger si les parents étouffent le sentiment que l'enfant a de sa propre compétence. Il peut tout à fait apprendre à lire, écrire ou jouer d'un instrument à un âge étonnamment jeune. Il recueille des compliments de toutes les personnes devant lesquelles il fait la démonstration de son talent. Mais la précocité a un prix. L'enfant agit parce qu'il est motivé par le désir de plaire aux autres, plutôt que par une curiosité personnelle. Échouer, dans ses jeux et dans l'exploration des moyens de parvenir à la réussite, est nécessaire pour qu'un enfant se découvre lui-même. S'il n'apprend que pour faire plaisir, il ne peut éprouver le même sentiment d'avoir réussi pour ses raisons à lui.

Une certaine dose de réactions positives, comme des éloges et un peu de flatterie, renforce la conscience que l'enfant a de sa réussite. Trop d'éloges et de flatteries risquent de submerger ce sentiment et peuvent transformer les encouragements en pression exercée sur lui. Les critiques poussent l'enfant à la passivité plutôt qu'elles ne suscitent son énergie pour résoudre les problèmes. Comment saurez-vous quand critiquer et quand féliciter ? Une fois encore, observez l'enfant. S'il devient irritable, il est probablement soumis à une pression excessive. S'il n'est pas sûr de lui, il lui faut sans doute des encouragements constructifs et moins de critiques.

Un nombre croissant d'études démontrent à quel point les enfants s'identifient à nos schémas de comportement. Si nous sommes facilement critiques, l'enfant apprend à être critique et considère cette attitude comme acceptable et normale. Si nous sommes trop autoritaires, il peut perdre toute curiosité, toute créativité et devenir passif, comme pour cacher des sentiments d'incapacité. Si, au contraire, nous n'attendons pas grand-chose, ni de nous-mêmes ni d'un enfant, celui-ci peut perdre son enthousiasme initial pour l'apprentissage et l'exploration.

Bien que nous ne puissions pas changer complètement notre façon d'être et envisager les choses uniquement pour influencer nos enfants dans le bon sens, nous pouvons apprendre à encourager les initiatives d'un enfant et à développer son estime de soi. Dans chaque nouvelle tâche, encouragez-le, mais ne lui mâchez pas la besogne et ne le poussez pas exagérément. Félicitez-le avec gentillesse lorsqu'il réussit. Laissez-le expérimenter différentes façons de faire la même chose, et laissez-le échouer jusqu'à ce qu'il découvre celle qui marche. S'il est « dans le pétrin » ou s'il se lance dans une voie sans issue, ne vous précipitez pas pour l'aider. Laissez-le découvrir dans quelle situation il s'est mis et félicitez-le dès qu'il recommence ses essais. Permettez-lui d'expérimenter toutes les nouveautés à sa façon, maladroite et exploratrice. Laissez-le emmêler ses lacets, renverser son lait (ne lui en donnez pas beaucoup à la fois !), écraser sa banane, renverser sa pile de cubes ou casser son crayon. Tout cela, bien entendu, dans les limites de la sécurité et du respect des autres. Mais n'oubliez jamais, je le répète, le pouvoir énorme de la frustration pour redonner à un petit enfant l'énergie nécessaire à la maîtrise d'une tâche ainsi que le sentiment d'être compétent.

Voici un bref aperçu des nombreuses occasions de renforcer chez le bébé l'estime de soi à travers le jeu, les repas et les rencontres avec d'autres enfants.

LES DÉBUTS DU JEU

1-4 mois. Penchez-vous sur le bébé pour le faire sourire et gazouiller. Il sourit, vous souriez. Ensuite, attendez son prochain sourire ou gazouillis. Dès qu'il en fait un, imitez-le, *doucement*. S'il se répète plusieurs fois de suite, observez son visage pour voir s'il a conscience de ses comportements. N'en faites pas trop, ne le surchargez pas.

4-6 mois. En vous penchant, faites quelques vocalises à voix douce. Attendez qu'il essaie de vous imiter. À ce moment, montrez par votre expression que vous avez conscience de ce qu'il vient de faire.

6-8 mois. Le jeu « coucou-le-voilà » vous fournit le moyen de l'amener à vous imiter. Suivez son comportement, ne le dirigez pas.

8-10 mois. Utilisez un morceau de tissu pour jouer à « coucou-le-voilà ». Posez-le sur son visage et laissez-lui l'initiative de la suite.

LES REPAS

5-8 mois. Laissez-le tenir une cuiller ou un gobelet lorsque vous lui donnez à manger.

8 mois. Laissez-le commencer à se nourrir tout seul en prenant quelques aliments en morceaux avec les doigts. Ne vous inquiétez pas s'il les fait tomber.

10-12 mois. Laissez-le vous imiter pour quelques gorgées avec la cuiller ou le gobelet. Laissez-le choisir sa nourriture à manger avec les doigts, en ne lui présentant que quelques morceaux à la fois.

12 mois. Laissez-le continuer à manger avec les doigts, à tenir son biberon et à vous imiter en buvant à la tasse.

16 mois. Laissez-le utiliser une fourchette et s'en servir pour écraser sa nourriture. Laissez-le décider s'il veut manger ou non, mais ne lui proposez pas d'autres plats pour essayer de le contenter.

LES AUTRES ENFANTS

1-2 ans. Donnez-lui l'occasion de jouer à côté d'autres enfants (jeu parallèle). Ne le laissez pas faire avant qu'il n'y soit prêt, mais encouragez-le à rester dans un groupe de jeu sans vous. Ne vous mêlez pas au jeu des enfants. Même les incidents (morsures, griffures, cheveux tirés) peuvent avoir une valeur pédagogique à condition que vous ne vous en mêliez pas. Cependant, ne laissez pas un enfant trop souvent avec un compagnon particulièrement agressif ou trop passif. Il n'apprendra pas autant que dans une relation plus égale. Ne le forcez pas à partager ses jouets. Laissez les autres le lui apprendre.

3-5 ans. Encouragez votre enfant à jouer sans vous, avec ses frères et sœurs ou ses amis. Restez à l'écart des incidents possibles. Récompensez-le de ses succès dans ses relations avec ses compagnons de jeu. Encouragez-le à inviter régulièrement un ou deux amis pour qu'il fasse bien connaissance avec eux. Ces rencontres lui donneront l'impression de savoir se comporter avec les autres et lui apprendront à partager et à respecter les sentiments d'autrui.

35

La séparation

La crèche

« Rien ne m'a jamais coûté plus que de laisser mon bébé aux soins de quelqu'un d'autre. Lorsque je me retourne, et que je le vois dans les bras d'une autre femme, je peux à peine le supporter. C'est comme si j'abandonnais une partie de moi-même. Je ne crois pas que je pourrai le faire encore longtemps. »

Cette mère exprime ce que tant de femmes ressentent lorsqu'elles déposent leur bébé à la crèche pour retourner au travail. La façon dont elle décrit ses sentiments montre clairement que la douleur de la séparation est *la sienne*. Si l'on s'occupe bien d'eux, les bébés s'adaptent plus rapidement que leurs parents.

Les parents souffrent tous les deux de laisser leur petit enfant aux soins d'une autre personne. L'attachement qui les a envahis au cours des premiers mois de la vie du bébé est très fort. L'intensité des sentiments maternants qu'ils éprouvent pousse les jeunes parents à dire : « Je n'ai jamais connu un tel amour. » Apprendre à s'occuper d'un bébé est l'expérience la plus passionnante et l'entreprise la plus exigeante qu'un jeune adulte puisse connaître. L'attachement au nouveau-né est, à la fois, gratifiant et douloureux.

Sous tout attachement intense se cache en effet une crainte profonde de la perte. Lorsque les parents se donnent entièrement à ces sentiments d'affection, le revers de la médaille va fatalement apparaître. « Et si je le perdais, si nous étions séparés ? Est-ce que ce serait aussi dur pour lui que pour moi ? Et si je le "partage" avec quelqu'un d'autre, est-ce que cet autre ne va pas l'aimer plus que moi ? » Si les parents confient leur bébé aux soins d'une autre personne, ils se sentent seuls, coupables, impuissants et même furieux : « Pourquoi dois-je faire cela ? » Certaines défenses, en réaction contre l'intensité de ces sentiments, sont courantes :

1. *Le déni*. Vous niez l'importance de la séparation, pour vous et pour l'enfant.

2. *La projection*. Vous attribuez à la personne qui garde votre enfant le beau rôle, et vous vous attribuez le mauvais, ou vice versa ; vous éprouvez, à la fois, de l'admiration et du ressentiment à l'égard de l'« autre » et vous la soupçonnez de faire courir des dangers à votre bébé.

3. *Le détachement*. Vous essayez d'atténuer la force de vos sentiments pour adoucir la peine de laisser votre bébé.

Les mères et les pères ont tendance à éprouver de telles réactions après avoir vécu des débuts passionnés avec leurs enfants. Ces réactions sont, la plupart du temps, inconscientes, mais elles exigent de l'énergie et peuvent mener à la dépression.

Je pousse les parents à analyser ces sentiments et à les laisser s'exprimer. S'ils prennent conscience de l'angoisse causée par la séparation, c'est une libération qui leur permet d'affronter leur réaction et de la dominer. Au contraire, s'ils enfouissent en eux ces sentiments, ceux-ci peuvent devenir démoralisants et destructeurs. Leur travail peut en souffrir, et la vie à la maison peut devenir plus tendue si les deux parents essayent d'étouffer leurs sentiments, leurs impressions. Séparations et retrouvailles avec le bébé deviennent des événements très lourds à vivre. « Pourquoi se détourne-t-il toujours lorsque je viens le chercher ? Est-il fâché avec moi ? Avons-nous perdu notre intimité ? Est-ce que je compromets son avenir ? »

Exprimer ces sentiments normaux, universels, permet de les désamorcer. Réussir à comprendre la douleur de la séparation et les défenses que l'on construit pour y résister peut permettre de trouver des façons de surmonter ces difficultés, sans pour autant porter atteinte à l'intensité de la relation avec l'enfant. Lorsque des femmes qui travaillent me disent combien elles se sentent coupables de devoir laisser leur bébé, je les rassure. La culpabilité est une force puissante et motivante. Elle pousse les gens à trouver des solutions pour que la séparation se passe au mieux. Les enfants peuvent avoir beaucoup d'amour autour d'eux, mais ils ont besoin de savoir que leurs parents sont là pour eux seuls à la fin de chaque journée.

De son côté, le bébé va apprendre à sa manière à s'adapter aux soins de quelqu'un d'autre. Ses protestations, au moment où vous le laissez, sont nécessaires et saines. Mais il va ensuite se tourner vers l'autre personne. Il est important pour lui de nouer une relation d'affection avec elle (cf. chapitres 6 à 9). En compagnie de certains collègues, j'ai observé des bébés dans une crèche pour voir comment ils apprenaient à vivre la séparation. Ils paraissent réduire l'intensité de leurs interactions pendant la journée, comme je l'ai décrit au chapitre 6. Ils ne jouent pas d'aussi bon cœur qu'ils le feraient avec leurs parents. Ils font de petites siestes, mais ne s'endorment pas profondément. Ils gardent toutes les réactions fortes pour les retrouvailles en fin de journée. Dès que les parents apparaissent, les bébés se détournent souvent de façon délibérée, comme pour surmonter l'intensité de leurs sentiments au moment de ces retrouvailles si attendues avec cette personne si importante. Ensuite, ils « explosent ». Les protestations, les sentiments intenses de toute la journée ont été gardés à l'intention de l'être en qui ils ont vraiment confiance. Pas étonnant que les puéricultrices déclarent : « Il ne me fait jamais cela. » Les parents doivent se rendre compte que ce sont ces réactions intenses qui rendent les retrouvailles tellement passionnées.

Lorsque vous comprenez que la douleur de la séparation est, avant tout, le problème des parents, vous devenez capable d'apprendre à la surmonter. Une partie de la réussite dépend de votre aptitude à opérer un cloisonnement. Comme nous l'avons vu, c'est une chose que le bébé sait faire. Vous le pouvez donc vous aussi. Lorsque vous aurez trouvé la meilleure crèche possible, que vous vous serez assuré que votre enfant est en sécurité, sous la responsabilité de quelqu'un qui l'aime bien et le soigne bien, vous aurez alors à faire confiance à cette personne. C'est difficile, car un sentiment naturel de jalousie vous envahira à chaque séparation et à chaque retrouvaille.

Ces quelques suggestions peuvent vous être d'une grande utilité :

— Levez-vous assez tôt pour avoir le temps de câliner votre bébé et de jouer tranquillement avec lui avant de partir pour la crèche.

— Laissez-le refuser la nourriture. Laissez-le vous résister lorsque vous l'habillez. Quelques moments d'opposition lui donneront l'impression de contrôler sa journée. À la crèche, il n'ose peut-être pas exprimer son négativisme.

— Dès qu'il sera assez grand, prenez l'habitude de lui parler de votre départ, mais en ajoutant toujours : « Je vais revenir. » Cela autant pour vous que pour lui. Vous vous préparez, et vous et lui, à la séparation.

— À la crèche, mettez au point avec la puéricultrice un rituel de séparation. Enlevez vous-même le manteau de votre enfant, embrassez-le, confiez-le à la puéricultrice et dites : « Au revoir, je reviens cet après-midi. Madame Simpson va beaucoup t'aimer pendant mon absence. » Et partez. Ne prolongez pas les adieux. Cela ne fait que rendre les choses plus difficiles. Attendez-vous à ce que l'enfant proteste. En partant, vous lui donnez l'occasion de protester, mais aussi de s'intéresser aux activités du jour. Les enfants sont très « élastiques », s'adaptent très bien, dans un environnement qui les respecte et leur apporte de l'affection.

L'école maternelle

Si l'on se place du point de vue de l'enfant, une première séparation n'est jamais facile, quel que soit son âge. Mais, dès qu'ils grandissent, les enfants ont besoin d'amis, ainsi que de possibilités de jeux que vous-même, leur parent, ne pouvez plus continuer à leur offrir, comme je l'ai mentionné au chapitre 13. Même si l'enfant appartient à une famille nombreuse, il a besoin d'amis de son âge. Dans toute situation ayant un rapport avec une vie sociale, il y a de nombreuses occasions d'apprendre à se connaître soi-même. Le chagrin de la séparation sera donc atténué si lui et *vous* avez conscience qu'il a vraiment besoin de se séparer de vous. L'envie de se trouver avec d'autres enfants, l'attrait des jeux, des activités de groupe lui permettent de surmonter sa peine en quittant la sécurité douillette de la maison. Là encore, il y a des moyens pour faciliter la transition.

— Préparez-vous d'abord vous-mêmes, pour être capable de faire face à ses sentiments à lui.

— Parlez-lui de la séparation, mais aussi de l'aspect passionnant de pouvoir jouer avec les autres enfants.

— Faites-lui connaître au moins un autre enfant de l'école maternelle ou du groupe de jeu. Invitez-les ensemble quelque part.

— Faites-le rencontrer l'institutrice à l'avance, et montrez-lui que vous appréciez cette personne. Restez un peu avec lui la première semaine — jusqu'à ce qu'il se soit adapté.

— Donnez-lui le droit de régresser — habillez-le le matin, ne le pressez pas pendant les repas.

— Permettez-lui d'emporter un « jouet fétiche » ou tout autre objet qui lui rappelle la maison — éventuellement une photo de vous.

— Lorsque vous arrivez à l'école, enlevez-lui son manteau. Voyez si l'institutrice lui a bien dit bonjour.

— Embrassez-le et assurez-vous qu'il peut trouver du réconfort auprès de quelqu'un d'autre — enfant ou adulte.

— Rappelez-lui à quel moment vous allez revenir.

— Partez — sans vous attarder.

— Lorsque vous venez le chercher, embrassez-le, et permettez-lui d'« exploser », d'éclater de rage contre vous. Tenez-le contre vous jusqu'à ce qu'il soit calmé. Dites alors : « À présent, nous pouvons retourner à la maison et être à nouveau une famille. Tu m'as manqué et je sais que je t'ai manqué. Mais nous serons toujours l'un avec l'autre en fin de journée. »

Il arrive souvent qu'un enfant réagisse à retardement. Vous serez probablement surpris qu'il soit à nouveau dépendant. Bien après l'adaptation initiale, vous le verrez régresser, protester, s'accrocher à vous, refuser à nouveau de quitter la maison. D'autres symptômes peuvent réapparaître alors : ne plus être propre, pleurer davantage, sucer son pouce ; l'enfant peut avoir plus besoin de son biberon ou de son jouet favori, ou retrouver les problèmes de sommeil, les terreurs nocturnes et les cauchemars. Tout cela prouve qu'il a du mal à supporter ses nouvelles expériences et les sentiments qu'elles provoquent en lui. Considérez cette régression comme normale. Assurez-le que bientôt il pourra redevenir comme avant, dès qu'il aura la situation bien en main. Entre-temps, aidez-le.

Au moment où survient cette réaction à retardement, vous aurez peut-être besoin de reprendre, point par point, tous les gestes de préparation à la séparation. Parlez-en avec l'institutrice et demandez-lui si vous pourriez rester à nouveau un peu pendant quelques jours, pour améliorer les choses. Parlez-en à l'enfant pour qu'il comprenne lui aussi.

Votre conjoint et vous devriez vous organiser pour consacrer un moment à votre enfant chaque jour, et lui réserver un certain temps chaque week-end. Pendant ces moments, chacun de vous restera seul avec l'enfant — ce peut être le rituel du coucher, ou tout autre moment choisi. Posez-lui des questions sur sa vie à l'école. Ce moment privilégié lui permettra de s'identifier plus intensément avec chacun de vous. Au cours du week-end, vous devriez lui réserver au moins une heure de tête à tête chacun. Pendant cette heure, faites ce qu'il veut, lui. Faites-en une occasion pour vous rapprocher de lui. Toute la semaine, parlez-en comme de « notre moment commun ».

Chaque année, les premiers jours d'école seront difficiles. La rigidité et les exigences du système scolaire imposent à l'enfant des limites étroites. Chaque nouvelle année scolaire constitue un rite de passage, rappelle à l'enfant qu'il grandit et qu'il doit devenir indépendant. La chose la plus difficile dans ces moments est de quitter la maison et d'abandonner les vieilles habitudes. Si l'enfant laisse chez lui des frères et sœurs plus jeunes, il se demande : « Que vont-ils faire pendant que je suis parti ? » « Est-ce que je vais manquer à mes parents ? » Quitter la maison peut faire faire un pas très exaltant en direction du monde, mais cela apporte aussi un sentiment de perte ; un sentiment doux-amer, qui porte en lui toute la chaude sécurité du foyer que l'enfant abandonne pour découvrir le monde (cf. aussi chapitre 33).

Les déménagements

Perdre ses amis et son quartier représente, à coup sûr, une grande déception pour un enfant. Si vous devez déménager, préparez-le bien à l'avance. Une fois installés, procurez-lui sans tarder l'occasion de se faire un nouvel ami dans son nouveau quartier. Mais il ne doit pas s'attendre à devoir renoncer aux anciens. Je ferais une petite fête de départ, juste avant de quitter l'endroit. Et, si c'est possible, dès que vous avez déménagé, emmenez-le revoir ses anciens amis et son ancienne maison. Même si cela représentait un véritable voyage, je le ferais. Si les anciens amis n'habitent pas trop loin, essayez de les inviter au moins une ou deux fois. Il ne faudra pas longtemps pour que les nouveaux amis prennent le relais. Trouvez-en un ou deux qui vous semblent faits pour s'entendre avec votre enfant. Emmenez-les quelque part ensemble une fois par semaine, jusqu'à ce qu'ils se connaissent bien. Un enfant nouvellement arrivé ne peut s'intégrer dans un groupe déjà constitué que s'il y est introduit par un autre enfant. Encouragez votre enfant à parler de son ancien quartier et des anciens

amis. Sortez des photographies de ces derniers pour qu'il
s'en souvienne. Téléphonez-leur. Écrivez-leur pendant
un certain temps. La perte de relations d'amitié peut être
douloureuse pour un enfant. Mais ce moment peut aussi
lui faire découvrir combien l'amitié est importante (cf.
aussi chapitre 45).

36

La rivalité entre frères et sœurs

Une certaine rivalité est normale et inévitable. Les
enfants se découvrent entre eux et se découvrent eux-
mêmes à travers cette rivalité. En même temps, ils
apprennent à être attentifs les uns aux autres. Malgré
cela, les parents sont presque toujours incapables de rester en dehors des disputes. Pourquoi ? Le célèbre psy-
chanalyste Erik Erikson m'a expliqué qu'aucun parent
ne se sent vraiment capable d'élever plus d'un enfant.
Lorsque les enfants se disputent, une culpabilité inconsciente pousse les parents à vouloir protéger l'un ou
l'autre. Rapidement, la situation se transforme en triangle. La rivalité des enfants est alors attisée par le désir
d'y impliquer les parents.

Accepter la rivalité

Les parents commencent à penser qu'ils seront incapables d'aimer deux enfants lorsque la mère est enceinte
pour la deuxième fois. Quand, à mon cabinet, une mère
annonce avec fierté sa nouvelle grossesse, je sens parfois
cette inquiétude. Je demande : « Comment votre aîné

ressent-il cela ? » La mère rougit alors et prend un air un peu triste. Certaines se mettent à pleurer. Il leur est difficile d'imaginer introduire un envahisseur dans l'histoire d'amour qui s'est créée avec le premier enfant. La rivalité des enfants est alimentée par ces sentiments-là. Tout d'abord, l'aîné va diriger sa colère contre ses parents, pour abandon. Puis, lorsque le bébé commence à se déplacer et à s'attaquer à ses jouets, il pourra trouver les moyens de « torturer » le bébé afin d'impliquer l'un des parents dans sa rivalité. Il arrivera à ses fins, d'une façon ou d'une autre. Tandis que le bébé devient de plus en plus irrésistible pour les personnes de l'extérieur (la plupart des cadets apprennent très tôt à conquérir un public au détriment du premier enfant), l'aîné montre un visage de plus en plus abattu. Il peut alors grimper sur les genoux d'un de ses parents et rester là, le pouce dans la bouche, à regarder les visiteurs jouer gaiement avec le charmant bébé.

Apprendre à vivre avec les autres dans le cadre de la famille est une des plus importantes occasions d'apprentissage que l'on puisse avoir. Apprendre à partager n'est pas souvent enseigné de nos jours. En tant que parents, nous faisons probablement trop d'efforts pour éviter aux enfants ce sentiment de rivalité. L'idéal est de leur apprendre à se sentir responsables de leurs frères et sœurs ainsi que du bien-être de toute la famille. Le sens de la responsabilité envers les autres est sans doute ce que vous pouvez enseigner de plus important. Et cela vient en découvrant le partage avec un frère ou une sœur.

Voici quelques suggestions, si vous avez plus d'un jeune enfant. Demandez à l'aîné de faire certaines choses, appropriées à son âge, pour le bébé : lui donner à manger, aller chercher ses couches, le prendre dans les bras et l'apaiser lorsqu'il est en colère. Laissez-le choisir les vêtements du bébé, vous aider lors des séances d'habillage en se couchant à côté du bébé, en lui parlant pendant que vous mettez les vêtements. Laissez-le tenir le bébé pendant une partie des repas, et aider à pousser le landau ou la poussette.

Lorsque vous les sortez tous les deux ensemble, avertissez l'aîné : « Presque tout le monde aime les petits bébés. Cela ne veut pas dire qu'ils ne t'aiment pas. Si tu te sens triste, délaissé et jaloux, tu viens t'asseoir à côté de moi. » Puis prenez-le dans vos bras tandis que tout le monde s'extasie autour du bébé.

Si vous restez toute la journée à la maison avec les enfants, vous aurez un certain nombre de soucis particuliers. Comment peut-on s'adapter à deux personnalités différentes et à deux âges différents ? Le plus difficile, pour une mère au foyer, c'est peut-être cela : passer toute la journée avec des êtres différents par l'âge et le caractère. De plus, si vous restez à la maison, vous voudriez que cela soit un avantage pour les enfants, puisque c'est la raison de votre présence. Les manifestations de rivalité vous donnent l'impression que vous ne leur apportez pas ce que vous voudriez. Si les enfants se disputent pour votre affection, comme c'est inévitable, vous avez l'impression d'être complètement perdante en tout.

Si vous travaillez au-dehors, vous devrez organiser votre retour au foyer chaque jour. Attendez-vous que les enfants se déchaînent au moment où vous franchissez la porte, et qu'ils se mettent en situation d'intense rivalité. Calmement, mais fermement, prenez chacun à part pour lui faire raconter sa journée. C'est après que vous pouvez vous mettre aux tâches ménagères du soir. Et veillez à ce que chacun des enfants vous aide. Laissez-les choisir la tâche qu'ils veulent effectuer, et félicitez-les de leur choix. Arrangez-vous pour avoir un peu de temps à leur consacrer, individuellement, en fin de journée.

Chacun des parents devrait s'organiser pour passer un moment *seul* avec chaque enfant pendant le week-end. Parlez-en pendant la semaine, rappelez-lui « notre moment à nous deux ». Mais tenez vos engagements, faites en sorte que ce soit un événement vraiment particulier. C'est l'occasion de vous rapprocher de chaque enfant en tant qu'individu.

Valoriser l'individualité

Les parents se demandent souvent comment traiter chaque enfant équitablement. La réponse est simple : c'est impossible. Chaque enfant a une personnalité différente et doit être abordé de façon différente. Cependant, vous trouverez peut-être qu'il est épuisant de changer de registre pour chacun. Vous améliorerez nettement la situation en leur parlant ouvertement, mais sans parti pris, de leurs différences. Par exemple, vous pourriez dire à l'un : « Tu as besoin que je parle doucement. » Et à l'autre : « Tu m'obliges toujours à crier. » De telles réflexions les aideront à réfléchir sur eux-mêmes.

Lorsqu'ils vous mettent à la torture en répétant : « Tu es toujours plus gentille avec lui », vous pouvez dire : « Vous êtes tous les deux différents, ce qui est formidable. Il faut bien que je vous traite différemment. Quand je te parle fort, c'est pour que tu m'écoutes, mais je te parle avec autant d'affection qu'à ton frère, même si ma voix est plus forte. » Si vous ne vous sentez pas coupable d'éprouver des sentiments différents pour chaque enfant, ceux-ci n'en seront pas affectés. Les enfants de famille nombreuse, ou ceux qui ont été élevés avec d'autres enfants, semblent pouvoir respecter plus facilement les différences de chacun.

Les enfants qui bénéficient du soutien de leurs parents, même si c'est de façon différente, ont beaucoup de chance. Si vous appréciez le caractère de chacun de vos enfants, si vous reconnaissez ses atouts et si vous lui en faites prendre conscience, alors vos enfants auront bénéficié de votre soutien. Lorsque vous dites explicitement à un enfant quels sont ses atouts, il parvient à les comprendre et à les apprécier. Même si vous, à partir de votre propre expérience, vous éprouvez quelque préférence pour certains traits de caractère, vous ne devez pas transmettre à l'enfant un jugement négatif sur d'autres aspects de sa personnalité.

Une fois que les parents cessent de se sentir coupables d'injustice envers l'un ou l'autre de leurs enfants, ils ont moins de mal à rester en dehors des disputes. Aussi longtemps que vous êtes impliqués, il s'installe une situation de triangle qui permet à chaque enfant de vous manipuler. Les enfants n'ont alors aucune possibilité de résoudre leur problème entre eux. Ne vous mêlez pas de leurs disputes, dites-leur : « Tu sais, je n'ai aucune idée de qui a raison et de qui a tort. Il va falloir que vous trouviez cela tout seuls. » Et puis quittez la pièce. Vous découvrirez qu'il y aura beaucoup moins de disputes si vous n'êtes pas là pour les favoriser. Je n'ai jamais entendu parler d'enfants de la même famille qui se soient réellement blessés l'un l'autre pendant les moments où leurs parents n'étaient pas présents, ni tout proches d'eux.

Les différences sexuelles

Bien que beaucoup de parents fassent ces différences, ils ne veulent pas imposer des stéréotypes aux garçons ou aux filles. Effectivement, ces différences sont complexes.

Malgré le désir des parents modernes de traiter de la même façon filles et garçons, l'enfant appartenant au sexe opposé exercera un attrait particulier. Vous ne pourrez faire autrement que de traiter les enfants différemment justement à cause de leur appartenance sexuelle. Évitez de dévaloriser l'un ou l'autre. Tout comme chaque petite fille a besoin d'un père admiratif, chaque garçon a besoin d'une mère qui soit persuadée qu'il est le plus merveilleux garçon du monde.

« *Rapporter* » *et se chamailler*

Lorsqu'un enfant « rapporte », ce qui arrivera, surtout ne le récompensez pas. Dites-lui qu'il serait sûrement très contrarié si quelqu'un lui faisait la même chose et que vous refusez d'être impliqué dans ce genre d'affaires. Étant donné que les parents veulent être au courant des activités des enfants pour des raisons de sécurité, il est difficile de rester tout à fait en dehors des disputes et de ne pas réagir à chaque cri. Soyez attentifs à tout bruit inhabituel (ou à un silence inquiétant), mais essayez, autant que possible, de laisser les enfants jouer entre eux.

Si frères et sœurs passent leur temps à se chamailler, résistez à l'envie de prendre parti. Si nécessaire, séparez-les pour une « pause », chacun de son côté pendant un moment. Envisagez d'inviter un ami pour chacun d'eux. Un compagnon de jeux du même âge peut énormément les aider. Récompensez l'enfant qui a eu un comportement positif à l'égard de son frère ou de sa sœur. Ne vous en mêlez pas lorsque le comportement est négatif. Votre participation constitue une motivation puissante pour prolonger la rivalité.

Âge et ordre de naissance

L'âge de l'enfant, sa place dans la famille vont aussi obligatoirement influencer la façon dont on le traite. L'aîné sera toujours un enfant un peu différent pour ses parents. Cela représente, d'ailleurs, une faveur ambivalente. S'il subit toutes les pressions possibles, et pâtit peut-être de certaines erreurs dues à l'inexpérience de ses parents, il bénéficie aussi d'une relation particulière. Il se voit souvent confier certaines responsabilités, garde des plus jeunes, soins au bébé, tâches ménagères. Ce sont des responsabilités qui font naître en lui un sentiment de compétence, un sentiment d'importance vis-à-vis de ses parents qui durera jusqu'à l'âge adulte.

Le cadet peut se plaindre de ce que personne ne l'aime, de ce qu'il est toujours le « deuxième », etc., surtout s'il y a un autre enfant derrière lui. Si les parents peuvent éviter de se sentir coupables, l'enfant ne tirera pas de satisfactions de ses protestations et finira par comprendre qu'il n'est pas défavorisé. La plupart des cadets acquièrent le goût de la compétition et compensent le fait d'avoir été le deuxième en réussissant à égaler le premier.

Les enfants suivants se sentiront encore plus mal placés sur l'échelle des préférences. L'avantage est qu'ils auront beaucoup de « parents ». Ils apprendront énormément de choses de leurs aînés. Les parents ne devraient pas se sentir coupables de ne pouvoir donner assez aux plus jeunes. Dans une famille étroitement unie, les troisième et quatrième enfants ont vraiment une grande variété de mentors.

Si le dernier enfant est traité en bébé, il aura tendance à en profiter ; essayez pourtant de lui demander autant qu'aux autres car s'il bénéficie de trop d'indulgence, s'il occupe une place à part dans la famille, il risque de se faire une idée dévalorisée de lui-même et d'agir en enfant « gâté ». Dans la mesure du possible, vous seriez avisés de lui montrer qu'apprendre à partager et à participer aux choses, équitablement, est dans son intérêt.

Si les disputes continuent bien que vos enfants aient grandi, et que vous vous sentiez exaspéré, vous pouvez essayer de les réunir à un moment tranquille. Demandez-leur de vous conseiller sur ce qu'il faut faire. Devez-vous intervenir ou devez-vous les laisser régler leurs problèmes ? De cette façon, vous leur donnez le sentiment qu'ils sont responsables de leur propre comportement.

Laissés entre eux, les enfants apprendront à se respecter et à s'aimer. La victoire ultime sur les rivalités enfantines se produira lorsqu'ils commenceront à se comporter en « copains ». Je me rappelle le jour où j'ai entendu nos enfants comploter ensemble contre nous, leurs parents. Cela m'avait semblé un grand progrès ! Lorsque les chamailleries cessent pour faire place à une coalition contre les « ogres », frères et sœurs sont sur la bonne voie.

37

Les problèmes de sommeil

Lorsque, en désespoir de cause, certains parents m'appellent pour me demander comment faire dormir leur enfant la nuit, je connais à l'avance l'histoire qu'ils vont me raconter. Au moment où ils se décident à me demander mon avis, ils ont déjà un long passé d'agitation nocturne : ce sont des parents qui ont l'habitude d'être réveillés par des cris vers 2 ou 3 heures du matin, de se traîner jusqu'au lit de l'enfant, et puis de bercer, de chanter, de cajoler pour essayer de rendormir celui-ci. Ils disent aussi que, lorsqu'ils arrivent dans la chambre de l'enfant, celui-ci prend un air engageant, charmant, plein de séduction ; il a eu un bon moment de sommeil et il est prêt pour plusieurs heures de jeu. Lorsque son charme devient inopérant face au désespoir de ses parents, il recommence à se plaindre, à geindre comme s'il avait vraiment mal quelque part. Ou alors il fixe ceux qui lui font face avec un regard accusateur, comme pour dire : « Vous voyez combien j'ai envie que vous restiez ? Alors, comment pouvez-vous me laisser ? » Quel que soit le moyen employé pour transmettre son message, l'enfant signifie clairement que ce dont il a besoin n'a pas été perçu jusque-là, et ses lamentations finissent par avoir raison de toutes les barrières que ses parents endormis pourraient essayer de dresser pour se protéger.

Les parents me disent qu'ils ont « tout essayé ». Ils ont même essayé de laisser l'enfant « crier jusqu'à ce qu'il n'en puisse plus », mais qu'ils ont abandonné cette tactique après quelques nuits où les pleurs s'étaient prolongés pendant une ou deux heures sans aucun signe d'éventuel relâchement. Ils ont essayé de donner à l'enfant un biberon, de mettre une veilleuse, sans aucun résultat. La seule chose qui fonctionne, me disent-ils, est de le prendre dans leur lit. L'enfant s'installe pour jouer pendant une heure ou deux, et pendant ce temps-là, au moins, eux peuvent dormir.

Cependant, étant donné qu'un tabou inexprimé interdit, dans notre culture, de mettre un enfant dans le lit de ses parents, beaucoup de mères et de pères font tous les efforts possibles pour ne pas céder. Ils ont découvert qu'aller près de l'enfant avant que n'éclate une vraie crise leur évite de passer de longs moments à l'apaiser ensuite. Ils me disent souvent qu'ils vont le voir toutes les deux heures après 2 heures du matin, pour le calmer, lui donner du lait, le bercer un moment et le maintenir dans sa chambre. Ils arrivent à planifier leur intervention avec une telle efficacité qu'il leur suffit de ne rester que trente minutes toutes les deux heures, alors que, s'ils attendent l'agitation et les pleurs, leur intervention ne dure pas moins d'une heure !

Que se passe-t-il ? Pourquoi tous les enfants n'ont-ils pas ces exigences ? Pourquoi, dans une même famille, arrive-t-il que tous les enfants apprennent à faire leur nuit, sauf un ? Est-ce un signe d'insécurité de la part de l'enfant, est-ce une façon de dire aux parents qu'il n'a pas eu suffisamment d'amour ou d'attention pendant la journée ? Pourquoi certains enfants, qui s'endorment à 18 heures, continuent-ils à se réveiller et à exiger la présence de leurs parents vers 22 heures et à nouveau à 2 et 6 heures du matin ?

Pour comprendre les mécanismes du sommeil

Ainsi que je l'ai décrit plus haut, chaque petit enfant a des cycles caractéristiques de sommeil léger et de sommeil profond. Ces cycles sont déjà ancrés à la naissance ; ils se sont formés au cours de la vie utérine en synchronisation avec les cycles diurnes de la mère. Ils sont souvent différents des cycles maternels, puisque le fœtus dort pendant que sa mère est active et s'éveille lorsqu'elle se couche. Sa période d'activité à elle entraîne celle du bébé dans la période suivante. Ainsi, le nouveau-né possède déjà un rythme d'éveil et de sommeil. Après la naissance, l'environnement pousse le bébé à rester de plus en plus longtemps éveillé au cours de la journée, et à avoir des cycles de sommeil de plus en plus longs pendant la nuit.

Vers quatre mois, ou même plus tôt, comme nous l'avons vu au chapitre 6, les périodes s'organisent en un schéma — habituellement un cycle qui dure trois ou quatre heures. Au milieu de ce cycle, il y a une heure, une heure et demie de sommeil profond pendant lequel le bébé bouge très peu et ne se réveille que difficilement, quelle que soit la stimulation. Durant une heure, avant et après, c'est un état plus léger, où l'enfant rêve et manifeste une activité intermittente. Et, à la fin de chaque cycle de quatre heures, le bébé passe à un état semialerte, très proche de la conscience, où il est facile de le réveiller. À ces moments, chaque bébé manifeste son propre schéma d'activité — en suçant ses doigts, en criant, en se balançant ou encore en se tapant la tête en rythme. Les enfants plus âgés peuvent se déplacer dans leur lit, s'exercer aux acquisitions récentes comme la station debout ou la marche. Ils peuvent aussi s'agiter ou se parler à eux-mêmes.

Tous ces comportements paraissent avoir pour but de défouler l'énergie accumulée au cours des activités de la journée, et d'aider l'enfant à repasser au prochain cycle de sommeil. Si les intervalles de demi-conscience sont traversés par l'enfant seul, sans aide, les cycles de sommeil se stabilisent et l'enfant les prolonge peu à peu jusqu'à rester endormi pendant huit ou même douze heures d'affilée.

Les recherches ont montré que la prolongation de ces cycles dépend d'une sorte de conditionnement. Si l'enfant se trouve dans un environnement qui renforce chaque période alerte avec une réaction ou une tétée, il ne pourra pas prolonger le cycle en se rendormant tout seul. Mais, s'il n'y a pas de réaction, il devra bien trouver ses propres schémas pour défouler son besoin d'activité et se réconforter, et passer ainsi au cycle suivant.

Au cours de la première année, comme nous l'avons vu dans les chapitres précédents, certains moments où le bébé a tendance à se réveiller la nuit sont prévisibles, même s'il ne le faisait pas avant. Entre huit et neuf mois, et de nouveau à un an, l'enfant fait des progrès rapides dans le domaine de la conscience cognitive (face aux étrangers, aux situations nouvelles, aux endroits inconnus et aux changements des habitudes quotidiennes), qui coïncident avec un élan du développement moteur (reptation, station assise vers huit mois ; station debout, marche et escalade entre douze et quatorze mois). Cette activité accrue s'accompagne d'une capacité nouvelle : s'éloigner de la base sécurisante que représentent la mère et le père. L'excitation et les craintes entraînées par cette possibilité toute neuve peuvent avoir pour effet d'interrompre temporairement les schémas de sommeil de l'enfant.

Selon certaines recherches sur le schéma de sommeil normal chez les bébés, 70 pour cent d'enfants américains dorment huit heures par nuit à trois mois, et 83 pour cent à six mois ; à un an, ils ne sont que 10 pour cent à ne pas faire leurs nuits.

Un concours de circonstances peut expliquer que la plupart des enfants dorment toute la nuit : l'attitude des parents la nuit, l'absence d'autre stimulation et le propre besoin de l'enfant de prolonger une partie de son cycle de vingt-quatre heures.

Les schémas de réveil la nuit

Environ 17 pour cent des bébés ne dorment donc pas toute la nuit vers six mois, et 10 pour cent ne le font pas à un an. De nouveau, on peut invoquer un concours de circonstances. La prématurité, des problèmes de succion peuvent jouer un rôle. Il peut aussi y avoir des facteurs provenant des parents, comme un refus inconscient d'encourager l'indépendance de l'enfant et de le laisser trouver sa façon à lui de se rendormir. Ces parents ont souvent vécu des problèmes au cours de leur enfance qui les ont rendus vulnérables à la séparation la nuit. Une mère peut avoir gardé le souvenir qu'un de ses parents ou les deux l'ont abandonnée petite fille. Un père peut se souvenir de terreurs nocturnes pendant lesquelles personne ne venait près de lui. Certaines mères, certains pères, absents toute la journée pour des raisons professionnelles, ont besoin du contact de leur bébé la nuit. Les parents seuls qui souffrent d'avoir à affronter les problèmes d'éducation quotidiens, sans l'aide d'un conjoint, refusent parfois de renoncer aux tétées ou aux biberons de la nuit.

Les questions d'autonomie et d'indépendance sont ainsi à la racine des problèmes de sommeil. Bien que beaucoup d'impératifs sociaux nous poussent à ressentir de la culpabilité si nous gardons le bébé trop longtemps près de nous, si nous ne mettons pas une certaine distance entre lui et nous, la plupart des parents ne sont pas prêts à laisser un enfant de cinq ou six mois, qui crie la nuit, trouver tout seul ses schémas de consolation. Il est naturel de désirer s'accrocher à lui et le sentir accroché à nous. La plupart des parents ont très envie d'avoir le contact chaud et merveilleux d'un bébé dormant tout près d'eux. Tout cela rend la chose bien difficile à ceux dont les bébés n'apprennent pas spontanément à faire leurs nuits. Ces parents auront peut-être besoin des conseils que je propose à la fin de ce chapitre.

Les problèmes de sommeil semblent toucher plus particulièrement les bébés appartenant à trois types de tempérament différents. D'abord, ceux qui sont très actifs, très énergiques, tellement excités d'apprendre quelque chose de nouveau qu'ils sont littéralement incapables de s'arrêter au moment où ils découvrent une nouvelle occupation. La nuit, la frustration de n'avoir pu accomplir ce qu'ils avaient en tête — habituellement une tâche motrice — semble leur communiquer la même énergie que celle qui les fait avancer le jour. Par exemple, tout juste avant de faire ses premiers pas, lorsque l'enfant passe à l'état de semi-conscience, il peut se mettre à quatre pattes pour se balancer, ou encore secouer sans fin les barreaux de son lit — pour ensuite se réveiller. Le réveil nocturne est une part normale du moment intense, qui marque chaque nouvelle étape du développement.

Ce schéma disparaîtra vraisemblablement dès que l'enfant aura appris à marcher, à condition que les parents n'interviennent pas pour le pousser à maîtriser son sommeil nocturne. En effet, l'enfant peut être tout aussi frustré par d'autres tentatives et d'autres étapes vers un progrès au cours de la deuxième, de la troisième année, et des suivantes. Si son sommeil est devenu une façon de se défouler la première année, il peut très bien continuer ensuite à remplir cet objectif.

Si les parents se précipitent pour réconforter leur enfant, ils doivent se rendre compte qu'ils vont prolonger la situation. Les cycles de sommeil léger sont fréquents au cours de la nuit, et se limitent d'eux-mêmes *tant que* l'enfant parvient à se calmer seul et à passer lui-même en sommeil profond. Mais, s'il est stimulé par la présence de ses parents ou s'il utilise leur présence pour se réveiller complètement et commencer à jouer, il risque, en effet, de prendre la nuit pour le jour, instaurant facilement une sorte de cercle vicieux. L'enfant s'éveille à moitié ; les parents deviennent tendus en essayant de le calmer, ils ne peuvent éviter de rajouter leur stimulation à la sienne, et ainsi ils le réveillent tout à fait ; l'enfant sent les sentiments hostiles de ses parents et reste éveillé pour les provoquer, ou jouer, ou encore pour essayer de retrouver le chemin de leur affection.

Un autre groupe de bébés susceptibles de se réveiller la nuit et de réclamer du réconfort entre dans la catégorie des « consommateurs à faible énergie motrice » durant le jour. Ce sont des enfants tranquilles, alertes, observateurs, qui absorbent toutes les informations, y pensent longuement et ne déploient généralement pas beaucoup d'activité. Comme ils ne se dépensent pas énormément au cours de la journée, ils ne sont pas assez fatigués pour dormir profondément la nuit. Leur sensibilité les tient à moitié éveillés et, lorsque surviennent les cycles de sommeil léger, ces enfants passent facilement à un état de veille complète. S'ils crient ou s'agitent dans chacun de ces cycles, ils peuvent attirer leurs parents dans leur chambre. Tant que tous, parents et enfants, profitent de cette sorte d'intimité, la situation peut leur convenir. Mais, dès que les premières manifestations d'indépendance apparaissent, dans la deuxième année, ce sera le moment de pousser les enfants à devenir plus autonomes la nuit.

La troisième catégorie de bébés ayant des difficultés à passer régulièrement au cycle de sommeil profond est constituée par les enfants sensibles, facilement perturbés. Leur sensibilité aux situations nouvelles ou particulières en fait des bébés plutôt « accrochés » à leurs parents, et ceux-ci peuvent y contribuer inconsciemment. Chaque fois que ce genre d'enfant se trouve dans une situation nouvelle, exigeant de lui des efforts — comme une nouvelle étape du développement, ou un événement social un peu difficile —, il aura une tendance à régresser, aussi bien pendant le jour que la nuit. Comme ses parents désirent l'aider, ils peuvent le protéger de toute situation nouvelle ou difficile. Ils ont tendance à se hâter de le réconforter s'il se sent dépassé, souvent avant même qu'il n'ait eu l'occasion de faire des efforts pour s'adapter.

La nuit, ce schéma de surprotection risque d'affecter le comportement et des parents et de l'enfant. L'enfant exige leur présence et leur réconfort bien après qu'il en a eu besoin, et les parents, eux, ont des difficultés à ne pas céder à ces exigences qui dénotent une réelle sensibilité. Ils peuvent le prendre dans leur lit ou le laisser réclamer — avec succès — quatre ou cinq visites par nuit. Lorsqu'ils succombent à l'épuisement et à la fureur — contre eux-mêmes autant que contre lui —, l'enfant se sent encore plus malheureux, car il est sensible à leur ambivalence, cette ambivalence même qui pousse les parents à satisfaire toutes ses exigences.

L'apprentissage de l'indépendance

Dans la société, la nôtre tout au moins, la capacité de dormir seul dès l'enfance fait partie de ce que l'on attend d'une personne indépendante. Le fait que ce soit juste ou non peut sans nul doute être discuté, mais il n'est pas facile pour un enfant ou un parent de rejeter le consensus général de la société dans laquelle ils vivent sans risquer de porter atteinte à leur estime de soi, ou de se sentir incapables d'assumer leur autonomie.

Lorsque les problèmes de sommeil surviennent, tant les parents que les enfants ont des difficultés à croire que l'enfant peut se débrouiller tout seul. Les parents qui travaillent loin de chez eux pendant la journée sont souvent déchirés entre le désir de coucher l'enfant seul et celui de le garder près d'eux. Lorsque survient un événement un peu stressant, qui déclenche chez l'enfant une période de réveils, le problème de la séparation nocturne se pose à nouveau.

Je conseille aux parents de réfléchir à leurs sentiments à propos de l'indépendance et de l'autonomie *avant même* d'essayer d'établir des habitudes de sommeil chez l'enfant. Il faudra, en effet, que tous les membres du foyer soient vraiment motivés pour parvenir à faire dormir cet enfant d'une traite. Les deux parents doivent s'assurer qu'ils sont prêts à se soutenir l'un l'autre, et être persuadés qu'il s'agit là d'un pas nécessaire et important à faire franchir à l'enfant.

Parmi ma clientèle privée et chez mes patients de l'hôpital, j'ai vu les problèmes qui se posaient pour toute la famille, chaque fois qu'un enfant se réveillait, nuit après nuit, en réclamant. Je savais que ces familles avaient besoin d'aide, et je savais que j'améliorerais leurs relations avec l'enfant si je parvenais à leur procurer le moyen de comprendre les problèmes enfouis. Ce dont je n'étais pas conscient, c'est que certains parents *ne croient pas* nécessaire d'apprendre à un enfant à dormir seul la nuit.

Ces parents pensent que dormir seul est une habitude que notre société a tort d'exiger des petits enfants, et que ce n'est pas *nécessairement* une bonne chose pour eux. Lorsqu'un enfant les réclame la nuit, ces parents pensent qu'il est plus important de rester avec lui que de se conformer aux attentes sociales. Ils déclarent qu'eux et lui apprécient beaucoup de se retrouver en famille la nuit, et que l'enfant, en grandissant, perdra l'habitude d'avoir besoin de ses parents pour dormir, cela sans aucune répercussion psychologique.

J'ai beaucoup appris en écoutant cette opinion. Je suis d'accord sur un point : les problèmes de sommeil peuvent indiquer que l'enfant traverse une période de stress et il ne devrait pas se sentir abandonné à ce moment-là. Je me demande aussi si notre culture n'exige pas trop des petits enfants dans beaucoup de domaines et, en particulier, de leur imposer de dormir tout seuls dans une chambre. Je crois également que les besoins des parents la nuit doivent être pris en considération, aussi bien que leur désir pour l'enfant : qu'il soit indépendant le plus tôt possible.

Lorsqu'ils se demandent si oui ou non ils peuvent garder l'enfant dans leur lit, les parents feraient bien de considérer certains problèmes potentiels. Est-ce que l'enfant sera plus dépendant pendant la journée si ses parents le gardent avec eux la nuit ? Je ne suis pas persuadé que ce soit le cas, mais c'est un risque, et j'insiste pour que les parents y prennent garde. Si l'enfant devient indépendant au cours de la journée, peut-être ne faut-il pas tenir compte de cet argument.

Est-ce que le fait de partager le lit de ses parents au cours de sa petite enfance et de son enfance peut rendre la séparation difficile ultérieurement ? Les connaissances fondées sur les théories psychanalytiques montrent effectivement qu'un enfant se trouvant dans ce cas peut refuser de se séparer de sa mère et de son père, et continuer à s'accrocher à leur lit. En grandissant, en prenant conscience de ses sentiments œdipiens, il risque alors de croire qu'il peut se placer entre eux, et le faire.

Afin de corriger cette tendance, je presse les parents qui désirent continuer à accueillir leur enfant dans leur lit, d'être sûrs de reconnaître qu'il y a là un réconfort pour eux autant que pour lui. Sa présence peut effectivement finir par constituer un obstacle entre eux et, si cela devient le cas, l'enfant souffrira bien plus que nécessaire d'être relégué dans sa propre chambre. Donc, si les parents ne se sentent pas à l'aise, s'ils ne sont pas d'accord sur cette pratique, et si cela doit causer des frictions dans la famille, je suis sûr que cela sera un élément destructeur pour le développement futur de l'enfant. Pour cette raison, je voudrais demander aux parents de parler ouvertement et raisonnablement de cet arrangement à intervalles réguliers. Une bonne entente entre eux est sans doute plus importante pour le développement de l'enfant que l'organisation de son sommeil.

Les parents doivent aussi rechercher d'éventuels signes de tensions chez l'enfant. À un moment, il va montrer qu'il n'a plus besoin du réconfort de ses parents la nuit, et exprimer des désirs d'indépendance. Si l'on peut extrapoler à partir d'autres cultures (par exemple les cultures indienne et mexicaine où il est tout à fait courant de faire dormir les enfants avec les parents), il semblerait que, vers la troisième ou la quatrième année, l'on puisse déceler des signes montrant que l'enfant est prêt à dormir tout seul, même s'il n'en a pas été capable jusque-là. Ce sont probablement les parents qui devront donner le coup de pouce nécessaire — en parlant à l'enfant au moment du coucher, en mettant près de lui un jouet qu'il aime beaucoup, ou une veilleuse, et en l'aidant à effectuer la transition. Je serais inquiet si un enfant plus âgé avait encore besoin de la présence de ses parents la nuit, je craindrais pour sa future image de lui-même. De plus, il risquerait d'avoir encore plus de mal à se séparer au cours des années à venir.

Puisque j'estime que la formation de l'indépendance de pensée et d'action est un objectif essentiel de l'enfance, je conseille vivement aux parents de considérer que le sommeil est un des premiers domaines où s'effectue cet apprentissage. En fin de compte, le fait qu'un enfant dorme seul ou avec ses parents n'est pas le plus important ; ce qui l'est vraiment est de savoir s'il peut apprendre à répondre à ses propres besoins et s'il est capable de se rendormir tout seul lorsqu'il se réveille durant la nuit.

Quelques conseils

Lorsque le problème des réveils nocturnes persiste, les suggestions suivantes peuvent aider un enfant à apprendre à se rendormir seul. Gardez à l'esprit que tout dépend de chaque situation et de chaque enfant. Ces mesures devraient être essayées séparément, et progressivement.

1. Assurez-vous que vous êtes tous deux bien d'accord sur le programme. Si vous, ses parents, ne l'êtes pas, l'enfant sentira votre ambivalence.

2. Examinez la journée de l'enfant. Dort-il trop longtemps et/ou trop tard dans l'après-midi ? Pour les bébés qui ont plus de un an, les siestes devraient commencer tôt (vers 13 heures) et ne durer que une à deux heures au maximum. Si l'enfant a dépassé deux ans, il sera bon de supprimer la sieste. Tout repos ou toute sieste après 15 heures aura pour effet certain de perturber le cycle d'activité et de diminuer le besoin de sommeil profond et continu au cours de la nuit.

3. Assurez-vous que vous avez institué un rituel de coucher détendu et affectueux. Si l'enfant est assez grand, profitez de ce moment pour lui parler de ce que vous allez faire pour l'aider à dormir seul toute la nuit sans se réveiller. Les chahuts et les jeux doivent être suivis d'une période tranquille et apaisante. Raconter une histoire est une merveilleuse habitude. La télévision ne l'est pas.

4. Laissez l'enfant apprendre à s'endormir lorsque vous le couchez le soir. Ne l'endormez pas dans vos bras ou au sein. Gardez-le jusqu'à ce qu'il soit bien calme et puis mettez-le dans son lit, tout en restant assis près de lui pour l'aider à apprendre ses propres techniques d'endormissement. Donnez-lui un jouet ou ses doigts.

Caressez-le doucement. S'il proteste, dites-lui : « Tu peux y arriver tout seul. »

5. Réveillez l'enfant au moment où vous allez vous coucher. À ce moment, vous pouvez reprendre le rituel du coucher — lui parler, le caresser, lui donner un biberon ou une tétée si cela fait partie de vos habitudes. De cette façon, vous aurez bonne conscience et éviterez de rester éveillés à vous demander : « Est-ce qu'il va bien ? Est-ce qu'il a faim ? Est-ce que j'ai fait tout ce qu'il fallait ? »

6. Assurez-vous qu'un objet particulier — couche, peluche, poupée — fait partie de ses habitudes de réconfort. (Mais, comme je l'ai dit précédemment, ne laissez surtout pas un enfant dormir avec un biberon de lait à la bouche ; il risquerait de graves problèmes dentaires.) Mettre plusieurs jouets dans son lit est moins bien qu'en mettre un seul. Le nombre en atténue la valeur et la signification.

7. Attendez-vous que l'enfant bouge beaucoup et crie toutes les trois, quatre heures, à 22 heures, puis à 2 et 6 heures du matin. Comme vous l'avez préparé à votre programme et que vous êtes décidé à mettre celui-ci à exécution, réagissez avec des interventions aussi peu stimulantes que possible. Si vous aviez l'habitude de le sortir de son lit pour le bercer, ne le faites pas ; calmez-le en le caressant, mais laissez-le *couché*. Il ne sera pas content, mais il comprendra. Restez à côté du berceau et dites-lui qu'il est capable d'apprendre à se rendormir, et qu'il doit le faire.

8. Après une certaine période pendant laquelle vous serez allé le trouver à chaque éveil, restez à l'extérieur de sa chambre et parlez-lui. Dites-lui que vous êtes là, que vous vous occupez de lui d'une autre façon, que vous pensez à lui, mais que vous n'allez *pas* venir. Rappelez-lui à ce moment-là qu'il a son jouet. Je suis toujours stupéfait de constater que les enfants peuvent accepter une voix à défaut d'une présence.

9. Finalement, laissez-le recourir à ses propres ressources : attendez au moins quinze minutes avant d'entrer, que ce soit la première fois ou une fois suivante. Agissez alors avec détachement, en reprenant le rituel apaisant décrit ci-dessus et en poussant l'enfant à recourir à son jouet.

Après quarante ans de pédiatrie, je suis persuadé que l'indépendance, bien qu'elle ne soit pas une chose facile à accepter pour les parents, représente un objectif excitant et gratifiant pour les enfants. Lorsqu'il est capable de se prendre en charge tout seul la nuit, l'enfant se constitue une image de lui positive, ce qui lui procure un véritable sentiment de force. Les parents peuvent encourager ce sentiment d'accomplissement en soutenant l'enfant sur le plan émotionnel durant la journée. Dès qu'il est devenu indépendant la nuit, votre enfant mérite toute la confiance et les félicitations chaleureuses que vous pouvez lui apporter.

38

L'écart entre deux enfants

Au cours des visites de routine, à certains stades du développement de l'enfant, je peux m'attendre à une question : « Quel est le moment le plus favorable à une nouvelle grossesse ? » Ces périodes correspondent aux premières manifestations d'indépendance de l'enfant. Après la période initiale d'adaptation au bébé, et une fois passés les premiers mois de nuits blanches et de journées sans horaire, les jeunes parents commencent à vivre dans la plus pure euphorie de l'amour. Chaque fois qu'ils regardent leur bébé de quatre mois, celui-ci leur sourit avec adoration. Une vocalise de leur part provoque un petit soupir d'émotion. Le bébé se tortille dans tous les sens pour essayer de communiquer avec ses parents tout dévoués et omniprésents. Rares sont les moments de la vie qui ont autant de charme que ces minutes de réciproque attention avec un enfant qui communique et s'exprime en gazouillis. Le parent se sent compétent, contrôlant parfaitement son propre monde. Mais il est difficile d'être plongé corps et âme dans un grand amour sans ressentir la crainte latente que tôt ou tard il y aura une fin. Dans notre société calviniste, nous sommes marqués par la conscience de devoir payer un jour ou l'autre pour nos plaisirs.

Envisager un deuxième enfant

Comme sur commande, les mères d'enfant de cinq mois me disent : « Maintenant, il grandit, quand devrais-je me décider à en avoir un autre ? » L'hésitation à renoncer à l'absolu pour leur premier bébé est contenue dans le « devrais-je », qui indique une sorte de devoir ou de pénitence — le prix à payer pour un si délicieux amour. Si l'on regarde le bébé, la question paraît survenir à un moment incongru. Il est rond, doux et plein de fossettes. Allongé sur la table d'examen, il observe avec attention la pièce, une expression sérieuse sur le visage tandis qu'il passe en revue chaque objet nouveau. Il ne se passe pas une minute sans qu'il jette un regard sur sa mère ou son père qui, penchés sur la table près de lui, me parlent. Dès qu'il les regarde, eux le regardent à leur tour, d'un air rassurant. Alors le visage du bébé s'épanouit, ses yeux s'adoucissent, et il leur sourit avec gratitude, gesticulant des bras et des jambes, les remerciant de tout son corps. Et puis il revient à son travail d'information sur tout ce qu'il y a dans cet endroit étrange. Eux reviennent à leur travail de communication avec moi.

Pendant tout ce moment, j'ai été le témoin d'un exemple de la profondeur de leur attachement mutuel. Chacun d'eux a ressenti une bouffée d'affection, et chacun a reconnu au plus profond de lui l'importance de la présence de l'autre. Le bébé a dit avec ses yeux : « Vous êtes mon ancre, ma planche de salut, et je ne peux me permettre d'être dans un endroit aussi étrange et excitant que celui-ci parce que je vous retrouve du regard, parce que je sais que vous êtes là ! » Les parents ont eu l'occasion de sentir la profondeur de leur importance pour ce nouveau petit être. N'est-ce pas stupéfiant qu'en ce moment précis un des parents demande : « Et si nous avions un autre bébé ? Qu'en pensez-vous ? » Ou encore, qu'une mère qui allaite dise : « Quand devrais-je le sevrer ? » Si j'aborde vraiment la question avec les parents, il devient vite apparent qu'ils ne désirent pas encore un autre bébé et que la mère ne veut pas vraiment arrêter d'allaiter. Mais leur question les aide à se garder d'un excès, dans leur amour, dans la façon de s'occuper de cet enfant et à ramener dans les limites de la raison un attachement qui les dépasse.

Comme nous l'avons vu dans le chapitre 6, le bébé de quatre ou cinq mois manifeste ses premières velléités d'indépendance. Il interrompt de plus en plus souvent ses repas — pour regarder autour de lui, pour écouter le bruit d'une porte qui se ferme, pour faire des petits gazouillis à l'intention de sa mère ou pour avoir des sourires lumineux à l'intention de son père. Pour la mère, c'est le signe que le bébé n'a plus autant besoin d'elle. Pour le bébé, ce comportement démontre une prise de conscience des choses et des personnes qui l'entourent. Pour des parents tout occupés de leur enfant, c'est un rappel de ce qui doit arriver, d'un futur où l'enfant va effectivement devenir indépendant d'eux.

Pour les mères qui allaitent, c'est aussi une période de vulnérabilité physique dans le domaine de la conception. J'ai vu bien des cas de deuxième grossesse imprévue démarrer à ce moment, la mère pensant qu'elle était protégée par la lactation, et étant incapable de connaître le moment de son ovulation avant le retour de ses règles. Si la mère ne prend pas de précautions, elle peut mettre en route le deuxième bébé avant d'être préparée à se séparer un peu du premier.

Avoir deux enfants qui n'ont pas plus de quatorze à dix-huit mois d'écart revient à avoir deux jumeaux d'âge un peu différent. On peut certainement les élever avec succès, et même avoir des moments de plaisir, mais cela représente un travail difficile tant qu'ils sont petits. Deux enfants d'âge différent, tous deux hautement dépendants, exigent beaucoup sur le plan physique et émotionnel. Le danger, pour les bébés, est qu'une mère épuisée aura tendance à faire les choses d'une façon globale. Elle pourra ou bien les traiter comme s'ils avaient le même âge, ou pousser le plus âgé des deux à grandir trop vite. En effet, lorsque l'aîné manifeste son opposition en agissant exactement comme le bébé, la mère, contrariée par les exigences auxquelles elle est soumise, le pousse à prendre trop de responsabilités pour son âge.

En envisageant d'avoir un deuxième enfant, les parents devraient essayer de prendre en considération leur niveau d'énergie et de tolérance. Leurs propres raisons de rapprocher ou non les naissances peuvent être les meilleures. Une mère, qui désire constituer rapidement sa famille pour reprendre le travail, risque d'être malheureuse si elle se sent obligée de rester trop longtemps chez elle et de le faire « payer » à ses proches. Les parents qui pensent avoir besoin de temps entre chaque enfant pour assurer leur position financière, peuvent aussi se sentir incapables d'assumer la responsabilité de plus d'un enfant à la fois. Le problème, pour la plupart des parents, est qu'ils ne se rendent pas compte de quel potentiel de résistance et de tolérance ils disposent.

Quelques conseils de planification des naissances

Selon ma propre expérience, il existe quelques lignes directrices qui peuvent aider les jeunes familles qui essayent de programmer les choses intelligemment.

Tout d'abord, prévoyez qu'il vous sera difficile de renoncer aux relations intenses, mutuellement gratifiantes, que vous avez avec votre premier-né. C'est difficile pour le bébé autant que pour les parents. Si vous vous donnez le temps de sentir que vous avez vraiment fait tout votre possible pour lui, les choses deviennent plus faciles. En d'autres mots, si vous avez l'impression que vous vous êtes vraiment consacrés tout entier à votre premier bébé et qu'il a acquis une solide indépendance, il vous sera plus facile de le « partager » avec le suivant. Le nouveau-né va inévitablement exiger du temps et de l'énergie sur le plan émotionnel. Presque inévitablement, la mère va pousser l'aîné à grandir rapidement au moment de la naissance du deuxième. Dans les cultures traditionnelles, on trouve souvent un rituel, associé au servage de l'aîné, lorsque la mère attend un autre enfant. Cette dernière donne ouvertement la responsabilité de l'aîné à un autre membre de la famille — grand-mère, tante ou enfant plus âgé. À travers ce geste symbolique, elle dit : « Maintenant, je dois te tourner le dos pour pouvoir me consacrer au nouveau bébé. » Bien que ce soit souvent effectué d'une façon brusque, j'ai vu de mes yeux l'angoisse que la mère retient au moment où elle renonce à son enfant. Mais, étant donné ses lourdes responsabilités, elle sait qu'elle doit se forcer à « tourner le dos » sous peine de ne pas avoir suffisamment d'énergie pour s'occuper d'un nouveau bébé.

Une autre chose à prendre en considération, en prévoyant un deuxième enfant, est la période de manifestation normale, mais intense, d'indépendance et d'opposition chez le jeune enfant qui commence à marcher. Au début de la deuxième année, un enfant a besoin de temps pour effectuer ses choix. Veut-il vraiment devenir indépendant ? Veut-il dire « non » quand il le répète avec tellement de force, ou voudrait-il en réalité dire « oui » ? Après une colère noire, laquelle le laisse pantelant, qui, hormis ses parents, peut l'aider à déterminer pourquoi il s'est mis dans tous ses états, qui peut l'aider à trouver ses limites, et qui peut lui redonner l'énergie de continuer à chercher les moyens de devenir une personne indépendante ?

Si les parents ne sont pas disponibles et ne comprennent pas que cette lutte pour l'indépendance est passionnante et importante, ils vont — tout comme leur bébé — ressentir du stress et de la frustration tout au long de la deuxième année. Plutôt que de voir dans cette année une période riche d'enseignements et d'expérimentations, ils peuvent perdre le sens de l'humour dont ils auraient grand besoin pour prendre un peu de recul. L'idéal, donc, serait que les parents programment d'avoir leur deuxième enfant après que les perturbations de cette deuxième année se seront en partie calmées.

Les parents qui envisagent d'espacer les naissances de leurs enfants de deux ans et demi à trois ans se demandent si les enfants seront trop éloignés pour devenir amis lorsqu'ils seront un peu plus grands. Mon expérience personnelle m'a donné le sentiment que, si les parents sont satisfaits de la différence d'âge, les enfants n'en seront que plus amis. Si les parents sont stressés d'avoir des enfants d'âges trop rapprochés, ceux-ci passeront le plus clair de leur enfance à se jalouser et à rivaliser. Car, ainsi que nous l'avons vu dans le chapitre 36 sur la rivalité entre frères et sœurs, ces querelles sont dirigées vers les parents. Les enfants sont jaloux, c'est inévitable, et ils résoudront leurs problèmes de compétition tout seuls si les parents ne s'en mêlent pas. Lorsque les parents ont l'impression que peut-être ils ne sont pas équitables, ils s'impliquent et les sentiments de jalousie en sont renforcés. En d'autres termes, il vaudrait mieux ne pas planifier les naissances pour faire plaisir aux enfants, mais pour tenir compte du potentiel d'énergie des parents.

Comment aider votre enfant à s'adapter à un bébé

Vers deux ans, deux ans et demi, la plupart des enfants sont fondamentalement indépendants. La mobilité est acquise, les jeux sont variés et peuvent se dérouler en toute liberté, les enfants devraient avoir pris des habitudes d'autonomie dans le domaine de l'alimentation et du sommeil, et beaucoup d'entre eux commencent à vouloir devenir propres. De plus, vers deux ans, les enfants sont prêts à jouer en groupe avec d'autres enfants du même âge. Ces occasions de jeux en groupe peuvent être pour eux le « clou » de leur semaine. Dans les groupes, ils s'enseignent mutuellement mille choses, ils défoulent leurs tensions et expérimentent leurs comportement d'opposition, ce qui prouve bien à quel point les enfants du même âge sont disponibles les uns pour les autres. Cela signifie que les parents peuvent organiser des séances de jeux régulières avec le concours d'autres parents, ou qu'ils peuvent sans crainte placer leur enfant dans une garderie ou un groupe. Ce sera profitable à la fois à l'enfant et aux parents qui seront alors disponibles pour un nouveau bébé. Espacer les enfants de deux ou trois ans peut donc être tourné à l'avantage de chacun des membres de la famille.

Vers quatre ou cinq ans, l'enfant est prêt à participer aux soins du bébé. Un aîné peut avoir le sentiment que le bébé lui appartient. Il est capable d'apprendre à le nourrir, à le tenir et à le bercer, à le changer, à le consoler et à jouer avec lui. Une fois que l'enfant s'est rendu compte que le bébé n'a pas son âge et ne peut pas participer à ses distractions, comme il l'avait espéré, qu'il a surmonté sa déception, il peut s'associer à ses parents dans le jeu qui consiste à découvrir le nouveau-né, à observer chacun de ses progrès.

Je me rappelle un enfant de cinq ans qui a fait irruption dans mon cabinet en s'exclamant : « Docteur B., vous devriez voir mon bébé marcher ! Il ne tombe plus du tout ! » À ces mots, il se précipita vers son frère de onze mois et lui tendit la main. Celui-ci eut un immense sourire devant cette attention de la part de son héros. Il lui prit la main avec empressement et reconnaissance pour se mettre debout. Presque sans hésitation, fermement accroché au bras de son frère aîné, il traversa la pièce en chancelant. Tout en reculant pour conduire son frère, le plus grand des garçons n'en pouvait plus de joie : « Regardez, regardez donc ! » En contemplant ce charmant exemple d'un aîné qui non seulement apprenait à un bébé à marcher, mais encore lui transmettait la passion d'apprendre, je pensais en moi-même : est-ce que ce n'est pas une chance pour un cadet d'aborder ainsi le côté passionnant de la vie ? Ces frères s'instruisaient mutuellement, mais ils découvraient aussi ce que signifie être profondément dépendants l'un de l'autre.

À quatre et cinq ans, l'enfant est naturellement prêt à s'occuper d'un plus petit que lui et à lui apprendre ce qu'il sait déjà. Margaret Mead m'a dit un jour qu'un des plus sérieux manques de notre culture est que les enfants entre quatre et sept ans ont rarement l'occasion de s'occuper de plus petits qu'eux. Elle m'a fait remarquer que, dans la plupart des autres cultures du monde, les aînés ont la responsabilité des plus jeunes.

De cette façon, ils apprennent l'art du maternage et sont mieux préparés lorsque vient pour eux l'heure d'être parents.

Un écart de plusieurs années entre enfants procure automatiquement ce genre d'expérience à l'aîné. Quant au cadet, la possibilité de suivre l'exemple de son aîné est une véritable aubaine. Notre dernier enfant a appris la plupart de ses compétences, y compris le sens de ses propres valeurs, à partir de l'enseignement attentif et patient de ses sœurs aînées. L'avidité des plus jeunes pour apprendre ce que savent les aînés repose sur une sorte d'adoration aveugle. La situation est tout à fait différente, beaucoup plus pesante, lorsque ce sont les parents qui enseignent les mêmes choses. J'ai toujours été frappé par le regard ardent, passionné avec lequel bébés ou jeunes enfants observent un plus âgé. Et je suis stupéfait de constater la rapidité avec laquelle un enfant imite un aîné lorsque celui-ci s'arrête brièvement pour lui montrer comment faire quelque chose de nouveau.

Lorsque vous attendez un bébé, préparez l'aîné aux modifications que va subir votre relation avec lui : intrusion, séparation. Laissez-le participer à votre grossesse, et donnez-lui sans tarder l'occasion de s'identifier à vous en tant que responsable du bébé. Au lieu de le repousser pour « protéger le bébé », apprenez-lui à être tendre et doux, dites-lui comment on prend, comment on berce et comment on nourrit un bébé.

Après que le nouveau bébé est à la maison et que trop de choses vont demander votre temps et votre énergie, faites en sorte de réserver un moment de *tête à tête* avec votre aîné, loin du bébé. Chaque « grand » mérite que sa mère et son père lui consacrent un peu de temps en particulier. La durée de ces moments importe moins que le fait, pour l'enfant, de pouvoir compter sur ce temps et d'avoir un tête à tête avec ses parents. Une heure par semaine, par enfant et pour chaque parent, peut repré-

senter un véritable trésor pour le maintien de vos relations. J'insiste sur le fait que cette heure est tout entière
pour l'enfant *seul*, et que l'enfant doit décider comment
l'employer. Il faut aussi en parler pendant le reste de la
semaine — « Je n'ai pas le temps maintenant, car je dois
finir de nourrir le bébé, mais rappelle-toi que nous
aurons notre moment à nous plus tard. Et alors je serai
tout à toi (sans le bébé) parce que tu es mon premier bébé
et que je t'aime toujours, bien sûr. »

Affirmer l'individualité des enfants

Une autre question peut vous troubler si vous avez
plus d'un enfant, c'est de vous rendre compte que vous
n'éprouvez pas les mêmes sentiments vis-à-vis de chaque enfant. Sans le vouloir, les parents ont peut-être une
attitude protectrice envers le bébé et poussent l'aîné à
grandir. Ils font parfois pression sur une fille pour qu'elle
soit responsable, ou sur un fils pour qu'il soit entrepre-
nant. Ils peuvent rêver de choses différentes pour chacun
d'entre eux. Ces sentiments les contrarient ; ils se sentent
coupables. Je pense qu'ils ont tort. Ils ne doivent pas
s'attendre à éprouver les mêmes sentiments pour chaque
enfant. En effet, chacun provoquera fatalement en vous
des réactions différentes qui sont issues d'expériences
passées inconscientes. « Elle est exactement comme ma
sœur qui est si brillante », ou : « C'est une force de la
nature, comme mon frère », sont des réactions normales.
Si on les reconnaît honnêtement, elles peuvent même
profiter à l'enfant. Mais, si elles sont cachées, toute
déviation de ces images va causer une déception aux
parents et perturber l'enfant. Quelle que soit la différence
d'âge, grande ou petite, quelles que soient les différences
de caractère, les enfants méritent d'être considérés
comme des êtres compétents et dignes d'amour.

39

Les problèmes du langage et de l'audition

Les problèmes d'audition

Un déficit auditif constitue un handicap majeur au développement du bébé. Les bébés sourds profonds sont retardés dans tous les domaines. Ils ont généralement une apparence déprimée et passive, lents à se développer sur le plan moteur, et lents à réagir aux tentatives de leurs parents à établir une interaction. Ils peuvent rester complètement passifs couchés dans leur berceau, ou développer des comportements autistiques, balancements de la tête ou autre geste répétitif, comme s'ils voulaient remplir un espace vide, pendant que les autres sens, comme la vision et le toucher, se développent davantage. Cela peut rendre ces bébés hypersensibles ou très vite surmenés.

L'audition d'un nouveau-né peut être testée lorsqu'il dort et au moment où il s'éveille. J'utilise pour cela une crécelle douce et une cloche, dans une pièce tranquille. Au bout de plusieurs sursauts, un enfant à l'audition normale va se fermer à ces sons ou s'y habituer (cf. chapitre 2). Si je teste le bébé dans un environnement bruyant, il peut s'être déjà fermé aux stimuli auditifs. Il peut alors paraître sourd, bien qu'il ne le soit pas. J'utilise donc ces deux stimuli pour tester l'étendue de son audition. Un autre test consiste à donner au bébé l'occasion de réagir à ma voix lorsqu'il est réveillé et qu'il regarde le plafond. S'il se calme et se tourne lentement en direction de ma voix, je sais qu'il m'entend. Si sa mère et moi parlons de chaque côté, il devrait choisir la voix féminine qui est la plus aiguë.

En cas de doute sur l'audition du bébé, le médecin généraliste adresse habituellement celui-ci à un oto-rhino-laryngologiste qui va examiner les oreilles et les voies respiratoires supérieures. Si la cause est temporaire, l'oto-rhino prescrira un traitement. Si la perte de l'audition paraît permanente, l'enfant peut être envoyé chez un spécialiste de l'audition qui lui fera passer d'autres tests. Ces tests, comme celui de réaction auditive provoquée, détectent les déficiences auditives globales. Lorsque le bébé grandit, qu'il a de un à trois mois, on peut le tester avec des techniques « couplées » qui lui proposent un son différent pour chaque oreille.

Les oto-rhino et les spécialistes de l'audition peuvent détecter les pertes d'audition dès la petite enfance, avant même qu'elles ne compromettent gravement le développement de l'enfant. Au moindre signe pouvant donner à penser que le bébé n'entend pas, ou du moins pas tous les sons, je vous conseille de lui faire faire un dépistage complet. Au cours de la deuxième année, les signes deviennent plus manifestes, car l'enfant déforme régulièrement les mots. Je suspecterais toujours un problème d'audition si l'enfant ne se développe pas normalement, particulièrement dans les domaines de la communication.

L'otite (infection de l'oreille moyenne) peut menacer les capacités auditives de l'enfant. Nombreux sont les enfants qui finissent par souffrir d'otite chronique. Après une crise aiguë, une certaine congestion et un écoulement persistent en dépit des antibiotiques. L'otite de l'oreille moyenne est parfois appelée otite séreuse —, comme si l'oreille contenait une sorte de colle épaisse difficile à éliminer. L'infection chronique de l'oreille moyenne peut entraîner un déficit d'audition. Les bébés qui vont à la crèche, ou ceux dont les aînés fréquentent l'école où ils sont exposés à de nombreuses infections, sont particulièrement vulnérables. Les infections de l'oreille peuvent faire suite à des rhumes et revenir toutes les deux semaines, de plus en plus difficiles à traiter. Les parents et les médecins se découragent, la condition générale du bébé en est souvent affectée ; il paraît épuisé et vulnérable. Il faut alors consulter un spécialiste. Il peut être nécessaire de mettre en place des aérateurs (yoyos) dans les tympans, pour permettre l'écoulement du liquide, réduire la pression sur l'oreille interne et prévenir les risques de perte auditive.

La meilleure façon de déterminer s'il y a déficit auditif ou non est de suivre le développement du langage et des autres formes de communication. Si vous avez des doutes en ce qui concerne un enfant plus âgé, essayez de lui murmurer des mots dans une oreille, puis dans l'autre. Choisissez des mots qui lui donnent envie de répondre. Il existe dans le développement de l'enfant différentes périodes où celui-ci pratique l'« attention sélective ». Chuchotez une question engageante comme : « Veux-tu aller en ville avec moi ? » ou : « Veux-tu un biscuit ? » L'inattention est à son maximum à quatre, cinq ou six ans. Je n'essayerais jamais de tester les capacités auditives d'un enfant en lui donnant un ordre, une « directive » de parent !

Dans mon cabinet, je pose un doigt sur une oreille de l'enfant en lui murmurant dans l'autre : « Veux-tu une sucette ? » Je suis presque sûr d'avoir une réponse. En l'absence de réponse, et/ou si le langage se développe d'une façon anormale, j'envoie l'enfant chez un oto-rhino-laryngologiste pour un examen complet ou chez un spécialiste de l'audition pour une série de tests.

Les problèmes de langage et de communication

Les problèmes de langage ne se manifestent pas avant la troisième année, mais les bases de la communication sont posées tôt dans l'enfance. Au cours des premières semaines, le bébé apprend à faire la différence entre les sons importants et ceux qui ne le sont pas, ainsi que je l'ai décrit au chapitre 2. En entendant un son intrusif ou insignifiant, répété plusieurs fois, l'enfant va s'habituer et réduire ses réactions. Lorsque le son est important ou intéressant, même un nouveau-né sera sur le qui-vive ; il réduira toute activité motrice afin de bien prêter attention à ce qui se passe, et se tournera en direction du stimulus avec une expression éveillée et interrogative. Vers sept jours, il distingue la voix de sa mère d'une autre voix féminine. Vers deux semaines, il manifestera de la préférence pour la voix de son père par rapport à une autre voix masculine. Vers six semaines, il fera preuve d'un comportement tout à fait différent à l'intention de chacune de ces deux importantes personnes, leur montrant ainsi qu'il les reconnaît. En situation expérimentale, nous sommes assis, le bébé dans une chaise, le parent présent penché vers lui pour bien communiquer. Nous avons pu constater qu'un bébé de trois mois avait appris à avoir un rythme d'attention-inattention, cela quatre fois par minute. Dans la période d'attention, le bébé est alerte, il gazouille et sourit. Lorsque les parents entrent dans ce rythme, il apprend à imiter leurs vocalises, les expressions de leur visage, les mouvements de leur tête et de leur corps avec une grande précision.

Dès que les adultes adoptent ces schémas, eux aussi vont imiter le bébé avec précision. Ils vont reproduire ses rythmes, ses inflexions, son comportement moteur aussi bien que ses moments d'attention-inattention. Au cours de ce processus, les parents l'aident à renforcer ses tentatives de langage autant que les rythmes qui préparent sa future communication. En imitant le comportement du bébé, les adultes y ajoutent un petit « plus ». Le bébé essaie de combler cette petite différence — d'égaler ses parents. Les adultes adoptent un registre vocal particulier pour parler aux bébés — non seulement en parlant « bébé », mais en ralentissant leur élocution et en simplifiant les mots. Ce « parler bébé » signifie : « Maintenant, c'est à toi que je parle. » À tous les autres moments, les adultes parlent sans prendre vraiment

garde à ce que peut saisir le bébé, en passant un peu
« au-dessus » de sa présence. Donc, le « parler bébé »
prend une connotation spéciale. Le bébé essaie de répondre avec un sourire, un gazouillis, ou en se tortillant de
tout son corps.

Voici les signes de développement du langage que les
parents peuvent observer.

1. Vers trois mois, le petit bébé émet des voyelles « oh
— areu ». Ces sons constituent généralement des réponses pendant les périodes de jeu ou les repas, mais on les
entend aussi pendant les moments du change ou lorsque
l'enfant se parle tout seul dans son berceau.

2. Vers six-huit mois, les inflexions et les rythmes de
langage s'enrichissent. Le bébé continue à expérimenter
les vocalises et prononce quelques consonnes, y compris
« mamama » et « papapa ». Ces mots ne sont pas encore
destinés à la personne appropriée.

3. À un an, le bébé parle dans un flot de sons incompréhensibles, mais il est généralement capable d'attribuer « mama » et « papa » à la bonne personne. Il répond
à de petits ordres simples, par exemple : « Donne-moi
ça. »

4. À quinze mois, le bébé continue à s'exprimer dans
un jargon complètement inintelligible, mais ponctué de
mots plus exacts. Les mots qui signifient « donner » et
« prendre » sont importants. La compréhension du langage s'enrichit, c'est un fait, l'enfant comprend un plus
grand nombre d'ordres. Un enfant de cet âge peut avoir
dix mots ou plus dans son répertoire, mais c'est extrêmement variable.

5. À dix-huit mois, l'enfant sera probablement capable
de dire « balle », « nounours », de prononcer le nom de
quelques personnes, et des mots d'actions comme « au
revoir ». « Oui » et « non » sont devenus très importants.
L'enfant emploie des noms et des verbes dans son discours, et il utilise des gestes plus complexes pour améliorer la communication. Beaucoup d'enfants de cet âge

sont capables de répondre à un ordre double (« Va dans ma chambre et prends mes pantoufles »), ce qui démontre un progrès de compréhension du langage.

6. À deux ans, l'enfant commence à associer les mots. Il assemble des noms et des verbes : « Papa maison », « maman partir ». Sa compréhension du langage — compréhension de suggestions, de questions, d'avertissements — montre que le développement se poursuit. Même lorsque les enfants n'associent pas les mots, la richesse et l'exactitude de leurs gestes signifient que le langage proprement dit va suivre très bientôt.

Si vous constatez un retard dans ces étapes, faites examiner l'enfant, il risque d'avoir un déficit auditif.

En même temps, vous pouvez vous tester vous-mêmes pour voir si vous favorisez le développement du langage chez votre enfant :

— Parlez-vous à l'enfant, ou bien lui parlez-vous sans vous adresser à lui vraiment ?

— Est-ce que tout le monde se précipite vers l'enfant avant même qu'il ait eu besoin de s'exprimer verbalement ?

— Est-ce que vous lisez des histoires ?

— Est-ce que vous reprenez son discours en l'enrichissant un peu ? C'est une façon de le faire progresser.

— Est-ce que vous l'encouragez, en répondant à ses mots avec vos mots et vos gestes ?

On encourage aussi l'enfant à parler en s'adressant directement à lui, en attendant qu'il réponde et en s'assurant qu'il a tout son temps pour le faire. Vous pouvez également demander aux frères et sœurs de coopérer ; il apprendra peut-être plus facilement en les imitant qu'en imitant les adultes. Si l'enfant bredouille ou bégaie, ne le brusquez pas : encouragez-le patiemment.

Dans les foyers bilingues, apprendre à parler viendra plus tard. Vers trois ans, un enfant parlera les deux langues. Avant cela, il peut comprendre quelle langue correspond à quelle personne.

Beaucoup d'enfants normaux se révèlent « tardifs » sur le plan du langage. La patience et les encouragements dont nous venons de parler sont généralement récompensés. Cependant, certains signes peuvent indiquer la nécessité d'un examen :

— aucun discours intelligible à deux ans

— voix aiguë ou nasale

— expression triste de l'enfant au moment où il essaie de parler

— aucun rythme dans la communication, aucun échange

— inattention ou surmenage évidents lorsqu'on parle à l'enfant ou qu'on le regarde

— répétitions incessantes du discours adulte, sans aucune association ou variation de la part de l'enfant.

En plus des déficits auditifs, d'autres problèmes peuvent entraver le développement du langage. La fluidité de l'expression peut être atteinte, comme dans le bégaiement. Le bégaiement est normal et inévitable lorsque les enfants commencent à parler. Ce n'est que s'il persiste ou s'il s'associe à d'autres difficultés que les parents doivent consulter. Un enfant peut avoir des problèmes à articuler, c'est-à-dire à prononcer les sons correctement. Un ton de voix nasal peut indiquer un problème de résonance, et il existe également des difficultés de timbre, ou de force, ou de qualité (voix rauque ou criarde).

Si les parents ou le médecin remarquent ces problèmes, l'enfant sera montré à un orthophoniste. Au cas où la cause des difficultés viendrait d'un défaut structurel (comme une fente palatine) le médecin adressera l'enfant à un chirurgien plasticien ou à un autre spécialiste. Plus tôt on réparera le défaut, plus tôt on commencera une rééducation indispensable au développement global de l'enfant.

40

Les maux de ventre et les maux de tête

Nous avons tous des organes sensibles qui reflètent les tensions et les pressions auxquelles nous sommes soumis. Les enfants aussi. Certains d'entre eux ont une crise d'asthme dès qu'ils sont fatigués ou contrariés (cf. chap. 14). D'autres ont des maux de ventre ou des maux de tête. Les parents doivent être avertis que ces douleurs peuvent être la conséquence de stress. Il faut essayer de savoir si l'enfant n'est pas soumis à des pressions inutiles et trop fortes pour lui. Il faut aussi commencer à chercher avec l'enfant si lui-même ne voit pas de causes à ces réactions psychosomatiques. C'est de cette façon que le cycle des symptômes incontrôlables peut être rompu, et que l'enfant finira par apprendre à mieux se dominer.

Les maux de ventre

Les maux de ventre touchent souvent les enfants entre quatre et six ans, au moment où augmentent les pressions pouvant être exercées sur eux par l'école et par les camarades. Au même âge, l'enfant prend conscience de son agressivité. Les maux de ventre sont un moyen sûr, pour un enfant stressé, d'obtenir l'attention souhaitée.

Lorsqu'un enfant se plaint d'avoir mal au ventre, les parents devraient d'abord consulter leur médecin pour s'assurer qu'il n'y a rien de grave. Avant, vérifiez vous-mêmes s'il n'y a pas de point douloureux. Détournez l'attention de l'enfant, puis posez votre main sur son ventre et appuyez doucement sur toute la surface. En cas d'inflammation de l'abdomen, celui-ci est dur, vous ne pourrez pas toucher la région enflammée. En ce cas, l'enfant devra voir un médecin immédiatement. Celui-ci recherchera d'abord s'il n'y a ni appendicite ni invagination intestinale (l'intestin s'est comme emboîté sur lui-même). Le médecin peut déterminer le point sensible par la palpation et il utilisera son stéthoscope pour écouter les bruits intestinaux. Une inflammation de l'abdomen (une appendicite ou une occlusion intestinale) crée une zone silencieuse autour de l'organe atteint, tandis qu'on entend des sons aigus dans les autres parties de l'abdomen. S'il n'y a pas de point sensible, vous pourrez palper tout l'abdomen de l'enfant, *tant que* vous parvenez à détourner son attention. Dirigez son attention vers quelque chose d'autre, et palpez tout son ventre. Si une zone est douloureuse, il essaiera de la soustraire à votre examen.

Si l'enfant n'a eu aucune selle pendant vingt-quatre heures ou plus, on a peut-être affaire à une occlusion intestinale. Le médecin demandera aux parents s'ils n'ont pas remarqué des traces de sang, habituellement de couleur noire, dans les selles. Est-ce que l'enfant a été constipé ? Beaucoup, à cet âge, oublient d'aller à la selle et souffrent de constipation chronique. Parfois une selle liquide s'est formée autour de la partie dure si bien que personne ne soupçonne que ces enfants sont constipés. La selle dure fait souffrir le sphincter anal qui tend à la retenir, et la constipation s'aggrave. Un laxatif doux ou un suppositoire pour aider l'enfant à évacuer la selle dure peuvent se révéler nécessaires en dernier recours, mais seulement sur prescription médicale. Vous éviterez la constipation chronique en incluant quantité de fruits et de fibres dans le régime de l'enfant.

Si les maux de ventre ne paraissent pas aigus, vous pouvez essayer de donner à votre enfant du paracétamol, médicament qui n'agit pas sur une inflammation ou une occlusion intestinale. Attendez une heure pour voir si la douleur s'atténue. Si ce n'est pas le cas, appelez le médecin.

Dans le cas où la douleur disparaît, ou si le médecin ne décèle aucune anomalie, vous pouvez rassurer l'enfant. Votre angoisse et la sienne n'ont plus de raison d'être. C'est toujours un premier pas important.

Si les maux de ventre ne sont pas aigus mais qu'ils se produisent de façon répétitive, vérifiez qu'ils ne sont pas liés à certains aliments. Notez au jour le jour tout ce qui a été mangé. Beaucoup d'enfants sont relativement sensibles au lait et aux produits laitiers. Aux moments de tension ou de fatigue, leur sensibilité peut se manifester. Dans des conditions normales, rien ne se passe. Vous pouvez vous en assurer en supprimant le lait pendant un temps. La liste des aliments consommés au moment des maux de ventre peut faire apparaître un dénominateur commun.

En cas de douleurs apparaissant aux moments des repas, consultez votre médecin. Les ulcères et les colites se manifestent à des périodes régulières proches des repas. S'il y a en plus des envies fréquentes d'uriner ou des brûlures, il pourrait s'agir d'une infection urinaire. Le médecin demandera un échantillon d'urine pour le faire analyser.

Comme l'asthme ou d'autres problèmes chroniques dotés d'une composante psychologique, les maux de ventre peuvent être déclenchés par certains facteurs bénins, tels que certains aliments, additifs alimentaires et lait. Tous ceux-ci, soit agissent indépendamment, soit s'associent pour produire un mal de ventre au moment où l'enfant est contrarié. Si vous parvenez à éliminer ces facteurs déclencheurs, vous éviterez que la douleur ne revienne chaque fois que l'enfant est fatigué ou stressé.

Ces maux de ventre se produisent-ils les jours de classe — pas le week-end ? Ou bien se produisent-ils lorsque l'enfant est stressé par un événement particulier ? S'ils apparaissent chaque matin avant le départ pour l'école, essayez d'éliminer tout ce qui peut y contribuer.

Au petit déjeuner, donnez à l'enfant quelque chose de léger, de facile à digérer. Essayez de ne pas le bousculer. Ainsi il sera peut-être capable d'affronter le stress de l'école plus facilement.

À chaque épisode de douleurs, rassurez l'enfant, offrez-lui une explication, dites-lui pourquoi le stress provoque le symptôme. Lorsque la douleur disparaît, rappelez-lui que vous et lui avez su quoi faire pour la supprimer. Apprendre à vivre avec des maux de ventre sera peut-être nécessaire, mais tout sera bien amélioré si l'angoisse de l'enfant est diminuée.

Les maux de tête

Il est rare qu'un jeune enfant, entre un et six ans, se plaigne de maux de tête. Si c'est le cas, je vous recommande de le montrer au médecin. Un examen des yeux, y compris un fond de l'œil, fait par un ophtalmologiste, fera partie de ce contrôle. Une analyse d'urine permettra d'éliminer certaines affections capables de provoquer des maux de tête, comme une maladie rénale. La tension artérielle peut également jouer un rôle. Un examen neurologique vous rassurera, vous et le médecin, en montrant que ces maux de tête ne sont pas le signe d'un problème plus grave.

Les migraines ont souvent une composante génétique et atteignent généralement plusieurs membres d'une même famille. Les facteurs déclencheurs sont nombreux : certains aliments, les additifs alimentaires, certaines substances inhalées (naphtaline, produits pour détacher, etc.), le stress, la fatigue — et même les lumières vives. Comme pour d'autres symptômes, chaque facteur pris séparément peut ne pas déclencher de migraine, mais si deux ou trois d'entre eux sont associés, ce sera le cas. Si vous avez des doutes, faites la liste de tous les aliments, événements et stress avec lesquels l'enfant a été en contact au moment des maux de tête. Les victimes de migraines ressentent une véritable hantise de leurs douleurs, ce qui peut les augmenter.

Si ces maux de tête sont associés avec des troubles visuels, des nausées et vomissements, de la fatigue ou de la somnolence, consultez un médecin. Des médicaments spécifiques préviennent la migraine à condition d'être pris très tôt. Si les migraines persistent en dépit du traitement préventif, le médecin prescrira des médicaments plus forts. Certains maux de ventre aigus sont associés à la migraine. Le médecin peut demander un encéphalogramme pour établir son diagnostic, bien que la migraine ne s'inscrive pas toujours sur le tracé.

Les maux de tête bénins ont tendance à se déclencher à certains moments particuliers — le matin, quand l'enfant est en hypoglycémie, et le soir, si la fatigue et l'hypoglycémie s'associent. On peut y remédier en élevant le niveau de sucre dans le sang de l'enfant par une boisson sucrée avant le lever, ou par un goûter dans l'après-midi, avant qu'il ne se sente mal à l'aise.

Si les douleurs sont légères et si elles ne sont causées par aucun des facteurs physiologiques indiqués ci-dessus, je suivrais les mêmes directives que pour les maux d'estomac. Respectez le besoin d'attention et d'affection de votre enfant ; laissez-le se reposer tout en lui parlant doucement pour réduire le stress. Rassurez-le en lui affirmant que le médecin n'a rien trouvé de grave et essayez de lui faire comprendre ce qui cause ces douleurs. Peu à peu, expliquez-lui tout ce que vous avez observé à propos de ses symptômes, quand et pourquoi ils surviennent. Aidez l'enfant à apprendre à vivre avec ses maux de tête. Comme pour tous les problèmes psychosomatiques, la situation s'améliore généralement lorsque l'enfant sent qu'il prend un certain contrôle sur ses troubles et lorsqu'il est moins angoissé de les voir se produire.

41

La télévision

En dehors de la famille, il n'y a de nos jours aucune force qui influence autant le comportement d'un enfant que la télévision. Il passe en moyenne plus de temps à regarder la télévision qu'à étudier à l'école ou à écouter les recommandations de ses parents. En d'autres termes, les enfants apprennent plus sur le monde et sur certaines valeurs à partir de leur expérience télévisuelle que par leur famille ou leur entourage. La responsabilité des médias et des parents concernés est donc énorme.

Aux États-Unis, il existe un organisme, l'« Action for Children's Television », fondé par Peggy Charren, qui s'est battu pour sensibiliser les familles, le gouvernement et les médias sur les programmes pour enfants. Cet organisme a obtenu, entre autres, au terme d'une longue lutte, le vote d'un amendement réduisant la durée des spots publicitaires, diffusés par heure pendant les programmes pour enfants, de quatorze à dix minutes trente secondes pendant le week-end, et à douze minutes pendant la semaine. C'est-à-dire que pendant les fins de semaine, les publicités à l'intention des enfants ne sont diffusées que pendant un sixième de leur temps de programme, au lieu de un quart précédemment. Cette victoire peut paraître infime, mais elle est en réalité vitale !

Mon émission télévisée, « What Every Baby Knows[1] », m'a mis en contact avec beaucoup plus de familles qu'aucun de mes livres ou de mes articles n'aurait pu le faire. L'impression d'intimité que ressentent les téléspectateurs est certainement précieuse, et je

---

1. Cette émission a fait l'objet d'un livre, traduit sous le titre *T. Berry Brazelton vous parle de vos enfants*, Stock-Laurence Pernoud, 1988.

la respecte. Mais j'é
représente tout le pouv
touchés à tous les nivea
télévision. Lorsque ces e
sont reconnaissants. Mais si
déchaînent. Il est clair que la
nous manipuler. Les adultes so
ces réactions et de défendre leur
cette invasion. Les enfants le peuvel

Le stress du spectacle télévisuel

Les yeux fixés sur l'écran, un petit enfan
devant le répondeur. Son visage et son corps so
biles. Un bruit soudain et fort, dans son émission,
sursauter, ce qui démontre la profondeur de sa con
tration. Les bruits de la pièce où il se trouve ne l'at
gnent pas. Si ses parents veulent attirer son attention e
lui touchent l'épaule, d'abord il sursaute, puis proteste
en pleurnichant contre cette interruption de son état quasi
hypnotique. Il suffit d'une demi-heure de télévision pour
qu'un enfant se mette à pleurer ou à crier hystériquement
si on le pousse à changer d'activité. Après que cette crise
lui a permis de se défouler, il est capable de devenir ou
docile ou récalcitrant, mais au moins il peut être apte à
communiquer.

Je m'inquiète beaucoup des conséquences d'une telle
intensité : toutes les capacités physiques et mentales de
l'enfant sont impliquées dans le spectacle visuel ; son
corps est passif, mais tendu ; son système cardiovascu-
laire est à son maximum d'activité ; la tension musculaire montre un enfant stressé, et non un enfant relaxé.
Cette combinaison d'inactivité et de tension est très coûteuse sur le plan physiologique. Quant aux effets psychologiques, on les voit à la manière dont l'enfant peut être
perturbé à la fin du programme, ou à travers d'autres

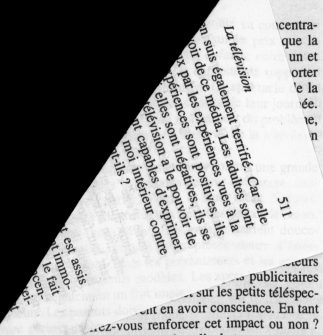

...centra-
...prix que la
...entre un et
...orter
...tacle le la
...leur journée.
...du problème,
...la ...on

...une grande

...suis également terrifié. Car elle
...voir de ce média. Les adultes sont
...x par les expériences vues à la
...périences sont positives, ils se
...elles sont négatives, ils
...télévision a le pouvoir de
...nt capables d'exprimer
...moi intérieur contre
...t-ils ?

...t est assis
...t immo-
...le fait
...cen-
...t

...eurs
...publicitaires
...sur les petits téléspec-
...ent en avoir conscience. En tant
...ez-vous renforcer cet impact ou non ?
...us réellement l'intention d'acheter une marque
particulière de céréales parce qu'elle a été l'objet d'une
campagne publicitaire astucieuse ? Avec des enfants
d'âge préscolaire, vous avez encore le choix de le faire
ou non.

Beaucoup de chercheurs, et parmi eux le psychologue
Albert Bandura de l'université de Californie, ont montré
que les enfants de cinq et six ans modèlent leur comportement sur ce qu'ils ont vu à l'écran. Lorsqu'il y a de la
violence, ils ont tendance à devenir violents dans les
moments qui suivent immédiatement le programme. Si
l'émission comprend des mots crus, à connotation
sexuelle, les enfants vont aussitôt les tester. De la même
façon, une émission présentant des personnages gentils,
attentifs aux autres, peut pousser l'enfant à se conformer
au comportement généreux qu'il a vu.

Les messages de la télévision et la pression des autres enfants

En grandissant, les enfants ont besoin d'être comme leurs amis. Ils « doivent » être captivés par les tortues ninjas. Ils « doivent » porter les mêmes vêtements que portent leurs amis. C'est à ce moment que les publicités télévisées ont le plus d'impact. Un parent peut exercer une influence dans l'autre sens, mais non sans prendre en considération l'importance pour l'enfant d'appartenir à un groupe. En parlant ouvertement des modes du moment, vous pouvez en situer la limite. Si vous n'avez pas les moyens d'acheter tous les objets présentés dans la publicité, exprimez-le très clairement. C'est un message important : « Je n'ai pas les moyens. S'il te le faut absolument, est-ce que tu es prêt à travailler pour les payer ? Si oui, j'essaierai de t'aider. Alors tu pourras décider si tu veux vraiment dépenser ton argent de cette façon. Je ne pense pas que toutes ces choses sont vraiment indispensables, mais si tu gagnes de l'argent, c'est à toi de voir. Nous pouvons essayer de mettre cela au point. »

Dans les années suivantes et au cours de l'adolescence, la télévision continue à façonner les pensées et les opinions des enfants. Ils apprennent un comportement, un langage, une façon de penser par l'intermédiaire des célébrités et des acteurs de télévision. La plupart des parents voudraient équilibrer cette influence par leur propre influence. Mais comment faire ? Une fois encore, l'enfant a besoin d'établir son identité et son territoire, souvent fondé sur les normes de son groupe d'amis, et cela, vous devez le respecter. Les valeurs dans lesquelles vous croyez le plus peuvent être présentées comme importantes au sein de votre *propre* famille. À condition de respecter un juste milieu entre les besoins de votre enfant et vos propres convictions, n'hésitez pas à exprimer clairement ce à quoi vous tenez.

Le temps passé devant la télévision

En ce qui concerne les heures de télévision, je crois fermement qu'elles doivent être limitées. Les besoins physiques et psychologiques d'un enfant détermineront ces limites ; par exemple, un enfant ayant des difficultés d'attention a besoin d'un arrêt très rapide. En général, je conseille aux parents de décider le temps de télévision autorisé pour les enfants. Une heure par jour pendant la semaine et pas plus de deux heures le samedi et le dimanche me paraissent amplement suffisant.

La moitié de ce temps devrait être « familial », les adultes regardant les émissions eux aussi. À la fin des programmes, il y a possibilité d'échanger des idées, de parler des sujets abordés, que ce soit de sport ou de dessins animés. De cette façon, la télévision devient une expérience partagée. L'enfant peut être autorisé à choisir ses émissions. Chaque semaine, vous pouvez consacrer un moment à le faire avec lui, non pour lui dicter ses choix, mais pour l'aider à apprécier les qualités de ce qui lui est proposé. Il y a beaucoup de bonnes émissions qui méritent d'être regardées. Elles peuvent être le prétexte à une soirée familiale spéciale.

Les enfants vont vous harceler avec des phrases du genre : « Les autres parents aiment plus leurs enfants que toi. Ils veulent que leurs enfants soient informés de ce qui se passe dans le monde. Ils veulent qu'ils apprennent tout sur le sport et les chanteurs de rock, pour ne pas être à part. Ils veulent qu'ils soient "branchés". Tes règles de conduite m'empêchent de connaître tout ce dont parlent mes amis. » Ces déclarations vont ébranler vos convictions. Mais rappelez-vous que l'impact de ce média sur les capacités physiologiques et psychologiques des enfants est énorme. Réfléchissez à d'autres moyens qui pourront mettre votre enfant au contact des autres, comme le sport, les loisirs, les excursions, le camping.

Êtes-vous capables d'investir un peu de temps et d'énergie pour cela ?

Vous devez exprimer vos réponses avec conviction : « Je me rends compte que beaucoup de tes amis ont le droit de regarder la télévision pendant plusieurs heures par jour. Je suis désolé, mais je ne crois pas que ce soit bien, car cela te prive de beaucoup trop d'autres expériences. Chez nous, c'est une heure par jour en semaine. Deux heures pendant le week-end, et nous choisirons les programmes ensemble. S'il y a une émission particulière, tout à fait extraordinaire, nous pourrons toujours faire une exception. Mais ce sont les règles de la famille. Je veux que tu comprennes pourquoi nous les avons décidées et pourquoi elles sont importantes. Que tu sois d'accord ou non, ce sont ces règles qui ont cours chez nous. »

Quelle que soit l'éloquence de ce petit discours, rien ne sera plus convaincant que l'exemple et les propres habitudes des parents en matière de télévision. Dans les familles où les parents participent avec enthousiasme aux activités de leurs enfants, cuisine, jeux, excursions, ou même détente et conversation, l'attrait du petit écran sera moins grand. Les parents qui n'allument le téléviseur que pour des émissions choisies, déterminées, et qui, par ailleurs, sont disponibles pour leurs enfants (ou qui réclament un moment de paix pour lire un livre), verront que leurs opinions sur la télévision ont plus de poids.

42

L'apprentissage de la propreté

Au chapitre 12, j'ai tracé les étapes à suivre dès que l'enfant s'est montré prêt à apprendre la propreté, et désire commencer à utiliser les toilettes. Les parents capables d'être patients jusqu'à ce que leur enfant manifeste les signes prouvant qu'il est prêt, signes que j'ai énumérés dans ce même chapitre — habituellement entre deux et quatre ans — ne risquent pas de rencontrer de sérieux problèmes.

Le danger d'une trop grande pression exercée sur l'enfant

Les problèmes de l'apprentissage de la propreté surviennent presque toujours par suite d'un déséquilibre dans la relation parent-enfant. Si les parents sont incapables d'attendre et imposent cet apprentissage de leur propre initiative, l'enfant va le ressentir comme une intrusion.

Bien sûr, tous les parents veulent que leur enfant grandisse et se montre capable de contrôler sa vessie et ses intestins. De plus, les pressions qu'eux-mêmes subissent proviennent de plusieurs sources. Leur désir d'avoir un enfant en avance les pousse à la compétition avec d'autres familles. Et puis les écoles maternelles exigent généralement qu'un enfant soit « propre » pour l'y admettre. Les autres parents donnent des conseils et ont des mots condescendants de consolation lorsque leurs enfants à eux sont déjà propres. Pour conclure, les grands-parents insinuent que le succès, dans ce domaine, est révélateur de la compétence des parents comme de celle de l'enfant... La deuxième année tout entière peut être ressentie par certaines familles comme un véritable entraînement pour réussir dans ce domaine.

Les expériences passées des parents jouent un rôle considérable dans leurs attitudes vis-à-vis de la propreté. S'ils conservent le souvenir d'un apprentissage précoce et sévère, ils auront des difficultés à se conformer au programme détendu que j'ai proposé et qui laisse l'initiative à l'enfant. Bien qu'ils essaient de comprendre mon point de vue, leurs souvenirs continuent à les hanter. « Ma mère m'avait pratiquement dressé à un an. Elle m'a raconté tous les efforts que je faisais. Pourquoi ma fille ne peut-elle en faire autant ? » Le souvenir des punitions qui leur étaient infligées, à eux ou à leurs frères et sœurs, semble parfois terrorisant aux parents lorsqu'ils y pensent objectivement, mais ce sont ces souvenirs qui les empêchent de trouver normal qu'un enfant de trois ans prenne ses propres décisions. Ou bien le père et la mère ont vécu des expériences semblables, ou tout à fait différentes, mais, s'ils ne sont pas d'accord pour laisser l'initiative à l'enfant, le parent qui désire commencer l'apprentissage fait naître des doutes chez l'autre. Devraient-ils pousser l'enfant, ou du moins lui suggérer d'essayer ?

Un enfant, entre un an et trois ans, pour lequel l'indépendance commence à être un problème, a ses propres conflits. Il se tient devant un pot, en hurlant d'indécision. Ou il gagne un coin de la chambre en rampant, et émet une selle en regardant ses parents d'un air goguenard. Lorsque les parents interviennent pour régler les problèmes de confusion et de culpabilité, la lutte que l'enfant mène pour son autonomie devient bientôt une lutte pour le pouvoir entre eux et lui. Tout est prêt pour un échec.

La plupart de ces luttes de pouvoir n'auront pour effet que de rendre la période d'apprentissage plus déplaisante et beaucoup plus longue. Et lorsque les parents sont vraiment impliqués dans le conflit, il en résulte des problèmes sérieux. L'enfant se retient jusqu'à souffrir de constipation chronique et d'une dilatation du côlon (mégacôlon). Comme je l'ai mentionné dans d'autres chapitres, le problème se manifeste lorsque l'enfant se salit involontairement, mais régulièrement, par des fuites de matières liquides qui entourent un noyau dur. On dirait de la diarrhée, alors que le problème fondamental est la constipation. C'est perturbant pour les parents et pour l'enfant qui, lui, est inconscient de la véritable cause. Les luttes de contrôle s'intensifient et aggravent le problème. Un laxatif doux pour ramollir la selle et éviter qu'elle ne fasse souffrir l'enfant doit être associé à un relâchement de la pression exercée sur l'enfant — pression interne et externe — pour qu'il ait à nouveau le désir d'apprendre à être propre.

Certains enfants ont des émissions involontaires d'urine, surtout sous l'emprise d'un stress. Les parents se plaignent au pédiatre, qui pense nécessaire de procéder à des examens pour s'assurer que la vessie et le sphincter de l'urètre sont intacts. Résultat : des radios, des cathéters et des procédés invasifs sur les organes génitaux. L'enfant est terrifié. Si son angoisse se fixe sur ce point, il peut devenir sujet à l'incontinence chronique.

Une certaine tension dans l'environnement de l'enfant, pas nécessairement dans le domaine de la propreté, risque de se traduire chez lui par des douleurs abdominales, des crampes et des diarrhées. Si l'enfant a alors des difficultés à se contrôler, la tension va monter. L'apprentissage de la propreté devient, dans ce cas, quelque chose de très lourd qui s'ajoute au stress pesant sur l'enfant. Celui-ci prend une conscience accrue de cette partie de son corps. Éventuellement des radios, des lavements, des manipulations lui sont imposés pour établir un diagnostic. Le résultat est que l'intestin devient la cible de toutes les tensions.

À cause de pressions extérieures, l'énurésie constitue un problème pour de nombreux enfants, surtout les garçons, vers quatre et cinq ans (cf. chapitre 15). Il arrive un moment où l'enfant ne peut plus passer la nuit en dehors de chez lui. Il n'ose pas s'avouer ni avouer à quiconque que, la nuit, il n'est pas tout à fait à la hauteur. Les parents se désespèrent d'un tel échec, qu'ils considèrent comme le leur. L'énurésie, qu'elle soit tenue secrète ou qu'elle soit considérée comme une cause de punition, donne à l'enfant le sentiment d'être un cas sans espoir et de n'avoir aucune aide de personne. Il peut déclarer qu'il s'en moque et inventer toutes sortes de ruses pour dissimuler son échec chaque matin. Teintés souvent de la culpabilité que ressent l'enfant devant le développement de la sexualité à cet âge, entre quatre et six ans, les accidents nocturnes risquent d'affecter sa future image de lui-même. Masturbation excessive et énurésie sont souvent tout à fait liées.

En ce qui concerne l'énurésie, comme dans tous les problèmes évoqués, un enfant a besoin de devenir indépendant à son propre rythme. Bien que les raisons puissent être physiologiques, immaturité du contrôle de la vessie qui se vide fréquemment ou sommeil trop profond (immaturité du système de signal), la question est de savoir qui contrôle le problème. Si les parents ou les médecins commencent à chercher des raisons, ou à prendre des mesures (comme des avertissements, des punitions, des systèmes d'alarme qui se déclenchent lorsque l'enfant se mouille), celui-ci est privé de son autonomie et de son désir de contrôler la situation. Il se voit comme quelqu'un de raté, immature, coupable, sans espoir. Et cette mauvaise image risque de faire du tort à l'enfant.

Pourquoi les parents s'inquiètent-ils de l'apprentissage de la propreté au point d'envahir l'intimité de l'enfant, et même son corps, avec leur recherche de « solutions » ? Étant donné que cet apprentissage est un processus de développement que l'enfant finira par maîtriser à son propre rythme, pourquoi les parents pensent-ils qu'ils doivent en prendre le contrôle ? Ces tentatives dominatrices, presque toujours promises à l'échec, ne peuvent donc que transmettre à l'enfant un sentiment d'incapacité. Lorsque les parents font pression à ces âges-là, ils augmentent également le risque de futurs problèmes intestinaux.

Mon expérience m'a appris que les parents ont beaucoup de difficultés à être objectifs devant les problèmes de propreté. Notre culture et nos expériences individuelles d'adultes, au sein de cette culture, imposent à la plupart d'entre nous de se sentir responsables de la réussite de l'enfant dans ce domaine. Nous ressentons l'échec comme la preuve que notre éducation est insuffisante. L'enfant devient un pion — qui doit être manipulé. Il faudra une autre génération avant que l'on puisse considérer l'apprentissage de la propreté comme un processus revenant en propre à l'enfant, qui doit être accompli par lui-même — en harmonie avec sa propre maturation —, un processus d'apprentissage de ses fonctions intestinales et de son système nerveux.

Lorsque les problèmes existent

Tout ce que j'ai décrit au chapitre 12 était d'ordre préventif, il s'agissait de moyens de laisser l'apprentissage aux soins de l'enfant et d'éviter les problèmes futurs. Si un problème a déjà surgi, je demande aux parents d'essayer ce qui suit :

— Discutez ouvertement du problème. Reconnaissez que vous avez été trop dominateurs.

— Rappelez-vous vos propres difficultés et aidez l'enfant à voir que rien n'est perdu.

— Déclarez clairement que l'apprentissage de la propreté est l'affaire de l'enfant. « Nous ne nous en mêlerons pas. Tu t'y mettras dès que tu seras prêt. »

— Expliquez que beaucoup d'enfants ne se contrôlent qu'assez tard, et cela pour de bonnes raisons. S'il veut connaître ces raisons, donnez-les.

— Continuez à mettre des couches, non comme punition, mais pour éviter les petits problèmes et les angoisses.

— Laissez l'enfant tranquille. N'abordez plus le sujet.

— Ne faites pas examiner l'enfant. On peut faire une analyse d'urine, mais ni manipulation ni procédés invasifs — lavements, cathéters, radios, etc. N'autorisez d'examen que si le pédiatre voit les signes évidents d'un problème physique.

— Faites en sorte que l'enfant n'ait pas de selles dures. Donnez-lui des fruits et des fibres, ainsi que des laxatifs doux ; ainsi, vous pouvez rassurer l'enfant en lui affirmant que ses selles ne durciront pas.

— Faites bien comprendre à l'enfant que, lorsqu'il sera propre, c'est à lui que reviendra le succès et non à vous.

Les parents qui se sentent trop impliqués dans cet apprentissage devraient envisager sérieusement de se faire conseiller, afin de comprendre pourquoi ils sont si inquiets. Ils doivent se mettre d'accord entre eux sur la manière de procéder afin que leur éventuel conflit n'affecte pas l'enfant dans son image de lui-même. Le contrôle de la propreté, par conformisme vis-à-vis d'une société crispée, ne vaut pas le prix qu'un enfant doit en payer.

Si l'enfant continue à avoir des problèmes qui le contrarient, qui perturbent son adaptation à l'école ou ses relations avec ses amis, à votre place, je rechercherais alors les conseils et l'aide d'un professionnel.

Troisième Partie

LES ALLIÉS DU DÉVELOPPEMENT

43

Les pères et les mères

Puisque tant d'importance est accordée, dans ce livre et dans la société, aux mères et à leur rôle, il semble juste de se demander ce que le père moderne représente de particulier, et pour le bébé et pour la cohésion familiale. En quelques décennies, le rôle du père a connu des changements considérables. La plupart des pères de la génération précédente voyaient leur rôle comme complémentaire de celui de la mère. Ils participaient quand celle-ci le leur demandait, de préférence dans le domaine du sport ou d'autres activités « masculines ». Les pères étaient aussi chargés de faire respecter la discipline, la mère les appelait quand elle n'arrivait plus à se faire obéir. Bien des personnes des générations précédentes connaissaient à peine leur père lorsqu'elles sortaient de l'enfance. Je pense que mon propre père avait laissé ma mère lui dicter son rôle, plutôt que de suivre sa tendance à participer réellement aux activités des enfants. Cela nous a menés à une relation de camaraderie plutôt gênante dans mon adolescence, nous essayions généralement de parler « d'homme à homme ». Aucun de nous n'en savait assez sur l'autre pour qu'un certain courant passe, et moi je désirais ardemment connaître mieux mon père.

Vers un partage des rôles

Bien que ces stéréotypes de comportement masculin aient commencé à disparaître, il faudra sans doute plusieurs générations avant qu'ils ne soient tout à fait oubliés. J'ai vu, à mon cabinet, des pères pleins d'attention pour les soins à donner à leur bébé, de vrais pionniers qui doivent tout inventer. Je me rappelle un père à plein temps accompagnant sa fille à toutes les visites. J'étais émerveillé devant sa participation efficace, et impressionné par la capacité qu'avait sa femme à lui passer le relais. Lorsque je les voyais ensemble, je remarquais qu'elle ne lui disait jamais qu'il aurait pu mieux faire, et qu'elle n'hésitait pas à lui tendre le bébé. Cependant, je me posais des questions sur son attachement à ce bébé. Plus tard, je me suis rendu compte que cette réaction provenait de ce que, moi, j'attribuais aux mères un rôle stéréotypé.

Un jour, alors que je demandais à ce père comment les choses se passaient, il répondit : « Comme ça. — Pas mieux ? Ça ne semble pas merveilleux. Qu'est-ce qui vous ennuie ? — Ma fille m'appelle maman quand je lui donne le biberon, et papa quand elle veut jouer. » De toute évidence, cette petite fille savait comment exprimer ses désirs ! Je le félicitai de pouvoir ainsi jouer deux rôles avec elle. Il continua en m'expliquant à quel point il était gêné lorsque sa fille s'accrochait à lui en présence de ses amis masculins. Sa remarque me fit prendre conscience de l'influence que le passé exerce sur nous tous.

Je me demandai aussi si ses amis n'étaient pas en fait jaloux de voir la merveilleuse relation que ce père avait avec sa fille.

Même les pères qui n'ont pas l'entière responsabilité d'un enfant et ceux dont la femme n'est pas trop prise par son travail, ont un rôle de plus en plus important à jouer dans la famille. Lorsqu'un nouveau bébé s'annonce, puis qu'il arrive, les jeunes parents désirent tout donner à l'enfant, le meilleur environnement possible. Dans une grande famille, l'expérience des générations précédentes joue quand même un rôle — même si vous décidez de ne rien faire comme elles. Une jeune mère a tendance à être plongée dans l'inquiétude à cause de sa grande tendresse. Si elle n'a pas de famille proche, elle aura besoin de l'avis et du soutien d'un autre adulte. Le père a, de ce fait, un important rôle de « contrepoids » vis-à-vis de sa femme, non en tant que seconde « mère », mais comme facteur d'équilibre, d'harmonisation ou d'orientation. Même lorsque les parents sont en désaccord, le père apporte une contribution importante à cet équilibre. La mère n'est pas isolée face aux inévitables doutes et incertitudes qui entourent l'éducation d'un enfant. Par moments, le père peut aider la mère, obnubilée par son attachement passionné à son bébé, à être plus détendue. Son rôle fait de compréhension et de souplesse est essentiel.

Toutes les études qui constatent les effets de la plus grande participation des pères aux soins de leur bébé montrent combien le développement de l'enfant en a bénéficié. Non seulement à l'âge scolaire les enfants ont un QI nettement plus élevé lorsque leur père s'est occupé d'eux bébés, mais ils ont un meilleur sens de l'humour, une plus grande capacité d'attention et davantage le goût d'apprendre. Ces recherches montrent que les pères disponibles pour leurs enfants les aident à se former une image d'eux-mêmes plus riche, et contribuent à leur apporter un soutien familial plus stable. Une étude récente montre que la présence active du père donne à l'adolescent une plus grande maîtrise intérieure, la capacité de résister à la pression que ses camarades peuvent avoir sur lui parce qu'il est sûr de ses propres valeurs.

La compétition entre les parents

Il ne revient plus à la mère de dire au père qu'il doit se rendre disponible : c'est cela qui marque vraiment le changement ; on attend tout naturellement du père qu'il participe. De nos jours, le problème est plutôt celui de

la compétition entre les parents, et peut-être de la
« défense du territoire » de la part de la mère. Ce sont
des sentiments universels ; ils existent en tout adulte
chargé d'enfants. Plus vous vous en occupez, et plus
vous voulez l'enfant pour vous. Cette tendance bien
naturelle à être possessif pousse inconsciemment les
parents à rivaliser. Chacun d'eux peut voir les erreurs
que l'autre commet lorsqu'il ou elle tâtonne dans son
nouveau rôle. Étant donné qu'apprendre à être parent
revient à apprendre par le biais de ses erreurs, et non de
ses réussites, comme je l'ai dit au début de ce livre, lorsque chacun est prêt à s'identifier à l'autre et à le soutenir,
le mot de la fin est que l'enfant en tire de multiples
bénéfices.

Les bébés n'ont pas besoin que leurs parents soient
d'accord sur tout. Ils apprennent très tôt à attendre des
choses différentes de chacun d'eux. Ce qui leur est
nécessaire, c'est de sentir l'engagement de chacun et
l'absence de tension. Rivaliser de soins pour un bébé est
un signe d'immense amour, et non de désaccord. Ne laissez pas des sentiments compétitifs provoquer de la colère
entre vous, utilisez-les plutôt pour vous répartir les
tâches ; elles sont nombreuses. La compétition peut être
une grande motivation pour chacun des parents, leur faisant donner le meilleur d'eux-mêmes à leur bébé.

Les pères et les nouveau-nés

Dès le début le père peut apprendre son « rôle ». Un
rôle vital de soutien et d'assistance, à jouer tout au long
de l'accouchement, pour aider à la naissance de son bébé.
En même temps, il prend part à l'euphorie d'avoir donné
la vie à cet enfant ! Comme je l'ai mentionné au chapitre 3, des études récentes, effectuées par les Drs John
Kennell et Marshall Klaus, ont montré qu'au cours de
l'accouchement, une présence encourageante — appelée

« doula » — apporte de nombreux avantages pour la mère : non seulement elle diminue le besoin de celle-ci en médicaments et la longueur du travail, elle réduit le nombre de césariennes qui pourraient être faites, mais elle aide aussi le père à être plus à l'aise dans son nouveau rôle.

Les pères racontent qu'ils sentent une bouffée d'euphorie lorsqu'ils aperçoivent leur bébé dans la salle d'accouchement, la même que celle que ressentent les mères qui sont restées éveillées et qui ont participé activement au processus de naissance. Lorsque l'équipe obstétricale tend au père le bébé pour qu'il le prenne, il a l'occasion de voir que c'est un bébé intact, en dépit de toutes ses craintes. Cette sorte d'expérience, partagée avec la mère, porte à leur apogée toute l'attente, tout l'étonnement et toutes les questions qu'un homme se pose à lui-même, au sujet de l'aptitude à la paternité des hommes en général.

Au Children's Hospital de Boston, nous avons étudié l'influence que nous avons sur les pères lorsque nous leur expliquons le comportement de leur bébé au cours de la période néonale (cf. chapitre 3). Plusieurs études associées, de ce type, montrent que ces jeunes pères sont très impatients de faire connaissance avec leur nouveau bébé, et deviennent nettement plus sensibles à ses cris. Ils réagissent plus rapidement au comportement du bébé, et ils apprennent vite à quel moment lui faire faire son renvoi, lui parler ou le changer. En d'autres termes, les signaux comportementaux du nouveau-né, lorsqu'ils sont expliqués pendant cette première période exaltante, aident les pères à se sentir plus importants pour leur enfant ; et les pères le démontrent en apprenant le « langage » du bébé. L'idée que les hommes ne comprendraient pas les bébés n'est absolument pas confirmée par ces études. Chacun d'entre eux montre que ce dont il a besoin est la permission d'apprendre ce nouveau travail. Un aspect particulièrement intéressant de cette recherche est que, lorsque les pères peuvent faire connaissance immédiatement avec leur nouveau-né, ils apportent beaucoup plus de soutien à leur femme. J'aimerais que toutes les nurseries essaient de faire participer les pères aux cours de puériculture et à la démonstration de toutes les merveilleuses capacités des nouveau-nés, comme se tourner en direction de la voix paternelle, suivre les visages des yeux et de la tête, se blottir dans le creux de l'épaule, etc. Un père, de son côté, devrait demander à être présent lorsque le bébé est examiné avant la sortie. Les pères doivent tous manifester leur désir d'assister aux examens. Le pédiatre ou l'infirmière fera alors en sorte de les inclure dans les discussions. N'attendez pas d'être sollicités !

Une question existe, souvent soulevée par les jeunes parents qui désirent se partager équitablement les soins au bébé : comment un père peut-il participer vraiment si sa femme allaite ? Je leur conseille, dès leur retour à la maison et dès que la montée de lait est établie, de commencer à donner un biberon supplémentaire pour nourrir, eux aussi, le bébé, de préférence le soir ou au milieu de la nuit. Ce sera ainsi l'occasion d'un repos bien nécessaire pour la mère. Le père aura, lui, l'occasion de découvrir son bébé, seul, à un moment où donner ce biberon est un délicieux intermède. C'est plus qu'une compensation à la difficile obligation de se lever au milieu de la nuit. Le partage des rôles permet au père non seulement de mieux connaître son enfant dès les débuts, mais aussi de mieux se comprendre lui-même, de voir comment il se transforme en une personne capable de s'occuper d'un nouvel être dépendant, sans défense.

À deux semaines, l'enfant a appris à reconnaître la voix de son père et il peut la distinguer d'une autre voix masculine. Vers quatre semaines, comme nous l'avons vu plus haut, le bébé va manifester un comportement différent pour chacun de ses parents, et pour un étranger. Nous pouvons observer un bébé, ne sachant pas à qui il réagit, lui faisant face, et nous pouvons dire sans nous tromper, d'après sa façon de se comporter, s'il a une inter-action avec sa mère, son père ou un étranger. Avec son père, les épaules du bébé s'arrondissent, son visage prend une expression d'anticipation avide, on voit qu'il veut jouer, ses sourcils se soulèvent, sa bouche s'ouvre, ses yeux brillent intensément. Il lui suffit d'entendre la voix de son père à distance pour prendre cet air plein d'ardeur. Vers quatre semaines, il aura appris que son père va lui parler avec un ton de voix plus stimulant. Le comportement corporel du bébé, au moment où son père s'approche, signifie : « Te voilà ! Allons-y ! »

La valeur que représentent deux modèles

Le père peut également tempérer l'intensité de la rela-tion mère-enfant lorsque l'enfant a besoin de devenir indépendant. Dans tous les domaines : apprendre à dormir seul la nuit, à se nourrir, à devenir autonome au cours de la deuxième année, les choses se passent plus facilement lorsqu'un père peut dire : « Ne vas-tu pas le laisser faire des saletés et apprendre à manger seul ? » Ce rôle n'est pas toujours apprécié. Aucune femme n'aime qu'on dise d'elle qu'elle est une mère poule. Et, si on le lui rappelle, elle s'en défend. Mais elle peut aussi analyser son com-portement. Une mère seule, par exemple, a des difficultés à permettre à son bébé de se séparer d'elle et de prendre de l'indépendance. Bien sûr, si un père est intransigeant en matière d'ordre et de propreté, ou trop contrarié par l'agitation nocturne, sa participation risque d'avoir un effet négatif.

Les pères et les mères traitent différemment les filles et les garçons. Les pères ont tendance à être plus actifs physiquement avec un garçon, à le bousculer un peu pour le faire progresser sur le plan moteur. Avec une fille, ils sont plutôt doux, mesurés, et même protecteurs. Ils les portent et les câlinent davantage. Bien qu'un père puisse être incapable de vous dire qu'il a des sentiments différents, il est néanmoins porteur de rôles définis par le sexe de son bébé.

Dès le début, les mères, comme les pères, attendent un comportement différent de la part de leur fils et de leur fille, ils s'attendent également à avoir avec chacun d'eux des relations différentes. Au lieu d'en être gênés, les parents peuvent considérer que, de cette façon, chaque enfant se découvre lui-même comme un être unique. Si les parents peuvent tous deux agir avec franchise et honnêteté vis-à-vis de leur fille et de leur fils, chacun d'eux aura un modèle à suivre : le garçon, dès la deuxième année, fera semblant de se raser, de porter une cravate ou un chapeau « comme papa ». Il se mettra même à marcher comme lui. Au cours de la quatrième et de la cinquième année, il taquinera maman « comme papa ». Il rivalisera aussi avec son père pour monopoliser l'attention de maman à des moments particulièrement importants. La fille, quant à elle, verra comment sa mère se conduit lorsque son père est là. Elle l'imitera pour essayer de le séduire en fin de journée. Elle peut ne tenir aucun compte des ordres de sa mère — « Va au lit et laisse-nous tranquilles » — après une longue journée d'opposition et de provocation (vers l'âge de quatre ou cinq ans). Mais si papa dit : « D'accord, c'est moi qui vais te mettre au lit », elle devient tout à coup docile et charmante. Que faut-il de plus pour montrer à un père combien son rôle est essentiel pour assurer l'équilibre de la famille ? Il ne faut plus lui raconter qu'il est un bon remplaçant pour la mère. Il sait qu'il est beaucoup plus important que cela !

Rares sont ceux, hommes ou femmes, qui savent, dès le début, comment être un bon parent. Ils apprendront, en faisant des expériences et en se trompant. Ceux qui sont des perfectionnistes dans leur travail, et qui ont appris à éviter toute erreur, ont parfois, avec leurs enfants, l'impression effrayante de se lancer dans l'inconnu. Il peut être particulièrement difficile pour les pères d'admettre l'idée que la qualité de vie est plus importante que la réussite professionnelle, mais actuellement les parents doivent, tous les deux, bien garder cela à l'esprit.

44

Les grands-parents

Le pouvoir du passé

La plupart de ma clientèle, actuellement, est faite de « petits-enfants », car l'un des deux parents a été soigné par moi lorsqu'il était petit. Je connais très bien ces anciens patients et je sais quelle sorte d'éducation ils ont eue. Lorsqu'ils viennent pour la visite prénatale, je leur propose de partager certains de mes souvenirs avec leur conjoint. Nous en évoquons souvent quelques-uns, mais, de manière générale, aussi bien mes anciens patients que leur conjoint préfèrent à ce moment-là éviter de revivre leur enfance. C'est un peu comme s'ils voulaient aborder la paternité ou la maternité sans aucun bagage provenant de leur passé. Ils disent souvent : « Je ne veux pas être comme mes parents », ou même : « Aidez-moi à être différent ». Ces déclarations semblent se fonder exclusivement sur le souvenir d'échecs et d'expériences douloureuses. Au cours de ces mois de grossesse, aucun des bons moments qu'ils ont vécus ne leur revient en mémoire.

Pourquoi chercher ainsi à oublier votre passé ? Cela vous est nécessaire pour trouver votre propre identité en tant que parents. Les efforts entrepris pour être différent et indépendant, le désir de prendre un nouveau départ, sont des motivations importantes. Mais cela ne fonctionne que partiellement. Car les « fantômes » de votre passé, les souvenirs de votre propre chambre d'enfant sont trop vivants. Ils ont exercé une influence trop profonde dans la constitution de votre personnalité. Le souvenir douloureux d'un épisode de l'enfance n'est qu'une petite part de votre passé. L'apprentissage et l'adaptation au stress constituent aussi une part majeure de votre expérience. Vous ne vous en souvenez pas nécessairement, mais cela participe aux schémas de comportement profondément ancrés en vous, et avec lesquels vous allez réagir chaque fois que votre enfant vous rappelle votre propre expérience.

Lorsque je peux suivre ces « nouvelles » familles, je les vois passer, comme toutes les familles, par des moments de crise ou se heurter à des problèmes d'éducation. Je peux alors me reporter aux souvenirs de ce que me disaient leurs parents et, souvent, je retrouve les mêmes difficultés, les mêmes problèmes. Cela est une confirmation, pour moi, du pouvoir que représente une expérience passée.

Il est fascinant, pour moi, de constater tout ce que ces jeunes parents ont appris de leurs propres parents sur la paternité et la maternité. Les schémas de comportement reproduisant les réactions des parents sont universels et inévitables. Mais on peut parfois prédire le moment où les jeunes parents vont affronter une difficulté à partir de leur propre passé.

Lorsque je vois pointer un problème, je voudrais pouvoir aider les familles à l'éviter. Cela dit, il existe une sorte de force qui se transmet d'une génération à l'autre et qui permet, à travers les crises du passé, d'apprendre certaines expériences précoces. C'est absolument merveilleux.

Si je vois un de « mes enfants-parents » s'occuper de son bébé avec une approche et des gestes qui me rappellent le comportement de ses parents, je suis stupéfait et enchanté. C'est ainsi que la façon d'élever les enfants passe d'une génération à une autre.

Le pouvoir du passé est ce qui rend la sagesse et les souvenirs des grands-parents à la fois douloureux et encourageants. Leur esprit critique peut être terriblement destructeur parce qu'il s'attaque aux efforts de leurs enfants pour se libérer de leurs anciens « fantômes ». Les grands-parents qui désirent rendre vraiment service feront bien de garder bouche cousue et de réserver leurs opinions pour eux-mêmes tant que rien ne leur est demandé. Mais, si leurs idées peuvent faire l'objet de discussions — non sous forme d'opinions toutes faites, mais en tant que suggestions à prendre ou à laisser —, ils seront alors très utiles. Pour les grands-parents, des moments comme ceux-ci sont l'occasion de revivre leurs propres conflits et leurs motivations, en ce qui concerne l'éducation. S'ils arrivent à se rappeler honnêtement leurs frustrations autant que les objectifs qu'ils voulaient atteindre, ce sera beaucoup plus profitable, pour de nouveaux jeunes parents, que leurs conseils.

Les jeunes parents, qui ont vécu péniblement les problèmes de séparation d'avec leurs propres parents, auront du mal à se tourner vers ceux-ci au moment de la naissance d'un bébé, ou d'une crise avec leurs enfants. Les grands-parents seraient sages de voir, dans la résistance de leurs enfants à les consulter, un aspect de cette lutte nécessaire pour l'indépendance. Mais ce n'est pas facile pour eux non plus, à un moment où ils ont tellement envie d'apporter leur aide et de faire partie de l'existence du petit enfant.

Le vide qui entoure une famille nucléaire sans contact avec les grands-parents peut être un facteur de solitude et de tristesse. Les grands-parents et les familles élargies offrent aux jeunes parents un sens de la continuité.

Lorsqu'ils disent : « Nous avons toujours fait ainsi », ils proposent une solution à partir du passé, des schémas adaptables et qui ont fait leurs preuves. L'expérience des grands-parents et des autres membres de la famille nous apporte certaines des réponses dont nous avons tous besoin. Elles peuvent être spécifiques à une culture particulière et appropriées à elle. Les traditions familiales et culturelles procurent à l'enfant une base importante pour la formation de son image personnelle. Je voudrais conseiller aux jeunes parents de faire grand cas de la tradition. Les systèmes de valeur que les familles fortes transmettent sont aussi importants pour les personnes individuellement que pour notre société. Les traditions des différentes cultures, européenne, latino-américaine, africaine et asiatique, qui ont enrichi notre pays, apportent aussi une grande force. Les grands-parents représentent le maillon vital de la continuité. Notre culture a déjà perdu une part bien trop grande de cette continuité, et nous le payons très cher. Notre absence d'idéal nous a laissés avec comme seules valeurs la guerre, l'agression, le pouvoir et l'argent. Est-ce là l'héritage que nous désirons transmettre à nos enfants ?

Les grands-parents peuvent apprendre à leurs petits-enfants les traditions et les aspirations familiales. Chaque fois qu'ils racontent une histoire de l'ancien temps, ils permettent à l'enfant de se situer dans une tout autre dimension. Notre culture et nos valeurs sont souvent plus facilement transmises par les grands-parents que par les parents, dont le rôle est si chargé par une discipline à maintenir au jour le jour. Les enfants sont plus disponibles pour écouter et imiter leurs grands-parents. La continuité de leur héritage est présentée sous forme de toutes sortes d'histoires que, seuls, les grands-parents racontent. En leur offrant cette continuité, les grands-parents devraient se rappeler que les petits-enfants apprennent plus par l'exemple que par les conseils.

La rivalité

Une rivalité bien naturelle peut envahir les relations entre parents et grands-parents (nous l'avons vu au précédent chapitre). Si on le comprend et si on en parle, il n'y aura pas de problème. Mères et filles ont souvent besoin d'être particulièrement conscientes de ce risque. Avec la belle-famille, c'est plus facile de prévoir ce qui peut arriver, étant donné toute la mythologie entourant les relations avec des beaux-parents. D'une certaine façon, plus le grand-parent a été bon parent, et plus ses enfants le ressentent comme une menace. Au moment où les enfants passent par la phase de la crainte des étrangers, acceptant, rejetant leurs grands-parents pour les accepter ensuite, ces sentiments de rivalité peuvent être à nouveau avivés.

Il n'est que trop facile, pour des grands-parents, de déstabiliser de jeunes et vulnérables parents. S'ils y mettent trop d'intensité, ils peuvent dévaloriser ce qu'ils veulent transmettre. Ce sont les convictions exprimées avec fermeté, mais sans passion et en réponse à une demande, qui ont le plus de portée. Les déclarations critiques sont toujours rejetées. Elles remettent en cause les efforts des parents à beaucoup trop de niveaux. Ces parents peuvent être profondément blessés s'ils ont l'impression que les grands-parents leur reprochent de ne pas s'occuper suffisamment de leur enfant. Apprendre à être parent se fait à travers des échecs, et non grâce à des réussites, comme nous l'avons vu. Et les jeunes parents doivent passer par leurs propres expériences. Aucun grand-parent, aucun parent ne peut éviter certaines erreurs, parfois même douloureuses. Un grand-parent qui veut être utile doit être disponible pour écouter, et surtout pour procurer aux parents un refuge sécurisant ou pour faire le point sur leurs erreurs. Il est difficile de rester là, à regarder les problèmes se développer. On n'a que trop tendance à se rappeler comment on les a soi-même résolus et à insister sur son propre succès. Si vous voulez que vos enfants apprennent leur rôle de parents, offrez-leur votre soutien et votre compréhension, vous les aiderez beaucoup plus qu'en leur assenant des conseils ou des critiques. Ce qu'il y a de mieux pour un grand-parent est le changement qui survient dans sa relation avec ses enfants. Une fois que ceux-ci sont à leur tour parents, ils se trouvent, les uns et les autres, sur un plan d'égalité.

Le bonheur d'avoir des grands-parents

Les familles ont besoin d'une famille. Les parents ont besoin que leurs parents s'occupent d'eux. Les grands-parents, tantes, oncles reviennent à la mode, parce qu'ils sont nécessaires. Les stress que subissent bien des familles dépassent ce que deux parents peuvent supporter. Lorsque tous deux travaillent, les responsabilités de l'éducation des enfants et du maintien des valeurs familiales deviennent écrasantes. La situation d'un nombre croissant de parents seuls et de familles reconstituées augmente les difficultés de ceux qui essaient d'inculquer des valeurs stables à leurs enfants. Les grands-parents et autres membres de la famille peuvent amortir certains de ces stress. « Si seulement je pouvais me confier à quelqu'un », est une plainte que j'entends souvent dans mon cabinet.

Les grands-parents sont trop souvent éloignés. Même s'ils habitent à proximité, ils peuvent être trop « occupés » pour se rendre rapidement disponibles. Le fossé des générations, des différences d'opinion non exprimées empêchent souvent les parents de recourir à leurs propres parents s'ils ont besoin de conseils ou d'aide. La peur d'être envahis ou d'être rejetés peut rendre les grands-parents méfiants. Le temps est peut-être venu, pour chaque génération, de partager ses préoccupations avec les autres. Toutes les études sur le développement montrent que les enfants qui ont le privilège de fréquenter leurs grands-parents, leurs tantes, oncles et cousins, ont les meilleurs résultats. La possibilité d'avoir de nombreux modèles pour l'apprentissage de la vie est un « plus » pour le potentiel de l'enfant. Les parents procurent une bonne base pour les enfants, mais les grands-parents, oncles et tantes, leur offrent des options supplémentaires. Leur présence est un témoignage important du passé, et leurs croyances participent aux valeurs familiales. À notre époque, nous avons tous faim de valeurs. Les convictions religieuses et les valeurs ethniques ont été sapées dans notre société mélangée. Les valeurs fortes sont en voie de disparition dans beaucoup trop de familles. Qui d'autre que les grands-parents peut les maintenir vivantes ?

Au moment d'une naissance, ou d'une maladie infantile, ou encore lorsque la mère retourne au travail, les grands-parents peuvent amortir le stress s'ils ont été bien intégrés dans la famille. Lorsque les parents doivent tous deux travailler, c'est une chance pour eux d'avoir un grand-parent habitant à proximité, disponible pour les aider en cas d'urgence et leur offrir son soutien en cas de problème. Étant donné que la plupart des grands-parents travaillent eux aussi, de nos jours l'aide matérielle est limitée, mais le soutien émotionnel est plus important que jamais. Les grands-parents qui sont disponibles peuvent également donner aux parents la possibilité de se retrouver l'un l'autre en leur permettant de sortir un soir ou de partir pour un week-end, sans s'inquiéter pour leurs enfants.

Les grands-parents peuvent aussi aider la famille dans les moments d'orage, lorsque l'enfant lutte pour son autonomie et que les parents essaient de garder le contrôle. Aider ne signifie pas, pour eux, prendre parti. S'ils le faisaient, ni les parents ni l'enfant n'auraient la possibilité de résoudre le conflit. Un grand-parent peut aider *d'une seule façon* : en écoutant les deux parties et en leur faisant comprendre les raisons de leur opposition. Par exemple, ils aideront les parents en leur permettant de comprendre les raisons de leur volonté de contrôle. Comme nous l'avons mentionné, cela peut venir des « fantômes » de leur passé. Le conflit présent peut s'enliser parce qu'il évoque un problème antérieur. Si l'on a l'occasion de partager le souvenir d'un tel événement avec des parents plus ou moins proches qui y ont été mêlés, on peut éventuellement désamorcer de vieux conflits oubliés. Mais un grand-parent qui est de parti pris ne fera qu'aggraver les problèmes. Bien qu'ils puissent apporter la sagesse de l'expérience et un regard plus objectif, ils doivent avant tout respecter les préoccupations des parents. Être un grand-parent implique une large part de diplomatie qui s'acquiert. Dans mon propre cas, j'ai appris peu à peu que, pour être vraiment utile, je devais être plus attentif aux problèmes de ma fille, et ne pas consacrer toute mon attention à mon petit-fils.

Ce que les grands-parents peuvent offrir de plus important est un amour inconditionnel et désintéressé. Un grand-parent profite d'un bébé sans avoir à se soucier de la façon dont celui-ci se conduit, ni du moment où il faut se montrer ferme. Après des années de véritable éducation, les grands-parents sont soulagés d'être simplement ceux qui apportent de l'amour, et n'ont plus à penser à la discipline. Ils offrent également à l'enfant une continuité de comportements, de rythme de vie et de façons de faire qui, déjà, lui sont familiers. Contrairement à une garde extérieure à la famille, les grands-parents sont comme une prolongation des parents. Ils font voir aux enfants le « sommet des montagnes » ; ils transmettent les rêves et les ambitions d'une famille. Les parents doivent montrer aux enfants comment arriver à ce niveau. Ma propre grand-mère m'a donné l'idée de devenir pédiatre. Elle disait toujours : « Berry s'y prend tellement bien avec les bébés. » Je voulais lui faire plaisir, plus qu'à n'importe qui au monde, j'ai donc appris comment m'y prendre vraiment bien avec les bébés. Maintenant, j'entends sa voix chaque fois que l'on me fait ce compliment. Bien sûr, ma mère était jalouse de l'influence de ma grand-mère sur moi. Mais elle avait tort. J'avais besoin d'elles deux, pour des choses différentes.

Quelques conseils à l'usage des grands-parents

— Rappelez-vous que vous n'êtes pas un parent ; soyez un auditeur affectueux, ravi, et retenez-vous de donner des conseils.

— Ne vous précipitez pas vers les petits-enfants, à moins que vous ne désiriez qu'ils aient un mouvement de recul. Ne regardez jamais un bébé dans les yeux ; regardez simplement dans sa direction jusqu'à ce qu'il sollicite votre attention. Ne l'enlevez jamais aux bras de ses parents. Attendez qu'il fasse un geste dans votre direction. Observez le comportement du petit enfant. Au moment où son visage se détend et où il commence à jouer avec ses jouets, il est prêt à vous accepter.

— Prenez vos habitudes pour vos rencontres avec vos petits-enfants. Apportez un jouet ou un petit cadeau. Racontez-leur des histoires des « jours passés », lorsque leurs parents étaient petits.

— N'essayez pas de traiter chaque enfant de la même façon, mais donnez à chacun l'impression d'être unique. Ayez des moments en tête à tête avec tous. Reconnaissez que vos sentiments à l'égard de petits-enfants par alliance (beaux-fils ou belles-filles de vos enfants) sont différents, mais faites le grand effort d'apprendre à les connaître, sur le plan personnel, en tant que personnes. Si vous le pouvez, organisez des sorties avec chaque enfant séparément pour mieux le connaître.

— Mettez-vous d'accord à l'avance avec vos enfants sur les faveurs et les récompenses, afin qu'eux et vous sachiez exactement où vous arrêter. Envisagez de consulter vos enfants au sujet des cadeaux pour les fêtes. Si vous donnez trop, vous risquez de submerger les petits-enfants, et d'attribuer une trop grande importance aux choses matérielles.

— Proposez de garder les enfants lorsque vous ne travaillez pas et lorsqu'ils ont besoin de vous.

— Organisez des réunions familiales régulièrement, et pour toutes sortes de fêtes. Même si c'est un gros effort et si l'événement est chargé de tensions émotionnelles, le rituel et l'excitation resteront dans la mémoire des enfants. Invitez d'anciens amis de leurs parents.

— Lorsque vous aidez vos enfants sur le plan financier ou émotionnel, soyez sensible au fait qu'il est très difficile, pour des adultes, de l'accepter — et, tout particulièrement, pour un gendre ou une belle-fille.

— Respectez les efforts de vos enfants pour apprendre la discipline à leurs enfants. Ils ont besoin que vous les aidiez. Ne les contredisez pas. Ne dites pas à vos enfants ce qu'ils doivent faire, surtout en présence de vos petits-enfants, ne critiquez pas vos enfants dans les domaines sensibles. Bien sûr, vous voudriez que vos petits-enfants soient parfaitement élevés, mais vos critiques sur la façon dont vos enfants les élèvent peuvent faire autant de mal que de bien — ou même plus — car vous risquez de détruire leur confiance en eux.

— Écoutez et ne donnez de conseils que si l'on vous en demande. N'essayez pas de faire le professeur, ni pour vos enfants ni pour vos petits-enfants. Vous pouvez leur apporter des choses beaucoup plus précieuses — réconfort, affection, expérience, moments de tendresse, et sentiment de force et de stabilité. Soyez prêt à donner tout cela aux deux générations.

— Si vous habitez loin, restez en contact au moyen de cartes postales et de lettres, en utilisant des dessins ou une grosse écriture en capitales pour que vos petits-enfants soient capables de vous lire. Vous aurez un succès garanti en envoyant des photos des parents alors qu'ils étaient petits. Envoyez aussi des cartes d'anniversaire et des cadeaux adaptés au développement de l'enfant et à ses goûts.

— Servez-vous du téléphone pour dire bonjour et pour féliciter les enfants de leurs succès. Les enregistrements vidéo sont un excellent moyen d'abolir les distances.

— Les visites régulières, pour de courtes périodes, sont ce qu'il y a de mieux. Une visite de trois jours suffit généralement. Aidez aux tâches ménagères et à la garde des enfants. Emmenez tout le monde pour une excursion pendant votre séjour.

— Faites des compliments à vos enfants sur leur manière d'élever leurs enfants. Et donnez-leur une petite tape dans le dos...

La meilleure chose qui me soit arrivée, lorsque je suis devenu grand-père, a été la grande chance qui nous était donnée, à ma fille et à moi, de nouer une relation toute nouvelle. Nous sommes deux adultes, tous deux parents, désormais nous nous trouvons sur un pied d'égalité. Elle peut voir que je suis ravi de la façon dont elle élève son enfant. Elle a besoin de moi de temps en temps, et j'y prends beaucoup de plaisir. Un petit-enfant est un véritable miracle, mais le renouvellement de votre relation avec vos propres enfants en est un encore plus grand.

45

Les amis

Les parents, les frères, les sœurs, et la famille au sens large forment la structure fondamentale sur laquelle la personnalité de l'enfant peut se développer. Avec ses amis, l'enfant explore les différentes facettes de sa personnalité. Il peut utiliser ces amitiés comme refuge pour expérimenter en toute sécurité ces facettes de lui-même, mais aussi comme miroir. Il peut essayer des manières d'être variées, des aventures nouvelles, sous le regard encourageant d'un ami. Ce faisant, il apprend à se connaître lui-même. Il apprend également comment attirer et garder un ami. La nécessité de donner et de recevoir, en amitié, procure à l'enfant des occasions de vivre une relation d'égalité que ni les parents, ni les frères et sœurs ne peuvent lui offrir. Un enfant sans ami est bien à plaindre.

Les premiers amis

Quand les parents doivent-ils commencer à présenter leur enfant à d'autres enfants en dehors de la famille ? Au cours de la deuxième année, il est important d'apprendre à s'entendre avec d'autres. Dans une famille nombreuse, ou dans un quartier animé, l'enfant peut avoir déjà appris beaucoup de choses avec d'autres, ou avec un nouveau-né, à propos du partage, de la rivalité, des provocations et des indispensables concessions. Mais les relations qu'il peut établir avec des enfants qui ne sont pas de son âge sont différentes : les plus âgés ont tendance à protéger, à taquiner ou à dominer les plus jeunes. Dans une relation saine entre jeunes enfants, ils commencent par apprendre à donner et à recevoir sur un pied d'égalité. Ils découvrent les rythmes de la réciprocité, quand dominer et quand se soumettre. Cela est fondamental pour les relations importantes de leur avenir. Un enfant apprend quel signal signifie qu'il doit céder, et lequel montre qu'il peut prendre le commandement. En apprenant à comprendre ces signaux importants, il saisit aussi quelle est la manière de se comporter avec les autres. S'il n'y parvient pas, il se sent isolé. À cet âge, les enfants sont à la fois exigeants pour les autres et sensibles à leurs besoins. Il est merveilleux d'observer deux enfants de deux ans jouer ensemble. Si les parents organisent des groupes de jeux réguliers de deux ou trois jeunes enfants, ceux-ci se découvriront en toute sécurité.

À cet âge, apprendre se fait par imitation. Dans le « jeu parallèle », deux enfants s'affairent l'un à côté de l'autre sans jamais paraître se regarder (cf. chapitre 11). Et pourtant, chaque enfant imite des séquences entières de comportement de l'autre. Cette capacité à observer et à imiter ces comportements est caractéristique de cet âge. Lorsqu'un tout jeune enfant empile une rangée de cubes pour faire un pont, l'autre va empiler le même nombre de cubes avec le même objectif, en se servant des mêmes gestes. J'ai vu des enfants de deux ans assimiler, par l'intermédiaire d'autres enfants du même âge, des comportements complètement nouveaux, et accomplir des tâches qui leur étaient jusqu'alors inconnues.

L'agression

Et si les enfants n'arrivent pas à s'entendre ? Si l'un est trop agressif et domine l'autre ? Est-ce que c'est sain pour l'un comme pour l'autre ? Pas vraiment. Tout d'abord, les parents de ces enfants mal assortis vont inévitablement intervenir et prendre parti, ce qui va renforcer le comportement de chacun. La mère de l'enfant le plus agressif va ou bien essayer d'arrêter son enfant, ou bien s'irriter de la fureur que celui-ci provoque chez l'autre mère. L'enfant sentira cette tension et sera gagné par la réaction excessive de sa mère, ce qui augmentera son agressivité. La mère de l'enfant passif, et qui se fait tout petit, va pousser rageusement celui-ci à riposter au moment même où il est incapable de le faire, ou alors elle va essayer de le protéger. La colère et l'embarras de la mère vont aggraver le sentiment d'incapacité de l'enfant dominé. Chaque fois que des parents interviennent dans les jeux de leurs enfants, ils modifient complètement la situation, en font un moment dominé par l'adulte. Et les enfants ont, de ce fait, beaucoup moins de possibilités d'apprendre à se connaître mutuellement.

Si les enfants n'arrivent pas à rectifier un certain déséquilibre par eux-mêmes, il est sage alors de trouver un autre enfant qui soit davantage au niveau du vôtre, et dont le caractère vous semble en harmonie. Si votre enfant est plutôt tranquille, réfléchi, sensible, essayez de lui trouver un compagnon de jeux qui lui ressemble. Ce sera bien plus profitable pour lui d'avoir un ami au caractère semblable au sien qu'un autre qui le pousserait à un comportement agressif. Lorsque vous incitez un enfant à riposter ou à agir différemment, cela signifie pour lui que vous le désapprouvez. L'image qu'il se fait de lui-même en est dévalorisée.

Si votre enfant est agressif et impulsif, cherchez quelqu'un qui lui ressemble. Ils pourront avoir ensemble une activité frénétique, et aussi ensemble trouver des moyens de se calmer. Ils découvriront comment se fixer des limites et comment défouler leurs impulsions. Après avoir joué régulièrement ensemble deux ou trois fois par semaine, des enfants de ce type deviennent de vrais grands copains, et finissent par en apprendre plus sur eux-mêmes que vous, en tant que parent, ne pourriez le leur enseigner de quelque façon que ce soit.

Les moqueries

Que penser des moqueries chez les enfants plus âgés ? Pourquoi les enfants se défoulent-ils de leur colère sur les autres ? Certains essaient de résoudre leurs problèmes de jalousie fraternelle. D'autres craignent de ne pas pouvoir établir une relation durable. Moi, j'aiderais l'enfant à se rendre compte que les autres n'aiment pas qu'on se moque d'eux, et pourraient le rejeter et le laisser tout seul. Bien qu'il puisse penser que c'est une façon d'établir un contact, les autres enfants n'apprécieront pas. Essayez de faire jouer votre enfant avec un seul enfant à la fois, lui permettant de découvrir l'amitié de cette façon. Et parlez avec lui de ses sentiments conflictuels, cela l'aidera également.

Les « brutes »

Un enfant qui se comporte comme une brute est un enfant qui ne se sent pas en sécurité. Il peut ne pas savoir comment manier ses sentiments d'agressivité. Il est évité par tous les autres. Il devient de plus en plus isolé, ce qui le rend de plus en plus inquiet. Son comportement brutal représente alors une tentative malheureuse pour cacher sa vulnérabilité. Je vous conseille de faire en sorte d'améliorer l'image qu'il a de lui-même et de lui indiquer des façons plus acceptables de se comporter avec les autres. Lorsque les enfants agissent avec cruauté, c'est toujours parce qu'ils se sentent mal à l'aise. Lorsqu'un enfant en atteint un autre à un point sensible, celui-ci attaque : « Tu es stupide. » « Tu es une poule mouillée. » « Tu marches comme un éléphant. » Ces réflexions sont typiques d'enfants aux prises avec leur propre incompétence. Apportez votre compréhension et votre soutien aux *sentiments* de l'enfant, mais faites-lui savoir que son *comportement* est inacceptable.

Si vous voulez aider l'enfant brutalisé ou dont on se moque, vous pouvez lui dire que cela arrive à tout le monde, que l'important c'est d'apprendre à réagir. Ce n'est pas facile à présenter à un petit enfant. « Tout le monde a quelque chose de particulier, avec quoi il est obligé de vivre — une marque de naissance, un problème de démarche, des cheveux raides ou des cheveux frisés, la peau noire ou blanche. Tout le monde a besoin d'apprendre à vivre tel qu'il est né. Les autres enfants se moquent de toi lorsqu'ils essaient de te comprendre. Ils essaient de trouver qui tu es. Si tu arrives à supporter leurs taquineries sans te fâcher, ils te respecteront. Et vous finirez par devenir amis. »

Les parents ne devraient que rarement interférer dans les relations entre enfants. Moins les parents sont présents, plus les enfants apprennent : ils se découvrent mutuellement et se découvrent eux-mêmes. Si un enfant souffre de relations déséquilibrées, ses parents devraient lui conseiller de trouver d'autres amis. Mais, de toute façon, l'enfant peut ne pas suivre votre avis. Souvent, cette relation-là a trop d'importance pour lui, même si elle est inégale.

L'évolution des relations

À chaque âge, les enfants ont des rapports différents avec les autres et se trouvent confrontés à différentes sortes de problèmes.

LES DEUX ET TROIS ANS. Comme nous l'avons vu, c'est l'âge du jeu parallèle, de l'apprentissage des limites, et de l'apprentissage du langage au contact de l'autre.

LES TROIS-SIX ANS. C'est l'âge où l'on expérimente l'agressivité. Les petits garçons sont attirés par les jeux brutaux ; ils aiment s'agripper pour lutter et rouler par terre. Ils se menacent du poing, tout en sachant bien qui est le plus fort. Ce faisant, ils découvrent leur propre comportement d'agression. Les petites filles aiment à se taquiner. Elles découvrent mutuellement leur comportement provocateur. Elles pouffent de rire, elles sont souvent incroyablement sottes. À ces âges, le rôle des parents consiste à faire en sorte que leurs enfants aient des compagnons de jeux et qu'ils apprennent à se faire des amis, à jouer, et à s'entendre avec les autres. Si un enfant de cet âge s'isole, les parents doivent s'en inquiéter et essayer de l'aider. C'est vraiment à ce moment-là que l'on apprend à donner et à recevoir. Un enfant surprotégé ou gâté n'y arrivera pas.

LES SIX-NEUF ANS. Les enfants nouent des amitiés fortes et sont très malheureux lorsqu'un ami les quitte pour un autre. Les garçons forment des petits groupes, ont un ou deux amis intimes avec lesquels ils veulent être tout le temps. Les filles, elles aussi, ont besoin de leur petit cercle. À l'intérieur de ces groupes, les enfants s'excluent les uns les autres, se séduisent, se bousculent. Le rôle du parent consiste à respecter ces amitiés. Même si vous n'approuvez pas le langage grossier, les jeux provocateurs, les brutalités et les moqueries qui sont la clé de ces relations, c'est une occasion indispensable aux enfants pour apprendre à se découvrir eux-mêmes.

La qualité des amitiés enfantines est un bon repère pour les parents, qui leur permet de savoir si leur enfant se développe sainement. Les autres enfants sont les mieux placés pour signaler une perturbation chez un de leurs camarades. Lorsque je ne réussis pas à me faire une idée définie sur les problèmes d'un de mes patients à partir de son comportement ou des paroles de ses parents, je l'observe avec d'autres enfants ou je demande à sa maîtresse si les autres l'acceptent. Un enfant qui reste isolé sur les aires de jeux, ou qui est mis à l'écart à l'école, transmet aux autres un message très complexe, fait d'anxiété, de doute de soi ou de conflits internes — auquel les adultes peuvent ne pas être sensibles. Les enfants n'acceptent pas ces perturbations chez les autres. C'est une trop grande menace pour eux. Si un

enfant est évité par les autres, ses parents devraient prendre cela pour un avertissement : leur enfant n'est pas
heureux. S'il est particulièrement tourmenté, les autres
peuvent se montrer compatissants, compréhensifs et
même protecteurs, à condition que l'enfant conserve les
capacités fondamentales de se faire des amis malgré ses
difficultés. Lorsqu'il n'arrive plus à communiquer avec
les autres enfants, il manifeste une insécurité fondamentale qui requiert l'attention de ses parents. Les enfants
sont capables de faire la différence entre un des leurs
temporairement perturbé, et un autre replié sur lui-même
à cause de problèmes profondément ancrés. Les parents
devront prendre ces signes au sérieux, tout d'abord pour
aider l'enfant, mais aussi pour lui donner accès au
monde de l'expérience que peuvent lui offrir les autres
enfants.

46

Les gardes d'enfants

Il n'est jamais facile de laisser un bébé aux soins de
quelqu'un d'autre. Si vous le confiez à votre conjoint, à
un grand-parent ou un cousin, les choses seront sans
doute moins difficiles, car ils ont des raisons de s'occuper particulièrement bien de l'enfant. Mais cela reste
compliqué. Des parents aimants souffriront toujours de
partager leur bébé avec une autre personne. Dans plusieurs chapitres précédents, nous avons parlé de cette
« défense du territoire » et de la rivalité naturelle qui en
découle. Les sentiments de compétition sont une part
normale, inévitable, de l'attachement. « Est-ce qu'il va
se souvenir de moi ? Est-ce que je vais perdre un peu de

son amour, surtout si l'autre personne est gentille avec lui ? » Bien sûr, les parents se sentiront jaloux. Ils vont se lamenter. Leur tristesse s'accompagne de trois réactions de défense : déni, report de leurs sentiments sur un autre, détachement dans les soins à donner au bébé. Ces réactions peuvent modifier la relation des parents vis-à-vis de la personne qui garde l'enfant comme vis-à-vis du bébé ; mais s'ils comprennent qu'elles sont normales, nécessaires pour se protéger de leur vulnérabilité, les parents pourront prendre un certain recul et éviter de se montrer hostiles à la personne même dont ils vont dépendre.

La recherche d'un environnement favorable

Comment des parents, obligés de partager un petit enfant, se protègent-ils, eux et l'enfant ? Nous sommes tous conscients de l'importance capitale de l'environnement affectif pour les jeunes enfants, et nous savons que, pour eux, la séparation d'avec leurs parents est en soi un traumatisme. Quel est le moment le plus favorable ? Peut-on adoucir la séparation ? Un petit enfant peut-il s'adapter à plus d'une personne sans renoncer à l'attachement fondamental qui l'unit à ses parents ?

Pour autant que nous le sachions, la réponse à la dernière question est « oui » : même un très petit bébé se souviendra des signaux caractéristiques venant de ses parents ; cela développera en lui un ensemble d'espérances ; elles lui permettront de « reconnaître » ses parents lorsqu'il les retrouvera.

Ces « espérances » se développent nettement au cours des trois ou quatre premiers mois. Si le père et la mère s'occupent de lui de façon continue pendant ce temps, le bébé ne les oubliera plus. Et s'ils veulent maintenir et fortifier cette relation, il faut absolument que les parents soient disponibles tous les jours quand ils rentrent de leur travail, pour que le bébé retrouve les signaux si importants pour lui.

Voyez aux chapitres 6 et 35 comment, au Children's Hospital de Boston, nous avons observé des bébés de quatre mois se trouvant dans des crèches, pendant des durées pouvant aller jusqu'à huit heures d'affilée. Ils effectuaient des cycles entre veille et sommeil, à un niveau atténué, et ne s'impliquaient jamais de façon passionnée avec leurs gardes. Lorsqu'un parent arrivait, au bout des huit heures, le bébé semblait perdre tout contrôle, se mettant à pleurer et à protester. Il y avait toujours quelqu'un dans l'équipe pour dire : « Il ne fait jamais cela avec nous. » Bien sûr que non. Le bébé avait réservé ses vrais sentiments pour ses parents.

En évaluant les qualités d'une crèche ou d'une garde à domicile, les parents doivent être attentifs à l'égalité d'humeur de ceux qui donnent les soins, à l'investissement émotionnel de la personne qui doit s'occuper de l'enfant, ainsi qu'à ses aptitudes à respecter l'individualité du bébé. C'est-à-dire qu'une personne destinée à remplacer les parents devra, avant tout, être chaleureuse et compréhensive. Regardez la puéricultrice à la crèche : respecte-t-elle le tempérament de chaque bébé lorsqu'elle s'occupe d'eux ? Lorsqu'elle tient le bébé dans ses bras, voyez si elle l'observe et essaye de s'adapter à ses rythmes. Est-elle sensible aux besoins de chaque enfant en matière de nourriture, de change, de sommeil ou d'interaction dans les jeux ?

Cherchez ensuite à savoir si la garde est également capable de vous respecter et d'être attentive à vos besoins, à vous parents. Vous laisse-t-elle le temps de lui raconter comment votre bébé s'est comporté la veille à la maison ? Va-t-elle prendre le temps de vous dire comment s'est déroulée la journée de votre bébé au moment où vous venez le chercher ? C'est difficile à savoir d'avance. Mais si une personne vous paraît critiquer le fait que vous laissez votre enfant toute la journée, je vous conseille de chercher quelqu'un qui comprenne votre angoisse et accepte vos raisons de reprendre le travail. La personne que vous recherchez devrait dire : « Vous savez, je crois qu'il va se mettre à marcher », au lieu de : « Il a fait quelques pas pour moi, aujourd'hui. »

Si vous réussissez à trouver une personne chaleureuse, attentive, vous allez peut-être éprouver des sentiments de rivalité, et il sera bon d'en parler franchement de temps en temps. Surtout, accordez-lui votre confiance. Si elle fait les choses un peu différemment, ne vous inquiétez pas. Un enfant est capable de s'adapter à différentes façons de faire, et ainsi son caractère s'assouplira. Si vous respectez les habitudes de la personne qui s'occupe de votre enfant, en grandissant l'enfant fera de même.

Pour qu'une personne puisse rester attentive et maternelle, elle devra avoir suivi une bonne formation, ne devra pas être submergée par trop d'autres responsabilités ni trop d'enfants. Pour pouvoir se permettre d'attendre tout cela d'elle, une chose est importante : qu'elle soit correctement rémunérée. Un mode de garde de qualité n'est pas bon marché et ne doit pas l'être. Les expériences précoces forment l'avenir de votre enfant ; lui donner les meilleurs soins et le meilleur environnement peut être considéré comme un investissement.

Les modes de garde

LA GARDE À DOMICILE. Si vous avez les moyens de faire garder votre enfant à domicile pendant la première année, c'est sans aucun doute la meilleure solution. Le bébé restera dans les lieux qui lui sont familiers. La séparation et le complet remue-ménage du matin et du soir seront probablement moins intenses. Pour cela il faut que vous trouviez une personne adéquate, qui puisse procurer à votre bébé un environnement dont vous puissiez être fiers. Elle doit vous respecter, vous et votre foyer. Elle doit avoir suffisamment de formation et d'expérience pour comprendre les bébés, être patiente et tolérante, et, avant tout, capable de s'adapter. Elle doit aussi pouvoir réagir aux urgences et les prévenir. Ne pas être passive, ni déprimée, ni trop expéditive. Elle doit être pleine d'idées pour s'occuper du bébé tout au long de la journée, prête à les partager avec vous.

Une garde à domicile doit être une personne de confiance, capable de faire du bébé sa priorité. Il ne faut pas qu'elle ait chez elle de jeunes enfants ou un mari malade qui ont besoin d'elle. Et, même dans les meilleures circonstances, il vaut mieux prévoir des solutions de remplacement au cas où cette personne devrait faire face à une urgence de caractère privé, à moins que votre travail à vous ne présente une grande souplesse.

LES NOURRICES. Un autre mode de garde est proposé par des femmes qui prennent à leur domicile de petits groupes d'enfants, âgés de quelques mois à trois ou quatre ans. Vers les deuxième et troisième années, les enfants ont besoin de la présence d'autres enfants pour jouer et s'identifier à eux. Ils peuvent donc tirer des avantages de ce mode de garde, surtout s'ils se trouvent avec des enfants de leur âge. Dans de très bonnes conditions, même les plus jeunes en bénéficieront. Hubert Montagner, éminent chercheur français sur le comportement infantile, a fait des films magnifiques montrant des bébés âgés de sept à neuf mois qui découvrent ensemble des choses surprenantes sur eux-mêmes et sur le monde. On voit nettement qu'ils s'attachent profondément les uns aux autres. Ce mode de garde chez une nourrice *peut* être bénéfique aux enfants pendant la première année. Mais à condition que la personne responsable soit extrêmement qualifiée et attentive.

La réussite de ce mode de garde dépend entièrement des qualités de la nourrice et de ses capacités à s'entendre avec chaque enfant. Plus de trois ou quatre enfants par personne n'est pas envisageable. Plus de quatre enfants en âge de marcher avec un seul adulte, c'est le chaos assuré. Les enfants sont ou « livrés à eux-mêmes » ou « parqués » devant le téléviseur. Le nombre d'enfants par adulte et la personnalité de la nourrice sont donc les premières choses à considérer, mais il y en a bien d'autres au moment de faire un choix. Étant donné que ce mode de garde n'est pas toujours l'objet d'un contrôle strict, si c'est celui que vous retenez, vous devez rester attentifs aux réactions de votre enfant.

Dans le cas d'une garde à votre domicile, s'il n'y a donc qu'une seule responsable pour votre bébé, vous devrez vous informer sérieusement de la façon dont elle s'organise sur le plan personnel. Si elle ou un membre de sa famille tombe malade, que va-t-il se passer ?

La garde chez une nourrice peut être une bonne solution pour des bébés et de jeunes enfants, ou au contraire apporter de nombreux problèmes. C'est à vous de bien évaluer la situation, avant de confier votre enfant et pendant tout le temps où il restera là. Arrivez à l'improviste. Proposez votre aide de temps en temps, et observez alors la façon de faire de la nourrice, ses rythmes, sa sensibilité. Et soyez avant tout attentifs à tout signe pouvant indiquer que votre enfant est négligé ou déprimé.

Les crèches. La plupart des crèches sont agréées par l'administration, selon des critères très rigoureux qui vous protègent, vous et votre enfant.

Les puéricultrices devraient avoir reçu une bonne formation et faire l'objet de contrôles ; elles devraient aussi être attentives, affectueuses et bien payées. Le nombre d'enfants par adulte ne devrait pas excéder trois ou quatre en ce qui concerne les bébés, quatre pour les enfants entre un et deux ans, six à huit pour les plus âgés. En cas de maladie ou d'autres causes d'absence, les puéricultrices devraient être remplacées par des personnes ayant une qualification équivalente.

L'ambiance d'une crèche est capitale. Lorsque les puéricultrices sont heureuses, qu'elles travaillent en équipe et s'apprécient mutuellement, c'est l'idéal. Essayez de vous en rendre compte par vous-même. Si elles sont toutes rassemblées dans un coin tandis que les enfants sont livrés à eux-mêmes, alors prudence ! Il ne sert à rien qu'il y ait un adulte pour trois ou quatre enfants, si trois puéricultrices laissent les douze enfants seuls. Regardez si elles s'asseyent par terre pour jouer. S'engagent-elles dans une interaction ludique lorsqu'elles changent les enfants ? Si toutes les demandes des bébés sont considérées comme des corvées plutôt que comme des occasions d'être avec eux, méfiez-vous. Une personne qui aime les bébés prend chaque cri, chaque change comme un moment à saisir pour une interaction. Les bébés ont besoin d'un environnement qui réponde à leurs demandes. Si la personne qui s'occupe d'eux est trop occupée ou trop distraite, les bébés s'en rendent compte, ils se replient sur eux-mêmes et deviennent dépressifs.

Comment évaluer la qualité des soins

Dès que vous aurez trouvé une nourrice chaleureuse, une crèche bien tenue, vous devrez tout de même observer votre enfant pour voir comment il réagit. L'enfant est le meilleur indicateur de l'ambiance dans laquelle il vit. S'il a l'air heureux et s'il s'épanouit sur le plan physique, vous pouvez être sûr qu'il est en bonnes mains. Bien sûr, il va protester lorsque vous le laisserez, ce qui est même souhaitable et, comme nous l'avons déjà dit, il va réserver ses reproches pour votre retour. Un enfant plus grand aura tendance à « raconter des histoires » quand il voudra se venger de la personne qui le garde. Vous ne pouvez pas toujours vous fier à ce qu'il vous dit. Mais à son comportement, oui. Observez-le à la crèche. Voyez comment il se comporte dans les moments importants de la journée : repas, jeux, sieste. Arrivez à l'improviste.

Vous pouvez en apprendre long en observant ensemble et l'enfant et la personne qui le garde. Est-ce que l'un imite l'autre ? Est-ce qu'ils imitent leurs manières respectives de se tenir, de regarder, d'écouter, de bouger. Lorsque le bébé se couvre les yeux pour jouer, est-ce que la puéricultrice réagit en faisant de même ? Est-ce que *vous*, vous êtes satisfaits lorsque vous observez leur interaction ?

Un petit enfant manifeste généralement par certains signaux qu'un environnement est véritablement insuffisant. Mais son comportement peut ne pas refléter avec exactitude une expérience abusive. Il peut être inquiet si vous levez la voix ou la main, mais ce n'est pas obligatoire. Si vous lui demandez s'il reçoit des fessées, ou si on le « touche », il vous répondra de la façon qui lui paraît propre à vous satisfaire. Vous aurez alors du mal à vous informer à partir de son seul comportement. Mais si son comportement change, s'il régresse, vous devrez alors en trouver la raison. Si l'enfant se replie sur lui-même, s'il devient dépressif, je vous conseille de prendre ces signes au sérieux. La tristesse, un manque de réactions ou un retard dans les réactions aux stimuli positifs ou négatifs, sont autant de signaux d'alarme potentiels. Si votre bébé tressaille nerveusement lorsque vous changez sa couche, ou s'il se couvre dès que vous changez ses vêtements, vous pouvez, à juste titre, soupçonner quelque chose.

Évaluez ces signes avec soin et calme. Il n'est que trop facile d'avoir des réactions excessives de nos jours. Si votre enfant a régressé à des comportements antérieurs — s'il n'est plus propre, s'il s'éveille la nuit pour pleurer ou s'il se met à avoir des comportements de bébé —, voyez si tout cela est transitoire. Si oui, ces manifestations peuvent avoir été causées par le changement de mode de garde — de vous à une autre personne — ou par une contrariété passagère. Si la régression persiste, elle peut vous inquiéter à juste titre. Il faut vous enquérir de la façon dont votre enfant s'adapte à la crèche et voir si les puéricultrices se montrent concernées ou si elles se mettent sur la défensive.

Si un enfant est dépressif et que, de plus, il ne s'épanouit pas sur le plan physique — perdant du poids, prenant un air triste, refusant de manger — je m'inquiéterais beaucoup. Là, je solliciterais un conseil de son médecin. Et n'oubliez pas de dire à celui-ci ce que vous pensez de la crèche.

Enfin, si vous avez de bonnes raisons de soupçonner de mauvais traitements, pensez que chaque ville a un organisme que l'on peut contacter. Mais soyez aussi sûrs que possible de vos accusations. Il est facile, pour des parents, de se sentir coupables et de projeter ces sentiments sur les personnes qui les remplacent, en les accusant souvent injustement.

Voici la liste de ce qu'il faut encore vérifier lorsque vous choisissez une crèche pour votre enfant, ou lorsque vous désirez contrôler la qualité des soins qu'elle offre :

— Les membres de l'équipe sont-ils attentifs à la sécurité des enfants ?

— Les urgences sont-elle prévues et bien assurées ?

— La qualité nutritionnelle des repas est-elle bonne ?

— L'ambiance est-elle agréable et gaie, ou bien tendue et morose ?

— Quels sont les rythmes des repas, des siestes, des changes ? Semblent-ils dépendre des besoins des enfants, ou bien d'un horaire rigide ?

— Comment la puéricultrice fait-elle pour laisser trois enfants lorsqu'elle doit s'occuper d'un seul ?

— Est-ce que vous, personnellement, vous aimeriez rester dans cet endroit ?

— Quels sont les conseils de l'équipe — ou de la nourrice — pour procéder à la séparation ? Acceptent-ils que vous restiez un peu la première semaine ?

— Vous accorde-t-on la possibilité d'arriver n'importe quand sans prévenir ?

— Vous laisse-t-on expliquer les besoins de l'enfant le matin, vous donne-t-on un compte rendu en fin de journée ?

— Et si l'enfant est malade ? Au bout de combien de temps accepte-t-on un enfant qui a eu de la fièvre ? (En principe, trois jours.)

— Insiste-t-on sur l'apprentissage précoce ? Je trouve qu'une crèche qui respecte le niveau de développement émotionnel des enfants et qui est prête à l'encourager est préférable à un établissement qui a des projets éducatifs lourds.

Quelle que soit la chance des parents dans leur choix, il faut savoir que, de nos jours, aux États-Unis, 50 pour cent des parents qui travaillent ne peuvent faire autrement que de laisser leurs enfants à des personnes auxquelles ni vous ni moi ne ferions confiance — *et eux non plus*. Il n'y a pas suffisamment de modes de garde qui soient abordables et de qualité. Pensez à ce que cela représente pour des parents de laisser un bébé ou un petit enfant entre les mains d'une personne insensible ou peu soignée, ou dont ils craignent des abus, de la négligence ou des mauvais traitements ? Quel effet ces craintes ont-elles sur la peine que ressent toute mère lorsqu'elle doit confier son enfant à quelqu'un d'autre ? Nous avons besoin de crédits sur le plan national, régional et local pour assurer la qualité de la garde des enfants dans l'ensemble des États-Unis. Sinon, nous courons le risque de voir la moitié d'une génération grandir, privée des soins nécessaires à son épanouissement, et toute une génération en subir les conséquences.

47

Le médecin de votre enfant

« Comment faire pour que mon pédiatre écoute mes questions ? C'est quelqu'un de merveilleux, et je reconnais ses qualités lorsqu'il s'agit de diagnostiquer une maladie chez mes enfants. Mais il ne semble même pas remarquer que j'existe et, si je lui pose des questions sur le développement de mes enfants, il réagit comme si j'étais complètement idiote. » « Mon pédiatre, ou bien ignore mes questions, ou bien me rassure en me disant que je me fais trop de souci. Je me fais du souci, mais n'est-ce pas le propre des mères ? Est-ce que j'ai tort de penser qu'il peut m'aider à élever mes enfants ? »

C'est le genre de questions que j'entends souvent de la part des mères découragées. Celles qui osent exposer leurs soucis ont une meilleure chance de trouver de l'aide. Beaucoup de parents, actuellement, cherchent désespérément un appui et ne savent à qui s'adresser. Dans une période où les grands-parents travaillent et où le reste de la famille vit souvent très loin d'eux, bien des parents anxieux manquent de conseils et de soutien. Une des personnes vers lesquelles ils ont tendance à se tourner est le pédiatre, le médecin de famille ou l'infirmière de PMI, quelqu'un qui s'est intéressé à la santé physique de l'enfant. Ils espèrent trouver auprès d'eux la même attention pour sa santé mentale.

La formation pédiatrique

Les médecins sont formés sur un plan purement médical, maladies et techniques thérapeutiques. Au cours de leurs années d'études, ils sont absolument gavés de connaissances concernant les sciences naturelles, les maladies et leurs traitements. La spécialisation en pédiatrie est bourrée de techniques thérapeutiques et porte encore plus sur tout ce qui concerne la maladie. La plupart du temps, les futurs pédiatres ne reçoivent que peu d'informations sur le développement de l'enfant ou sur tout ce qui peut intéresser les parents. Rares sont ceux à qui l'on apprend comment nouer des relations avec les parents et les enfants. Certains médecins de famille, qui s'occupent de tous les membres d'une même famille, sont plus sensibles à l'importance de ces relations. De plus, comme la plupart des pédiatres ont choisi cette spécialité parce qu'ils aiment les enfants, ils peuvent ressentir la participation des parents comme une intrusion. Bien des médecins reprochent inconsciemment aux parents tout ce qui ne va pas chez un enfant, peut-être parce qu'ils se font du souci pour l'enfant et se sentent incapables de résoudre tous les problèmes ? Une formation aux différentes étapes du développement de l'enfant, comme je les ai décrites dans l'introduction, aide à mieux comprendre ce que ressentent les parents. Les médecins qui ont suivi ce genre de formation savent qu'établir une relation valable avec les parents rend la pratique de la pédiatrie dix fois plus gratifiante.

Étant donné que, pour l'instant, très peu de pédiatres reçoivent une telle formation, ceux-ci se sentent souvent mal à l'aise lorsque les parents leur posent des questions au sujet du comportement et des émotions. Ils peuvent recourir à leur propre expérience : « Ma femme (ou mon mari) et moi, nous avons trouvé que... », ou : « Mes enfants ont surmonté cela à trois ans. Soyez patients, ne vous faites pas de souci. » Ou encore ils peuvent vous arrêter net en déclarant : « Ne vous inquiétez pas, cela passera lorsqu'il sera plus grand. » Bien que ces réponses soient des façons de dire : « Je ne sais vraiment pas », elles sont aussi l'expression d'un intérêt, d'une volonté de vous aider.

Comment choisir un médecin pour votre enfant

1. Tout d'abord, vérifiez les références de votre médecin. A-t-il une bonne formation, travaille-t-il en relation avec un bon hôpital ? Est-il disponible au moment où vous avez besoin de lui ? A-t-il un remplaçant ? Beaucoup de médecins pratiquent en cabinet de groupe, de sorte qu'un des membres est disponible à tout moment. Bien que vous puissiez avoir une préférence pour l'un d'entre eux, il est rassurant de trouver quelqu'un si l'on téléphone. Rares sont les médecins qui acceptent d'être tout le temps à la disposition des appels de nuit. Si votre pédiatre est bien formé et, en plus disponible, vous êtes déjà très favorisé.

2. Vous êtes-vous demandé ce qui répond le mieux aux besoins de votre famille : un pédiatre, ou bien un médecin de famille généraliste, qui soigne les adultes et les enfants ?

3. Avez-vous pris des renseignements sur la personnalité du médecin ? Une des meilleures façons de découvrir si vous allez vous entendre tous les deux est d'enquêter autour de vous. Est-ce que des amis auxquels vous faites confiance paraissent l'apprécier ? Vous pourriez appeler son cabinet et demander s'il accepterait de vous recevoir pour un entretien. Beaucoup de médecins

n'aiment pas être « examinés », mais certains n'y voient pas d'inconvénient. J'ai toujours préféré que mes futurs patients me connaissent et viennent me voir les yeux grands ouverts. Cela me donne une bonne occasion de m'assurer que, moi aussi, je peux travailler en harmonie avec eux. Une relation parent-médecin est une relation de réciprocité. Chacune des parties devrait respecter l'autre, et être prête à faire des efforts si la relation devient tendue.

4. Aujourd'hui, le nombre de pédiatres recevant une formation en développement infantile augmente. Parfois, ceux-ci enseignent dans des centres médicaux, travaillent dans des centres hospitaliers où ils font des examens, et assurent les interventions précoces en cas de problème physique ou psychologique. Si vous avez des inquiétudes auxquelles votre médecin ne répond pas, vous pouvez envisager de consulter dans un de ces services de développement infantile, ou demander un rendez-vous par l'intermédiaire de votre médecin pour avoir l'avis d'un spécialiste de temps à autre. Cela s'ajouterait à ce que fait votre médecin pour vous.

5. Beaucoup de cabinets de groupe comportent un psychologue pour enfants à qui l'on peut s'adresser en cas de problème de comportement. Si c'est le cas, prévoyez avec lui des rendez-vous réguliers, pour faire examiner votre enfant et pour obtenir une réponse à vos différentes questions. Si cette personne arrive à bien connaître votre enfant, à avoir avec lui un contact régulier, elle pourra vous aider à prendre toute décision. Si votre cabinet médical ne comprend pas de psychologue, suggérez que l'on engage une puéricultrice qui puisse répondre aux questions de routine, donner des informations sur le développement de l'enfant et être un soutien pour les parents.

Un médecin attitré vous évitera de recourir au médecin de garde des urgences les plus proches, qui risque d'être moins bien formé et qui ne vous connaît, ni vous ni votre

enfant. Des visites régulières à votre médecin lui permettent en effet de bien vous connaître, vous et votre enfant,
et, lorsque quelque chose va mal, qu'une crise surgit,
cette connaissance préalable l'aide pour son diagnostic.

Lorsqu'il est temps de changer

Et si vos relations avec votre médecin se détériorent ?
Je le constate lorsque les parents commencent à arriver
en retard aux consultations ou qu'ils manquent plusieurs
rendez-vous. Si je m'en rends compte, je leur demande
de venir pour une visite particulière afin de parler de
notre désaccord, ou je leur suggère qu'ils se sentiraient
peut-être mieux ailleurs. La séparation est désagréable,
mais il vaut mieux s'y résoudre pour le bien de l'enfant,
plutôt que de vouloir maintenir une relation ambivalente
dans laquelle nous ne sommes à l'aise ni eux ni moi. Le
bien-être de l'enfant est le véritable objectif de la relation
pédiatrique et, tôt ou tard, une mauvaise entente finit par
se retourner contre les intérêts de l'enfant.

Cependant, si vous désirez arranger les choses,
demandez une consultation à part. À votre arrivée,
comprenez que le médecin est peut-être sur la défensive, et sensibilisé par le fait que vous êtes insatisfait.
Dites-lui que vous avez pour lui respect et admiration.
Peut-être devriez-vous aller à sa rencontre en vous
excusant de demander plus qu'il ne peut donner. Puis
exposez vos désirs le mieux possible. Vous essayez en
fait de mieux connaître le médecin et de mieux vous
faire connaître de lui, et cela pour le bien de l'enfant,
votre objectif commun. Vous y parviendrez par une
compréhension mutuelle, ou alors il est vraiment temps
de changer de médecin, mais posez-vous la question :
« Ai-je fait tout ce que je devais pour que nous puissions nous entendre ? » Si c'est le cas et si cela a été
vain, alors il vaut mieux passer entre les mains d'un

autre pédiatre avant que l'enfant ne souffre de cette mauvaise relation.

Comment établir une bonne relation

Il y a de nombreux moyens pour établir une relation satisfaisante ; l'un des plus importants, pour les futurs parents, c'est de rencontrer le médecin pendant la grossesse. Vous pourrez discuter de vos souhaits et de vos objectifs *avant* même l'arrivée du bébé. Cette visite prénatale (cf. chapitre premier) est une excellente occasion de faire connaissance. Ensuite, nous pouvons commencer ensemble à nous occuper du bébé comme si nous étions de vieux amis.

Il est important pour les parents de venir ensemble aux visites chaque fois que possible. Bien que certains maris se sentent mal à l'aise et ne disent pratiquement rien, ils ont tout de même le sentiment de faire partie de l'équipe. Le médecin sera heureux de la présence des deux parents. Le fait de vous connaître tous deux représente un « précieux investissement ».

Renseignez-vous pour savoir quand votre médecin est le plus disponible, à quel moment se situe son heure consacrée aux appels téléphoniques. Si le cabinet emploie une infirmière pour répondre aux appels concernant les problèmes mineurs, utilisez ses services autant que possible. Mais si elle ne répond pas à votre attente, n'hésitez pas à le dire. Demandez-lui de parler au médecin en personne. Dites-lui que vous êtes plus angoissé qu'à l'habitude, pour une raison explicable ou non. Si elle ne comprend pas, je me demanderais pourquoi et continuerais à insister, poliment.

La plupart des médecins aiment qu'on leur manifeste une certaine dépendance, et ne refusent pas de répondre à des demandes raisonnables de conseils ou d'aide. Si vous appelez à un moment convenable ou si vous le lais-

sez choisir le moment de vous rappeler, vous ne le déran-
gez pas. Mais réservez les appels de nuit pour de réelles
urgences. Je consacre, pour ma part, une heure chaque
matin aux appels téléphoniques, heure pendant laquelle
je suis disponible pour toutes les questions, qu'elles
soient de peu d'importance ou importantes. Si les parents
peuvent faire attendre les problèmes mineurs jusqu'à
cette heure, j'ai du respect pour eux, et je sais qu'ils en
ont pour moi. Il s'établit entre nous un climat de confiance de base, confiance qui nous sera précieuse au
moment des problèmes plus importants.

Le médecin de votre enfant devrait accepter de vous
donner tous les renseignements que vous souhaitez pour
chaque problème ou chaque traitement, et je vous conseille de lui dire que vous voulez en savoir le plus possible. Les médecins ont trois raisons pour ne pas donner
d'informations : 1) Ils ont peur que vous n'en fassiez pas
bon usage ; 2) Ils désirent vous protéger ; 3) Ils ne sont
pas sûrs de leur diagnostic. Si vous avez avec votre
médecin une relation chaleureuse et une confiance réciproque, il pourra être franc avec vous dans tous les cas.

Les parents essayent parfois de pousser un médecin
dans un rôle d'anticipation. « Que puis-je faire si mon
enfant commence à respirer difficilement ? » « Combien
de temps dois-je attendre ? » « Y a-t-il quelque chose à
faire pour prévenir ces problèmes d'oreille chroniques ?
J'ai horreur de commencer à les soigner une fois qu'ils
sont devenus aigus. »

Les demandes de conseils doivent être adaptées à
l'expérience du médecin et à sa disponibilité pour en discuter avec vous. Les pédiatres formés au développement
de l'enfant apprécient souvent ce type de relation. Ils
peuvent être une mine d'or en conseils et en encouragements. Mais d'autres, tout en excellant dans le domaine
physiologique, ne font que s'empêtrer dans les explications et restent sur la défensive dès qu'il s'agit de développement de l'enfant. Dans ce cas, comme je vous l'ai

conseillé, ayez recours à d'autres personnes et n'en veuillez pas à votre pédiatre de ne pas avoir la formation nécessaire. Vous prendriez le risque de ne pas avoir les meilleurs soins possibles sur le plan médical.

Le plus important, c'est que l'enfant ait le sentiment que je suis *son* médecin. Je trouve que la chose la plus gratifiante de tout l'exercice de la pédiatrie est qu'*un enfant* manifeste lui-même le désir de me voir et qu'il me fasse confiance pour l'aider à soigner sa maladie. Ma journée est gagnée lorsqu'un enfant m'appelle lui-même ou qu'une mère me dit au téléphone : « Emily m'a demandé de vous appeler pour savoir ce qu'il fallait faire au sujet de son problème. » Toute maladie comporte un aspect psychosomatique. Un enfant est naturellement effrayé lorsque quelque chose ne va pas. S'il a l'impression que « son médecin » saura quoi faire, il aura confiance dans ses propres capacités à surmonter la maladie. Chaque fois que j'ai à prescrire un médicament ou à faire des suggestions destinées à un enfant âgé de quatre ans ou plus, je fais en sorte de m'adresser aussi à lui. Car je veux qu'il sache ce que nous allons faire, et pourquoi nous allons le faire. Après guérison, j'essaie de lui dire : « Tu vois, nous (toi, ta maman, ton papa et moi) avons su quoi faire, et maintenant tu te sens mieux. » Cela implique que l'enfant a eu un rôle à jouer dans la lutte contre la maladie et, la prochaine fois, il se sentira moins anxieux.

La relation médecin-enfant

Les visites de routine sont pour moi de bonnes occasions d'établir une relation avec l'enfant, ainsi que de renforcer mes rapports avec les parents. Je n'attends jamais d'un bébé entre neuf mois et trois ans qu'il quitte les genoux de sa mère pour que je l'examine. En respectant son besoin d'être proche d'un de ses parents, je lui montre que je le respecte. Je ne le regarde jamais dans les yeux et je ne lui demande pas de m'accepter. Pendant cette période, je m'approche progressivement de lui, je me sers d'une poupée, ou d'un ours en peluche, ou du parent qui l'accompagne pour lui montrer ce que je vais faire — stéthoscope, otoscope, examen de la gorge, de l'abdomen, etc. Je surveille son visage et son corps pour voir si une permission m'est accordée de faire la même chose avec lui. Lorsqu'il se détend, cela signifie qu'il m'accepte et qu'il est prêt. Le peser dans les bras de sa mère est un autre signe de respect. Il est facile de soustraire du poids total celui de la mère pour trouver le poids du bébé.

Je fais de gros efforts pour obtenir qu'un enfant ait envie de venir à mon cabinet — plein de jouets, d'un aquarium, d'un portique de gymnastique, d'une collection de minéraux, et de sucettes en guise de récompenses. L'enfant comprend que tout cela représente une tentative de ma part pour devenir son allié. Lorsqu'il devient capable de laisser ses parents pour aller jouer librement, je sais qu'il m'a accepté.

Je cherche toujours comment établir une relation spéciale avec un petit enfant, dès qu'il entre dans mon bureau, je l'observe pour voir s'il est à l'aise. S'il a peur de moi, je respecte ce sentiment. Je ne regarde jamais en face un enfant inquiet. J'attends qu'il veuille bien quitter les genoux de son parent. S'il convoite les jouets du regard, je pousse un des camions dans sa direction, avec précaution. Mais je ne le laisse jamais me surprendre en train de le regarder. Dès qu'il commence à jouer avec le camion, j'en pousse un autre à côté. S'il lève les yeux vers moi, je peux regarder dans sa direction, mais sans fixer son visage. Pendant tout ce temps-là, je parle avec ses parents ; je ne consacre en réalité pas beaucoup de temps à cette tentative de consolidation de notre relation.

Au moment où je dois vraiment l'examiner, nous en sommes à pousser les camions en avant et en arrière, l'un vers l'autre. S'il est prêt, nous pouvons échanger des commentaires sur ces camions. Tandis que je l'examine, *sur les genoux du parent présent*, je lui suggère d'écouter ma poitrine et de m'ausculter. Nous partageons une expérience, et il s'en rend compte. Il sait également que je respecte son intimité et l'angoisse bien naturelle que provoque, en lui, l'examen. Nous posons ainsi le décor de nos futures relations.

Je lui fais part de mes observations sur son tempérament et sa façon de jouer. Il sait que je le comprends. Il écoute. Tout ce qui doit être discuté, entre ses parents et moi, est abordé en sa présence, et j'essaie d'employer des termes à sa portée. Je veux qu'il comprenne ce dont nous parlons. Pas de secret ! Je le prépare aux piqûres et je l'encourage à pleurer et à se protéger. Dès que c'est terminé, je le félicite de sa réussite.

Au fur et à mesure que l'enfant grandit, à quatre, cinq et six ans, je l'encourage à poser ses propres questions et à m'appeler lui-même au téléphone. Il ne le fera pas tout de suite. Mais, vers six ou sept ans, oui. Nous pouvons parler de sa maladie entre nous. Lorsqu'il est plus âgé et qu'il veut bien rester seul pour l'examen, nous pouvons nous faire des confidences, évitant ainsi l'obligatoire triangle. S'il a encore besoin de la présence d'un parent, cette exigence doit être respectée. Mais, même si ce parent est présent, c'est à *lui* que je parle.

À quatre, cinq et six ans, je ne demande jamais à un enfant de retirer son slip. Je l'écarte rapidement pour inspecter les parties génitales, mais je sais quelle intrusion représente un examen minutieux à cet âge. Pour la même raison, je n'utilise pas de speculum vaginal pour les adolescentes.

L'emploi de l'abaisse-langue pour l'examen de la gorge est également invasif. Je peux observer le pharynx supérieur de façon satisfaisante si l'enfant imite mon « ahh », et j'utilise une cuiller ou un instrument plus anodin pour vérifier les côtés de la bouche.

Lorsque les enfants arrivent à la préadolescence, je préfère les voir seuls. Je les observe. Je les écoute pour essayer de trouver les inquiétudes profondes qui se cachent derrière les mots. De nos jours, les pré-adolescents doivent faire face à des choix — drogue et sexe — à un âge où ils ne les comprennent pas. S'ils acceptent de m'en parler, je suis prêt à répondre à leurs questions de la manière la plus concrète possible. Et je leur offre mon soutien pour le jour où la pression de leurs amis rendra leur choix difficile.

Souvent, après une question ou une tentative pour obtenir une confidence, l'enfant timide fait non de la tête. Je lui dis alors : « Ta tête me dit non, mais tes yeux disent oui. Peux-tu m'expliquer ce que je dois croire ? » Et puis j'essaie de me taire et d'écouter. Pour obtenir une réponse d'un préadolescent ou d'un adolescent, il faut une grande patience et beaucoup d'essais avortés. Mais ils savent que je suis de leur côté. Lorsqu'ils grandissent, ils me font comprendre combien ils ont apprécié cette approche affectueuse.

Je crois que je dois partager tout ce que je sais au sujet de chaque maladie avec l'enfant lui-même (cf. aussi chapitre 4). Mon objectif est de l'aider à prendre un rôle actif dans la maîtrise de son mal. S'il réussit à m'appeler ou à me parler, à accepter et à suivre mes conseils, il en tire une leçon qu'il n'oubliera pas. Lorsqu'il guérit, je peux le féliciter : « Regarde, tu as su quoi faire et ça a marché ! »

Chaque fois que je reçois un enfant scolarisé, je lui pose des questions sur son école. Par exemple :

« Quel est le nom de ta maîtresse ? »

Pas de réponse.

« C'est un homme ou une femme ?

— T'es bête, c'est une femme.

— Est-ce qu'elle te pose des questions ?

— Bien sûr.

— Tu connais les réponses ?

— Parfois.

— Il t'arrive d'avoir peur ?

— Boh...

— Que fais-tu alors ?

— Je pleure. »

Cela m'en dit long.

« Est-ce que tu as un ami préféré ? »

Pas de réponse.

« C'est un garçon ou une fille ?

— T'es bête, une fille.

— Est-ce qu'elle s'appelle Andrée ?

— Non, Suzy.

— Est-ce que Suzy aime aller chez son médecin ?

— Non !

— Je parie que Suzy ne veut pas non plus parler à son médecin. » Rire. Alors, nous pouvons commencer à communiquer, non avec des mots, mais par des gestes et des jeux.

Lorsque l'enfant commence à se déshabiller, j'aime bien l'aider. S'il me permet de lui enlever ses chaussures et ses chaussettes, c'est un geste qui montre qu'il m'accepte dans son intimité. Il restera certainement mon ami par la suite.

À chaque visite, je cherche à avoir un aperçu de la vie de mes patients. Je leur parle de leurs frères et sœurs, de leurs enseignants, de leurs amis, de l'école. Dès qu'ils parviennent à l'âge du sport et de la musique, nous en parlons. Je ne cherche pas d'informations ; j'essaie de bien le faire comprendre en posant des questions attentives, mais pas indiscrètes. Mon souci est d'établir une relation entre nous, et de leur manifester mon intérêt pour eux, en tant que personnes. Je note sur ma fiche tout ce que mon petit patient préfère. Si je parviens à utiliser l'information comme entrée en matière lors de la prochaine visite, je ferai peut-être un pas sur le chemin de notre entente.

En elles-mêmes, ces visites sont des points forts. Lorsque j'arrive à les utiliser pour franchir une étape qui me rapproche de l'enfant, celui-ci commence à me considérer comme « à lui ». C'est mon objectif.

Je veux pouvoir voir un enfant de huit ou neuf ans seul pendant au moins une partie de la visite. Je veux qu'il ait suffisamment confiance en moi pour me parler de son école, de ses maux de tête ou de ventre, de ses craintes, de ses amitiés.

Vers onze ou douze ans, je veux avoir une relation avec lui qui nous permette de parler de sa sexualité naissante. Est-ce qu'il a des informations sur ce sujet ? Puis-je répondre à des questions qui resteraient en suspens après que lui et ses parents en ont parlé ?

Est-ce qu'on a abordé le sujet de la drogue à l'école ? Est-ce qu'il sait ce qu'il en est ? Pouvons-nous parler d'autres problèmes ? J'ai découvert que les questions qui dérangeaient les adolescents il y a quinze ans sont devenues, de nos jours, des préoccupations pour les préadolescents. Les maux de tête, les maux de ventre, les absences scolaires sont des alibis. Si l'enfant me fait confiance, il m'arrive d'entendre des remarques du genre : « Je sais que je vais être bientôt confronté à la drogue et au sexe, et je ne sais même pas ce que c'est ! » Je veux qu'il exprime ses soucis. Je n'aurai pas de réponses à lui donner, mais nous pouvons parler des façons de surmonter le stress qu'il ressent.

Ces conversations, commencées très tôt avec l'enfant, me permettent de lui offrir un endroit où il puisse parler, en toute sécurité, au moment de l'adolescence, des expériences avec la drogue, des risques du sida, et de la pression exercée par les amis, si pesante actuellement. Les précédents points forts de notre relation nous ont préparés à franchir ensemble cette période stressante et nous récompensent de tous les efforts que nous avons faits ensemble.

L'autre jour, j'ai eu la visite d'une jeune fille de quatorze ans, dont la vie scolaire avait eu des débuts particulièrement ardus. Elle avait de grandes difficultés pour apprendre et avait dû suivre longtemps un enseignement spécialisé. Comme cela arrive souvent, elle avait fini par gérer elle-même ses propres problèmes et n'avait plus besoin d'aide.

« Lily, je suis vraiment fier de toi. Tu as fait de gros efforts, et finalement tu as vaincu les problèmes qui te rendaient la vie tellement difficile ! »

Ses yeux se sont remplis de larmes : « Docteur, vous comprenez vraiment ? » Cette preuve de communication nous a récompensés de tout le travail que nous avions effectué pour établir notre relation.

Lorsque les enfants doivent aller à l'hôpital, il est encore plus nécessaire que le médecin explique en présence de l'enfant les raisons de ce séjour, et ce qui va s'y passer.

Nous nous sommes rendu compte que la préparation pour une hospitalisation d'urgence ou pour des séjours répétés diminue l'angoisse de l'enfant à l'hôpital, raccourcit le temps de convalescence, atténue la réaction d'inquiétude si fréquente par la suite.

La plupart des parents redoutent la séparation et sont tellement traumatisés qu'ils ont besoin de l'aide du médecin pour l'affronter en préparant l'enfant. Bien entendu, je suis d'avis que les pédiatres devraient se battre pour que les parents puissent accompagner leur enfant à l'hôpital et rester avec lui autant que possible. Même si mes patients se trouvent sous la responsabilité de nombreux spécialistes, je vais toujours leur rendre visite pour leur expliquer leur maladie et leur traitement.

Dans ma pratique, à mon cabinet, ma meilleure récompense, à la fin d'une journée chargée, est d'entendre le rire ravi d'un enfant qui se précipite pour venir nous voir, moi et mes jouets bien connus. Là, je sais que nous avons pris un bon départ.

Le partage des responsabilités

Je vous conseille vivement de chercher à établir entre votre enfant et son médecin cette relation fondée sur la confiance et le respect. Vous devez y avoir votre part. Il ne sert à rien d'entrer dans mon bureau en disant : « Il va pleurer », ou : « Elle a horreur de venir voir le médecin. » C'est le meilleur moyen de détruire d'avance les efforts d'entente de l'enfant et du médecin. » Préparez l'enfant en le rassurant sur ce qui va probablement se passer. Rappelez-lui que vous serez là, qu'il verra son propre médecin qui veut devenir son ami. Ce médecin sait comment l'aider s'il est en bonne santé et s'il est malade.

Je suis toujours surpris de constater à quel point le fait de pouvoir faire confiance à son médecin peut aider un enfant à avoir confiance en lui-même.

La relation avec un pédiatre est un travail d'apprentissage mutuel sur ce que vous pouvez — et ne pouvez pas — obtenir l'un de l'autre. Vous devez manifester votre respect, et vous méritez que l'on vous respecte en retour. Vous avez tous les deux le même objectif : un enfant en bonne santé, compétent et confiant !

BIBLIOGRAPHIE

Abrams, Richard S. *Will It Hurt the Baby ? The Safe Use of Medication during Pregnancy and Breastfeeding.* Reading, MA, Addison-Wesley, 1990.

Alexander, Terry Pink. *Make Room for Twins.* New York, Bantam Books, 1987.

Armes, Louise Bates, et al. *The Gesell Institute's Child from one to Six.* New York, Harper and Row, 1979.

Ames, Louise Bates, and Juan Chase. *Don't Push Your Preschooler.* New York, Harper and Row, 1981.

Bowlby, John. *Attachement and Loss. 3 vol. New York, Basic Books, 1969-1980. Attachement et Perte*, PUF.

Baron, Naomi. *Growing Up with Language.* Reading, MA, Addison-Wesley, 1992.

Boston Children's Hospital. *The New Child Health Encyclopedia : The Complete Guide for Parents.* New York, Delacorte Press/Lawrence, 1987.

Brazelton, T. Berry. *Infants and Mothers.* New York, Delacorte Press/Lawrence, 1983. *Trois bébés dans leur famille*, Stock, 1985.
Neonatal Behavioral Assessment Scale. 2ᵉ éd. Philadelphie, Lippincott, 1984. *Échelle d'évaluation du*

comportement néonatal, Neuropsychiatrie de l'enfance et de l'adolescence, février-mars 1983.

On Becoming a Family, éd. rev., New York, Delacorte Press/Lawrence, 1992. *La Naissance d'une famille*, Stock, 1983.

Toddlers and Parents, éd. rev., New York, Delacorte Press/Lawrence, 1989. *L'Age des premiers pas*, Payot.

To Listen to a Child. Reading, MA, Addison-Wesley/Lawrence, 1984. *Écoutez votre enfant*, Payot.

Working and Caring, Reading, MA, Addison-Wesley/Lawrence, 1985. *A ce soir*, Stock, 1986.

Brazelton, T. Berry, and Bertrand G. Cramer. *The Earliest Relationship*. Reading, MA, Addison-Wesley/Lawrence, 1990. *Les Premiers liens*, Stock/Calmann-Lévy, 1991.

Brooks, Joae Gralam, and members of the staff of the Boston Children's Hospital. *No More Diapers !* rev. éd. New York, Delta/Lawrence, 1991.

Brown, Roger. *A First Language*. Cambridge, MA, Harvard University Press, 1973.

Bruner, Jerome. *Child's Talk : Learning to Use Language*. New York, Norton, 1985.

Bruner, Jerome, A. Jolly, and K. Sylva. *Play : Its Role in Development*. New York, Penguin, 1946.

Chess, Stella, and Alexander Thomas. *Know Your Child*. New York, Basic Books, 1987.

Cramer, Bertrand G. *The Importance of Being Baby*. Reading, MA, Addison-Wesley/Lawrence, 1992. *Profession bébé*, Calmann-Lévy.

Dunn, Judy, and Robert Plonim. *Separate Lives : Why Siblings Are So Different*. New York, Basic Books, 1990.

Erikson, Erik. *Childhood and Society*. New York, Norton, 1950. *Enfance et Société*, Delachaux et Niestlé.

Featherstone, Helen. *A Difference in the Family : Life with a Disabled Child*. New York, Basic Books, 1980.

Feinbloom, Richard I. *Pregnancy, Birth and the Early Months*. éd. rev. Reading, MA, Addison-Wesley/Lawrence, 1992.

Ferber, Richard. *Solve Your Child's Sleep Problem*. New York, Simon and Schuster, 1986.

Fraiberg, Selma M. *The Magic Years*. New York, Scribner's, 1959. *Les Années magiques*, PUF.

Galiasky, Ellen. *The Six Styles of Parenthood*. Reading, MA, Addison-Wesley/Lawrence, 1987.

Gilman, Lopis. *The Adoption Resource Book*, éd. rev. New York, Harper and Town 1987.

Goodman, Joan. *When Slow Is Fast Enough*. Foreword by Robert Coles. New York, Guilford Press, 1992.

Greenspan, Stanley, and Nancy Thorndiske Greenspan. *First Feeligns*. New York, Viking, 1985.

Grollman, Earl. *Explaining Death to Children*. Boston, Beacon Press, 1964.

Holt, John. *Learning All the Time*. Reading, MA, Addison-Wesley/Lawrence, 1989.

Huggins, Kathleen. *The Nursing Mother's Companion*, éd. rev. Boston, Harvard Common Press, 1990.

Kagan, Jerome. *The Nature of the Child*. New York, Basic Books, 1984.

Klaus, Marshall H., and Phyllis H, Klaus. *The Amazing Newborn*. Reading, MA, Addison-Wesley/Lawrence, 1985.

Klaus, Marshall H., John Kennel, and Phyllis H. Klaus. *Mothering the Mother : How to Have a Shorter, Easier and Healthier Birth*. Reading, MA, Addison-Wesley/Lawrence, 1993.

Konner, Melvin. *Childhood*. Boston, Little, Brown, 1991.

Leach, Eda. *Learning to Say Goodbye : When a Parent Dies*. Boston, Atlantic Monthly Press, 1986.

Mahler, Margaret, Fred Pine, and Anni Bergman. *The Psychological Birth of the Human Infant*. New York, Basic Books. 1975. *La Naissance psychologique de l'être humain*, Payot.

Manginello, *Your Premature Baby*, 1991.

Nelson, Katherine, éd. *Narratives from the Crib*. Cambridge, MA, Harvard University Press, 1989.

Nilsson, Lennart, *A Child Is Born*. Text by Lars Hamberger, New York, Delacorte Press/Lawrence, 1990.

Plaut, Thomas H. *Children with Asthma*. Amherst, MA, Pedipress, 1989. Rosen, M. *Stepfathering*, New York, Ballantine Books, 1987.

Sammons, W., and J. Lewis, *Premature Babies : A Different Beginning*. St. Louis, Mosby, 1986.

Spock, Benjamin and Michael B. Rothenberg, *Dr. Spock's Baby and Child Care*. New York, Pocket Books, 1985.

Stallibrass, Alison, *The Self-Respecting Child*. Introduction by John Holt. Reading, MA, Addison-Wesley/Lawrence, 1989.

Stern, Daniel, *The First Relationship*, Cambridge, MA, Harvard University Press, 1977.

Treyber, Edward, *Helping Your Child with Divorce*, New York, Pocket Books, 1985.

Turecki, Stanley, *the Difficult Child*, New York, Bantam Books, 1985. *L'Enfant difficile*, Stock.

Viorst, Judith, *Necessary Losses*, New York, Simon and Schuster, 1986.

Whiting, Beatrice, and Carolyn Pope Edwards, *Children of Different Worlds : The Formation of Social Behavior*. Cambridge, MA, Harvard University Press, 1988.

Winnicott, D.W. *Babies and Their Mothers*, Introduction by Benjamin Spock. Reading, MA, Addison-Wesley/Lawrence, 1988.
The Child, the Family and the Outside World. Introduction by Marshall H. Klaus. Reading, MA : Addison-Wesley/Lawrence, 1987.
L'Enfant et le monde extérieur, Payot.
Talking to Parents. Introduction by T. Berry Brazelton. Reading, MA, Addison-Wesley/Lawrence, 1993.

Zigler, Edward and Mary Lang. *Child Care Choices*. New York, Free Press, 1991.

Index

A

E

ÉVEIL (voir *Sommeil schémas, Sommeil problèmes*).
EXAMEN DES ENFANTS (voir *Consultations*).

F

H

I

K

L

M

R

S

T

Table

Troisième Partie :
LES ALLIÉS DU DÉVELOPPEMENT

Table 607

Photocomposition réalisée par NORD COMPO
Villeneuve d'Ascq 59970

Imprimé en France sur Presse Offset par

BRODARD & TAUPIN

GROUPE CPI

La Flèche (Sarthe).
N° d'imprimeur : 8810 – Dépôt légal Édit. 14649-09/2001
LIBRAIRIE GÉNÉRALE FRANÇAISE - 43, quai de Grenelle - 75015 Paris.

ISBN : 2 - 253 - 08198 - 1   ◈ 30/8198/1